LES EMPIRES MÉDIÉVAUX

中世紀諸帝國

從「世界型帝國」、「封閉型帝國」到「散發型帝國」
三大不同類型的帝國，綜觀中世紀

西爾凡・古根奈／編著 —— 楊子嫻／譯
SYLVAIN GOUGUENHEIM

導論 力量與榮耀

在死亡之陽下，帝國與教會如斯誕生。[1]

——卡繆

國王一稱業已泛損……吾所帶銜更高，尚略有昧，實作馳想之用。[2]

——拿破崙對德．黑慕莎夫人（Mme de Rémusat）所言

由「諸帝國」到「中世紀」

本書旨在以大斷代、全球規模來對照一些預設相似的政治結構，或可作為中世紀諸帝國的世界史（而非普世通史）導論。然而，首先要澄清「帝國」、「中世紀」兩詞的明顯概念，才能使這兩個詞彙之結合與援用在全球史框架中產生意義。

有關「中間」、中介時期的觀念源自十四世紀末、十五世紀的義大利人文學者，意指分隔

光榮的「古代」（Antiquité）以及這些人文學者所處之文化新興時代間的漫長世紀。[3]這段時期大致涵蓋五到十五世紀之間[4]，也在歐洲歷史傳統中獲得同等的諸多稱號：Moyen Âge、Middle Ages、das Mittelalter、il Medioevo、 redniowiecze、Idade média等。*

由此產生一個明顯的問題：這樣的斷代方式一旦離開歐洲範疇，依然有效嗎？簡單選一個與基督徒（且成為國際普遍規範）不同的其他斷代，就會形成落差，產生不完全契合的多個相異版「中世紀」。不過，這僅僅是定位點變換的結果而已。即便有些史家覺得可以藉此發動哥白尼式變革、改變視角，其實並未顛覆研究現象的性質與意義。

反之，當觸及其他大洲或自有編年、斷代的其他文明時，我們在此所選的時代間隔確實不那麼恰如其份。就近來說，尼可拉・多庫（Nicolas Drocourt）指出，拜占庭帝國本身「替古代與中世紀間過於簡化的斷裂翻案」。在日本，六世紀末到十二世紀末涵蓋的時期則稱為「古代」（kodai）。總之，倘若考量人類整體的歷史，結果便是開始懷疑由歐洲史考察所定調的斷代四分法。人文演變是否能由一個通行的斷代法標示出（廣泛通行這個意圖，似乎也不過是「西方獨特主義」〔particularisme occidental〕而已，或者「眾多世界」〔les Mondes〕）它就是依循大不同的軌跡運行呢？[5]

「帝國」這項主題確立了本書的一致性，而中古時期，儘管只牽涉特定空間，卻被選為共同時間框架，權作「定位系統」[6]。一部比較以及廣納世界諸帝國的歷史，無疑地可讓另一個

「中世紀」成形，至少使中世紀成為一件讓人存疑的事情；這或許是一項遠比本書目標更加可觀的任務。[7]

不過，考量人口擴張，還有各個人類征服空間之間的連結，五到十五世紀的時間涵蓋仍有其意義。在所謂古代時期的世界，人類居住開發的土地散布於人煙罕至或孤絕的廣大範圍裡。距離成了偏遠地區間重要交流的阻礙。反之，我們所認定的現代（moderne）時期是以歐洲人的跨洋擴張、以及與其他文明的交流作為特徵。儘管日耳曼帝國的斯陶芬家族（Staufen）與蒙古人在歐亞的帝國同時代，因而可能有些間斷關係，斯陶芬家族卻對阿茲特克帝國的存在一無所知（反之亦然）；上述情況卻又不是查理五世治下帝國的情況。然而，歐洲史中古時期，有多個帝國曾共存於世。不管採哪種時間估算方式，這種巧合引起我們的注意。雖說曆法並非時間，但為了避免僵化規範而消解研究帝國的一貫性與意義，我們會依照各帝國的實際情況來調整斷代範圍。

最後還有個障礙：承某些文學、哲學理論之後，人們經常避免使用我們本身、即被視為西

＊此處分別呈現「中世紀」的法文、英文、德文、義大利文、波蘭文、葡萄牙文寫法。（編按：本書隨頁註皆為譯註。）

方中心的思想來分類；甚至避免使用本身的字詞來研究其他時期或其他文明。[8]此相對主義衍生自某種理想主義，造成了疑難：世界並不是一個文本，種種字詞也非諸多事物本身。語言可以說明世界，但卻不建構世界自身。一旦我們認為本身的詞彙或思想分類不適用，便不再能夠訴諸語彙、社會本身的概念，來研究外在、或是先前於我們的事物。在提到imperium、Rîche、Tenno*的時候，沒必要找個或多或少優雅些的翻譯來拐彎抹角地說出這些詞彙。不然照這個邏輯推論到底的話，便只有加洛林帝國（L' Empire carolingien）的一分子才能討論加洛林帝國，而且還得用查理曼的用語來談論才行。如此一來，不但否定了歷史調查的可能，也否定了科學思考。

我們別無選擇，一旦對詞彙陷阱有所警戒，意識到本身文化反映的預設現實以後，就得運用自身的語彙。同時也須留心，避免在研究事實上武斷地移花接木我們自身語彙的字義。因為，如果這麼做，會經常誤導相關事項（冒年代錯置之險）。以人類理智能力為原則的作法儘管未臻完善，但已足以用來考量所有人類現象。

帝國主權

承上述前提，接著便是要定義「帝國」指的是什麼。當代人與史家一樣常常為此有所遲疑。該如何定義「這一片無名眾土」呢？這是瑪伊特．比奧蕾（Maïté Billoré）對金雀花（Plantagenêts）一朝的相關疑問。皮耶．博杜安（Pierre Bauduin）提出，不該說「諾曼式帝國」，而應該稱「諾曼人的帝國」才是。他如此稱呼，也遠遠不只是玩弄文字風格而已。就瑪麗—瑟琳．依薩亞（Marie-Céline Isaïa）的看法，她指出加洛林王朝創造多用途的帝國概念來配合其抱負。至於伯納．杜梅克（Bernard Doumerc）則揭露：「當史家們提出『威尼斯帝國』時，其實也組織了多種與其相關的概念。」

古代時期的政治建構（埃及帝國、波斯帝國、馬其頓、羅馬帝國）提供了一些初步框架及可供定義的元素。在多變、隨機的廣博時空下，帝國客觀具備的特徵就是不涵蓋在另一個整體之下的集合體（王國或是城邦則相反）。無人高過皇帝；帝國代表絕對主權，或者至少以此自居，充其量可以容忍敵方、也就是其他帝國存在。

不論地理區塊或年代斷限皆可適用此定義，且能融入多種政治經驗中，但顯然沒辦法考量到其中差異。

不過，初步看來，本書中呈現的帝國形成更迭萬象。各種自居、或得到帝國稱號的政治

---

* imperium和Rîche分別是法文與德文的帝國，Tenno則是日文中的「天皇」。

結構是不是都顯現出同樣的原則呢？抑或這些政治結構是大不相同的，以至於用帝國加以概括的想法或許不成立？這問題並不淺：在許多例子中，諸如保加利亞、塞爾維亞、室利佛逝（Srivijaya）與諾曼擴張等，史家們爭論著「帝國」一詞是否適用。距離與缺乏交流，以及其他因素，解釋了帝國群譜的多元，但卻無礙於讓我們指認出相像的行事作法、共同問題，偶爾還有類似的解決辦法。誠如保羅．偉納（Paul Veyne）所寫，史家的每一個研究對象都是獨特的，即便眾多研究對象都顯示在同一個分類裡。然而，所有的分類本身也可以是研究的對象。另一方面，就定義上來講，所有歷史事物皆與時演進，不具固著特徵（這並不意味著缺乏一致性）。歷史學一樣也研究這些轉變。

如果這麼多的帝國體制被保留下來，應該是為了簡單的理由：一旦某個空間裡的掌權者企圖冠上、奪取帝國頭銜時，便試圖讓其他外在勢力承認自己的帝國稱號，而這些外在勢力有時自己本身也是帝國，好比菲拉．阿塔莎諾娃（Véra Atanasova）提及保加利亞沙皇皮耶的情況。他在西元九二七年被承認為巴西里厄斯*，於是我們就有充分理由把這些宣稱當作一回事。經過批判查考之後，接著便是決定人們是否可將這些政體視為帝國。

帝國歷時與其壯闊

帝國俯瞰天下，位處權勢尖端。當帝國不斷以全宇宙形象打造首都時，例如巴格達、特奧蒂瓦坎（Teotihuacan），就加強了這樣的印象。然而，帝國卻不僅由「帝祚」所組成。中華帝國或神聖羅馬帝國大大超越了中世紀時限的長壽帝祚令人印象深刻，可是加洛林帝國僅僅為時八十八年。該帝國歷時短暫，但卻不削弱其榮光：多個世紀以來，查理曼的傳說令眾多歐洲心靈著迷不已。

儘管沒有明確門檻來定義多大的面積能夠稱得上帝國，廣闊的土地似乎是大部分人認定帝國的標準。蒙古帝國是最大的陸地帝國：從中國到黑海，涵蓋俄羅斯，還脅迫著中歐。不過也有一些占地較小的帝國：可薩人（Khazars）的帝國、威尼斯或熱那亞的商業據點。阿茲特克帝國占地則小於今日的墨西哥。世上有「殘存」的帝國，也有壯觀、龐大的帝國；成吉思汗後人建立的帝國及拉丁人在君士坦丁堡陷落後僭用而成的帝國少有相似點。佛羅倫斯·山普松妮（Florence Sampsonis）亦指出後者的不連貫與不切實際之處。

---

* 指希臘文Basileus，拜占庭統治者的稱號，類同於羅馬帝國時代的皇帝頭銜「奧古斯都」（Augustus）。

除此之外，凡觸及空間勢力探究，占地面積依舊不是一個充分條件，還得加上其領土是緊密、還是分散的特質考量才行。與羅馬帝國一樣，中華帝國、日本帝國、蒙古帝國或加洛林帝國是一個整體。有些帝國則是在分散的領土上確立政權，諸如諾曼或是金雀花王朝便體現了這種政治分身術，威尼斯則不關注內陸部署，塑造出主要以群島為主的「內飛地帝國主義」（impérialisme d'enclaves）。

但無論何種帝國，控制交通道路以及與外國之連通事關存亡。蒙古帝國控制了所有的草原網絡；威尼斯或室利佛逝的船艦確保了兩者命脈，儘管莽干（Pierre-Yves Manguin）堅稱，他或許對於稱呼室利佛逝為海權帝國仍有些微遲疑。反之，加洛林王朝，一如日耳曼諸帝王，掌握領土的程度平平。

戰爭與和平

帝國的概念直覺上便與征服有關。許多帝國皆誕生自武力，像是「阿拉騎兵」（cavaliers d'Allah）帝國或草原游牧帝國。拜占庭帝國承襲了羅馬征服，卡門．貝蘭（Carmen Bernand）指出，阿茲特克的特拉托阿尼（tlatoani）意指「威懾者」。享有盛名的神聖羅馬帝國卻跳脫此規範，我們因此得見一個因黃金與部隊不足而未竟的帝國。帝國武力實際上還得加上財富，後者是武裝力量的憑藉，也是征服的成果。帝國仰賴經過縝密計算分配的戰果與人員統治的收獲以續命存活。某些帝國位居世界經濟牛耳，如柯蘭（P. Calanca）提到中國是亞洲經濟的驅動要角，一如阿拔斯王朝，甚至室利佛逝也都是不同程度的驅動要角；反之，加洛林王朝或塞爾維亞都未達如此規模。

如羅馬和平（pax romana）一般，帝國常常宣稱和平、屬於帝國本身的和平，從加洛林王朝的協和理想到「蒙古式和平」。京都原稱「平安京」，意指「和平與穩定的首都」。帝國便是如此自掩於設防邊界後方。島國特性護持日本，神風（kami kaze）拯救日本免於強大的蒙古船艦襲擊。清朝建造長城、保加利亞人在其周圍建立防禦工事；威尼斯除了其他條件以外，還有賴當地潟湖庇護，該處亦為其傳說中的發祥地。不過，這些屏障沒一個是封閉、無法穿越的。而且領土散發的帝國是最脆弱的。

帝國可以委託邊界的游牧外國部族保護自己，這是伊本·赫勒敦（Ibn Khaldun）所提出的解釋架構。[9]這些外國部族構成了社會凝聚力（asabiyya），是有效的武力。但受到帝國財富以及衰弱的武力誘導，外國部族最終入侵帝國奪權。接著，三、四代以後又再重蹈覆轍。中國人便是如此將防衛工作交給非中國蠻族：唐末是回紇人與韃靼人，宋朝則是契丹人或女真人等。拜占庭帝國則不時善用橡皮圖章政權來誘敵抗敵。[10]相反地，洛伊克·卡造（Loïc Cazaux）指出，日本沒有任何防衛工事（limes），也沒有蠻族掌控的邊陲地區。

中心和邊陲的關係、中介勢力的角色，以及掌控內部空間的能力都是重要因素。不必訴諸外部人士之力，神聖羅馬帝國透過在地貴族的協助來保衛邊界。邊境封地（marche）與拜占庭軍區制（thème）的創建相像，卻又不相同。匈牙利入侵時建立的縱深防衛，顯見神聖羅馬帝國發展出和拜占庭在托羅斯山脈（Taurus）邊境一樣的策略。邊陲地帶由當地居民防衛，最終也保衛帝國核心。帝國可以授予邊陲人民某種自治權，甚至也能使拓展帝國本身邊界以外地區成為可行之事，而且還不會危害到帝國認同或帝國一體組織。如此一來，往往導致了內部空間的階層化、分化（加洛林帝國世界），甚至使保衛邊界有成的群體奪權（如拜占庭帝國的尼基弗魯斯・福卡斯*）。

帝國的多元性

倘若（歐洲）國家降生於中世紀，帝國則非民族國家。查理曼不僅統治法蘭克人而已，拜占庭的希臘帝國囊括了斯拉夫人、喬治亞人、亞美尼亞人、阿拉伯人。阿拉伯人和土耳其人一樣，統治多種人民（柏柏人、波斯人、希臘人……）。當史特芬・杜尚（Stefan Dušan）在史高比耶（Skopje）自行加冕時，他取了「塞爾維亞人暨希臘人之沙皇」這個頭銜。這顯示了某種多國色彩，實際上卻是為塞爾維亞一國所用而已；但塞爾維亞是個帝國嗎？這便是安德烈・法依格（Andrej Fajgelj）所提出的問題。多元是威權政權應控制的必然要素。如此一來，一神宗教或佛教即成了有效的支援：偏向合一的宗教激發專制傾向（一神／一君），而多神信仰則促使政權分裂。

歷時長久的帝國擅長主導「分治政策」[11]，依不同方式統治各族群，讓其自由使用各自的語言。阿拉伯文因為是《古蘭經》的語言，所以是神聖的語言，但也沒有消滅掉柏柏文、科普特文和波斯文。此外，土耳其文也沒有滅掉阿拉伯文。總而言之，帝國連結眾多獨特的歷史而成，少偏向同質性，反倒更著重忠誠。臣民的忠誠扮演凝聚角色，且去除了帝國的均質性：查理曼力求一個屬於所有自由人的誓詞；鄂圖曼蘇丹們的權勢有賴於傭奴階級，還有蘇丹慷慨以待而攏絡的眾地方長官。因為要確保權勢遍及偏遠地帶，所以必須有活躍、忠心的中介組織，還有與地方勢力的信任關係。

---

* 尼基弗魯斯．福卡斯（Nicéphore Phocas，九一二—九六九），出身土耳其東部的尚武家族，因平定拜占庭帝國亂事，軍功卓著，而在西元九六三年登基為帝。

帝國夢

尼可拉．多庫指出帝國無疑地比王國還大，承載眾多想像。而誠如賈克．帕依歐（Jacques Paviot）提到的，鄂圖曼帝國不就誕生於一場夢境中嗎？帝國野心和夢想往往與其規模相稱。多個帝國自稱為普世帝國；某些較為務實的帝國（威尼斯、室利佛逝），或是試圖避免外部影響的帝國（日本）則抗拒這點。但是承載著凌厲征服（蒙古），或是一神信仰普世觀（拜占庭、阿拔斯王朝）的帝國，則渴望著世界級的統治。蒙古人的可汗是「世界之帝」，他在地上的統治代表著「長生天」這位獨一無二的神（西蒙．貝傑）。大部分有普世理想的帝國都致力於撰寫從創世以來回顧人類發展的「通史」（加洛林帝國、阿拔斯帝國、奧圖帝國、拜占庭帝國……），這些帝國都在眾「通史」當中臻於圓滿。延續性、或是開基英雄世系的概念，維繫著帝國夢。諸多帝國採用彌賽亞視角：眾帝國得集合人類來面對最後審判。上述這個觀點出現在巴格達、亞琛（Aix-la-Chapelle）或是君士坦丁堡，伴隨著重建已逝黃金時代的渴望。阿拔斯朝人經歷他們視為衰退的伍麥亞王朝（Omeyyades）中介期後，聲稱和純正穆罕默德在麥地那最初的社群恢復聯繫；查理曼在西元八〇〇年、一如奧圖大帝（Otton le Grand）在西元九六二年確認重建了羅馬帝國，而非創建一個新的帝國；腓特烈二世（Frédéric II）也同樣被重建羅馬帝國的想法纏身。或虛或實，這樣的世系傳承維繫了夢想，形塑雄心，勾勒出行動方針。蒙古帝國實行帝權轉移（translatio imperii），復用草原帝國的手段措施；保加利亞人和塞爾維亞人仿效鄰近的拜占庭強權；至於中國，則發展出一脈相承的神話。

許多敵對帝國共享普世主義，使這個概念不過是個空想而已。德意志眾帝王沒想過強勢制服歐洲君主們。在烏托邦理想之下，他們還是會意識到有勢力的牴觸。即便如此，大多數的帝國依然努力傳播，橫加其觀念、系統、信仰。拜占庭帝國便是如此，它透過讓斯拉夫人改宗，來輸出本身的帝國意識型態。「低調軟實力」[12]得以超越地理限制，操縱潛在的敵人以避免入侵。金雀花王朝便是如此發展出和誘政策的。

帝國之死

儘管有著夢想與權勢，帝國還是死了，時時亡於其占地廣闊、還有本身挑撥起來的敵意。希臘人或許會稱之為悲劇性傲慢（ubris）。受制於其規模，帝國在離心力量和各地自治的憧憬效應下分裂。瑪麗－特雷斯．爾娃（Marie-Thérèse Urvoy）表明：「中央哈里發組織受制於大埃米爾（émir）們的新軍事行政職權。」伯納．杜梅克則指出：「威尼斯帝國是利用消解邊陲地帶與中心機關間的效忠關係來鞏固自身的。」此外，當帝國分裂時，也引來掠奪者。

蒙古帝國有過一些繼承者，留住些許蹤跡紀錄，但卻沒有能成就相同帝國規模的後人。

保加利亞人和塞爾維亞人同樣也沒有與遙遠前人相通的雄心。其他某些遺緒卻不光以紀念[13]或傳說的形式存活著（好比普世哈里發傳說）；日本尚有天皇為首；習近平的中國老是以「中央帝國」自居；曼奎恩注意到室利佛逝出現在印尼憲法的序言裡，成為現代共和國的起源之一。

考慮到剛剛所提及的標準，收錄於本書的帝國區分為三個應被當作研究假說的類型：「世界型帝國」有普世使命或企圖（加洛林帝國、拜占庭帝國、阿拔斯帝國、蒙古帝國、鄂圖曼帝國）；「散發型帝國」，有分散或不連貫的領土（神聖羅馬帝國、諾曼帝國、金雀花帝國、威尼斯帝國、室利佛逝的印尼帝國）；「封閉型，或空間上受限於敵方勢力的帝國」，當邊界劃定、固定以後，就不能、或不願繼續擴張（阿茲特克帝國、印加帝國、保加利亞帝國、塞爾維亞帝國、日本帝國與拉丁帝國），一旦確認過相關國家的存在，我們就可在最後一種類型裡發現國家型帝國。

中國，特別是宋朝治下的中國，似乎是個特例：中國兼以普世性與同一性來自我定義，而其中，同一性是更加強勢的，因為中國把不同化的民族置於其外，但中國卻自認是被蠻族或正在漢化之地帶所包圍的文明；最後一點，中國以一種不間斷的朝代延續形式來思考本身的歷史，即「中國」朝代（其中有部分是假的）。帝國力量、空間（中央王國）與文明是密切交織的。

一言以蔽之，本集著的構想為：對撰稿人不強加任何限制，尤其沒有任何可引導想法、造成強迫類比的預設研究框架。唯一的守則是點明貌似坐實（或削弱）帝國稱號的事項，還有所研究政治架構的獨到之處。犧牲事件敘述，側重呈現大方向、深層傾向、政治結構、經濟意識型態，而考量某些觸及案例的異國感，則有不同程度的事件敘述取捨。總而言之，與其呈現某些不過是用來描繪已預設好的帝國「理想型態」特定元素，還不如點出在本書保留例子中獨特的事物來。本書總計討論十六個帝國，由專家、知名大學教授或青年教師、學者加以闡述。願能再次熱情地感謝他們的努力並撥冗參與本書製作。[14]

「世界型帝國」以及具有普世使命或企圖的諸帝國

第一章

論加洛林帝國：羅馬復興？

瑪麗—瑟琳・依薩亞（Marie-Céline ISAÏA）

查理曼在西元八百年獲教宗聖良三世（Léo III）於羅馬加冕時所建立的加洛林帝國，為其祖父鐵鎚查理（Charles Martel）及其父丕平（Pépin）的開創性政治成果。他們於即將終結的墨洛溫世界（mérovingien）中取得大權。丕平在七五一年與七五四年兩度加冕。其子查理（Charles）則在七六八年繼承父位，他加強承襲自父輩的皇室權力，同時也展開軍事擴張。軍事擴張政策使查理得以征服巴伐利亞（Bavière）、薩克森（Saxe），戴上義大利北部倫巴比王國（royaume lombard）的「鐵王冠」（couronne de fer），不過卻也沒兼併掉法蘭克王國（Franc）。查理也征服了義大利半島南邊的斯波萊托公國（duché de Soplète），且強逼貝內文托公國（duché de Bénévent）納貢。甚至可說早在取得帝國頭銜之前，查理就已經是真正的帝國領導人。八一四年查理死後，查理之子虔誠者路易（Louis le Pieux）繼位，卻受制於自己子輩間的敵意。歷經諸多叛亂與戰事，八四三年帝國在凡爾登條約（traité de Verdun）下一分為三，各王國瓜分給虔誠者路易的兒子們：西法蘭克王國（Francie occidentale）分給禿頭查理（Charles le Chauve）、洛泰爾王國（Lotharingie）分給洛泰爾（Lothaire）、東法蘭克王國（Francie orientale）分給日耳曼人路易（Louis le Germanique）。帝國三分卻並未導致帝國崩解，帝國頭銜落在控有亞琛、羅馬兩座首都的洛泰爾身上。但是，八八八年胖子查理（Charles le Gros）亡逝後所引發的新繼承爭奪危機，終究導致帝國消亡，每個王國便依循各自的路線發展。

難道加洛林帝國從未存在過嗎？對學習過「查理曼在八百年成為皇帝」的小學生們來說，加洛林帝國是存在的；對於從費希特瑙（Heinrich von Fichtenau）以來的諸多中古學家而言則否。一九四五年以來奧地利知識份子的悲觀主義使中古學家體認到帝國是個神話[1]，是用來混淆教會與加洛林政府兩者間的意識形態建構。這個建構出來的意識形態以教會的普世主義（universalisme）去合理化加洛林一朝的統治。費希特瑙還進一步提到該帝國是個魚目混珠的創造：服膺政權的文藝人士，成為宣傳話術的核心；假和平、正義與眾人能「離苦得救」（salut）之名，行倡導專制與帝國主義政府之實。這樣的批評帶著某種苦澀的幻滅感，一如曾經相信過德意志帝國（Reich）的人，見證這個帝國爾後成為一場噩夢般的體驗。我們還是一下子就可指出其中的細微差別：加洛林知識份子依然是深信著帝國、且致力於讓帝國長存的。因為他們認為「帝國」具體來說便是一個能夠使所有人認識真神與融入教會的政府，所以帝國確實是個概念，但是為其辯護的人們卻不是、或不單只是高壓政權下有意識的共謀者而已；加洛林知識份子渴望著帝國秉持宗教理念的俗世（temporel）成就。由此看來，針對「加洛林帝國」最好的定義，出自於里昂執事佛羅魯斯（le diacre de Lyon Florus）筆下，儘管這份著名的文獻尚殘存誤解。一七二三年，馬比雍（dom Mabillon）將這篇詩文以〈嘆虔誠者路易駕崩後之帝國分裂〉（Déploration sur la division de l'empire qui a suivi la mort de Louis le Pieux）[2]為題，付印於最新一版的《古拾遺選集》（*Analecta vetera*）中。人們自此便重述著他所感嘆的、八四三年發生於凡爾登的分裂；換句話說，便是所謂的「帝國分裂」（division de l'empire）。可是在中世紀，詩篇其實是沒有任何標題的，而佛羅魯斯的作品也不例外。詩人或許對於「帝國是可以被瓜分的」這件事實表達意外之情，但該詩所表現出來的內容卻又恰恰相反。其實人們應該就字義去理解才對：帝權（imperium）意指君主（prince）無庸置疑的權威；君主發令、統治、領導或指揮一個王國或多個王國的集合。最傑出的拉丁學家不使用「帝權」一詞來指稱「帝國」；他們既不以該詞來區分帝國權力與皇家權力，也不藉它來指稱比王國更大的領土。當阿爾琴（Alcuin）提到諾森布里亞（Northumbrie）國王奧斯威（Oswiu，逝於六七〇年）的時候，他感念後者「行帝權二十五載……，且傳位予其子埃格弗里思（Ecgfrith）」。奧斯威當然是未曾當過「皇帝」（empereur）的。要精讀佛羅魯斯的行文，才比較能理解到帝權這個概念有多麼複雜。首先，帝權的意思既不是指某個人，也不是指某個朝代，而是一個神選民族建

九世紀中葉的加洛林帝國

立起的帝國：

諸山眾丘……同泣出於基督餽贈而有帝國盛世之法蘭克人國，現下衰頹，滿布塵埃！（……）該國同失帝號與其榮，一統之王國卻落於三種命運：我們至此莫再提帝君，小國王代替了大國王，王國殘土取代了王國。[3]

假使我們以字面來理解的話，上文這副景象其實是錯的。虔誠者路易之子，直到他在八五五年去世前，都帶著帝國之君的頭銜；洛泰爾自己的長子義大利路易二世（Louis II d'Italie，八七五年亡）又再次取用該銜，往後的繼位者也都如此續用帝國頭銜。但是佛羅魯斯實際上卻對聖計（projet divin）與人類政權兩者間的斷裂刻下了深深標記。前者認為有一支天選民族號召普世統治，引導天下與神結盟，而後者則一再陷於妥協算計之中。因此八四三年後或許有帝國與皇帝，但帝權卻已不再。

費希特瑙針對加洛林帝國的解構在法國沒有被一致接受。畢竟法國當地有著另外一種帝國體驗，也就是拿破崙帝國、殖民帝國，還有對偉人、有雄心之領導人的寬容傳統，讓查理曼不致啟人疑竇。費希特瑙闡釋道加洛林帝國本身就是個錯誤，而阿爾芬（Halphen）則是經由閱讀佛羅魯斯的作品而認知這不過是場失敗的經驗而已[4]：查理曼的繼承者及其子「虔誠者路易一世」錯就錯在沒能成功達到完美基督教統治的理想，而不是錯在從來不曾以該理想為目標。費希特瑙解讀方式的優點在於澄清了日期與年代順序的問題：加洛林帝國早在查理曼加冕以前就已然存在於教士們的話語之中。由於概念能比其過渡的化身存活更久，所以加洛林帝國甚至還在胖子查理三世（八八八年）亡逝後延續下去。倘若我們採用阿爾芬的解讀，加洛林帝國從八二八至八三五年間就滅亡了。虔誠者路易的統治危機實際上超出了他作為父親和自己的兒子洛泰爾、丕平、日耳曼人路易三人間的時勢、黨派對峙格局，而捲入了八二〇年間主教們（évêque）愈發具體的批評聲浪。他們針對有可能將教會與政府機構兩者間混淆的情況提出異議。關於鐵鎚查理的世俗化（sécularisation）指控，其實源自中古前期著名的政治世俗化（laïcisation）：國王保障地上的王國安全，然後留給教會來照管並拯救王國的靈魂。上述狀況，至少指陳出「基督教共和國」（Respublica christiana）的失敗，在最大程度上甚至削弱費希特瑙所理解的那種帝國存在的可能性。梅克・德・瓊（Mayke de Jong）也因此有理由打趣地認為中古學家眼中的加洛林帝國是個「盡顯衰敗的帝國」，甚至是個在成為帝國以前即告衰頹的帝國。[5] 如此無可避免的衰亡局面多次透過為數愈眾、卻益發孱弱甚至帶病的繼位君主表現出來，這個現象一直延續到那如此病弱、人們覺得可能是中邪或患有癲癇的胖子查理。[6] 在顱骨穿孔手術後死去（或正因該手術而亡）。

為了跳脫這個在哲學、神學、道德，甚至是醫學層面上評斷加洛林帝國失敗無可避免的觀點，參考伊本・赫勒敦（Ibn Ḫaldūn或作Khaldun）所發展出來的模式就特別有意思。嘉比列・馬丁尼茲—格羅（Gabriel Martinez-Gros）在二〇一四年指出，這位十四、十五世紀間的歷史與哲學家早就提出了一個適切性大大超越伊斯蘭事例範圍的歷史模式，以分析眾帝國。將伊本・赫勒敦的詮釋架構套用在加洛林帝國上，我們不但能更加了解該帝國的實際運作，也更能了解其獨到之處。根據嘉比列・馬丁尼茲—格羅的看法：「歐洲是出於本質上的原因，而抗拒著伊本・赫勒敦的理論。」[7]因此，此處要探究的便是歐洲為何抗拒此說了。伊本・赫勒敦理論的基本進展，其實頗能描繪出加洛林帝國的歷史輪廓。該說法預設帝國乃由一批軍事擴張菁英所建成；十三世紀初，法蘭克人在和鐵鎚查理一起去征服菲士蘭（Frise）的時候，立下《法蘭克人史書》（*Liber historiae Francorum*）這本編年史。法蘭克人的武力使他們能夠向被兼併的人民課稅：直至墨洛溫王朝，納貢原則似乎都被視為重點注意事項，墨洛溫王朝收到了薩克森人（Saxons）的牛隻、圖林根人（Thuringiens）的豬隻，且倒是收到了倫巴比人（Lombards）的金幣。[8]帝國是以稅賦規劃、土地登記還有由伯爵（comte）所負責的人丁普查來運作的[9]。儘管加洛林帝國主要的稅務資料已經佚失，卻不該因此誤以為帝國是以零星或武斷的方式來徵賦的。僅需參照他處資料，就在申覆程序紀錄中可理解到，征服行動一過，便緊接出現針對歲收的嚴密分配。[10]

征服後和平期間的顯著措施，便是推行一套取代地方社群仲裁、而由政權（État）所擔保的法制系統。政權扮演絕對正義的角色，獨占合法的暴力手段。上述情況恰好足以概述查理曼在八〇二年的總諮議會（le plaid général）與八一三年多次改革主教會議（les conciles de réforme）之間的政策：皇帝透過一個個敕令，來捍衛可遍及四方、且處處有全知皇帝與書定規範雙重權威所保障的司法。眾主教與諸伯爵皆屬於自墨洛溫建朝以來所設立的公眾司法成員。皇帝分派特使（missi）至眾多明確的地理轄區擔任其貨真價實的代理人。帝國司法便有另一種性質，藉由教會的地理分佈、人員與正當性（légitimité）來對抗人為司法（la justice des hommes），這是一項帝國司法人員在地方上施展權勢的妥協因子。人為司法是與神的司法相對的。神的司法，即皇帝的司法，遍及所有人；而且在本質上是公正的，因為神不會偏袒任何人。也正是在這個時期，加洛林帝國內所有自由人（homme libre）獻身武裝征服的原則消失了，伊本・赫勒敦稱此現象為「去武力化」（la démilitarisation）。在日耳曼社會中，人身自由地位以擁有參與政治集會的資格來展現。人們在政治集會中會共同援引集體的風俗、習慣以做出仲裁，以及為任何關於共同利益的事項下決定。自由人參與的征服行動便是群體先前所決定下來的，而且自由人本身也由囚犯的贖金、賣囚為奴的生意，還有所蒐集到的戰利品中獲利。在加洛林帝國，這項系統在八〇八年前被批准取消。法令自此在法蘭克人當中區分出大多數的小耕作農，他們雖然不作戰，卻供應武裝、補給給少數戰士。而這一小部分人之所以被指定為戰士，則是因其地產豐碩的緣故。[11]由此看來，我們提及伊本・赫勒敦的人民去武裝化乃是有憑有據的。然而，與伊斯蘭的基本差異是，加洛林帝國沒那麼大規模地外包帝國國防工作給自外於政治菁英的傭兵。加洛林治下最專業且帝國賦予「恩賜」（bénéfice）的即以土地稅收、或是教會財產為戰士報酬，同時戰士也是社會、政治菁英，而不是其中的邊緣份子。或許在八五〇年間，當加洛林王朝開始徵用斯堪地那維亞（scandinave）部隊的時候，武力外包才成了一項隱憂。法蘭克人與伊斯蘭的情況不太一樣，他們對傭兵是有所猜忌的。不過儘管如此，法蘭克人卻仍時時雇用傭兵。

根據伊本·赫勒敦的看法，第三個、也是最後一個帝國歷史階段便是當人民去武裝化到夠深的程度，致使帝國邊境面臨其他武力壓制而不牢靠的時期。這些邊境武力中最先出現傭兵，再來就是外部的入侵者。我們認為這第三個階段與諾曼（normand）入侵有些許相似之處；諾曼入侵削弱禿頭查理的力量、讓胖子查理三世失去威信。然而，又再度與伊斯蘭的情況相反的是，加洛林帝國的終結並非是以一場政治毀滅、一次強烈危機、或是一件篡位事變等幾種狀況表現出來的：斯堪地那維亞人先行融入帝國系統，接著再融入皇家系統。斯堪地那維亞人與皇家系統共用相同的社會規範與政治措施。糊塗查理（Charles le Simple）治下時期所出現的諾曼第（Normandie）王國，並不是一個對加洛林統治有異議的獨立王國，該地的情況恰好完全相反[12]。八八八年以後，不再有人帶著帝銜，可是卻有個同樣具帝國性質的政府在西法蘭克地區的諸親王政體（principauté）中延續下去。

因此，將伊本．赫勒敦的模式套用於加洛林帝國是相當適切的，由該模式的整體進程來看更是如此：菁英征服、抽徵稅賦、將司法與武力轉由國家行使去武裝化、暴力再起與邊陲動盪。伊本．赫勒敦的模式同時引人注目的，還有其與加洛林帝國大異其趣的地方。加洛林的低度城市發展現象阻礙著集中型（polarisé）社經組織的形成，此類社經組織可將帝國的財富集至一個、或多個首都。加洛林帝國諸帝當然都知道要規劃到宮殿的補給線。[13]一些長途商人就因為供應給宮廷一丁點的珍稀品、皮草與衣物而享有特權。為了在總諮議會期間鞏固忠誠。宮廷交換這些物品是件必要的事，我們皆知亞琛城是如何以北方拉溫那（Ravenne）的模式規劃出來的，但亞琛卻是個縮減到只有一座教堂與大會廳（aula）的拉溫那。該城只是一個與其他地方相較之下稍大的城鎮[14]，人們也看不到整體經濟環繞著龐大的城市—市場模式組織起來的現象。由此看來，加洛林帝國是有徵稅的。其徵稅形式是對部分中央政權裡的大地主徵收地賦。該項地賦為年徵，但都市核心卻沒有往鄉郊地區有組織地開發。這便是為什麼「中心」與「邊陲」這兩項概念不足以用來描繪加洛林帝國的情況。同樣地，我們也無法論及所謂比歷史核心地帶具備更強獨立誘因的邊陲地帶。因為帝國事關一項統治計畫，加洛林帝國從誕生到消亡，都是帝國核心菁英思索、實踐以及批評的對象。而這項統治計畫的演進，有一部分則是仰賴查理曼與虔誠者路易（八一六—八四〇年）此二帝國間的菁英汰換而來的。[15]

自查理曼以來，有眾多極其誇大的加洛林帝國定義，好比我們在阿爾琴的通信中所看到的內容。舉例來說，阿爾琴這位執事（le diacre）提及，他是如何在查理曼要求下，於一場公開論戰中回應烏爾赫爾的菲利克斯（Félix d'Urgel）的異端論證。阿爾琴整理完論點之後就上呈皇帝，讓皇帝能夠審視這些論點的正統性，以定奪是否將其廣傳出去[16]。阿爾琴概括道：

> 您的聖願及憑仗於神的力量，到處捍衛著天主、宗徒信仰；您的聖願也同樣以勇氣做工，為的是以武力來拓展基督帝國，您的聖願透過對地上所有王國皆具威勢之人的幫助來將其熱忱投注到捍衛、教導、傳佈宗徒信仰真相的事務中……願全能的神在其永恆之善裡，為了讚揚、捍衛祂神聖的教會；為了基督帝國的和平、進步，壯大、保護、保守您的權勢與皇室榮耀！

耶誕節加冕後未滿一年，上段引述卻已是對加洛林帝國最廣泛的定義：皇帝以武力建構出推廣天主教信仰的場域。在「基督帝國」（Empire chrétien）[17]這個名號下，「加洛林帝國」之設立，是為符合普世教會的概念；所以加洛林皇帝便同時擔綱著軍事強權及宗教正統權威這兩種職責。法蘭克教士反對這些他們認為太過浮誇的加洛林式抱負，一些法蘭克教士自下一代開始便傳抄起另一種皇帝與教會分權的觀點，人稱《君士坦丁獻土》（*donation de Constantin*）。這份實撰於八世紀末、卻偽充於四世紀時寫成的假文獻，呈現了君士坦丁（Constantin）的天主教信仰告白，是一部謙遜滿溢的自傳。其中，皇帝念及他本人的健康與靈魂得救皆是託思維教宗（Pape Sylvestre）之福。君士坦丁還承認帝國的諸多非凡尊榮皆永屬於伯多祿（Pierre）的傳人。所謂帝國的諸多非凡尊榮意指王冠、紫色染袍暨羅馬帝國皇宮，以及西方世界帝國（empire d'Occident）：

君士坦丁解釋道：既然在羅馬這個天上的皇帝策立眾主教之君*以及基督宗教首領的地方，一個地上的皇帝擁有權勢是不合理的；所以我們早就認為將帝國與皇家權勢遷移、轉換到東方地區，在完美符合我們本身名號的拜占庭省分設立一個城邦，以及在（君士坦丁堡）建立帝國是一種相當明智的作法。[18]

我們長久以來依然會持續討論這份神奇文獻產生的背景。其傳佈的狀況顯示出，與八三〇年代起的法蘭克改革派教士相比之下，九世紀時的羅馬教會還沒有如此廣泛地使用這份文獻。八三〇年代的這些法蘭克改革派教士，以某位揑造出來的伊西多爾主教（Isidore）名號杜撰編寫了一批文集與飭令集（les faux isidoriens）。當這些教士認定帝國使命被扭曲的時候，他們就會以誇大主教權力以及合理化主教面對公權力自治的方式作為回應。

支持阿爾琴一派帝國定義與支持限制帝國特權的這兩派人士並非勢均力敵。長期看來，阿爾琴一派的立場是配合查理曼統治的不尋常特例。對帝國專制的不信任感才是西方世界所採納的觀點。《君士坦丁獻土》顯現出君士坦丁的形象是如何被引導出來，以限制住所謂皇帝的最基本（a minima）定義。自該撒利亞的優西比烏（Césarée de Eusèbe）以來，君士坦丁的形象其實就被用來限縮基督教君王（prince）的合理政治行動輪廓框架。君士坦丁因此成了各類傳記的題材，而且這些傳記還經常一寫再寫。伯利恆的耶柔米（Jérome de Bethléem）筆下《歷代誌》（*Chronique*）裡的皇帝與其在米爾維安大橋（pont Milvius）的傳統刻板形象相去甚遠。《歷代誌》為伯利恆的耶柔米續寫優西比烏的《教會史》（*Histoire ecclésiastique*）而成，其中提及君士坦丁晚年由一位異端主教施洗，然後「陷昧於亞流教派（arianisme）中，此乃往後、且直至我們之時代，教會（由於亞流教派黨羽鳩佔鵲巢天主教房舍）走上偏路以及全境不和之因」。[19]這樣的說法在西方世界歷時長久，特別在查理曼時代成了滋養眾西班牙主教猜忌的素材。七八〇到七九〇年間，托雷德（Tolède）的主教埃匹里安（Élipand）加深了天主教三位一體教條，在法蘭克王國主教們眼裡看來形似異端。這群主教揭發了主教埃匹里安的「嗣子說」（adoptianisme）。托雷德主教埃匹里安以警告查理曼來回應阿爾琴的批評：

---

* 即教宗。

當心別成了這位君士坦丁皇帝的新亞流（Arius）。教宗聖思維一世（saint Sylvestre [pape]）讓君士坦丁成了基督徒，可是亞流和一個女人（意指君士坦丁的姊妹）卻使他成了異端。其中（賽維亞）的聖依西多祿（saint Isidore [de Séville]）有言：「糟糕，他之前明明好好的，卻又變得不好。」君士坦丁不只錯在沒掃蕩掉（西班牙西）哥德人王國（[wisi] gothique [d'Espagne]）的餘毒，而且也沒清除好利比亞與東方世界的遺毒，西方世界的情況也是一樣……別對光榮的查理君做出亞流對君士坦丁所做的事，然後再悔恨這些作為，直到時間終結之刻。[20]

於是，君士坦丁無法作為明晰的模範，坐實帝權干預教會事務這件事。相反地，皇帝干預宗教教義一事則被視為直接導致謬論廣傳。即便我們拿出一些讓反對派更加強硬的爭議性素材，君士坦丁的先例卻反倒讓皇帝自認在「教會事務方向中與眾主教們並駕齊驅」這件事上站不住腳。反之，阿奎萊亞的胡方（Rufin d'Aquilée）提到，應該要表彰君士坦丁在面對眾主教時曾經不太大擺皇帝派頭（si peu empereur）：

在神面前，教會的榮耀便是如此增長著；在眾人面前，多虧了同等的真誠，且地上出現了一個天堂實境寫照之後，虔敬的君士坦丁君（prince）自是狂喜於這番場面，每日信仰與虔誠愈進；而教會擴張，使君士坦丁充滿一種無以言喻的喜樂。因此他從不相信自居「與神的主教們並駕齊驅」就是對他們夠尊重；反之，君士坦丁將主教們遠遠高置自身之上，敬重他們一如某種具體的神聖形象。君士坦丁在這方面做得極好，以致於某些主教不把他視為皇帝，而將他當成父親了。[21]

如此一來，便與該撒利亞的優西比烏先前所捍衛過的視野大不相同；西方世界就曾以這樣的模式來塑造君士坦丁的形象：他是一個難免犯錯且尊崇眾主教的人。這項標準限制了查理曼治下所倡導的帝國意識形態的影響。諸教宗於《教宗名錄》（*Liber pontificalis*）中講述自身宗座期間的事情，他們緬懷思維教宗的聖潔，思維教宗「為君士坦丁大帝施洗，且眾所皆知，他在被迫閃避迫害、流亡之後，被主治癒了痲瘋病」。[22]我們因此更加理解為何皇帝的楷模在虔誠者路易統治時期由君士坦丁被換成迪奧多西（Théodose，三九五年亡）。特別在《三方通史》（*Histoire tripartite*）中，迪奧多西是加洛林朝人重新發現的一位出色天主教皇帝。他再度繫起與尼西亞（nicéenne）正統教義的連結，而該教義正是君士坦丁諸多傳人在四世紀一部分時期所抵抗過的教義。[23]其中最重要的，或許是能體察到，這種面對帝權的疏離感並不僅限於教廷文獻中與古代時期的皇帝而已：比德（Bède）的小《編年史》（*Chronique*）針對更近代的東方世界皇帝也有類似說法。這份文獻自八世紀起被西方世界用作歷史教材及曆法推算的資料；皇帝經常在其中被描寫成犯錯的人，而且還迫害身為殉道者的諸位教宗。舉例來說，我們可以讀讀關於另一位君士坦丁皇帝（六六八年亡）的記載：

> 君士坦丁為（君士坦丁城的牧首）保羅（Paul）所蒙蔽，就像其先祖希拉克略（Héraclius）先前也被同是這座皇城的主教賽吉（Serge）所蒙蔽一樣。他對公眾廣傳一個有違基督信仰的象徵符號……這便是瑪爾定（Martin）教宗在羅馬召開一百五十名主教出席的宗教教務會議（synode）之起因。該會將上述的賽爾（Cyr）、賽吉（Serge）、丕落（Pyrrhus）和保羅（Paul）譴為異端，且將這些人逐出教門。皇帝派出迪奧多德總督（L'exarque Théodore）在君士坦丁式的大教堂（即拉特朗聖若望大殿〔Saint-Jean-de-Latran〕）逮捕了瑪爾定教宗。迪奧多德總督把教宗帶到了君士坦丁堡，接著教宗就被流放到克森尼索（Chersonèse），隨後亡於該地。[24]

我們於是明白西方世界不光只存在著「身為皇帝並非無所不能」的概念而已，更幾乎預設當權會有錯誤或濫權的情況發生。羅馬對於東方一直存續的帝權也有潛在的不信任感。

史學上因此有個被一提再提的誤會，亦即帝國是個概念，而這個概念是神職人員的概念，也是種羅馬式與博雅式的概念；言下之意似乎意指查理曼是被教會創造出來的統治工具。可是推舉查理曼為皇帝的教士反而著力甚多，以歸納出其他非屬西方傳統的帝國典範。某些教士們的作為更像使帝國重生為羅馬式的政治、法理統治場域，而這尤其是八、九世紀的法蘭克史學所達致的成就。[25]好比《法蘭克皇家年鑑》（*Annales royales des Francs*）中，藉著定義相當寬泛的民族優越性去合理化領土擴張，所以法蘭克人聽令加洛林朝人四處擴張權勢。[26]帝國在具備帝國概念之前已然存在，而查理曼確實也經手多個王國的整併；據亨利・邁爾—哈廷（Henry Mayr-Harting）表示，這是個如此複雜的整合工作，以致於必得再搬出羅馬法規範加以治理。[27]因此，帝國不是用來合理化兼併義大利及薩克森的意識形態包裝，而是由事實統治轉換為法理統治的一種技術手法。這項法理、政治上的觀點有編年事證支持。法蘭克人的王國即始於不穩定的領土建構，於墨洛溫王朝核心之外再加上法蘭克三王國（tria regna），即奧斯特拉西（Austrasie）、紐斯特里（Neustrie）、勃艮第（Burgondie）三國，還有萊茵河—菲士蘭三角洲（le delta du Rhin et la Frise）、義大利北部、巴伐利亞（la Bavière）、圖林根（la Thuringe），接著還有整個日耳曼（la Germanie）直至薩克森、西班牙邊界軍區封地（marche）、伊斯特里亞（l'Istrie）；而一直要到征服告終後，查理曼才領受帝銜。八二〇年後唯一持續下去的征服事項為：對內使居民、特別是日耳曼一地的居民基督教化；對外則是在丹麥邊境傳道，反倒沒有任何新領土兼併。查理曼還特別承認丹麥人有獨立王權，且與丹麥人發展出記載於八一〇年與八一一年《皇家年鑑》（*Annales Royales*）中的外交關係。儘管哈拉爾・克拉克（Harald Klak）有虔誠者路易的支持，且聲稱為王；統治丹麥人的卻是亡於八一〇年的哥提克（Gottrik）國王之子霍里克（Horik，八二七—八五四）。因此，認為加洛林帝國打算讓自己的領土全然和西方基督教勢力重合，是一個錯誤的想法；加洛林帝國乃是個有邊界的政治實體。初修的《洛爾施年鑑》（*Annales de Lorsc*），是寫給八〇一年到八〇二年間的法蘭克菁英看的。其中的內容呈現出這些法蘭克菁英應該要如何深信西元八百年耶誕節加冕這件事，還有對此事應該要有什麼樣的想法。此文獻把西元八百年耶誕節加冕一事直接與查理曼施行的領土控制兩件事串聯在一起，全然沒有設想其對教會或是教宗負有絲毫責任。[28]此外，自從查理曼成為皇帝的那一刻起，他便不再以同樣的風格來施行統治。立法活動從數字比例看來明顯加劇，七六八年至八〇一年間，加洛林當權宣告二十四個敕令及教會法條（acte de concile）生效，八〇一年至八一四年間，我們則計有七十九個類似文件。[29]除了帝國加冕儀式以外，有一部分的統治手段與查士丁尼帝國（empire de Justinien）內部一樣，轉變為載入整合好的書寫規範了。這項轉變與查理曼個人經歷的關聯不容小覷：三十歲時征戰、四處移動的國王在他六十歲時，成了定居亞琛的立法皇帝。帝國治理諸多納入其中的王國也是一項實質的轉變。由此看來，帝銜乃是眾王之王的名號，加洛林王朝之所以擁有此銜，是歸功於軍事勝利。難怪查理曼在八一三年將帝銜權作世襲稱號，而傳予其子路易：

在生命尾聲，查理曼已經就此為疾病和歲數所制。他召見了他的兒子，亞奎丹（Aquitaine）國王路易來到他的身邊。路易是唯一一位查理曼與赫德嘉（Hildegarde）所生而倖存的兒子。鄭重集結了整個王國、也就是初代的法蘭克人以後，在全體人士同意下，查理曼讓路易參與整個王國的治理，指定他為皇帝一銜的繼承人。將王冠置於路易項上後，查理曼便下令稱呼路易為皇帝及奧古斯都（auguste）。[30]

虔誠者路易在八一七年起使用相同模式將帝銜傳予長子洛泰爾。[31]該模式隱約可見當代拜占庭式的帝權轉移；假如說拜占庭的「巴西里厄斯」（basilieus）意指軍隊、人民與菁英所承認的政治領袖；自伊蘇里亞（Isaurien）王朝開始，帝國尊榮就被視為世襲。在馬其頓王朝（Macédonie）時更是如此，以致於有所謂的「紫衣貴族」（Porphyrogénète）來聖化皇帝的子嗣。君士坦丁堡的牧首（patriarche）其後只介入慶賀聖索菲亞大教堂（Saint-Sophie）的加冕事宜，繼位人選這項政治決策他是無從過問的。

帝國因此是有界線及政府的。尖銳的史學論辯為的就是理解上述這項事實，而這項事實或許便取決於一種情況，那便是加洛林帝國並不獨存。加洛林帝國是被建立來與拜占庭帝國或其他鄰近帝國相抗衡的，《君士坦丁獻土》已經提到這點。加洛林帝國也是被設立以結合羅馬帝國遺緒與基督徒世界概念的一種主張。[32]身處費希特瑙陣營的華特．波爾（Walter Pohl），也是這麼想的。他認為帝國是一種精神創造物，不過華特．波爾也補充說明該項創造是擺盪於兩股遺緒之間的。一方面是有其行政程序、法律及基督普世主義的羅馬帝國；另一方面，則是不斷嘗試、卻因其本質特性，所以兩者調和未竟的加洛林帝國。加洛林帝國和諸盎格魯—薩克遜（anglo-saxon）基督教王國之間的關係，讓人更加明白此兩種層面究竟是如何共存的。這些王國從未隸屬法蘭克人，實際上是包含在我們稱為「西方基督徒世界」（chrétienté occidentale）的跨國統治體系之中。七八〇年與七九年間，不列顛盎格魯—薩克遜（Bretagne anglo-saxonne），即肯特（Kent）、威塞克斯（Wessex）、麥西亞（Mercie）三地，由麥西亞．奧發（Mercie Offa，七五七—七六九）所統治。他把諾森布里亞留在本身的勢力範圍內，獨立統治著一片從未聽命於法蘭克人的地帶。好比一位勢在一方的國王，奧發透過哈德良教宗（Hadrien）的支持，於七八六年召開兩次盎格魯—薩克遜教會的改革主教會議（concile de réforme de l'église anglo-saxonne），其中一次在麥西亞舉行，另一次則是在諾森布里亞舉辦。多虧盎格魯—薩克遜諸王國與羅馬有直接且特惠的關係，該地自七世紀以來就是基督教世界。然而，查理曼在這種狀況下也是羅馬和奧發雙方間的調停人；眾教宗代表和身為法蘭克國王使節（légat）的神學家威格博（Wigbod）來到麥西亞國王的宮廷上；阿爾琴身為諾森布里亞的執事，也是查理曼的親近顧問，親自出席辯論，甚至從中獲得啟發；教會法條（acte de concile）以教宗認可的形式寫上下列引人注目的標題：《在盎格魯人（Angle）的薩克遜（Saxonie）所舉行的宗教會議（concile），彼時有三倍真福的天使之伴哈德良，乃為教皇暨普世教宗，而極其榮耀的查理則為期第十八年的統治；查理為傑出的法蘭克暨倫巴比國王，兼羅馬貴族

（patrice des Romains）》。[33]早在羅馬加冕的十四年前，雖然尚未用到帝國一詞，但已可見到帝國意識形態的表現。在西方世界有位君王與羅馬宗座同出聲氣，以捍衛教會利益行事。他不是西方世界的政治之主，而只不過是奧發「最忠實的朋友」[34]，可是他卻也頂著「羅馬貴族」的頭銜。所以就「皇帝」這個職位而言，應該要結合兩種概念，其一是在其領土上的至高權威，使中央政權得以徵稅、施加羅馬式法制；其二則是替教宗這位西方基督教世界的唯一牧首效命。此項宣稱又帶我們回到了最初的問題：帝國稱號是由教宗授予，且於加洛林家族內部交相傳承。帝銜不但是個人身分的區別，同時兼為朝代之傳承，也是羅馬基督教的榮譽與法蘭克人的大權。所以，同樣地，當路易在八一三年九月自其父查理曼手中接下帝國時，他也請求教宗斯德望四世（Étienne IV）在八一六年的十月前往漢斯（Reims）為其加冕。

七九一年的《加洛林法規》（*Codex carolinus*）是一份少見的重要文獻，可藉以觀察帝國本身與其擴展的定義是如何結合起來、且具體成形的。其中，帝國本身的定義是以八世紀時教廷外交視同為教會服務的形式出現，而加洛林當局則外擴了這項定義。[35]雖說《加洛林法規》是查理曼下令出版的，不過其內文卻很可能是由身為皇家禮拜堂（chapelle royale）負責人的梅茲（Metz）主教安吉漢（Angilram）所撰寫的。安吉漢集結九十九封大多由眾教宗自七三九年起寫給鐵鎚查理、不平三世及查理曼的信件。這些信件詳述了宗座如何自七三〇年代起選出法蘭克國王來取代拜占庭皇帝。重新征討查士丁尼後，拉溫那的總督們以單獨一位皇帝、也就是統治君士坦丁堡的皇帝為名來保衛教宗。格列哥里二世（Grégoire II，七一五—七三一）、格列哥里三世（Grégoire III，七三一—七四一）與匝加利亞（Zacharie，七四一—七五二）這幾位教宗在上述背景下，做出一系列激進的決定；由於伊蘇里亞的利奧三世（Léon III l'Isaurien）的毀壞聖像政策，教宗們將他逐出教會。眾教宗卻倒也沒接受讓倫巴比王利烏特普蘭德（Liutprand，七一二—七四四）取代拜占庭的保護者角色，而是宣稱要倚賴鐵鎚查理、接著是丕平三世來接手這項任務。聖伯多祿親自向丕平三世沉痛寫出：

> 本人伯多祿，身為神的宗徒，我領養了您來作我的孩子。我激發、勉勵您的善心來捍衛這羅馬城，以及託付於我的人民；來保護其對抗敵人；來擺脫我隨國家汙穢軀殼而定的棲身之處；來解放屬於神的、聖威所囑咐於我的教會。我敦促您，我懇求您，由於極其惡毒的倫巴比王國使該地蒙受種種不幸、壓迫……天底下所有的國，您的國，啊！法蘭克國，在神的宗徒伯多祿眼下是最好的國；這便是為何我透過本人的代理人（vicaire），將主所賦予我的教會託付給您，為的便是您樂意將教會由敵人之手解救出來。[36]

於是，教宗信件便指陳該項職責從君士坦丁皇帝轉移至法蘭克國王身上。[37]由此看來，該項任務在字面上是「帝國型」的任務，即便這項特質僅由丕平三世自七五四年以來所頂的「羅馬貴族」（patrice des Romains）頭銜展現出來。這些信件的目的在於提供教宗所需的軍事保護。然而，當查理曼著手集結這些分散的信件時，他賦予這項蒐集行動一個廣泛的意義。國王手諭寫著，應該要複製、然後保存好這些作為法理與教義之根源的信件。這包含了「所有已知從教廷宗座、即宗徒君主真福伯多祿寄來的所有信件，且同樣亦涉及帝國（etiam de imperio）的信件」。誠如多瑞安・凡・伊斯培羅（Dorine van Espelo）所觀察到的，這個新近的組成形式並不意味該信件合集也含有「來自（君士坦丁堡）帝國」的信件；不過合集內卻保留「以帝國為主題的信件」。此處所能擷取出來的訊息不是特別明確。這些信件是眼見可以拿來證明東方皇帝失敗的證據嗎？抑或是教宗以法蘭克國王來取代東方皇帝的可信證明呢？在這兩種情況下，《加洛林法規》理所當然成為支持一場西方帝國復興的政治論述了；而這場帝國復興是從七九一年起定調的。不過，某些教宗之前反倒就倡議過讓加洛林朝人成為「羅馬貴族」，查理曼則對獲得成為皇帝使命一事故作姿態，而引人遐想。史學上對「皇帝即教會」、或「皇帝即奧古斯都」的羅馬復興這兩種看法游移不定。這些都一再清楚地道出一件事，那便是由加洛林王朝創造、為兼具多種功能的這項概念，是如此地複雜。

第二章　所謂的「拜占庭」帝國

尼可拉．多庫（Nicolas DROCOURT）

謹以本文紀念亞倫．杜瑟里耶（Alain Ducellier）

少有帝國像拜占庭帝國一樣激起如此多的奇想、妒忌、鄙視，還有從中古時期持續到更近代的種種根深柢固的偏見。拜占庭帝國於中世紀時保有羅馬政體（État）逾千年，改造了古希臘知識文化，使其具備現代特色。拜占庭帝國因此可被視為是將歐洲文化展現出來的政體和主要文明，或更宏觀地說，是將「西方文化」展現出來的政體和主要文明。不過還是得承認一件事實，那便是：當代人仍然不是十分了解拜占庭帝國，對它確實還抱持著種種幻想。本章便是由這項矛盾發展而來，也提醒了我們一件事：歷史及傳說往往歷經篩選，而維持某種程度上的聲氣相通。一提到拜占庭的傳說，毫無疑問指的就是同名的帝國與文明。這種提及拜占庭帝國與其文明的方式有些拙劣，但此方式卻以某種形式延續下去，且其延續的時間不光超出中世紀而已，也持續到一四五三年拜占庭政權崩潰以後。

自一四五三年拜占庭政權垮台的那一日起，在一般人中肯的想法裡，提到拜占庭帝國，大多先聯想到該帝國先前、亦或現今仍激發出的那種奇想與鄙視兼具的形象。在我們法國人的集體潛意識中，「拜占庭」一詞帶著鋪張感以及某種程度的奢華意味，好比「這很拜占庭！」這句話就是法文常見的感嘆句，同時也提醒我們這個集體潛意識的存在。由此看來，我們的語言本身就一直就把「拜占庭」這個形容詞引導至空洞或無益的投機算計上。這種情況就像是帝國已經快要垮了，人們卻還在花心思惡意批評天使們的生殖器一樣。*在十六、十七世紀的西歐，拜占庭帝國所得到的評價較高，可是到了以文字著作建立出一部分今日現代性元素的啟蒙時期，拜占庭帝國便大幅地失去美好形象。有個叫孟德斯鳩（Montesquieu）的人就聲稱拜占庭帝國對他來說是個「充滿叛亂、騷動和背信負義的組織」；這個「希臘帝國」（Empire grec）在伏爾泰（Voltaire）眼中看來也是個「大地蒙羞之處」（opprobre de la terre），上述看法鋪陳出哲學家黑格爾（Hegel）總結此千年帝國為「一連串的罪惡、弱點及卑鄙行為」。拜占庭帝國被指稱將政治與宗教兩者混淆得錯綜複雜，而這也是造成一連串無止境劣行與暴力的原因。

長久以來，在拜占庭帝國重新成為值得關注的主題、激起好奇心，以及其精神表徵再度稍微引人嚮往之前，該帝國在西歐早已乘載先入為主的負面形象。當莫泊桑（Guy de Maupassant）提到位處博斯普魯斯海峽（Bosphore）、日後引申為帝國名號的拜占庭城時，他便認為該城儘管具備某種程度的「神祕感」，卻可說是兼備了「精緻、腐敗、蠻橫、虔誠信仰」諸般特徵。這裡所謂的「神祕感」，則又是一個人們常常和拜占庭帝國本身搭在一起的形容詞。大致說來，在新興的科學式歷史尚未阻礙這方面的發展以前，十九世紀的法國文學重建了拜占庭帝國的形象[1]。經歷一個世紀，我們還沒把拜占庭給忘了，而且我們身處的時代依然為該帝國保留一個特殊、卻難以清楚定義的地位。之所以會有這樣的結果，毫無疑問是由於拜占庭跳脫了各種情理上的分類方式：拜占庭既不是真的西方，又不全然是東方；既是歐洲，也是亞洲；拜占庭推翻了一項關於此兩時期間太過簡化分裂的觀點：即古代時期（Antiquité）的主體及其靈魂於四七六年就此黯淡，且後啟中古時期之開端；而拜占庭卻充斥著跳脫其他諸多分類的特徵。

有賴近代的史學方法支援，本章欲呈現這個人稱「拜占庭」的帝國的諸多特色元素。如此簡略的框架，難以窮盡所有事項；再加上本書作為涵蓋其他中古時期帝國的論著，書中某些帝國或將拜占庭視為楷模，而其他的帝國則扮演襯托的角色。因此，較為合宜的作法便是對本章內容作出優先取捨。基於這個理由，本章會特別偏重某些主題。假使帝國先被當成是一種信仰及普世統治的理想的話[3]，那麼就得特別注意帝權的意識形態及其表現形式。意識形態及其表

---

* 此為拜占庭帝國末期的一項神學論辯，後引申為捨本逐末、對無足輕重的事物大加論辯的意思。

現形式這兩個層面與政治生活的實務組織一樣，都可用以理解如拜占庭這般的帝國以及其悠久的國祚[3]。在仰望這個帝國之前，本章會先呈現讓拜占庭帝國具備延續性的多重繼承，比方說帝國發展的地理空間所在。如此多的元素讓人們想要更加了解拜占庭帝國，期盼大眾日後可以反駁如網路上一個人人皆能瀏覽的搞笑網站對拜占庭帝國的看法。該網站提及拜占庭帝國是一個「沒人搞得懂，也沒人想『鳥』的東西，而且基本上令人感覺難以置信地複雜與無聊」。[4]

三折式帝國

拜占庭帝國最主要的一個特點便是延續超越千年的三重繼承，實際上，其文化是希臘式的，信仰為基督教，而政權結構則是羅馬式的。此三個層面相互交織、滋養出一個獨特的文明。

羅馬方面的遺風無庸置疑地是帝國傳承的開端。我們以「拜占庭人」來稱呼該帝國的居民以及其皇帝的臣屬，他們則自認為是「羅馬人」（Rhômaïoï）的臣民。這種聲稱倒不讓人意外；實際上，當三九五年羅馬帝國一分為二（partes）時，僅有帝國西部在四七六年後消失；帝國東部，也就是涵蓋地中海東岸與其邊緣地區的部分，依舊延續下來。以君士坦丁堡為中心，這個「新羅馬」組成了本章主旨：千年帝國。人們偶爾認定該帝國為「東」羅馬帝國。基於羅馬或西歐的相對地理位置，此說似乎無誤……可是當君士坦丁堡成為一片行政統一領土中唯一的首都，且歐洲東部沒有任何其他自承羅馬的帝國出現時，認定其為「東」羅馬帝國似乎便不再正確。拜占庭（Byzantion），這個博斯普魯斯海峽上的城邦古名，與君士坦丁堡（「君士坦丁的城邦」是以其奠基者、於三三〇年五月十一號正式開城的羅馬皇帝君士坦丁為名）的稱號互相競爭，直到現代時期（moderne）之初，人文學者們再度使用拜占庭的稱號。「拜占庭」這個與該帝國相連一氣的形容詞，最終就是如此這般地成為固定、延續至今的帝國稱謂。我們當可沿用此名，如同本章的作法，但是也要明白其中的淵源：人們稱之為「拜占庭」的帝國，在所謂「中古」時期，指涉的反而先是羅馬帝國。

如此的羅馬式特徵不僅徒具字面意義而已。羅馬式特徵首先便與政權（État）的結構及行政息息相關，自奧古斯都的元首制（principat）以來，此兩者都是由唯一一位君主、也就是皇帝來嚴密控制。下文便會針對這個操於一人之手的中央集權重要層面多加詳述。如果這個羅馬式的特質延續到一四五三年——也就是鄂圖曼土耳其奪取帝國首都的時候——都依然是主流特色的話；這個「中古時期的羅馬帝國」顯然從四世紀以來亦大有演進。好比說，自七世紀起，我們不能再認為拜占庭帝國是以城市聯邦為基礎來管轄領土，拜占庭帝國此時較偏向一個由「城鎮」（village）和要塞（kastra）所組成的帝國。[5]除此之外，帝國也在這些城鎮（chôria）裡徵收基本的土地稅。現代史家大多同意，由上述這件事實看來，拜占庭的財稅系統整體來說十分強大。為維持軍隊支出，以及支付朝中高官、眾多公務人員，尤其是隸屬中央行政機構（sékréta）的薪餉，如此強大的稅務系統便是不可或缺。我們得知稅捐稽徵部門（Génikon），也就是稅務行政，備有整體的地籍紀錄；此外，保留下來的稅務幾何丈量原理（traité de géométrie du fisc），對稅務人員而言是貨真價實的教科書。[6] 即便在帝國末期，該帝國君主們仍保有強大的稅務控制力。行政系統和皇帝們還同時擁有另一項強大的優勢：貨幣系統。不同於西方世界的基督徒，中世紀大半時期，拜占庭的貨幣系統與銀、銅連結，更保留貨幣系統與金的掛勾。君士坦丁（Constantin，三〇六—三三七）發行新型金幣（solidus，希臘語稱為nomisma）。直到十一世紀中，該金幣走向都維持穩定，可說是世界貨幣史上的可觀成績，誠如羅伯・羅培茲（Robert S. Lopez）所言，該貨幣是真正的「中古時期美金」，這不僅闡明帝國的經濟實力，也保障了這項經濟實力。

三折帝國的第二個元素是希臘語言、文化所居的地位。考量此東地中海帝國所涵蓋的空間，這是相當合理的。希臘語在當地早已是主要社群通行語言，希臘語和同時代古典時期或晚期的羅馬帝國菁英語言通併，是一件廣為人知的事實。不過在六、七世紀，羅馬政權（État）希臘化，於是希臘語便成了政府（État）的語言，換句話說便是行政用語，而拉丁姆語（Latium）就被排除在外。這項變革的確很巨大，可是倒也沒有取代實際日常生活裡的多語現象。帝國內社群與民族為數眾多，使多語現象更加普遍，畢竟其本質上就是多民族的。不過，推廣希臘語為單一官方語言，也延伸推廣至前幾個世紀希臘語所承載的所有文化。區分一邊是真文明、一邊是野蠻人的概念在中世紀初期就已有些老派，也不是上述這種希臘式文化的風格。直到帝國終結，拜占庭菁英們繼承該文化、加以重塑，也從中得到了啟發。關於巴西爾二世（Basile II，九七六—一〇二五）勝利征討多少鄰地，修辭家米海爾・色洛斯（Michel Psellos）在十一世紀中提到巴西爾二世擅於壓制的「邊境蠻族」時，就用了一些帶有古風的用語來指稱鄰土人民：「塞爾特人」（Celtes）指的是西方人，「斯基泰人」（Scythes）則意謂北方鄰土人民。米海爾・色洛斯同時也傳達了蠻族世界並未演進，而羅馬帝國則持續不懈和蠻族對抗數百年的概念。

這些鋪陳因此便與我們反覆提到的文化意識形態有關，不過千年帝國實際上和其鄰近地區的關係顯然與一個個既定認知大相逕庭，兩者間互相充分認識，且擅於運用這一點，尤其是在順應現實政治（Realpolitik）裡分而治之（divide et impera）的操作手法上活用出來。然而，希臘、羅馬文化將持續密切地相互交纏，以致於到中古時期的拜占庭、乃至其後，都再也無法分離兩者。到了二十世紀，依然有法語暨中古希臘羅馬語（français-romaïque）辭典出版，也就是法語暨現代希臘語辭典，從字面上也看得出來這層連結。拜占庭這項長遠的知識文化另外也透過堅持承襲自古代晚期（tardo-antique）世界的派地亞人文教育體系（paideia）傳遞下來。整個帝國裡都有初級、私立且政教分離的教育系統。君士坦丁堡有中等教育程度授課，甚至在九世紀末還出現高等教育。知識分子菁英最常集中於首都，也是他們這些人通曉希臘的古典文化、希臘化文化或是羅馬文化的作品，將其傳抄至後世，且還多加挪用及評論這些作品。特別是在九到十世紀時，多部此類作品傳至鄰近伊斯蘭帝國或中古基督教西方世界。除了前面已經提過的色洛斯之外，多名出色人物也值得一提，像是有名的佛提烏（Photius）、九世紀凱薩利亞的都主教阿雷沙（le métropolite de Césarée Aréthas），或是和帝國最後一個王朝巴利奧略王朝（Paléogues）相關連的馬克西．普拉努德斯（Maxime Planude）、迪米提歐斯．奇東涅斯（Démétrios Kydones），抑或是曼努埃．赫里索洛拉斯（Manuel Chrysoloras）等人。

拜占庭帝國的第三項元素是基督教在帝國內所處的地位。拜占庭皇帝君士坦丁於西元三一三年讓基督教在羅馬帝國合法，然後同樣在該世紀末、也就是西元四世紀末時，基督教大有進展，彼時迪奧多西一世（Théodose Ier，三七九—三九五）將基督教定為官方宗教，排除任何其他形式的崇拜及信仰。有帝權支持推廣基督教相當重要，這解釋了往後幾個世紀政治、宗教間的緊密嵌合。我們在下文也會看到一些意識形態上的效果。要知道，基督教一神制一方面構成對單人領導國家強大的利基，另一方面也推廣有利於相互鞏固的兩種普世概念。另外也要記得帝國君主如何極力介入四、五世紀時猶在起步中的教會，所以君士坦丁大帝在三二五年於尼西亞（Nicée）召開首次普世公會議（concile œcuménique）絕非偶然。普世公會議當日主要便是主要是替尚在議論中的基督教義定下一家之言。得等到數個世紀以後，基督教義才會固定下來，不過，其中皇帝的臣屬難免對此有些意見。教會通常採務實作風處理異教遺風問題，不過除此以外，所謂異端，也就是議論、反對某些教義的基督徒，在最初幾個世紀的拜占庭帝國內依舊為數眾多，特別在東部省分，即埃及和敘利亞。「巴西里厄斯」（basileis），也就是「皇帝」所扮演的角色，確切來說便是以捍衛正統（「正確的信仰」或「正道」）之名，驅逐異端。所謂正統，則是在皇帝所召開、主持、下決策的普世公會議中定出來的。恪遵正統至少成了帝國一統的保證之一。此外，基督教在更廣的層面上日漸牽動拜占庭皇帝諸臣屬從出生到死亡的日常生活。教會本身扮演著顯而易見、也是自然而然形成的權威角色。在中古末期政權（État）衰弱下來，或是人們認為帝國狀況衰頹的時候，教會便成眾多拜占庭人的權威代表。

帝國領土演進與自然背景，從地理觀點看拜占庭帝國

帝國所轄領土經過千年之餘當然有所演進，但若全盤詳述則會太過冗長，在此僅需知道帝國主要且維繫最長久的陸上基地，為希臘小亞細亞（micrasiatique）及巴爾幹（balkanique）地區就好。一個自居羅馬直到最後一刻的政權，當然也不會對義大利有所忘懷。不過在四七六年之後，拜占庭大多只實際統治義大利南部；拜占庭在義大利的統治至少持續到十一世紀初，以及諾曼征服（conquête normande）的時候。雖說五百年前查士丁尼（Justinien，五二七—

五六五）出名的軍事（再）出征的確讓君士坦丁堡的行政管轄遍及全義大利半島，甚至還超過了東地中海，直抵貝提卡（Bétique），也就是今日的安達魯西亞（Andalousie）。但是在查士丁尼駕崩以後，卻沒能保住這片廣大的領土。查士丁尼駕崩開啟了「漫長的七世紀」，意味著帝國領土大大地縮減。再回到義大利，自五六八年起，倫巴比人（Lombard）慢慢地在義大利北部開始安頓下來。除了最偏北的地區以外，拜占庭帝國到了七五一年在義大利只剩下一些零散的領土，主要集中在帝國的地方最高代理人總督（exarque）所居的拿坡里（Naples）、羅馬或拉溫那一帶。巴爾幹在七五一年以前，斯拉夫人和阿瓦爾人（avare）的侵擾不僅變成常態，而且還變得具有威脅。西元六二六年，系出蒙古的阿瓦爾人兵臨君士坦丁堡，波斯方面的威脅也使帝國東面的防衛工事（limes）備受挑戰。

事過不久，此東面地帶便因阿拉伯征服而陷入重創。阿拉伯征服迅速讓拜占庭丟失埃及和敘利亞這兩個帝國內最繁榮的省。一直到九世紀，阿拉伯不論在陸上或海上，都成了一股真正能抗衡拜占庭帝國的威脅。即便在七一七與七一八年間最後一次大圍城之後，君士坦丁堡一直都還是阿拉伯人直言不諱的目標。其後便是拜占庭逐漸對伊斯蘭鄰近勢力反攻，先是巴格達的阿拔斯王朝，後來是西元九七〇年以來的開羅法提瑪王朝（fatimide），另外還有保加利亞政權。保加利亞政權在巴爾幹建立一個貨真價實的第二帝國。十世紀初，在君士坦丁堡成長的西美昂沙皇（le Tsar Siméon）讓保加利亞政權之勢達於全盛。十一世紀前半，則是拜占庭帝國的新鼎盛期。這段新鼎盛時期和所謂馬其頓王朝（Macédonien，八六七—一〇五六）的諸君主有關，更確切地說，指的便是在巴西爾二世（Basile II）兼併保加利亞領土以後的時期。巴西爾二世的擴張政策先是重奪敘利亞與美索不達米亞北部，同時還逐漸併吞一部分的高加索地區（Caucase）（見地圖）。

這項美好的平衡卻被兩件事打破：一方面是諾曼人在義大利的征服，另一方面則是塞爾柱土耳其人（Turc seldjoukide）於一〇六〇年至一〇七零年間的進逼。倘若拜占庭帝國的繁榮乃是繫於科穆寧王朝阿里克塞一世（Alexis Ier Comnène，一〇八一—一一一八）的軍事防衛與外交政策，前幾批十字軍所帶來的一波武裝朝聖暴力，對拜占庭來說則是相當費解的狀況，也擾亂了帝國。這幾批十字軍的暴力行為不但造就第四次十字軍東征繞道，也使拉丁人在一二〇四年四月奪取了君士坦丁堡。此時也有只留給「拜占庭人」（Rhômaïoï）一小片殘土的拜占庭帝國分割條約（partitio Romaniae），拜占庭帝國先前的領土多半由位居君士坦丁堡拉丁帝國首要層級的拉丁王子們（prince latin）和威尼斯瓜分。不過，一方面在伊庇魯斯（Epire），另一方面則是在小亞細亞的特拉比松（Trébizonde）或是尼西亞周邊，多位希臘君主也在這個新地緣政治背景下出現。也正是從拉斯卡里斯（Lascaride，一二〇四—一二五八）王朝治下的最後一個城邦及其領土，醞釀出收復歐洲領土及君士坦丁堡的行動。更別說還有伊庇魯斯專制國（despotat d'Épire）、保加利亞國（État bulgaire）也參與競逐。一二六一年米海爾八世（Michel

拜占庭帝國中期的鼎勢（十一世紀中）

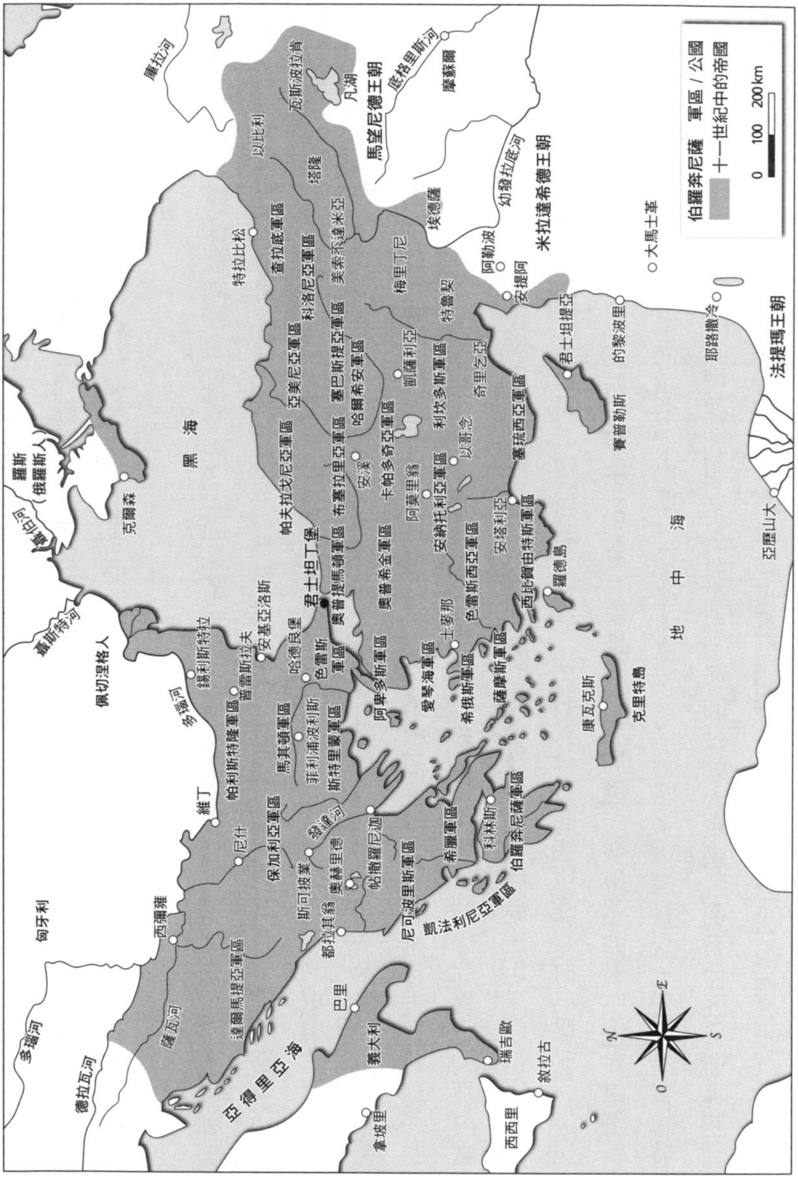

VIII，一二五八—一二八二）總算完成上述復興事項，他是拜占庭帝國最後一個王朝、也就是巴利奧略王朝（Paléogues，一二五八—一四五三）的首位傳人。巴利奧略王朝經常讓人聯想起：拜占庭帝國直到一四五三年覆滅時領土是逐漸縮減的。這段時期一直到今日在史學上才有了重要的新評價[7]。然而，不變的是，巴利奧略王朝依然是一段眼見鄂圖曼土耳其進逼拜占庭帝國的時期。與一三五四年時的情況一樣，鄂圖曼土耳其人某些時刻是憑藉拜占庭世界的實際地理條件而得利的，這也是一件難以掩飾的事實。

自然環境限制其實不只一次翻轉拜占庭帝國的政治、經濟，還有軍事運勢。從五四一年到五四二年起爆發所謂的查士丁尼瘟疫，使帝國陷入巨大的衛生及人口危機。要等過了兩百年以後，拜占庭帝國才算跨越了這些危機。稍後，九二七年至九二八年間的嚴冬，一百二十天的結冰期加速了經濟、社會的變動，大地主群獨佔更多土地，而損及帝國最弱勢的人們。這樣的情勢發展恰恰對帝權有害，後者試圖加以阻止，卻是徒勞無功。一三五四年，反覆烙印拜占庭歷史的地震活動又突襲了達達尼爾海峽（le détroit des Dardanelles）。地震毀了好幾處城邦，其中也包括了海峽西岸的加里波利（Gallipoli）。鄂圖曼人趁機在加里波利部署、建立橋頭堡作為在歐洲發展的基地。這項建設對巴利奧略王朝末期造成損害，而成就了鄂圖曼人的軍事功績。十四世紀中期也是黑死病再現的時期，同時還有「小冰河期」初始的氣候惡化效應。這一個個狀況都是經濟活動的重擔，其效應又加乘了當代不穩定的政治局勢。[8]

意識形態力量與政治生活實情

面對這些和拜占庭帝國罕見的長國祚共存的狀況，史家們認為帝國政體一定對帝國久續有所影響。意識形態或許就是凝聚臣屬與帝國之間的力量。我們認為還可以再加上一點，即見證帝國實際適應力與適應意願的各項政治體制演進，這點便有待下文詳述。

拜占庭帝國政治體制對法國讀者而言似乎相當好懂，因為他們沉浸於和法國舊制度（Ancien Régime）兩相結合的專制君主神權概念中。實際上，法國的舊制度，元首是由一名君主集中權力和增加皇室特權來統治的；君主位居眾人之上，並且想成為神在地上的代理人。順帶一提，拜占庭帝權多次啟發了法國君主，好比說路易十四，而這也絕非偶然。光是看看多種拜占庭當局文書上（官方通信文件，不論是發給帝國臣屬，或是對外發出的文件，如封印、或是拜占庭帝國秘書處最正式的金璽詔書〔chrysobulle〕等）所出現的皇帝官方稱號，就反映了君主持的抱負和理論上的權力。皇帝在這些文書中其實是以「忠於（pistos）基督神（en Christô tô Theô）的皇帝（basilieus）暨羅馬人的專制君主（kai autokratôr Rhômaïôn）」這個稱號出現的。這個稱號組合闡明了許多元素。

該稱號首先提出，君權乃繫於神之上，帝國君主是由神所選出來的。不論是在君主即位時、或其他君主治下的任何時刻，宣告一人執行最高行政權的這項羅馬遺風當然還存在。這些宣告是具合法效力的，由軍隊或君主代表、人民，還有和古羅馬一樣、在新羅馬一樣也有的元老院來宣布。這些宣告明載於拜占庭時代的文本裡，不過在官方立場上，宣告卻只能應和著神挑選出的人才行。舉例來說，十四世紀中是如此宣告皇帝即位的：「願神賜予強大且神聖的陛下長久權勢，陛下乃是由神晉升、加冕且護衛著的，是以流芳數年之久。」，神的擔保便是成為皇帝的首要條件，如此的意識形態概念發展，始自九世紀初君士坦丁治下。對君士坦丁歌功頌德的人，其箇中翹楚，有著名的凱薩利亞的優西比烏（Eusèbe de Césarée）。這些人發展出今日可以稱為「政治神學」的理論，而皇帝在其中堪可比擬「使徒」。皇帝統治陸上帝國一如天上的一神天國形象。這類參照如此地強烈，持續超過千年之久，一如對君士坦丁的感懷，還有其人經教會封聖的典範。總共有十一位拜占庭君主沿用其名，皆稱君士坦丁，其中最後一位君主是君士坦丁十一世（Constantin XI Dragasès），於一四五三年五月二十九號日手持武器力抗土耳其人時駕崩。至少在中古拜占庭時期（七到十二世紀），大衛王是諸多拜占庭君主的另一位參考人物。確切來說，這都是因為大衛王形塑了《舊約聖經》的神選君主模範。

除此以外，官方銜號將帝國之主定為「巴西里厄斯」（basileus，其複數型為basileis）。這個字眼很古老，如果說在古典希臘語中這個詞彙指的是國王的話，從七世紀開始，自帝國開始希臘化以來，該詞毋庸置疑地有了新的意義層次。考量實際上的涵義，我們因此得將「巴西里厄斯」翻成「皇帝」，不過此稱號也特別提醒了其與羅馬人的密切關係。由此出發，「巴西里厄斯」一詞確認了所謂「拜占庭」帝國和羅馬世界是有所延續的。該稱號使羅馬人受神在世上代理人的庇護，而成為神選之民，這強化了羅馬人與必定是「蠻族」（barbare）的非羅馬人之間的區別；不過所謂的「蠻族」一詞其實也不是自帶貶意的。「巴西里厄斯」這個稱號，主要是用來強化皇帝獨一無二的特性。實際上，當「巴西里厄斯」得面對鄰近稱帝君主出現的時候，可以特許後者使用「巴西里厄斯」這個頭銜，但這種特許總是在形式上有所保留。西元八百年，查理曼即是此類鄰近稱帝君主之一：查理曼與拜占庭宮廷經歷了些許緊張的局勢，後者在八一二年承認了法蘭克人的皇帝（basileus tôn Fraggon）一銜；不過想當然耳，拜占庭方面是不會承認其為羅馬人的皇帝的。歷史不斷重演，在下個世紀裡，中世紀前期最強大的保加利亞暨巴爾幹君主是西美昂沙皇（le tsar Siméon）；身為拜占庭帝國直接的鄰近勢力，他最終也依同樣的模式獲認為「保加利亞人的皇帝」（basileus tôn Bulgarôn）。再說，皇帝同時也將巴西里厄斯一銜賜予聯合行使帝權的人士，好比通常作為皇帝子嗣的輔國君（coempereur）。這便是為什麼最高級的措辭和巴西里厄斯帝銜連在一起有其用義的原因。帝國元首是「巴西里厄斯專制君」（basilieus autocratôr），他也是唯一能夠使用該銜的人。專制君主（autocrate）一詞在此處也相當意味深長。皇帝理論上不必顧慮任何人，因此若有要顧慮的對象，也只有神而已。

綜觀這些要素，皇帝所擁有的權威顯然相當大，且世上無雙。另一可供論證其權勢的事實是，皇帝被視為「活律法」（loi vivante），即拉丁文中的nomos empsychos。多項帝國律法提點上述事實，尤其是在利奧六世（Léon VI，八八六—九一二）統治初期頒布的名為「巴西里克」（Les Basiliques）的法典，即「巴西里厄斯的法典」。頒布這部法典某種程度將皇帝置於法律之上，而闡釋皇帝至上的概念，這也點出羅馬皇帝及立法活動兩者之間關係密切。不過，值得一提的是，這些意識形態理想卻也無法讓巴西里厄斯為所欲為。就像一位十一世紀的作家所斷言的，巴西里厄斯得展現出尊崇「順服法則」（lois de la piété）的樣子。換句話說，所謂的「順服法則」，就是在皇帝掌權之前便已定下的基督徒訓誡和慣例。況且，儘管沒有什麼模糊的空間，皇帝和教會的連結倒是相當特殊。巴西里厄斯身為神在世間的代理人，有足夠的權柄來決定、或適時汰換首都牧首（patriarche）。七三〇年，當利奧三世（Léon III，七一七—七四一）決定打擊帝國內的聖像崇拜、發動著名的毀棄聖像政策時，日耳曼牧首（patriarche Germain）便是如此被罷黜的。毀棄聖像一策在七八七年稍歇，最終在八四三年廢用，次次皆由帝國來主導該政策的施行方向。八四三年三月十一日，人們隆重地慶祝終結毀棄聖像，終結毀棄聖像成了表明「回復正統」的象徵。直至今日，東方教會依舊會紀念這一天。然而，某些巴西里厄斯還是會碰到一些剛強、且與他人相比稍顯叛逆的牧首，比如九世紀以博學出名的佛提烏。可是至高帝權總是在這樣的對抗裡佔上風。除此以外，皇帝也想展現出自己恪守基督教義、甚至是基督教義本身的擔保人。如前文所提及，皇帝透過普世公會議來擔保基督教義。這個皇帝面對教會時的特殊位階，經由聖職或半聖職職務的尊榮而襯托出來。舉例來說，像利奧三世就會自稱「皇帝暨教士」。即使政教合一（césaropapisme）這個概念晚中世紀很多，而且還有得討論[10]，上述這種狀況卻導致某些史家以此概念為帝國體制下定義。

更進一步來說，意識形態使皇帝無所不行，也可能使他飽受來自內部、甚至是自己帝國內的批評。該情況證實了帝國體制與帝國首領巴西里厄斯兩者之間有所區別。多項希臘經驗突顯出帝國體制在各種可行的政治體制裡被視為最好的體制；十五世紀的新柏拉圖學者格彌斯托士・卜列東（Gémiste Pléthon），身為當代最有名以及南伯羅奔尼薩（Péloponnèse）米斯特拉斯（Mistra）城邦最優秀的學者，依舊對此深信不疑。順著前文提及的三重遺緒繼承思路邏輯：皇帝乃是由某些特定美德所襯托出來的，讚揚皇帝的人們千年以來也同樣提醒皇帝本人這項事實。自制、賢明、慷慨大度、慈善或關心公益（philanthrôpia）都是人們期待皇帝所具備的美德，這些美德也確保皇帝得以超越其軍事對手。倘若沒有實質的擴張，皇帝至少得捍衛住帝國領土。透過這些德行及權力施行，皇帝保住了帝國的和平、秩序（taxis），這也是一個經常被重申的政治概念。反之，反皇黨羽或是其他的大權覬覦者就常用失序（ataxia）來批評皇帝失格。無庸置疑，這樣的說法大抵推翻了權力的神聖基礎：神一樣支持著此位或彼位皇帝，不過神也會選擇在祂所認定的適當時機到來時，罷黜掉某位皇帝，轉為支持他人……這些條件圖的便是要皇帝身邊的人們認得出來相關跡象。軍事失利、瘟疫或自然災害（旱災、水災、地震）

……。此類諸多反覆發生的事件，都成了佐證該說的文獻資料。

若說神選自由這件事老是被提到的話，對在位皇帝的異議倒確實是拜占庭政治生活的現實狀態。這種異議開啟了各類反抗與政變，而人們常常將這些事件言過其實地和拜占庭世界聯想在一起。此類政治動盪確實在拜占庭時代以過往難以企及的頻率，三番兩次地發生；但也常常以失敗作收，而未能僭越皇權。暴動主要有兩種形式：在君士坦丁堡的宮廷內謀反，或是源自某一外省的軍事反抗。有幾位篡位者確實拜這種政治探險所賜而登上皇位；篡位者成了皇帝，有些人也統治得相當出色。像是僭越馬其頓王朝（la dynastie macédonienne，八六七—一〇五六）的尼斯弗魯斯·福卡斯（Nicéphore Phokas，九六三—九六九），便是我們可以想到的此類人物。福卡斯也是位出色的軍事將領，他治下期間的軍事行動再接再厲，從伊斯蘭阿拔斯王朝的手上重新征服了失土。有相似背景的人士尚有馬其頓王朝的開基帝巴西爾一世（Basile Ier，八六七—八八六），以及創建科穆寧王朝（la dynastie des Comnènes）的阿里克塞一世（Alexie Ier，一〇八一—一一一八）。阿里克塞一世即位前也是位戰績輝煌的將軍，而科穆寧王朝位居大權則逾百年之久[11]。但是這幾個當中最出色的例子，也不應成為見樹不見林現象中的孤木：僅有少數的僭越者成功。再說競逐大權其實風險很高，更何況若是失利所引起的後果相當重大。一旦被認定犯了瀆君罪（lèse-majesté，希臘文作kathosiôsis，字面上是「瀆聖罪」〔lèse-sainteté〕的意思），倒楣的覬覦王位者是會受酷刑的，最常見的懲罰便是瞎目。此外，覬覦大權失敗，財產也會被沒收以做為懲罰，其範圍遍及叛變者的家族、近親及盟友。

支持叛變的人士確實扮演重大角色。若縝密分析千年拜占庭的核心，即可突顯哪些貴族世系得以參與謀反。[12]無論如何，叛亂人士要有進入君士坦丁堡的實力，還得能從皇宮控制該城。這項現實擋下了大部分意圖篡位的人士，也提醒我們君主和君士坦丁堡關係密切。君士坦丁堡的諸多委婉稱號雙向呈現出該城作為「帝都」或「執政都」的風貌。這些稱號看來不光釋放出統治世界的帝國抱負訊息，還闡明了君士坦丁堡一城與帝國存在連帶的合法性，以及該城於政治上承認「巴西里厄斯」這件事，進而開啟首都維持在「羅馬人」皇帝手上多久、帝國也會同時存續多久的念頭。如此想法恰好突顯帝國統治的根底並非基於領土廣大，而是意識形態的力量凝聚起對帝國權威的尊崇。

帝國的轉折與適應：演進中的帝國

因應神選君主的自由，以及其可能引起的失序，王朝的正統原則漸漸發展出來，以套用於拜占庭帝國之上。同一家族傳承實際上保障了政權行政穩定。如此演進其實從來不是依法執行：沒有任何官方文書制定出繼承法則，如此一來，便和意識形態上唯一由神決定君主的概念衝突甚巨。實際上，史家們列舉出多個成功久保帝位的朝代，其中有赫拉克勒斯王朝

（Héraclide，六一〇—六九五）、伊蘇里亞王朝（Isaurien，七一七—八〇二）、馬其頓王朝（Macédonien，八六七—一〇五六）、科穆寧王朝（Comnène，一〇八一—一一八五），或是巴利奧略王朝（Paléologue，一二五八—一四五三）。上述王朝之開基帝皆為篡位者，他們與其他奪權者迥異的地方就是全都成功將大權傳子繼承。為達此目的，他們也採用各種措施。

首先便是早早聯合皇子來統治帝國。利奧三世掌權三年內便加封其子君士坦丁、也就是日後的君士坦丁五世（Constantin V，七四一—七七五），七二〇年時他也才不過兩歲而已。巴西爾一世也依循相同作法，他的長子一早夭，他立即就用加封的方式將利奧六世（Léon VI，八八六—九一二）與亞歷山大（Alexandre，九一二—九一三）這另兩位皇子拉進帝國政府中。此外，這種聯合長子為主的原則也反映在貨幣圖像流傳上。巴西里厄斯專制君不光以單人形象在錢幣上現身，也有皇子、輔國君在其中相伴。伊蘇里亞王朝統治時期，錢幣上偶爾還有逝去的先人出現呢！馬其頓王朝時期，傳播這些君主官方形象的物品（象牙雕、泥金裝飾圖、馬賽克……）加強了這項王朝世系的原則。在這些物品上所出現的不再是個尚武君王，而是一位具有繼承概念、蒙受神聖賜福的皇帝，還有皇后相伴。帝后後人本身便是如此接收到某種神聖的認可，也是在這個時候，人們發現「紫衣貴族」（porphyrogénète）這個別稱出現了。這個稱號意指出生在君士坦丁堡大殿內班岩寢宮（la Porphyra）的子嗣。在該寢宮出生成了判準，加強了未來統治的正當性，好用來維持上述的世系位居權力頂點。該判準在此又是一種承認正統性的形式，使母親的肚子和皇宮雙雙成為孕育子女、以準備其日後即位的地方。

這種家族正統性的想法已然銘刻人心，足以使定義上屬於統治家族的外來分子，也就是得權的篡位者，急著（透過聯姻或領養）和統治家族攀上關係。篡位者以這樣的方式來展示本身對在位家族的尊敬，舉例來說，羅曼努斯一世（Romain Ier Lécapène，九二〇—九四四）、尼斯弗魯斯・福卡斯或是約翰・齊米斯基斯（Jean Tzimiskès）統治期間都表現出了這一點。在同樣的邏輯思路下，在十一世紀過了三分之一的時候，君士坦丁八世（Constantin VIII）的女兒佐依（Zoé）和狄奧多拉（Théodora），身為馬其頓一脈的家族成員，就傳了五次皇位給一開始不隸屬家族內部的人。在該王朝日漸消亡的情況下，開啟了一段帝國內部的混亂時期。一〇二八至一〇八一年間政變劇增，算起來大約發生了四十次，此後則有阿里克塞一世來使科穆寧這個新王朝長治久安。科穆寧王室成員集結於帝國要職高位。從此以後，藉由科穆寧這個世系，「帝國真正與家族同化了，其正統性繫於血緣之上。」[13]接下來直到一四五三年，所有最後幾個王朝的君主，即安格洛斯（Ange）、拉斯卡里斯（Lascaride）、巴利奧略（Paléologue）都和這個家族有實質關係，而且他們也從不忘宣揚這層關係。

最後這幾點證明帝國儘管有其意識形態，還是懂得要進化與轉型……然後找到一個不會否定掉這個強烈帝國意識形態的平衡方式。懂得調整無疑是拜占庭帝國的千年天賦之一。軍隊則賦予這個天賦其他的層面。當「七世紀危機」（crise du VIIe siècle）發生時，軍隊調整狀態，靠著設置可隨時動員的農兵外省部隊重新部署與好戰鄰國的前線。這些部隊實質守衛帝國超過兩百年，在這其間，帝國也越來越仰賴被稱為「塔格馬塔」（tagmata）的中央軍團。中央軍團由十世紀出色的將領領軍，其中就像我們所觀察到的，某些人最終登上帝國王位。這支中央軍團負責再次征服的行動，促成了下個世紀的領土擴張頂峰。實際上，較易動員、待遇更好的中央軍團也日漸成為要角。外籍傭兵在中央軍團內為數眾多，效勞巴西里厄斯對他們而言可以致富，得到好比融入帝國社會、菁英的機會作為回報。在一〇七〇年代初，我們就可以看到一位出身巴里厄、名叫胡塞爾（Roussel de Bailleul）的諾曼傭兵是如何晉升軍階的，他到最後甚至還企圖謀取帝銜呢！軍隊的因地制宜同樣也適用於海上，因為拜占庭也是個海洋帝國。帝國海洋軍事防衛靠的是一支艦隊，其中由快艇組成的艦隊配備了著名的「希臘火」（feu grégeois），這是一種能在海上擴散、燒毀敵艇的可燃液體。軍事防衛經常是帝國面對前文曾提及的各種襲擊之所以能生存的關鍵，而這些攻擊帝國的勢力還可再加上地中海特有的猖獗海盜。[14]

談完戰爭領域之後，且容我們回歸討論君士坦丁堡與皇家宮殿。一提到拜占庭之名，就經常讓人想起富麗與奢華。史家倒是知道在「大皇宮」這個通稱的背後，實際上涵蓋了位處君士坦丁堡極南面、緊鄰君士坦丁皇帝最初蓋好的宮殿所建造的大量宮殿建築。出於諸多因素，科穆寧王朝在十二世紀棄用了這些宮殿，定居在城中更北邊的布拉契尼斯宮（le palais des Blachernes）。宮裡的儀式維持著遵崇秩序（taxis）及某些排場的特色。十世紀中這些相關事項幸虧有皇家當局對宮殿禮節、進行了規模龐大的編撰工作，《禮儀大全》（*Livre des cérémonies*）一書便是如此問世的。儀式、舉止就此仔細遵循官方的意識形態。舉例來說，巴西里厄斯在宮中賓客向他下跪時，或起碼在首次會面的時候，是完全肅靜的。某些留存的外國使者紀錄完全證實這一點。[15]這也更提醒我們，在拜占庭帝國中，外交活動被堅持至何種程度。畢竟和軍事交鋒相比，外交活動素來較受偏愛。在說服、談判妥協（金錢、餽贈、授以高位等）這些傳統外交手段一一替換用盡的情況下，拜占庭在與西方世界的關係方面藉帝國宮廷促成了絕佳聯姻，或是發展出具備宗教層面以及和羅馬結盟的優勢。[16]

帝國轉型的方式有時更加微妙，卻又不失其深義。比方說在希拉克略（Héraclius，六一〇—六四一）時期以後，晚期羅馬式將人拋至盾牌上的儀式（élévation sur le pavois）逐漸被捨用，至少要到十三世紀才會重新出現，不過卻不再具備軍事上的意義。此外，新皇帝由牧首於聖索菲亞大教堂加冕。歡聲過後，結合了塗聖油（myron）這個自十三世紀以來出現的動作，使加冕有了另一層意義。加冕成了聖禮，而教會則在其中扮演日漸強大的角色。透過加冕這個動作，牧首打斷了皇帝和神的直接聯繫。[17]這點可能有來自西方的影響，因為彼時拉丁人統治著君士坦丁堡。此外，更廣泛來說，中世紀下半葉，西方君主和皇室似乎日漸從文獻中汲取帝國模式，而拜占庭帝國在這段時期則似乎往相反的方向演進，轉變為王國型態。「帝國聖性」

（sacralité impériale）顯然失去光彩。畢竟帝國聖性這個概念肯定還是太過抽象，誠如前文所見，王朝繼承早早就被引進作為補充的概念。承接上述的王朝繼承這一點，西方世界的皇家君主國，特別是法國，都將國王視為「王國內的皇帝」。[18]

如此演進也留下其他具體影響。既然帝國圖謀天下且以此自居，拜占庭帝國文件也就甚少描述帝國領土和其地理環境。強大的行政機器使皇帝得以從被君士坦丁堡的城牆護衛著的皇宮賢明地領導、統治帝國。不過，我們也發現多位巴西里厄斯不再自拘於金碧輝煌的宮殿裡，反倒越來越向邊疆地帶大步挺進。舉例來說，十二世紀的科穆寧朝人便是如此下定決心行動的。在君士坦丁七世（Constantin VII Porphyrogénète，九四四—九四五）統治期間，順從他的意願使得《禮儀大全》最終與某部內政專論著作大異其趣。此書詳述鄰國以及帝國必須順應調整的方法，清楚見證了真正的現實政治（Realpolitik）。更糟的是，劃定出精確的領土以定出帝國內外範圍，居然成了一件令人安心的事情。儘管帝國從來就沒有完全公然承認過這項事實，不過這真是一個對天下野心抱負打退堂鼓的行為。無庸置疑，為了找出一條中間路線，便想出拜占庭是一個有地理疆界局限的普世帝國概念（œcuménisme）：以帝國為數眾多的人民之條件自居主權完整，不過卻限縮在自己的領土上。透過這種刁鑽但關鍵的方式，從「一名全世界的皇帝」（unus imperator in orbe），轉換概念為「一名在自己世界中的皇帝」（imperator in orbe suo）。[19]

結論

尋找折衝、持續變化適應的能力，簡而言之，就是介於意識形態和現實背景之間的務實作法，這些似乎都成為拜占庭帝國的特點。換言之，拜占庭統治之所以能具體實在且長久，有賴這個千年政權穩固的行政系統（機構、稅務、軍事等），而這點值得在本章末尾強調一番。將一成不變的概念與帝權聯想在一起，其實大錯特錯，會有這樣的錯誤連結，想必是因為有個陳腔濫調的意識形態存在。看待這種意識形態，合理的作法便是疏遠抽離之，但同時也承認其確實帶有凝聚力。此意識形態能有為數眾多、且以西歐為甚的追隨者絕非是個偶然；有君主受到該意識形態啟發，就此引進拜占庭的帝國模式。這個帝國模式不全然只帶政治性質，也具備文化、知識，亦或藝術層面，進而在中世紀中葉加深該帝國模式給予鄰國、尤其是拉丁人的好印象。[20]只是我們也明白，迷戀也是可以在一開始先轉為嫉妒、最後化為恨意的。這導致了一二〇四年的戲劇化事件，同時意味著天主教及東正教持續至今的公然決裂。東歐和斯拉夫世界是不會對此事釋懷的，直至今日，他們依然誇耀著這個他們心目中所認為的東正教搖籃的帝國，而在這座帝國裡，他們則自認為是非比尋常的叛教者。[21]

拜占庭帝國遠非僅限於史學家、或是一般歷史愛好者的主題事物而已，它形塑出一個值得廣為人知、多加思考的政治經驗。如同某位出色的拜占庭學者所提出：拜占庭帝國是「另一種成為歐洲人、或當個歐洲人的模式」。[22]伊斯蘭反倒不是如此，所以拜占庭成了中古時期伊斯蘭的鏡像。拜占庭帝國從七世紀直到十五世紀中葉一直與伊斯蘭帝國接壤邊界。針對宣稱以伊斯蘭教為主流、但伊斯蘭教卻非唯一宗教的政權與文化圈，拜占庭帝國加強了威嚇與對其進行了解的措施。[23]一四五三年接續拜占庭帝國的鄂圖曼帝國也因而多所沿用拜占庭的帝國政治概念。自一四五三年攻佔君士坦丁堡以後，穆罕默德二世（Mehmet II）立刻就在同年打造一副宣稱希臘暨土耳其人皇帝一銜的金牌。[24]鄂圖曼帝國的首都仍長期留用君士坦丁（Constantiniya）之名，要等到一九三〇年，才正式變成「伊斯坦堡」這個源自希臘的名字。[25]還有一點值得人們有所認識、思考，那便是巴爾幹世界自帝國轉為國家的過程，在以往及現在一直不夠明顯。會出現這樣的現象當然是出於拜占庭的治理經驗以及帝國亡佚後的重大遺緒。在新千禧年伊始，還有歷經上個世紀末影響東南歐的血腥分裂後，人們現今或許是無法迴避這一點的。[26]

我們因此理解到一點，雖說一四五三年是拜占庭國命註定的陷落時刻，拜占庭文明卻並未完全終結於該年。近代東歐人在日常、心態方面，一如其生活方式，皆歸功於拜占庭帝國甚多。無可避免的是，拜占庭帝國之名仍然與一些奇想相連，而這種傳說有一部分甚至是帝國本身所造成。帝國無疑地比王國更適合作為（諸多）想像的載體，而在某種程度上，拜占庭帝國直到現在還在付出這方面的代價。

第三章 阿拔斯帝國

Marie-Thérèse Urvoy（瑪麗—特雷斯・爾娃）

寡人的政府與時代齊鳴，朕可聽不出孤家的時間失調了。

——莎士比亞《理查二世》，第五幕，第五景

作為「神的信差」，穆罕默德（Mu annad，即Mahomet）先是出現在麥加（La Mecque），後來則是在雅特里布（Yatrib）、也就是未來的麥地那（Médine）現身。穆罕默德的講道引起該區的幾個深層變化：伊斯蘭教出現，成為第三個主要複製猶太教模式的一神信仰；阿拉伯半島的部族透過宗教而統一；一個政治勢力堪與西方基督教帝國及拜占庭帝國並駕齊驅的帝國於中世紀形成了，而該帝國的特色便在於它參照了阿拉伯語及伊斯蘭教的概念所設。

西元六三二年，穆罕默德亡故後，由四位稱為「正導」（bien guidé）的哈里發開啟了哈里發國（État califal）時期。這四位哈里發的首要目標，便是維持住麥地那對阿拉伯半島歸順部族

的政治霸權。儘管其統治歷時短暫，還經歷過多個劇烈危機及政治暗殺，那四位哈里發卻還是成功地擴大伊斯蘭的領土（dār al-islām）、權勢，使兩者皆超越了阿拉伯半島的範圍。儘管這些征討是由少數戰士依循貝都因（Bédouin）自古即存的侵襲（razzia）戰略來作戰的，我們依然可以定位這些阿拉伯征服行動是包含在一波波侵略的整體行動之內；這些入侵行動由多少具備遊牧特質的部族（peuplade）帶頭征戰，且損傷了大型的常駐型帝國（empire sédentaire）。征服的目標與結果是一樣的，都是要佔據領土來建立政治統治。

血腥掃蕩麥地那哈里發的勢力以後，伍麥雅王朝（Umayyade）自六六一年起，於大馬士革（Damas）開始執政。在一個世紀期間，同一個王朝摒棄原本的阿拉伯半島根源，與粗獷的阿拉伯社會決裂，而為拜占庭、波斯的宮廷儀式所吸引。阿拉伯半島日後則成為帝國的邊陲地帶。該王朝之所以覆滅，部分原因就是出自於伍麥雅王朝人本身所把持的體制基礎。被征服地帶的組織並未立馬就被推翻，王朝政權治理加強了僅僅約占百分之五歸順人口的阿拉伯人統治力量。然而，大量改宗伊斯蘭的人們卻威脅到了這個霸權。這些沒有阿拉伯血統的新本土穆斯林，得透過「擁護」阿拉伯顯貴要人來確定本身能得到某種「保護」。人們把這些人稱作「馬瓦里」（mawālī），其中大部分是波斯人。因為他們的法律和財政地位都低於阿拉伯人，所以導致了伊斯蘭基本平等「烏瑪」（umma）社群理想的破滅。伍麥雅王朝無力將改宗的原生本土人士納入本身的財政經營系統內。諸多暴動揭發伍麥雅王朝對馬瓦里這個族群的歧視、不公、以及不合理待遇，最後在七四七年，引發了一位獲得自由的波斯奴隸所帶頭的反抗行動。七四九年，反抗軍從呼羅珊（Khurasân）和法爾斯（Fars）這兩個他們原本歸順自己恩主的地方湧進伊拉克。薩法赫（Al-Saffâḥ）身為阿拔斯（al-ʽAbbās）的後人、先知的叔父，在庫法（Koufa）自立為哈里發，阿拔斯這個新王朝就此誕生。阿拔斯把持哈里發職權直到一二五八年。然而，這番王朝更迭卻沒有使任何的基本體制改變，畢竟牽涉到伊斯蘭人民多元性的只有兩個癥結點而已：其一，由古萊什（Qurayš）這個阿拉伯部族、即出身先知部族宗派的人士來掌權；其二，授予非阿拉伯裔穆斯林的地位。

新哈里發的首都從敘利亞遷到了伊拉克。阿拔斯用這樣的方式將伊拉克置於帝國核心，向帝國東翼、波斯文化以及諸多融合文化開放，卻同時也公開背棄地中海世界，放棄從此只被當成中央政權西方省分的敘利亞。顯而易見的是，阿拔斯君主富有建立起一個「帝國型」政權的雄心。

阿拔斯既沒有公佈任何王朝傳承的原則，也並未頒布任何文件以訂定權利移轉規則。各個哈里發指定繼承人，該繼承人於樹立統治法理效力的宣誓大典（bayʽa）上，由宮廷要人授以大權。

最初的五位哈里發，直到包括哈倫．拉希德（Harūn al-Rašīd，七八六—八〇九）在內，都享有完全至上的權力。但是繼承哈倫．拉希德之位的過程卻很血腥：他早在七九四年就指定他的長子阿明（al-Amīn）為繼承人，也在七九九年指定另外一子馬蒙（al-Ma'mūn）為第二繼承人（此為襲自伍麥雅王朝的習俗），負責治理呼羅珊這個重要省分。阿明在父親死後決定強化中央集權，下令國庫、國軍回歸巴格達，可是馬蒙反倒支持西部省分獨立。歷經四年兄弟相殘，長期圍城使巴格達力困筋乏，阿明最終總得一死，才讓馬蒙在八一三年的戰事中勝出。

實際上，自九世紀中開始，哈里發權勢就旁落於宮廷顯貴之手，換句話說便是落於高官重臣與維齊爾（vizir）們的手上。他們的勢力通天程度之高，甚至可以駁回被指定的繼任者，另推其私心認為較適任、較好操弄的其他執政家族成員。阿拔斯哈里發的統治正當性主要基於三項論點：

一、其隸屬於穆罕默德家族；

二、先知叔父阿拔斯（'ABBĀS）的世系是高過先知女兒法蒂瑪（FĀṬIMA）世系的。法蒂瑪是哈桑（ḤASAN）海珊（ḤUSAYN）的母親，兩人都被阿里（'ALĪ）、也就是穆罕默德堂弟的那派人士認定為殉道者；

三、宣稱阿拔斯是穆罕默德親自選出來的。

此外，在官方儀式上，阿拔斯哈里發穿配著穆罕默德的斗篷與長杖，都大大表明本身的統治正當性。縱使阿拔斯史上有多次政治變遷，甚至在爾後大權落於什葉派埃米爾（émir）之手時，這些權勢的象徵都確保了阿拔斯王朝得以長長久久。

我們可說伊斯蘭阿拔斯帝國，作為一個有組織的政治勢力，其延續下去的時限橫跨八世紀和十世紀。這個時限結構使阿拔斯帝國的屬地得以經歷兼具物質、文明兩種層面的可觀榮景。阿拔斯帝國到來以前，伊斯蘭的領土即使從伊比利半島、大西洋馬格里布（Maghreb）延伸到中亞、直至印度河（Indus），依然不能被認證為「帝國」，因為這些領土邊界是浮動的，當時伊斯蘭領土的後勤、行政組織尚有不足。這塊伊斯蘭領土（dār al-islām）由之前本屬於拜占庭和薩珊（sassanide）這兩個歷史悠久帝國的地區所構成。當此兩個政權覆滅、以及西方的西哥德王國（wisigoth）消亡之後，這些地區便被伍麥雅王朝佔據統治。伍麥雅王朝的統治方式並不會過於中央集權，所以無法克服廣大領土內部所遭遇到的、令人難為的多元族群差異：馬格里布的柏柏人（Berbère）、西班牙的伊比利亞人（Ibère）、埃及的克普特人（Copte）、敘利亞和伊拉克的阿拉姆人（Araméen），還有在西部的伊朗人。每個族群都有一種或是多種不同的語言、相異的宗教：基督教分布於西班牙、拜占庭省分；猶太教、祆教、摩尼教則分布於東部領土上。儘管伊斯蘭元素在其中相當之少，由如此建構所組成的世界仍是完完全全的伊斯蘭世界。因為其君主自稱為伊斯蘭教徒，並且對歸順民族施行符合《古蘭經》律法的社會組織；自八世紀初起，也以阿拉伯語這個征服者和神啟（Révélation）的語言作為官方、行政用語。八世

九到十世紀的阿拔斯帝國

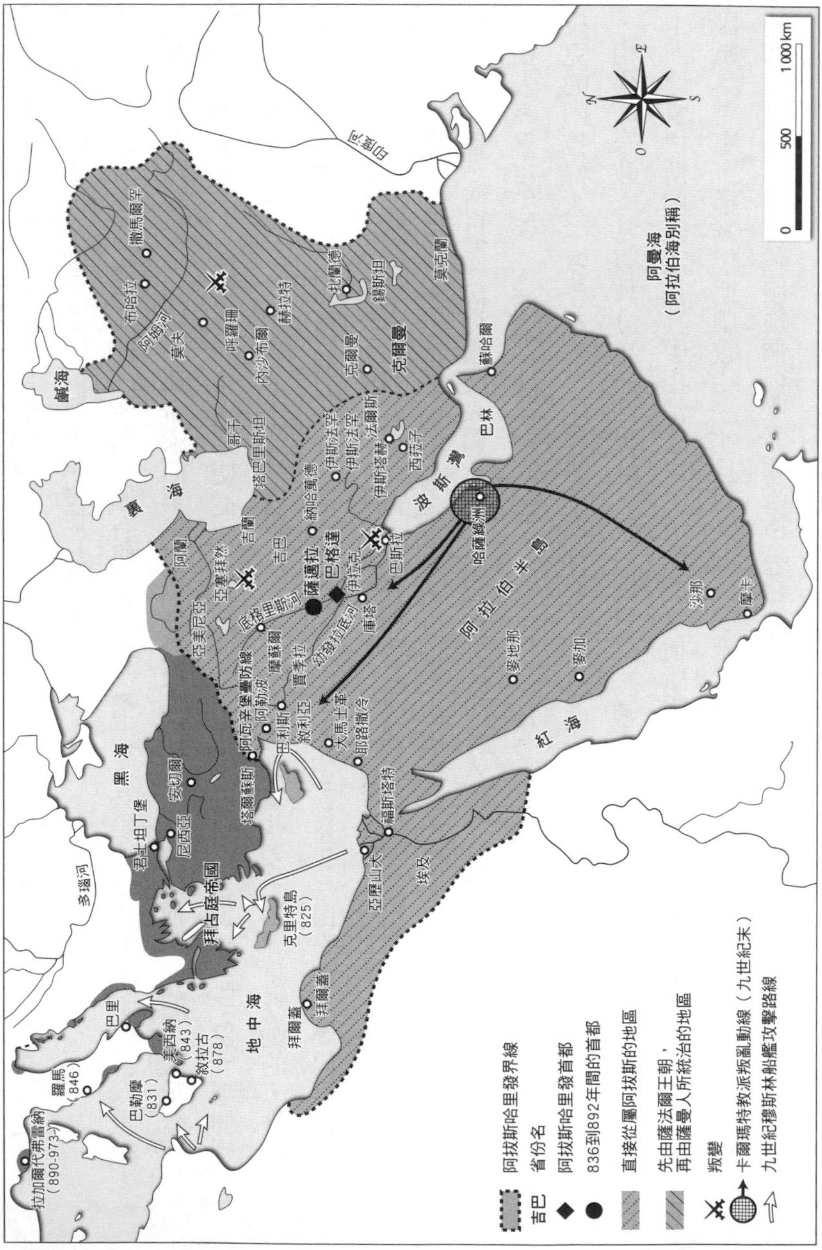

紀中的反抗、騷亂成了帝國統一觀念成形的主要媒介。這些行動由於伍麥雅王朝的行政疏忽、具歧視性的徵稅、財政規範而師出有名，使源自遊牧民族的這股勢力折服了先進的「定居」世界，而伊斯蘭則為這股力量中唯一新添的元素。

阿拔斯王朝一取得大權，便立刻擇定一個中央集權政府、一套行政系統，以及一支能夠控制所有反對勢力的新軍隊。確切來說，便是這整體的措施，使這個已然相當廣闊的帝國透過注入諸省的文明活力，成為史上足以與羅馬帝國並駕齊驅的帝國。歷史上這段時期也讓阿拔斯王朝有機可乘。同時代衰落中的拜占庭帝國，還有得招架義大利、教廷兩方敵手的日耳曼神聖羅馬帝國，使阿拔斯王朝的勝利看似非凡、且幾乎是出類拔萃。在現今的伊斯蘭集體記憶中，都還留下對往日權傾一時的榮光悼念。直至今日，政治、宗教傳統依然多所援引這個「主佑朝代」，這個讓知識、藝術、文化熠熠生輝的黃金時代。

阿拉伯文學上多位著名、且在伍麥雅時代末期開始出現的雜文作家，描寫了這個新帝國政權（Etat）的榮光。隨筆、書簡、編年史，誇耀著時政。這個現象在下個世紀沿襲成風，分析家、地理學家熱切地忙著描繪商隊的商業路線、中繼站，以及所有構成帝國後勤的事物。自八世紀末起，則開始出現法律、神學論著。編年史家、頌詞家都在作品中突顯出阿拔斯擴張的榮耀。為了找到伊斯蘭之勝利在其中的因果關係，他們也將阿拔斯擴張置於人類演進的必要循環中。這些人訴諸「傳述者」，也就是傳承「聖訓」（hadîths）之人的紀事；「聖訓」指的便是記載穆罕默德行止的一項先知傳統。編年史家、頌詞家所訴諸的傳述者資料，亦代表文獻檔案的獨特價值。這些逐字逐句的文獻，即便內容是一些軼事，或含帶影射，都對產生伊斯蘭秩序的條件提出穩健的解釋。這些解釋有效到在當時足以催生與政治想像不時混淆的情況，且直到今天，這些政治想像依然根深柢固。

這個特別的伊斯蘭秩序是阿拔斯王朝授意出現的；阿拔斯王朝意圖以伊斯蘭之名統治一個有明確規範、且內部組織有理有據的帝國。從贏得征戰，接著創建朝代，一直到帝國失去獨立、瓦解而隨之陷落，成就帝國的條件是和朝代本身的變遷結合在一起的。

變革必須得經歷一段長時間的醞釀，才好讓阿拔斯的後人於七四九年成功推翻伍麥雅王朝，且以優勢力量壓過其他的貝都因貴族，以及原生的順服民族。

這個阿拔斯革命的起源和理由都蘊含在伊斯蘭先知本身的經歷之中；關於後者，我們當得粗略一提。穆罕默德在麥地那創建了一個政治宗教社群（communauté），卻未立遺囑而逝去。由於穆罕默德沒有男性後人，因此其女法蒂瑪是唯一的繼承人，但卻受限於伊斯蘭的規範而不能繼承。最初幾位哈里發的指定過程與其統治期間皆有過多次暴力衝突，這些衝突主要爆發在兩個重要的體制宗派之間。此兩大宗派皆援引穆罕默德來到麥地那這座「光芒四射的城市」（Cité illuminée）時所建立的那套章程：「遷士」（muhāğirūn），指的是在「徙志」（hégire）時追隨穆罕默德的麥加人；「輔士」（anṣār），則意指歸附穆罕默德的麥地那人。諸遷士先是以巧妙、靈敏的手腕讓阿布・巴克爾（Abū Bakr，六三二—六三四）、接著則是歐瑪爾・賓・哈塔卜（ʻUmar ibn al-Ḫaṭṭāb，六三四—六四四）先後登上「真主使者繼承者」（ḫalīfa rasūl Allāh）這個至高大位。幾年內，最初兩位「正導」哈里發成功重建了麥地那的威勢。阿布・巴克爾力抗反叛的部族，這些部族打算在先知逝去後重奪自由，拒絕向麥地那國庫繳納「什一稅」（dîme）。而歐瑪爾則是主要帶動最初幾場征討叛部行動的人，他自命為「虔信者之君」（amīr al-muʼminīn）來強調哈里發的政治、軍事角色。歐瑪爾加碼更多征服行動，從敘利亞延伸到美索不達米亞，接著到伊朗、埃及，使失血的鄰近諸帝國蒙受損失；他接著推進得更遠，往東方和西方世界擴張。在他遇刺身亡以後，六位先知的聖伴（Compagnons du Prophète）組成委員會，推舉出奧斯曼（ʻUṯmān）繼承大位。奧斯曼來自麥加一個富裕的家族。他身為聖伴，也是先知的女婿，卻不像阿里一樣屬於巴努西善家族（Banū Hišām）。麥地那的輔士因此產生了本身被排除於大權之外的挫折感，而指控奧斯曼舞弊稅務、司法，尤其攻擊他強加施行自己那個版本不完善的《古蘭經》。奧斯曼於六五六年死於暗殺。在接下來的一片大亂中，佔多數的輔士，沒做任何等待就公告阿里繼任為哈里發。奧斯曼的堂侄，也是敘利亞自六三九年以來的總督穆阿維亞（Muʻāwiya）反對阿里繼任為哈里發。支持阿里繼任的有穆罕默德的近親家族、巴斯拉（Basra）與庫法的阿拉伯人、麥地那的輔士及遷士。穆阿維亞則有麥加人、一些敘利亞人和埃及的支持，聲稱要為奧斯曼復仇。六五六年在巴斯拉附近發生了軍事衝突，是為駱駝戰役（la bataille du Chameau），而阿里獲勝。不過六五七年隋芬之戰（Ṣiffīn）後不穩定的情勢翻轉了局面，雙方交戰者接受了仲裁，可是部分阿里支持者拒絕接受仲裁，選擇脫離阿里一派。他們被稱為哈瓦利吉派（kharigite），源自「離開」（ḫaraǧa）這個動詞。西元六五八年，阿里在納赫拉萬（Nahrawān）格殺哈瓦利吉派人士，可是他的權勢已然有損。六六〇年，穆阿維亞由其黨羽宣告為哈里發，阿里則在次年被一名哈瓦利吉派份子暗殺。

激烈內戰（fitna）結束以後，敲響最初「烏瑪」（umma）一統的喪鐘，而哈里發的權勢則被長久被削弱。穆阿維亞立其子雅季德（Yazīd）為繼承人；即使家族王朝原則尚未被默認，一個世紀以來哈里發的權勢仍舊屬於同一個家族。這些為了奪權而起的暴力戰事，醞釀了伊斯蘭的大分裂。

伊斯蘭分裂的教義理念是之後才被建構出來、且加以理論化的。人們後來稱為遜尼（sunnisme）、也就是「屬於先知傳統一派的人」（ahl alsunna）誕生於穆阿維亞陣營。什葉派（chiisme）、也就是「阿里一派」（al-šīʿa），則隨著阿里後人分裂而四散，接著重新匯集為三大支派。哈瓦利吉派則日漸由嚴苛暴力的風格轉變為極少數的伊斯蘭自由派。

明白這些背景，就足以理解阿拔斯王朝之作為以及其統治正當性。實際上，阿拔斯家族大權在握之餘，便組織起一個自身專屬的特定原創政府（État），以新規範及應對方式來定義無論是支持者、或是反對者的特徵。一場社會轉型就此開始。哈里發自居屬於先知家族，該家族是由先知「遴選、護佑」的。哈里發同時保留著伍麥雅王朝的效忠誓言儀式（bayʿa），且讓君主都為同一世系繼承的原則成為定例。繼位者由哈里發指定一位子嗣或一位兄弟所產生，但卻沒有任何文字來認可哈里發所決定的人選，也沒有長子繼承的常規。

阿拔斯王朝治下的黃金時期演進，我們一般可以區分出三個時期：

——最初自薩法赫至哈倫・拉希德的時期，從七五〇年到八〇九年間：此時期大抵與新領導加強權勢的時期重合。

——第二段自馬蒙至穆克塔非（AL-MUKTAFĪ）的時期，從八一三到九〇八年間：該時期為一段充滿暴力危機和重整振新的時期。

——最終從穆克塔迪爾（AL-MUQTADIR）延伸到布維西王朝（BOUYIDE）的諸位大埃米爾，自九〇八到九四六年間的時期，當時分裂的阿拔斯權勢已經偏離王朝開基家族。

鞏固哈里發勢力的時期也發生過多次危機。每一位哈里發即位、以及選定繼位人的時候，都曾爆發過激烈衝突。大致來說，阿拔斯這些關於統治正當性的衝突都不是來自朝臣或哈里發身邊的人士。但除了某次例外，那便是當哈里發之後偏袒一位阿里後裔（ʿalide）的時候。繼承人戴有兩個頭銜，其一是阿米爾（amīr），也就是君王（prince），還有「穆斯林公約受益人」（walī al-ʿahd，為walī al-ʿahd al-muslimīn之簡稱）。埃米爾（émir）在此時期位處要職。大權轉移給繼位者，以如同「神賦」的狀態呈現出來。曼蘇爾（Al-Manṣūr，七五四—七七五）

因此能夠堅稱自己是神在地上的權勢化身，而不使宮廷或是城市裡的宗教人士（ulémas）感到冒犯。儘管阿拔斯王朝人士對伍麥雅哈里發使用的「神的代理人」（ḫalīfat Allāh）一詞不表贊同，卻沿用這個稱呼，甚至還擴大其中的迴響。至於獲知親疏關係——意指阿拔斯王朝人士是否優於阿里後裔——這個議題，從來沒被討論過，不過雙方陣營都以不受時效拘束的「穆罕默德親屬」權利來立論。答戊王公（prince Dāwūd）便以這種方式聲明薩法赫為「阿里以外唯一正統的哈里發」，而不再多下其他評語。為了捍衛阿拔斯王朝的統治正當性，曼蘇爾駁斥反對者參照《古蘭經》文中關於繼承的部分；這部分經文中有阿拉稱女人在其父、叔伯、母系父母輩（'aṣāba）之後得以繼承的法則。這番駁斥使任何企圖承接穆罕默德之女法蒂瑪一系的人士不具繼承效力。除此之外，根據《古蘭經》文第三十三章第四十節：「穆罕默德不是你們中任何男人的父親」，因此阿里的後裔亦非「阿拉使者之子」。除了馬蒙在位時期以外，阿拔斯王朝的諸哈里發全部都由上述這些論點來建立本身的正統性。對馬蒙而言，稱號與選用的別名就表現出了「神對君主的信任，因此也沒什麼必要證明君主的統治正當性了。」

第一位阿拔斯哈里發的名號是在庫法公告的；他既不想要在大馬士革、也不想在失勢的伍麥雅王朝之象徵據點敘利亞來宣布此事，更不想在敵對的什葉派與阿里後裔所在的庫法發表聲明。七五二年，阿拔斯王朝的首位哈里發薩法赫便選在美索不達米亞的希拉（Ḥīra）宣告成為哈里發。接下來，哈里發定居在安巴爾（Anbār）這座原為薩珊王朝駐軍地的城市。阿拔斯王朝首位哈里發的繼承人是其兄弟曼蘇爾，他在逃過極端什葉派份子的襲擊後，決定建造一座象徵王朝的皇城。該城之配置，於七五八至七五九年間被規劃出來，位處美索不達米亞中部地區，由於鄰近底格里斯（le Tigre）及幼發拉底（l'Euphrate）兩條大河而易於防守。建造此城耗費十萬工匠人力，並於七六六年完工。皇城先是冠上建造人的名號，稱為「曼蘇爾之城」（ville d'Abū Ǧa'far）；接著又成為「和平之城」、或稱「得救之城」（Madīnat al-salām）。建於底格里斯河畔的阿拔斯城邦特色是內部由城牆環繞，毫無疑問地顯露出伊朗暨美索不達米亞式的都市規劃特徵。此外，該城所流傳下來的稱呼也是巴格達（Baġdād）這個伊斯蘭化前的稱呼。巴格達是一座皇城，也是一座衛城，占地可觀，達八百公頃。皇城容納君主、皇室、貼身人員及護衛。今日遺跡全無的曼蘇爾之城，便是自此發展出一片廣大、規模前所未見的都會帶。多虧地處商隊路線交口，以及嚴謹行政系統下有序的交通往來，曼蘇爾之城展現可觀的經濟活力。儘管阿拔斯帝國歷史起伏動盪，嚴謹的行政系統卻成功地在全帝國施行阿拔斯式的「阿拉伯和平」（pax arabica）秩序。

七七四年曼蘇爾過世之際，巴格達成為貨真價實的大都會，延伸至底格里斯河兩岸，占地達君士坦丁堡的一半規模。該城強勁的經濟活動歸功於其為宮廷所在地，有珍稀奢侈品需求，以及獨樹一格的市郊、街區地理位置。除了這些因素以外，巴格達還是三座哈里發皇宮與兩座大清真寺的所在地。

阿拔斯王朝人士並未因為施行伍麥雅式的集權，以及切斷遊牧首長式的權力型態而有所改變。他們只是由行政、國防系統的新概念出發，在與前朝相比更為伊斯蘭化的時代背景下稍作調整而已。如同所有的哈里發，阿拔斯哈里發是伊斯蘭社群的首領。捍衛伊斯蘭對抗新變革，一如遵從伊斯蘭基本教法（charia）指示一樣，皆屬他之職責。阿拔斯哈里發是帶領星期五禱告的「伊瑪目」（imâm），負責宣告、執行正當戰事（ğihād）、組織朝覲事宜（ḥağğ）。身為律法的守衛人，哈里發應該關注法官（qāḍī）所裁定出來的刑罰是否有效，還要主導「糾正過錯」這項管轄權；不過哈里發卻不能隨心所欲、武斷地處決被控叛國的人。首位阿拉伯韻文家、伊朗人伊本·穆卡法（Ibn al-Muqaffaʿ）便寫了一篇關於哈里發近身人馬的書簡詩，獻給曼蘇爾。[1]這首詩之所以重要的地方在於，就算思想家的忠告一直沒被遵守，這些忠告依然以極其可觀的方式呈現出服從哈里發時相關的決定權限。

阿拔斯帝國初期，哈里發加強控制法官，以如此手法侵占省級總督（gouverneur）的特權。順著這個邏輯，哈倫·拉希德設立了監督散布各省法務人員的「大法官」（grand cadi）一職。這些大法官與警署署長合作，由被稱為「穆智台希德」（mu tasib）的商場長官（préfet de marché）來執行判決。商場長官負責確保無論在公共領域或是其他任何領域，伊斯蘭的道德秩序都能被遵守。「維齊爾」（vizir，即wazīr）統領著這整個階層結構。維齊爾的涵義隨著不同治期而有所改變，該職立基於權勢，象徵著先知家族代表、行政系統負責人等。服膺於中央的行政系統以及軍隊有賴明確的分工，其中最重要的部門有：撰寫律令、配有哈里發用印辦公室的內閣；徵集稅務部門；沿用薩珊王朝模式的郵遞部門，其下轄有道路養護部門。行政系統規劃方面，帝國則分為幾個區域，各區得上呈歲收明細予哈里發財庫（Trésor califal）。

來自社會各種出身的群體圍繞在哈里發身邊，他們支持著當局政權，或多或少拿到了一些好處。人們提及，曼蘇爾召集過一個成員複雜、由「軍事首領、馬瓦里（mawālī），即庇客、聖伴（Ṣaḥāba），以及家族成員」所組成的評議會。到底誰是這些「陪伴著哈里發的人們（compagnon）」呢？編年史家影射這些人或許沒有正式職位，不過卻是替哈里發作宣傳的阿拉伯人，還有文人。至於「庇客」（client），則完全不是透過替某些阿拉伯家族與部族服務來取得地位、改宗伊斯蘭的原生本地人士，而是君主及其親近人士的直接庇客。通常，這些人若不是低階顯貴，就是已被解放且依附主人的忠奴。

在這些庇客還有宮廷裡的其他人當中，特別是阿拉伯與呼羅珊軍事首領之間，出現了敵對關係及唇槍舌戰。這段時期，也出現了秘書（kuttāb）這個新興活躍群體，在宮廷裡維持著國家行政系統。廣義來說，秘書是「馬瓦里」出身。他們因所據職位而壯大了其影響力，得以從哈倫．拉希德統治以來在宮廷裡扮演要角；而他們也是在哈倫．拉希德的宮廷中發達起來的。

這些黨派與群體間的敵對不睦、宮廷陰謀，還有諸省對中央的討價還價，使政治組織難以用穩健的方式長期固定下來。所以阿拔斯王朝在取得大權五十年後，還在捍衛本身的統治正當性，因為五十年以後，在阿拔斯王朝史上，部族間的凝聚力依然無法被取代。這股勢力是伍麥雅王朝的弱點，也是其覆滅的原因之一。八〇九年哈倫．拉希德過世，此後，阿拔斯王朝每每在新主統治期間日益複雜的人情風潮、運動中，獲得某種程度的穩定力量。

至於在知識界與宗教界的氛圍方面，儘管阿拔斯王朝自陳出自於先知家族，整體宗教界人士卻既不同意、也沒支持過該朝。出色的馬利克（mālikite）法學派創建人馬利克・阿本・阿納斯（Mālik ibn Anas）力抗曼蘇爾哈里發，讚揚了什葉哈桑派（hassanide）在麥地那的叛變行動。馬利克・阿本・阿納斯甚至還認定新君不得不作的宣誓行為是無效的，且沒有任何價值可言。而馬赫迪（Al-Mahdī，七七五—七八五）則以伊斯蘭的偉大捍衛者之姿出現。他擴建了帝國主要城市——比如麥加、耶路撒冷——的大清真寺；改善朝聖路線的道路狀況；還特別下令大規模鎮壓「精底格」（zindīq），也就是虛假、甚至可說是異端的穆斯林，這些人改宗伊斯蘭，卻不真心虔誠，也不夠認識《古蘭經》。這方面的鎮壓主要針對有暗中從事原本信仰活動嫌疑、改宗伊斯蘭的前摩尼教徒。實際上看來，馬赫迪所發起的蠻橫宗教審查，也波及了政治上反對其政權的人士。馬赫迪在位期間，確認了自己身為伊斯蘭社群的領導人角色，而危及了與阿里後裔的和解工作。

從文獻中看得出來哈倫．拉希德治下的氛圍改善了，因為他毫無顧忌舉用亡於七九八年的阿布・尤賽夫（Abū Yūsuf）這位身兼伊拉克哈納菲學派（anafite）權威與《土地稅論著》

（*Traité de l'impôt foncier*）一書的作者成為大法官。在該書中，尤賽夫懇請哈里發公正治國，但也提醒信眾得完全服從哈里發。[2]

新建成的政權主要掛念著因當代法學家而複雜起來的立法問題，但當局是斷不可能對多種神學流派保持無感的。阿拔斯當局倒是心知肚明，伍麥雅王朝末期的神學爭論幾乎立即衝擊了政治。阿拔斯當局還記得哈桑・巴斯里（Ḥasan al-Baṣrī）這名傳道人，給伍麥雅哈里發阿布杜勒・馬里克（'Abd al-Malik）寫了一篇書簡，為「伊斯蘭教預定論者」（qadarite）一派辯護；該派人士認為信眾對自身的行為負有完全的責任。此論點就政治上來看，指陳君主的責任，使無條件服從不再有其必要。然而，我們從他處得知，這位傳道人卻沒有支持過任何一場叛亂。他寧願一再地重提要以耐心容忍暴君，而且將暴政視為對眾人的懲罰。

針對哈里發實際權勢的爭議，有兩種立場交鋒。一派立場認為「服從神的創造物，是忤逆了造物者」，這個想法延伸下去可以直至不服從「伊瑪目」的程度，也就是形成無政府的狀態。相對的另一派則反駁此說，道出「應該服從伊瑪目，雖然不管能否得知他的指示究竟是否合神的心意」。伊本・穆卡法（Ibn al-Muqaffa'）先前則提出一項中庸之道，他指出「當確定伊瑪目忤逆神的時候，就不必服從他了；神並沒有給予任何人有關神聖義務及合理制裁的權柄，這點才是人們掛心的事情」。伊本・穆卡法其實巧妙地讓宗教從理性思考層面中劃分出來：在宗教層面上，哈里發是沒有任何權力為伊斯蘭立法下決策的。而在第二個理性層面上，哈里發倒是可以在自己斟酌合宜的時候下決策。曼蘇爾在位期間為了一些含糊的理由，處決了時年三十六歲的伊本．穆卡法，而阿拔斯也不過才統治八年而已。

同時期也形成一派稱為穆爾太齊賴派（le mu taziliame）的理性思潮。該思潮在哈倫．拉希德過世後扮演著要角。在前拜占庭、薩珊帝國領土中，特別在大馬士革一地，穆斯林征服者發現了當前活躍的宗教思辨。大馬士革有約翰（Jean Damascène，六七五—七五三）在《論異端》（*Traité des hérésies*）一書中將伊斯蘭斥為第一百個、也是最後一個「異端」（hérésie）。異端一詞在此並非相對於基督教教義而言，而是根據一些可辨識出來的宗教傾向而下的定義。該書是最早以這樣的方式來探討古希臘信仰（hellénisme）、異教（paganisme）與猶太教的著作之一。接著有西奧多．阿布．古拉（Théodore Abū Qurra，七四〇—八二五）以阿拉伯文撰寫多篇為基督教教義辯護的論文。聶斯脫里派（nestorien）的宗師提摩太（Timothée，七八〇—八二三）在泰西豐（Ctésiphon）與巴格達兩地自在地回答馬赫迪主要關於三位一體（Trinité）與耶穌神性及其本質的問題。這些現象意味著此類討論極可能影響某些穆斯林的思維。

此外，自八世紀中葉開始，某些關於邏輯的論文被翻譯成阿拉伯文，好比托勒密（Ptolémée）這位西元二世紀亞歷山大城地理學家所著的《天文學大成》（*Almageste*）。伊朗人的著作也為阿拔斯帝國黃金時期的異教文化增色。諸如伊本．穆卡法將以巴列維文（pehlevis）寫成的文學篇章翻譯為阿拉伯語，其子則是依巴列維文版譯出亞里斯多德《工具論》（*Organon*）的部分章節。不過，值得一提的是，伊朗元素涉及阿拉伯異教文化較多，至於神學、政治的觀念建構，則是透過與基督徒的接觸而構築起來的。

阿拔斯帝國的黃金時期維持著上述這種知識活力，在九四六年穆提（al-Muṭīʿ）登基之後擴散開來；就像是穆斯林自認同化「外來知識」（savoir étranger）一般。編年史家與文人記載著宮廷裡巴爾馬克家族的維齊爾（vizir barmakide）與各種才士、不同意見傾向人物的討論。這些討論對諸多學門相當開放，有從哲學、神學到政治學的討論，也有嚴肅或輕鬆的話題。以當時在位哈里發的開放尺度、智慧以及知識水準來看，言論幾乎是自由的。

首批穆爾太齊賴派人士在政治上反對伍麥雅王朝統治，他們在阿拔斯王朝勝出後向其靠攏。從哈倫．拉希德治下開始，幸虧有一脈相承的著名的納札姆（al-Naẓẓām，亡於八三五年）作為同路人，使穆爾太齊賴派的主張得以日漸明確。穆爾太齊賴派的神學主張強調五點原則，以後驗（a postertori）為架構，伴隨著關於世界的哲學理論；而後者也隨不同穆爾太齊賴派人士而定。人們主要是透過十世紀的阿薩里（al-Ašʿarī）這位前穆爾太齊賴派人士的文字來得知這些原則。阿薩里主要處理的是斷定「認主獨一」（tawḥīd）以及「神的正義」這兩項議題。穆爾太齊賴派在神啟之外也替理性留了餘地，將神願的專斷規範在理性可及的公理之中。儘管倡導著理性辯論與提出論點的討論，但穆爾太齊賴派是永遠捍衛著伊斯蘭的。一些現代史家從中觀察到某種伊斯蘭文明式的「理性主義」（rationalisme），其將伊斯蘭宗教排除於任何探究與批評之外。其實穆爾太齊賴派人士本身也是全然的信徒與伊斯蘭教完美的捍衛者，只不過用上征服領土的知識思潮充作尋常衛道行為的新興工具。穆爾太齊賴派首要煩心的事情便是打擊摩尼教、基督教，以及所有膽敢批評伊斯蘭的信仰。

八一三年到八三三年的馬蒙治下是阿拔斯王朝史上最富裕且文風最盛的時期。該時期之所以富裕，是由於他將政治側重於分裂背景因素依舊活躍的地區，強調帝國一統；他也想減少毀滅伊斯蘭社群的分化。而馬蒙治下頗有文風，是因為他意識到在建構過程中的阿拉伯文化當中吸納希臘化與波斯征服領土的遺緒，對帝國是有利益與好處的。為了達到這個目的，馬蒙向隸屬阿里與其後裔的什葉派靠攏。他表明了阿里（ʿAlī ibn Abī Ṭālib）的首要地位，詳述著「阿里是自『神的信差』（Envoyé de Dieu）以來，最好的人」。馬蒙也讓希臘哲學、科學著作的翻譯規模更加宏大，他在八三二年資助「智慧之屋」（la Maison de la Sagesse），這是一間主要由非阿拉伯裔原生基督徒所組織起來的「類圖書館」。異教科學同樣於馬蒙在位期間格外受惠，馬蒙在巴格達建了一座天文台，另外一座則在大馬士革。也是馬蒙開啟了穆斯林與其他宗教人士，尤其是與基督徒及祆教徒之間著名的宗教論戰。馬蒙最重大的決定是以官方立場頒布穆爾太齊賴派教條內的「《古蘭經》被造說」（Coran créé），此事對伊斯蘭傳統派而言是件醜聞。八三三年，馬蒙發布詔令嚴格要求所有宗教人士信服「《古蘭經》被造說」。這道命令伴隨著一場宗教審查，而詆毀馬蒙的人，則佯稱其為「試煉」（al-miḥna）。非議馬蒙的人包括建立同名司法學派的伊本・罕百里（Ibn Hanbal），該學派為恪守字句與傳統的司法學派。

馬蒙亡於八三三年，留給其兄弟暨繼位者穆塔希姆（Al-Mu ta im）一份遺囑。他在遺囑中懇求穆塔希姆將親穆爾太齊賴派的政策持續下去。馬蒙當初打算終結遜尼派哈里發與什葉派思潮的針鋒相對，但卻完全沒成功。他以適合其所處時代背景的方式，致力為伊斯蘭世界引進開放社會的新概念。自阿拔斯一朝以來的諸位哈里發，在後世將馬蒙奉為明君，因為他熱切地想超越政治、宗教衝突以求讓哈里發的作為中立化。馬蒙的賢君之名究竟流傳到什麼程度呢？他的名號及統治作為阿拉伯人所達致的實質進步象徵，直到今日依舊被人援引，儘管這種評價有時也是在沒檢視過阿拔斯帝國整體歷史的條件下套用出來的結論。

穆塔希姆因為體驗過巴格達圍城而印象深刻，所以理解到君主有必要擁有忠誠且待遇良好的私人軍隊，而且特別要是外國人部隊，才能對敵方的宣傳無感。穆塔希姆承繼其兄馬蒙支持穆爾太齊賴派的政策，在做決策的時候受其影響，自不待言。他將哈里發首都由巴格達遷至薩邁拉（Samarra）；為了免除掉尚須透過收買才會來參戰的阿拉伯騎兵兵役，而雇用七萬名土耳其奴隸。西元八三六年，穆塔希姆和他的家人以及宮廷在薩邁拉定居。他在薩邁拉定居之處，為了他的守衛軍而轉型為軍營城邦。穆塔希姆的守衛軍坐落於特別的街區，由小隊集結而成，且不得與阿拉伯或阿拉伯化的人民混處。奴隸傭兵的人員不斷增長，其中有領袖崛起，最終將某些實為削弱、而非增強王朝力量的職位納入掌中。軍事首領在權力鬥爭中受到分化，而輪到他們來干預政府事務的時候，已經是能夠罷黜或是頒定「傀儡化」哈里發規章的程度。八六一年穆塔瓦基勒（Al-Mutawakkil）被暗殺，引發了重大危機，有一段時間陷入無政府狀態，其中有四分之三的初繼任者都暴斃而亡。在艱苦的幾年過去以後，危機是平息了下來，但這些原本被雇用來服務君主的軍事首領，卻在君主周圍持續發揮影響力，而君主則永遠無法逃脫他們的掌控。

九世紀末，暴亂已然撼動諸哈里發。八六九年，先有東非黑奴津芝（Zanğ）的暴動。於下伊拉克地區，哈里發與達官貴人都持有廣大的甘蔗田。這些黑奴的工作環境特別惡劣，於是他們以某位自稱為先知女婿後人、名叫阿里的人為首而群起暴動。黑奴暴亂歷時十四年方得弭平，隨後黑奴被一路屠殺、劫掠直到胡齊斯坦（Khuzistân）。

以領頭人哈姆丹・卡爾瑪特（Ḥamdān Qarmaṭ）來命名的卡爾瑪特教派（qarmate）叛亂則是一場更加危險的叛亂。卡爾瑪特教派運動的教理依循伊斯瑪儀派（ismaélisme）的路線，不過與後者在政治權威路線上意見分歧。卡爾瑪特教派抗拒著催生法蒂瑪派哈里發（califat fatimide）的一派風潮。該教派的首場暴亂，確切地說，是在伊拉克和伊朗的朝聖路上發軔的。此場暴亂止於九〇八年，而卡爾瑪特教派首領阿布・薩依德（Abū Saʿīd）則不得不到巴林（Bahrein）定居，在當地組成了一個貨真價實、為時數十年的社群小國。卡爾瑪特教派人士特別在敘利亞一地散佈恐懼，還佔據如大馬士革的多座大城市。哈里發軍隊在九〇四年將他們從大城市中驅逐出來。卡爾瑪特教派領袖、自居為「馬赫迪」（mahdī）的黑駱駝騎士（Ṣāḥib al-Ḥal）被抓，他被帶到了巴格達，公開受凌遲、再被斬首。黑駱駝騎士所受的慘酷刑罰其實並不符合法學家所立下的規範，可是哈里發想要殺一儆百，即便《古蘭經》第五章三十七節是反對刑罰累計的。

東非黑奴津芝與卡爾瑪特教派的劇烈反叛，只不過是為哈里發添上一些遠方領土的威脅。最讓人憂心的反叛還是來自於薩法爾（Saffaride）這個地方長官王朝，於八六七年至九一一年之間，藉大大小小的勝戰佔據了錫斯坦（Sijistân）。阿拔斯當局沒有絲毫喘息的餘地，不得不與某些貪求獨立省份的地方長官搏鬥。

即便歷時短暫，多虧了在九〇二年至九〇八年間施行統治的穆克塔非所下的決策，使他的治期產生重要意義，也使阿拔斯哈里發暫時重獲昔日尊榮，以及完整的帝國領土。土耳其領袖們歸隊、卡爾瑪特教派人士大致限縮在阿拉伯地區及伊朗省份一帶，也由於阿拔斯授予其半自治的地位而平靜下來。至於在帝國內部，有如奇蹟一般，哈里發的權勢在知識文化界大放異彩，卻也無礙維齊爾及哈里發的幕僚從此掌握行政系統與軍隊。複雜的服役制度，再加上眾多階層的人員，主導了地方省分的財政。哈里發的財庫在經歷所費不貲的征伐之後，才重建起來。政權這般繁盛，才足以在巴格達為重返該地的哈里發建造雄偉的宮殿；他選擇住在該城的東岸。儘管宮殿現已無存，文學作品中依然保留了描寫建物壯麗的文獻。

至此，行使中央權力已經不再像最初幾位阿拔斯哈里發一樣了。薩邁拉時期，土耳其人的出現，大大地改變君主身邊的圈子。此外，什葉派秘書在政府中聲勢漸長，最終形成了唯一持續的威脅。他們工於心計且沒有任何顧慮，但身懷高度技術能力，是對現下主子背信忘義的「理想人選」。什葉派秘書不再為革命奮戰，但卻不吝於為己方利益與人馬挪用龐大款項。然而大法官辦公室已幾近消失，奴軍或傭軍首領日益騷動，急著掌權。非阿拉伯裔官員成了軍閥，獲得地方省份統治權，佔據著諸如內侍（chambellan）或警政署長（préfet de police）這類的高位。穆塔希姆從前所建立的軍事集團發生多次「算總帳式」的內部爭鬥。穆塔瓦基勒即位時，他的新政便是如此引發黨派間的對立。八四九年到八七〇年間處決倍增，但是消亡的首領總是很快後繼有人，並再度浮出檯面，且重新獲得高位。

與王朝政治興衰的狀況大異其趣，知識、宗教層面順著一個意外重重的鐘擺曲線百花齊開。這樣的曲線鐘擺效應，讓穆爾太齊賴派在馬蒙以及其兩位繼位者治下告捷以後，接著反彈出傳統派的勝利。阿薩里先前是穆爾太齊賴派的成員，他與該派決裂，為的是轉投伊本·罕百里的陣營。阿薩里聲稱是以穆爾太齊賴派學派的推理程序來辯護罕百里的立場。一條中間路線就如此建立起來了，且大舉成為主流路線。強大的蘇非派（soufi）一樣也被追捕，其追捕的程度嚴峻到著名的哈拉戈（Ḥallāǧ）於九二二年被處決。在蘇非派一旁，還有人民運動（šuʿūbite），該運動支持著被伊斯蘭所征服、活在帝國陰影下的人民的權利，這些人民處於伊朗傳統有超越阿拉伯傳統傾向的伊斯蘭文化中。博學多聞的九世紀阿拉伯作家，尤其是亡於八六八年的加希斯（al-Gâhiz）與亡於八三九年的伊本・庫塔巴（Ibn Qutayba），在伊朗、希臘化遺緒面前，努力捍衛著阿拉伯遺風。信奉穆爾太齊賴派的大雜文家加希斯，絲毫不怠慢地支持穆塔瓦基勒的政策。他在讚揚土耳其人之餘，也不忘誇獎阿拉伯人。加希斯在景仰的詞句中熱切傾心於每一位當權的哈里發。而伊本・庫塔巴則是在他的專題著作中提及阿拉伯、伊朗、希臘化三方風潮合流，同時也捍衛著最傳統的概念。此現象展現出彼時的大散文家們盡其所能，致力強化人們日後稱為「遜尼」的教派。他們的文字催生了一種特別的、啟發自多種型態的伊斯蘭文化，也正是該文化重新成就了這個時代的整體美名。

時間拉長到九〇八年到九四六年，以阿拔斯王朝權勢崩解告終：阿拔斯不再擁有決策權，而大埃米爾這個新興軍事、行政職位則寄生於中央哈里發組織內。穆斯塔克菲（al-Mustakfi）這位哈里發在被罷黜以前，重新授予一位布維西家族的成員大埃米爾一職。而佔據該職的人士得以成為哈里發的監護人以及這個裂解中的帝國首要領土的主宰。關鍵時刻出現於九〇八年到九三二年的穆克塔迪爾治下，一共發生兩次宮廷革命。革命結束後，大權每每旁落於精明幹練的維齊爾與秘書手上。

由西伊朗及伊拉克所組成的布維西聯邦王國就此誕生：呼羅珊留在薩曼埃米爾（Samanide）的手裡；上美索不達米亞由漢達尼埃米爾（Hamdanide）掌控；埃及、南敘利亞則落在伊赫昔迪埃米爾（Ikhshidide）手上。雖然這些埃米爾通通都承認遜尼派哈里發，但是哈里發自此已由眾什葉派埃米爾監管。

自十一世紀初起，動盪叢生。此時出現了建立於伊朗東部的加茲納維德王朝（Ghaznavide），提供一個臨時的土耳其王朝施力點。卡迪爾（Al-Qādir）出版了一篇著名的書簡，在其中正式地選擇與罕百里的傳統派陣營站在一起。他立即譴責什葉派、穆爾太齊賴派，還有介於傳統派和穆爾太齊賴派之間的阿薩里派（aš῾arisme）。卡迪爾認為阿薩里派的觀念是一項危險的妥協想法。尤其在一〇四五年，哈里發得到另一個土耳其部族賽爾柱土耳其人（Seljoukide）的援助。賽爾柱土耳其人來自伊朗，為土耳其遊牧部落的首領。遜尼派歸附於入侵者而得救，可是哈里發的權勢卻也無可避免地被侵犯：哈里發僅僅是遜尼派「烏瑪」的宗教首領而已，擔保著他「委任」給各地區埃米爾及蘇丹們的權勢，不過哈里發本身卻連一點權勢也沒留給自己。

一一七一年自法蒂瑪王朝手中奪回九六九年被搶走的埃及領土後，崩解的帝國再度擴張。帝國拓展到被塞爾柱土耳其人征服的安納托利亞（Anatolie）。土耳其公國或王國倍增，不過這些政權卻反倒仿效了阿拔斯世界最初幾位哈里發的組織模式。

蒙古人在一二五八年入侵巴格達時，將該城洗劫一空，且處死了最後一位阿拔斯哈里發。逃過屠殺的阿拔斯哈里發家族成員在埃及倖存到一五一七年。倖存的阿拔斯哈里發家族成員得到馬木路克（Mamelouk）的庇護，給了他們一個被扣留的榮譽地位。而這是他們跑龍套似地擔綱正式擔保，並且使每位在開羅的新任蘇丹能合法即位所換來的待遇。

受到如此捍衛的阿拉伯伊斯蘭帝國實體，就此分化為三個獨立的文化區：阿拉伯、波斯、土耳其。這三區本身又再裂解成無數、動盪的政治體。大體來說，一朝之偉大，特別是阿拔斯一朝，遠不在其所帶來的事物，而在其隨著本身歷史上的起伏，使眾多文明與民族文化相遇的智慧。

第四章　遊牧政權蒙古帝國

西蒙・貝傑（Simon BERGER）

一二〇六年，蒙古王子鐵木真（Temüjin）以成吉思汗（Chinggis Qan）之銜，也就是大洋之王（roi océanique）或是強王（roi fort）的意思，自行宣告為全體「毡帳之民」（peuple aux tente de feutre）的君主；成吉思汗的法文則拼作（Gengis Khan）。這樁事件象徵了從滿州（Manchourie）延伸到阿爾泰山（Altaï）的所有草原、森林地帶遊牧民族出現了政治統一，而統稱為「蒙古人」。此事件也成了一系列征服的開端，形成史上最大的陸上帝國。成吉思汗在一二二七年過世時，帝國領土已經從太平洋拓展到裏海，涵蓋了蒙古、哈薩克草原（kazakhe）、中國北部、中亞，以及伊朗北部、東部。窩闊台（Ögödei，一二二七－一二四一）、貴由（Güyük，一二四六－一二四八）、蒙哥（Möngke，一二五一－一二五九）這三位成吉思汗的繼位者，將蒙古人的統治範圍從韓國擴張到喀爾巴阡山脈；由貝加爾湖與諾夫哥羅德公國（la principauté de Novgorod）直至喀什米爾（Cachemire）與波斯灣。如此規模的帝國規模，撼動了世界，深層且長遠地翻攪歐亞的地緣政治，還讓中國、中亞、中東以及歐洲在商業、文化、科學領域上有所接觸。

不過蒙古人在這番局勢震盪中卻是有意識的主導者，蒙古征服並不像許多作品中所提到的只是一波波為了戰利品的野蠻劫掠，而是設下一種來自草原、自具特徵的新政治秩序。這種新政治秩序的特徵便是本章試圖探究的，以便定義出蒙古帝國這個遊牧帝國的政治性質，主要觸及的方向則包含意識形態、軍事與行政這三個層面。我們在此以成吉思汗初期的政治事業開始，涵蓋至一二五九年蒙哥過世、象徵統一的蒙古帝國終結，作為時代的上下斷分；但我們得知道，上述的時代切割充其量不過是一種相對的概念而已。蒙古帝國大致分裂成四個分體（ensemble），儘管失去帝國的概念——也就是我們於此探究的整體統治特點——這四個分體之間依舊維持著團結。然而要探究所謂統治的特點之前，先行回顧蒙古帝國出現時的政治社會背景，以及某些為數不少的相關錯誤觀念，才是適當的作法。

草原貴族秩序

我們經常讀到成吉思汗統一現今蒙古草原上的「部落」（tribu）、「部族」（peuplade），或是更明確地稱之為「民族」（population）。如此稱呼帝國誕生前就存在的群體，乃是否定了遊牧民族，特別是蒙古人依循政治、行政思路邏輯而組織起來的能力。根據傳統史學，草原遊牧民族實際上是依照氏族、部落的親屬關係所建構出來的；其中的成員，無論是貴族或是一般人等都承認擁有共同的先祖。若說這種虛構的親屬關係，以及遊牧部族此種以政治性為主的本質早就出現於史家評價之間的話，那麼「部族」一詞本身卻無非是一個建基於傳統、家族團結的初步社會政治組織，而與階層化、中央集權化、地域化，且出自較進步社會的政權（État）相對。

根據上述的史學邏輯，歐亞草原上的遊牧民靠放牧無法累積財富，所以無法形成比簡單首領制更加複雜的政治體。簡單首領制下的首領是根據個人特質而成為首領的，這樣的首領只不過是充當仲裁和軍事領導的角色而已。任何要強加一個極度威權、強制政權的企圖，都會輕易遭受屬民背叛而傾覆。這是由於屬民們身為遊牧民族，不親近任何領土，而且還有召集陣營的自由。草原世界位處政治上有組織的定居（sédentaire）、文明世界邊緣，成了部落式的無政府狀態。自此以後，在如此背景下，蒙古帝國的形成常常被描繪為「不過是由於成吉思汗的個人魅力與出眾特質才有所成就」的事業，所以是憑空、或幾乎是憑空而來的。

它之所以「幾近憑空而來」，是因為自西元前三世紀起，其他先於蒙古帝國的遊牧帝國一個個都展露出可觀的延續性，例如西元前三世紀至西元後二世紀的匈奴帝國（Xiongnu）、柔然帝國（Rouran，二三〇—五五二）、突厥帝國（Türk，五五一—六三〇；六八二

蒙古帝國擴張：一二〇六年到一二二七年

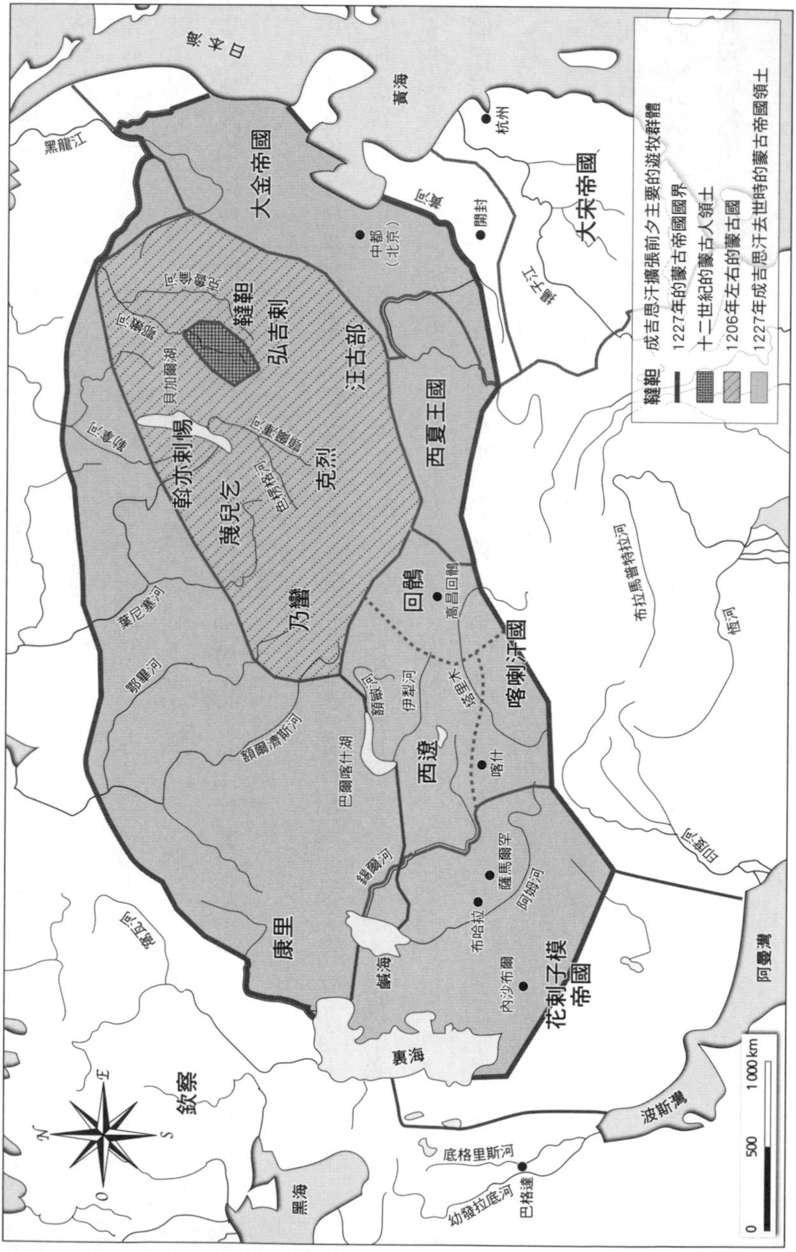

—七四二）、回鶻帝國（Ouïgour，七四四—八四〇）、契丹帝國（Khitan，九五〇—一一二五），此處僅列出其中幾個帝國而已。[1]順著傳統史學觀點，這些帝國為部族聯盟，其中因功績而被選出的至高領袖在面對部族首領時，卻沒有比這些首領對自己的屬民擁有更多權勢。在這種關係裡，世系結構作為社會政治組織的基礎維持不變。這些部落聯盟，只有在為了因應強而有力的定居型政權結構、尤其是中國的時候，才會出現；在快速消失、留下部族政治新空出來的位置以前，部落聯盟是為了抵抗定居型政權的威脅而出現的。草原的歷史就好比這個部族聯合、分裂的重複循環過程，經由這個過程，有聯盟突然出現、然後又突然消失，不留下半點蹤跡，而這些族群自命的稱號也是取自部族聯盟的稱呼，因此草原史便成了一段不一致且缺乏延續性的歷史。

蒙古帝國在一開始似乎也是其中一個部族聯盟，可是和其他部族聯盟相反的是，它拓展到一大部分的定居帝國地帶。蒙古帝國得以在成吉思汗後人的治下，借用其先前所征服的更先進文明的機構、行政措施、意識形態，以蛻變成一個真正的政權（État）。[2]

這個史學方法上的典範被近來的人類學研究發展打破了；這些新進人類學研究推翻了過時的「部族」概念。[3]「部族」這個概念其實是沒有根據的，它乃是出自十九世紀進化論者和歐洲中心殖民者的理論，將世界分成「沒有國家（État）」的原始社會，以及「有國家組織」的文明社會。為了要描寫中古遊牧民族的社會組織，我們的文獻使用了一個極其模糊的術語，且該術語往往和某種血緣概念毫無丁點關係。蒙古本身的詞彙完全沒有部族性質。「愛馬」（ayimaq）一詞，經常被翻成「部族」，指的是軍事、政治聯合體。「斡孛黑」（oboq）通常則譯為「氏族」（clan），實際上便是一脈世系的家族稱號，只出現在貴族背景中。畢竟，蒙古人偏好使用「兀魯斯」（ulus）一詞，即「國家」（État）來指稱自己本身，或是鄰國的政治體與服膺於國家威權的人民。「伊爾根」（irgen）指的則是「普通人民」（peuple commun）。[4]《蒙古密史》（*Histoire secrète*）中有一個段落便將這些詞彙的使用描寫得非常清楚。該書是唯一已知流傳下來的當代蒙古文獻，其中就敘述在帝國建成以前，成吉思汗與其他遊牧群體有過一段敵對情節：

> （成吉思汗）摧毀了所有名叫（斡孛黑都一〔oboqtuyi〕）主兒乞部（Jürkin）的勢力。他以這個國家（ulus）和他的普通人民（irgen）組成了他自己的人民（emchü irgen）。[5]

我們在此就有一個中古草原社會政治組織的例子。在此例中有一個貴族團體，此處是主兒乞部（Jürkin），為屬民之首，也就是「伊爾根」（irgen）之首。如此的支配關係是在一個被稱為「兀魯斯」的政治社群裡展現出來的，而此政治社群的貴族階層將本身的世系稱為「斡孛黑」。實際上，中古遊牧民族的社會是高度階層化的。我們在此稱之為「部族」，認定其有著

「類原子化」的族群均質，以及由團結機制化合而成的對象；而它其實是由多名承載著認同、傳統、經濟、象徵符碼資本的貴族所支配的群體。貴族施權勢於屬民，而屬民與領主是沒有任何親屬關係的，其稱號被歸入領主的名號之中。就形態上來說，在那個時代，沒有任何一支「蒙古人」是以我們慣常認定的方式存在的，而是有一支叫作「蒙古」的貴族世系。我們文獻中的蒙古人則是所有臣服於該世系成員的群體。這個群體由於服膺於該世系，因此隸屬於此政治認同。

這個貴族體制對遊牧族群的宰制根本具備了國家性質。從此以後，一個國家不再只單單考量到中央集權和官僚化層面而已。草原社會的特色是領導者與被領導的人兩者之間涇渭分明。貴族把屬民視為「奄出」（emchü），即財產，在有嚴密限制的領土上藉行政手法將屬民組織起來。貴族也獨佔軍事力量，以便坐享控制社會、政治與經濟層面的力量。但是正如同大部分前現代國家一樣，比起對一片領土施加威勢，遊牧國家政權對個人與社會團體施行的權勢更顯深重；而這也是「兀魯斯」一詞所指涉的涵義。尤其遊牧國家政權更不是非得有個中央的象徵存在不可。草原歷史就是在帝國中央集權化與去中心化的貴族體制這兩個過程中更迭。貴族體制下所分裂出來的勢力簡稱為「公國」（principauté），而公國之間是享有自治的。

蒙古帝國誕生之前的時期便符合其中一段去中心化的時代。該時期因而並非部族無政府時期，而只是一段政治分裂的時期。反之，蒙古帝國倒是個極度中央集權化的遊牧國家，但與前成吉思汗社會之間，倒也沒有相當極端的斷裂。貴族體制續存下來使人聯想到某種從匈奴人到蒙古人的歷史延續狀態；也解釋了草原的「帝權轉移」（translatio imperii）：一個帝國的遊牧政治文化轉移到另一個帝國的現象。此現象將一套統治索引、一個軍事結構，以及行政體制工具與措施，與一項特定的意識形態聯合起來。就像我們接著會觀察到的現象一樣，蒙古的領袖都是全然有意識地以遊牧國家的悠久傳統來切入匈奴、突厥，抑或是回鶻這些世系中。

帝國意識形態的根基

從一二〇六年建國以來，成吉思汗蒙古政權便有深植於草原歷史政治傳統的政權合法化手段可供操作。首先，成吉思汗與其後人自認是由「蒙哥．騰格里」（Möngke Tenggeri）——也就是「長生天」——授予他們統治的權利。「長生天」是草原民族的守護神，突厥君主、甚至是匈奴君主都在蒙古人之前宣稱過擁有「長生天」的授權[6]；《蒙古秘史》便是如此呈現成吉思汗的。上天不斷地對成吉思汗展現厚愛，就是天註定要由他來統治的證據。另一項天選證明則是成吉思汗神聖的血脈，蒙古世系上接「藍狼」（Börte Chino）此事相當出名。藍狼一系的命運「早已由上天決定好了」；而成吉思汗所屬的支脈則系出一名屬藍狼後代的寡婦與一頭天神化身、夜夜從寡婦帳篷頂上開口進入帳內的黃狗所結合生出的後代。[7]不過這種特別訴諸狼或是犬類的動物先祖模式，也存在於其他族群間，像突厥的帝國世系就被認為是出自一匹母狼。[8]憑藉天神的認證，方使蒙古皇帝施展個人且中央化的權勢成為一項合理的權利。就像我們可以在亞美尼亞史家格里高・阿克納西（Grigor Aknerci，約生於一二五〇年，歿於一三三五年左右）題獻給成吉思汗的一席話中所看出來的一樣：

> 神（騰格里，Tenggeri）的意志要我們拿到土地、維持秩序、施行「扎撒」（yasaq，即法律），神要他們遵守我們的領導，交給我們貢品（tuzghu）、土地稅（mal）、徵用軍糧（taghar）和牲口或農收稅（qubchur）。[9]

以天意作為政權合法性的力量，引出其他兩個蒙古帝國意識形態的關鍵要素；第一個要素是君主本身的魅力，也就是皇帝的超人特質，亦即「福運」（suu）這項帝國的「好運勢」；此概念相當於突厥、回鶻人所謂的「好運」（qut）。[10]上天分給了成吉思汗好運，這個好運勢一樣也延伸到了整個所謂「黃金世系」（altan urugh）的帝國家族。不過成吉思汗家系其實是取自成吉思汗這位開基者魅力中的神聖特質，以及他獨佔大權的權力，讓身為成吉思汗的後人本身便成是合法性的存在。成吉思汗家族君主的好運接下來也得反過來分散到屬於該家族的多個政權當中。誠如波斯史家拉希德丁（Rashīd ad-Dīn，一二四七—一三一八）所記載的，當窩闊台登基時，在場所有要人屈膝喊著：「願帝國因其統治而轉好運！」[11]窩闊台就是繼承其父的神聖魅力，然後將這股力量重新投射到整個帝國家族之中。當窩闊台的姪子拔都（Batu）讓窩闊台得知他在西方草原地帶征戰勝利是因為「擁有長生天的力量，以及我叔叔可汗（Qaghan）的好運」[12]的時候，這個繼承、且投射好運的作為便相當明顯。此外，這段話術還在蒙哥發行的波斯文錢幣說明文字上幾乎原封不動地沿用了，那段文字是這樣寫的：「以神的權勢、以世界之帝蒙哥汗（Monkū Qā'ān，即Möngke Qaghan）的好運。」這段話某種程度上便簡述了整個成吉思汗式的意識形態。[13]

蒙古帝國意識形態的第二個關鍵要素，顯然是包含在「世界之帝」（empereur du Monde）這個用詞中的普世統治抱負。在蒙古人的時代，突厥君主們也早已宣稱過同樣的事情。天上一神被視為對應著地上一君，而該君乃是由騰格里授權來拓展全世界的。上述這項雄心在一二三七年窩闊台致匈牙利國王貝拉四世（Béla IV）的最後通牒信中正式且清楚地亮相。窩闊台在該信中自稱：「吾，可汗（Qaghan），天界國王（Roi céleste）的代理人，天界國王賦予我在地上培育順服於我的人，還有懲罰那些抵抗我的人的權柄。」[14]拉希德丁記錄著成吉思汗從帖卜騰格里（Teb-tenggerir）這位大薩滿（grand shaman）手中獲銜，帖卜騰格里向成吉思汗宣告：「神命你為世界之主。」[15]不過從一二〇六年起，征服世界這件事或許並不在成吉思汗的計畫之中。蒙古征服毫無疑問地並不是實行一項已經預設好的征服世界計畫。所謂的征服世界，比較像是順應草原上屢戰屢捷情境中，早已相當常見的一種修辭用語。畢竟在草原上屢戰屢捷，是有可能塑造出一個超出區區蒙古草原邊界的普世帝國的。或許是從一二一一年開始，蒙古君主和其身邊的人士才在心裡打起這個主意來。當時回鶻人與党項人（Tangut）已經涵蓋在成吉思汗的政治架構裡頭，當蒙古人正要降服中國北方金朝的時候，取了「大蒙古國」（Yeke Mongghol Ulus）這個名號，以此來替蒙古的新帝國規模留下印記。蒙古人的這項普世帝國計畫顯然已經在入侵花剌子模帝國（Khwārezmshāh）的時候便已然實行了。波斯史家志費尼（Juvaynī，一二二六—一二八三）記敘著一二二〇年，蒙古將軍速不台（Sübe edei）和哲別（Jebe）來到內沙布爾城（Nīshāpūr）前。他們透過自己的代表人製作出成吉思汗的「扎兒里黑」（yarligh），即詔令。在這道詔令中成吉思汗宣稱自己被賦予了「從太陽升起（Levant）到落下之處（Couchant）所有地表上的土地」[16]。

蒙古人也和他們的草原先人使用同一套象徵，其中包括色彩、方位、物品，以及儀式的政治意涵；例如君主登基儀式便是從四世紀到十五世紀都如出一轍。除此之外，成吉思汗王朝的可汗們也是刻意尋求讓自己的勢力長期納入歐亞中部，而這點透過兩方面便可觀察到。一方面是窩闊台即位時自封「可汗」（qaghan）一銜，「可汗」是一個典型的突厥、回鶻帝號，首見於三世紀時的鮮卑人。[17]另一方面，同樣也是在一二三五年，由窩闊台本人決定在鄂爾渾河（Orkhon）河谷間的哈拉和林（Qaraqorum）建立帝國首都。出於軍事策略上的考量，成吉思汗在一二二〇年代便開始經營該地，不過哈拉和林主要曾經是突厥與回鶻帝國的政治及象徵意義上的中心。蒙古人不是不知道這項事實，對於這點，他們反而再清楚不過。志費尼描寫到蒙古人是如何認真地檢視舊回鶻首都窩魯朵八里（Qarabalghasun）的遺址。一二五五年旅行足跡遍及蒙哥宮廷的魯不魯乞（Guillaume de Rubrouck）也證實了蒙古人替皇室掌控住此地。[18]蒙古人以該地為皇室根據地，不僅事關抓住過往遊牧帝國王朝的好運而已，也象徵蒙古帝國與早遠帝國前輩間的親屬關係。[19]

因此，蒙古領袖靠的就是整個突厥蒙古（truco-mongol）遊牧族群共享且相互理解的政治、歷史素材來支持自己的正統性。這也解釋了帝國動員遊牧族群的能耐之所以能超越蒙古一地的原因。普世統治的概念同時也讓神意有了切實的迴響，使蒙古人征服定居屬民、基督教屬民、還有尤其是穆斯林屬民，成了一件名正言順的事。

處於帝國結構核心的軍隊

軍隊是蒙古政府（État）的主軸之一，蒙古軍隊的運作效率總是讓同時代的人們驚豔。關於蒙古戰事的技藝並非我們在此要處裡的議題。再者，不管在武裝或者是戰術層面，蒙古人和其他古代、中古的遊牧部族並沒有什麼不同，皆仰賴弓騎兵高度的機動性。我們光是留意到蒙古人認為偵查工作有其獨特的重要性，大量運用混淆視聽的手法，此外還有成吉思汗在河中地區（Transoxiane）這場只有志費尼記錄到的軍事行動，就足以見證蒙古人深富謀略的戰略思想以及蒙古軍事將領們的嚴謹執行力。蒙古軍隊在河中這場戰事裡，以同心圓方式進攻，完全孤立、癱瘓了薩馬爾罕（Samarcande）與該城一營的十一萬大軍。諸多元素皆與經常和蒙古征服聯想在一起的那批為數眾多、毫無組織的形象大異其趣。[20]就我們的立場而言，軍隊在建立蒙古帝國與帝國結構中所扮演的角色更形重要。

實際上，所謂的「蒙古大軍」（Yeke Mogghol cherig），即成吉思汗所創立的「蒙古大軍」（Grande Armée mongol），是在「大蒙古國」時期建成的。蒙古大軍是以有條理的十進位系統組織起來的，十人、百人、千人至萬人成組，也就是蒙古語中的「阿爾班」（arban）、「札溫」（jaghun）、「敏罕」（mingghan）、「圖門」（tümen）。在每組組首，還有每上一層的右翼、左翼、中央都配置一位「那顏」（noyan），好讓被動員者迅速且有效率地執行命令。[21]亞美尼亞的文獻及中國官方編年史中都指出所有十五到六十或七十歲的男性都被納入軍中[22]，志費尼還寫到：

> 這是支偽裝成人民的軍隊，也是個有軍隊外觀的人民（中略）。他們其中的每位成員，身形或大或小，不論出身貴族或是平民，在作戰時都成為武裝人員、弓箭手或長矛兵。[23]

這卻不全然意味著所有帝國遊牧人口中的成年男性都是士兵。文獻中載明了千人組

（minggan）和萬人組（tümen）軍隊在大部分時間裡是沒有「足員滿編」的，甚至還會隨人員整編程度分門散編。[24]畢竟基於經濟上的考量，動員全體男性幾乎是件不可能的事情。文獻所描述到的現象，實際上指的是將所有人口納入軍事化的行政系統裡。誠如魯不魯乞所指出的，這些十進位人員編制其實兼具行政與軍事性質，他寫道：

他們瓜分了從多瑙河到地中海東岸（Levant）的斯基泰地區（Scythie）。各隊長隨著手下有多少人聽令，來決定其牧地的範圍，他會知道冬、夏、春、秋時得去哪裡放牧。[25]

尤其萬人組和千人組軍隊就是這樣組成了機動編組。在某種程度上，機動編組大致由千或萬這種整數可資動員作戰的男性組成，但也不是動員全體人力；這種機動編組還包括這些人的家庭成員及牲口。[26]軍隊因此是蒙古帝國社會政治組織的骨架，甚至是與蒙古帝國共存的事物。《蒙古秘史》告知我們下列資訊：在一二〇六年見證成吉思汗登基的「忽里勒台貴族大會」（quriltai）時，成吉思汗以創立九十五支千人組軍隊的方式「完成了建立蒙古人民秩序的任務」。[27]所有臣服於蒙古政權的人民都被分散於這九十五支軍隊裡，甚至還出現與帝國的地理、政治分區相應的軍隊側翼。

不過這卻不是什麼新創的體制，因為這種體制首見於匈奴人。[28]克烈（Kereyid）和乃蠻

（Naiman）這兩個前成吉思汗時期最重要的遊牧公國確定都使用過這套體制，但這套系統或許也塑造了整個中古草原群體的社會、政治結構。如此一來，在成吉思汗創建的九十五支千人組大軍中，當中有些其實是被稱作「順民」（il irgen）這種以其原本的傳統貴族為首、併入帝國軍事系統的結盟團體。

反之，其他大軍的組成份子複雜，是為不願歸順的敵方舊屬民，即「不剌合民」（bulgha irgen），指的是當一個遊牧公國被征服的時候，領導階層的世系被殺光，其屬民卻是被分散到成吉思汗的親近人士之間。舉例來說，成吉思汗先前就下令「（他的兩位將領）哲別和速不台（各自）統領上千位這種接收而來的戰利人馬」[29]。因此，被征服的遊牧武力其實都被有系統地收編進蒙古軍隊裡，而融入軍隊就等同於融入帝國之中。為了打破舊有的政治團結力，以及確保混合所有遊牧屬民，這些被征服的遊牧武力也被打散到各個不同的十進位人員編制中。關於最後所有遊牧屬民混處的這一點，以及其他的目標，都是透過「探馬」（tamma）這個軍事機構來達成的。拉希德丁定義「探馬」為「一支與眾不同的部隊，是從千人、百人軍隊分出來派到某個地區常駐的部隊」，這是一支由各個十進位軍事編制所抽出的人員新組成的邊界人力。窩闊台便是如此把他的將軍綽兒馬罕（Chormaqan）派到亞塞拜然這個帝國最西邊的領土上，綽兒馬罕便是四支以此法組成的「萬人圖門」軍隊首長。其中一支「萬人圖門」便是由回鶻人、葛邏祿人（Qarluq）、土庫曼人（Turcoman）以及喀什（Kashgar）和龜茲（Kucha）兩

蒙古帝國的鼎勢與分裂

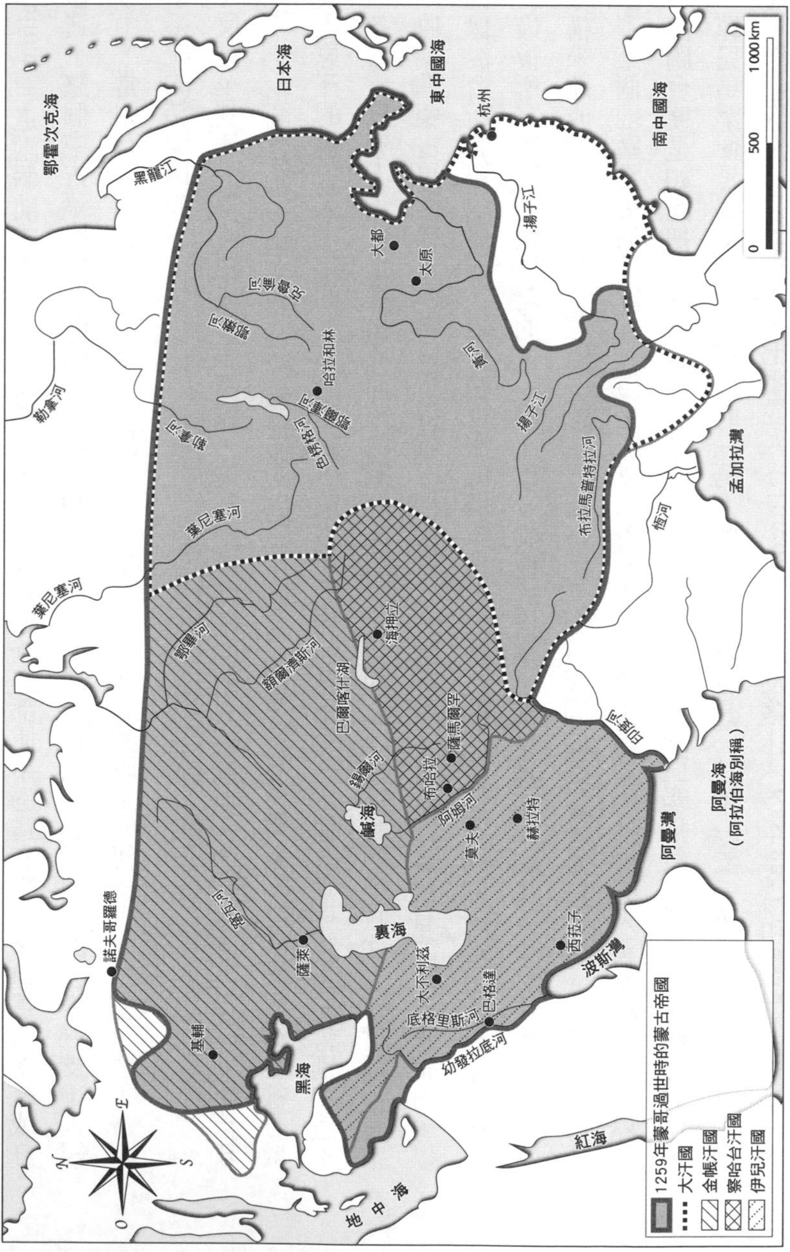
鄂霍次克海
日本海
東中國海
南中國海
杭州
黑龍江
揚子江
大都
太原
哈拉和林
黃河
勒拿河
葉尼塞河
孟加拉灣
恆河
布拉馬普特拉河
海押立
巴爾喀什湖
鄂畢河
額爾濟斯河
錫爾河
撒馬爾罕
布哈拉
阿姆河
鹹海
莫夫
赫拉特
阿曼灣
阿曼海
（阿拉伯海別稱）
裏海
薩萊
諾夫哥羅德
基輔
黑海
大不利茲
巴格達
底格里斯河
幼發拉底河
西拉子
波斯灣
紅海
地中海
0 500 1000 km
1259年蒙哥過世時的蒙古帝國
大汗國
金帳汗國
察哈台汗國
伊兒汗國

地的士兵所組成的。[30]

這些將各種族裔的士兵散編在不同軍事單位裡的作法，成了帝國大規模移動人口的起因，為的就是要促使所有屬民認同自己為「蒙古大軍」的一員，一如也是「大蒙古國」的成員之一；換言之，就是政治上超越所有定義的蒙古人。成吉思汗所創建的軍隊便如此成為建立一個中央集權且一統之國家的工具，而且還讓一個政治分裂的世界過渡到擁有帝國等級的新秩序。多項史料都點出了蒙古軍隊鋼鐵般的紀律，這點也成為蒙古軍隊有所成就的原因之一。尤須指出的一點是，擅自離開所屬編制軍隊跑到其他軍隊的士兵會被處死，而接收這類逃兵的將領同樣也會被處死；此項罰則事關帝國軍嚴密的規範，這套規範是為了阻止舊有的遊牧政治群體重組，或是產生結黨的「那顏」軍長，避免這類軍長手上分派到眾多士兵、家族可資指揮，進而成為政權的威脅勢力。

另一個凝聚帝國的軍事組織是中央軍，即內軍，也就是被稱為「怯薛」的帝國禁衛軍。成吉思汗於一二〇四年成立「怯薛」這支帝國禁衛軍，接下來每位帝國家族的大君（grand prince）都可以成立自己的「怯薛」禁衛軍。成吉思汗在位時期，「怯薛」乃由一支「萬人圖門」軍隊所組成，且分為日衛軍、夜衛軍，即「箭筒官」，還有象徵軍隊最高菁英的「勇士」（bahadud）。他們是從軍隊中的軍長（noyad）以及眾臣服君主（prince）的子嗣中吸收雇用的，所以某種程度上其實也是人質。不過帝國衛軍其實也會召募有意服役且明顯展露長才的一般人士。「怯薛」便如此成為帝國新貴族的交融處：高層在其中反覆灌輸某類價值，提供了共同的教育訓練背景，培養出帝國所有的高級軍官與行政人才。[31]舉例來說，綽兒馬罕就是成吉思汗的前箭筒官。

除此之外，日衛軍又分成了與內務相應的幾個類別：侍酒官、馴禽師、放牧人、軍械師、廚師……以致於「怯薛」也和皇帝同居。不過更進一步的是，其他帝國禁衛軍的職責為秘書，或者特別被安排做撰寫帝國詔令「扎兒里黑」的工作，還有幾位主要的部長其實本身都是帝國禁衛軍的成員，所以帝國禁衛軍其實根本就是蒙古行政系統中樞[32]，而這點也引發關於帝國政府的議題討論。

帝國政府

皇帝家務和國家（État）行政系統毫無區分的現象，刻劃出蒙古領袖們某種將國家行政系統看待為財產的想法。不過這卻不是一種可汗一人私有財產的概念。即便身為最高君主，蒙古帝國卻不是由可汗一人統治的。依照遊牧傳統，整個系出成吉思汗家系的「黃金世系」（altan urugh）都擁有一部分的統治權。針對這點，志費尼講得很清楚：

（成吉思汗）分配蒙古家族、群體……，以及所有的軍隊到他幾位兒子之間（的手上）……成吉思汗分派他自己的軍隊給他這幾位兒子的最幼子、他們的兄弟，還有父母。

志費尼又補充道：

即使表面上看來權勢和帝國都歸於被提為可汗的一人所有；實際上可汗所有的子女、孫輩、叔輩也都持有一部分的權勢與財產。[33]

拉希德丁指出，成吉思汗死後，蒙古軍隊便以同樣的方式被瓜分給包括女性在內的帝國家族成員；其中各個不同部的軍隊就是諸多在地的人口群體。[34]這些分封給黃金世系成員的領地就稱為「兀魯斯」（ulus）。這個字一開始指的是被分派出去的屬民，後來便單純延伸為與屬民相關土地的意思。主要的封地則為成吉思汗與元配所生四子的封地。在成吉思汗過世前先行離世的長子朮赤（Jochi）與其子得到了西至花剌子模、東至「韃靼人的鐵蹄踏過的地方」；察哈台（Chaghadai）得到了位在今日吉爾吉斯（Kirghizistan）的河中地區和伊賽克湖區（Issyk Köl）；窩闊台得到的「兀魯斯」封地則位在今日哈薩克（Kazakhstan）東部以及中國新疆東北部的額敏河（Emil）流域，窩闊台在繼位成吉思汗的時候，也將這塊封地傳給自己的兒子貴由。[35]文獻中沒提到最幼子拖雷（Tolui）的「兀魯斯」，不過他身為「斡赤斤」（otchigin），即「守家之人」（gardien du foyer）的意思；拖雷理應為他父親原有領土的繼承人，繼承介於鄂嫩河（Onan）與現今蒙古東部克魯倫河（Kerülen）之間的地區。

因此，帝國家族的每一位成員在自己的「兀魯斯」範圍裡，大致都享有某種程度上的自治，其宮廷和部隊都享有分封給他們的牧地。蒙古皇帝和每位「兀魯斯」首領以宮帳——即「斡耳朵」（ordo）——為基，採遊牧方式統治，主要沿河岸移動；「斡耳朵」一詞，同樣也是法文字「遊牧群眾」（horde）的由來。[36]魯不魯乞描述朮赤之子拔都的「斡耳朵」就像一座貨真價實的移動城市一樣。[37]皇帝偶爾會住在哈拉和林，但這座首都實際上更像是一座集貨城（ville-entrepôt）與生產中心。不過蒙古皇帝和王子們的遊牧生活反倒不是順著放牧經濟的思路走的：君主遷徙移動其實是種控制工具、也是一種權勢的投射。[38]

儘管有這種分封系統存在，帝國還是保持著一致、統一。首先，皇帝經常干涉不同「兀魯斯」（ulusud）*的內部繼承，這是皇帝鞏固權力的一種手段。此外，隨著征服分封土地，封地超出遊牧放牧區之外，延伸到屬於定居社會的土地上。舉例來說，就像是察哈台及其後人除了他們在中亞的領土外，還握有中國的太原，以及在花剌子模和伊朗的其他城市。帝國因此是由封地所交織的；封地系統運作得如此之好，以至於每位王子在所有區域都保有利基，而且總結起來，集體權威是凌駕於皇帝的至高權力之上的。[39]這個集體特性主要在大型集會，即「忽里勒台」中表現出來，召開「忽里勒台」是為了商討出重要的軍事或司法決定，或是選出新任大汗。蒙古征服及其部隊徵召恰恰就刻劃出這個集體面向：蒙古部隊其實是透過按比例借調來自各個「兀魯斯」士兵的手法，而徵集起來的，並且由各個成吉思汗王朝支派的代表來指揮。如此情況，舉例來說，就像一二五二年蒙哥派給他弟弟旭烈兀（Hülagü）的那支軍隊一樣；該軍隊的目標是摧毀伊朗的伊斯瑪儀派信徒，以及制服巴格達的哈里發：

（蒙哥）下令，所有先前被兄弟和甥姪切分過的成吉思汗部隊中，每十位抽取兩人（……）來給旭烈兀作「奄出」（意指財產），好使這些人隨他過來、在那兒幫他的忙。他們也都指定好自己的某幾位兒子、父母及藩屬，將這些人和他們的軍隊派去輔佐旭烈兀。[40]

可是不論大汗或王爵（prince）都不是蒙古帝國唯一掌大權的人。身為民事、軍事機構的首領，職位世襲的「那顏」軍長（noyad）**一樣也握有政治、經濟上的權力。當帝國衰弱時，

---

* 此為「兀魯斯」（ulus）的複數形。

** 此為「那顏」（noyan）的複數形。

軍長手上的權勢也就日趨重要。

然而，統治這般大的帝國不單只仰賴草原政治傳統模式而已。蒙古人其實會運用其所征服政權的多元統治技巧，尤其是中國北方的女真金人（Jürchen-Jin）、中亞的西遼（Qara Khitai）及喀喇汗國（Qarakhanide），還有塔里木盆地（Tarim）的回鶻人統治手法。蒙古人還特別借用回鶻人的書寫系統，一直到十五世紀，回鶻文依舊是蒙古帝國的代表性用語。不過蒙古人引用這些統治手法時還是會有所鑑別，也會從實用角度來考量，選用或可圖利己方，支援他們本身政治傳統、規範的統治措施。蒙古人尤其知道如何調整這些借用自不同政治、文化圈的手段，然後交相組織，並以帝國規模施行在地方行政措施之上。蒙古人就此創造出一個獨特的、混合遊牧政治背景，還有其他出自定居世界元素的統治系統。由此便可得知，蒙古帝國實際上的統治狀況是和下述的簡化觀點相去甚遠的。在這個簡化的觀點中，人們認定：蒙古人一旦征服過後，為了統治需求，只得別無選擇地定居下來；運用來自新環境的統治手法，終歸變成身在中國的中國人，還有伊朗的波斯人。

為了管理帝國廣大的定居型領土，蒙古人陸續設了三個「行動秘書處」，中文稱之為「行省」，這是借用自金人的機構：中國、中亞以及伊朗各設有一個行省；這三個行省同時涵蓋直轄大汗的領土，以及分配給大汗父母的領地。行省由皇帝所指派的行政人員指揮，但是每位王子也派出自己的代表到該地去。[41]某些區域也會留給地方王朝統治，這些地方王朝通常自願歸順蒙古，所以其地位、有時或許是其命運，便與羅馬共和末期，以及「羅馬帝國上期」（Haut-Empire romain）的委託附庸王國（royaume client）相去不遠。如此的王國就有諸如高昌回鶻（Qocho）的回鶻「亦都護」君王（Indu-qut ouïghour）、克爾曼（Keman）的克爾曼王朝（Qutlughkhanide）、法爾斯（Fars）的撒魯爾王朝（Salghuride），或是其他諸多俄羅斯公國。不過這些王國卻由一位突厥語稱為「巴斯哈」（basqaq）的蒙古當局代表嚴密監視，該字在突厥文中是「監察」（contrôleur）的意思；這個職位很可能是從西遼的行政系統借用過來的。而蒙古相應的職位「達魯花赤」（darughachi），則似乎偶爾從事同樣的工作；可是他最常見的任務是指派駐在每座重要大城的專委。[42] 蒙古人起用中國或穆斯林叛徒來補充專委一職的人員，常常將他們派任到遠離出身所在的地方。花剌子模人馬合木・牙剌瓦赤（Maḥmūd Yalavach）便是如此，他在一二二九年被任命為中國行省的首長；漢化的契丹人耶律阿海（Yelü Ahai）則是以「達魯花赤」的身分被派到薩馬爾罕和布哈拉（Boukhara），負責管理河中地區全境。[43] 但蒙古派用人員的條件不僅如此而已：帝國大部分的高級事務人員都有與草原世界的深厚淵源，如回鶻或尤其是西遼，其中還有許多本身甚至就是蒙古人，就像一二四三年到一二五五年間，指揮伊朗行動秘書處（行省）的阿兒渾阿加（Arghun Aqa）；或是成吉思汗領養的兒子兼兄弟失吉忽禿忽（Shigi Qutuqu）被任命為法官（yarghuchi），主管監修「扎兒里黑」，以及「扎撒」（yasaq），即法律。[44]

帝國行政人員負責施行「扎撒」，這些法令很有可能在成吉思汗死前就以法典形式制定出來。[45]行政人員也負責系統性的人口普查；人口普查是蒙古領袖在社會、經濟層面對臣屬的主要控制工具。定居人口就是根據普查數據來組織成十進位人數編制、徵用定居的補充軍（cherig）人員與稅賦。[46]稅又分成兩種，一種是在蒙古征服之前就存在、然後沿徵下去的稅目；另一種則是蒙古人新立的稅目：「探合」（tamgha），或稱商業稅；「合蘭」（qalan），或稱徭役；「忽卜出兒」（qubchur）則是在帝國正式生成以前就已然出現；施行於遊牧族群的牲口稅，之後則轉型為一種針對所有屬民的人頭稅，該稅主要用來養護以馬匹接力運行的郵政驛站（yam）。[47]

郵政驛站系統或許是借自金人的制度，不過其實在回鶻帝國裡就已經有這樣的系統存在。該系統確保傳令迅速，也確保蒙古的行政軍事機器在一個規模如此遼闊的帝國裡能夠運作良好。帝國權威主要透過郵政驛站系統投射出來，這項系統展現蒙古人運用混合遊牧式與定居式行政傳統的統治技術。[48]

蒙哥死後，繼位爭奪造成了蒙古帝國實質上（de facto）分裂為四個汗國勢力（ensemble princiapux）：自朮赤「兀魯斯」以來的金帳汗國（Horde d'Or khanat）、從察哈台「兀魯斯」開展的察哈台汗國、由蒙哥兄弟旭烈兀所掌控的伊朗伊兒汗國（Ilkhanat），中國暨蒙古大汗國，則是在蒙哥的另一位兄弟忽必烈（Qubilai）治下。忽必烈理論上保有在其他汗國間的首席地位，他建立了一個中國模式的朝代，是為元朝。然而，蒙古帝國卻不是一時之間立刻衰退的；特別在中國南部，一直到安南（Annam），征服行動依然持續。儘管成吉思汗不同支系間有所衝突，他們之間的往來依然極其密切；蒙古帝國整體上也保有了一致性。中國和伊朗的可汗（khanat）都在十四世紀衰退，可是帖木兒（Tamerlan）則是不斷用心保住成吉思汗的魁儡君主，長久維持蒙古政治傳統，而且還幾乎就要重建統一帝國。金帳汗國一直延續到十六世紀初、察哈台一系則是延續到十七世紀，而蒙古帝國的影響力持續至現代時期，皆可在鄂圖曼帝國、伊朗薩非王朝（safavide）、印度蒙兀兒王朝（moghole），甚至在中國與俄羅斯等政體中，窺見其蹤跡。

蒙古帝國的例子引領我們重新思考中世紀國家（État）的概念。蒙古帝國是個多核心的政權（État），缺乏一個真正有中央帝國權勢的首都；該政權與某種形式上集體行使的權勢共存。蒙古人沿用一些被征服的定居民族行政措施、文化特色、甚至是宗教。但是蒙古人保留本身長期深植於歐亞中部的意識形態參照、規範以及政治傳統，尤其是政權（État）建立在領主和臣屬之間的支配關係相當深厚，更甚於持有領土這件事。耶律楚才（Yelü Chucai）這位著名的幕僚向窩闊台宣稱：「雖然真的可以在馬背上征服帝國，但從馬背上治國卻是件行不通的事情。」[49]這句話是無法通過事實考驗的，因為遊牧部族確實是在馬背上建立、統治、維繫起一個十三世紀最盛大的強權。彼時，世界的中心可是在廣闊的歐亞草原上呢。

第五章 鄂圖曼帝國（約一三〇〇年至一四八一年）

賈克・帕依歐（Jacques Paviot）

鄂圖曼帝國誕生於一場夢中，約在一三二三年，奧斯曼（Osman）做了場夢。這場夢記載於稍晚的十五世紀末文獻中。奧斯曼祈禱著能再度襲擊基督徒，並且為逝去的同伴哭泣。他接下來便睡著了（然後做了個夢）。奧斯曼去見了一位熟人，他是一位人們非常器重的族長（cheikh），也是一位以奇蹟著稱的「德爾維希」（derviche），即清修士；奧斯曼之前也邀請過這位清修士作客。奧斯曼夢見了月亮從聖人的胸膛中升起，接著進入到他的胸懷裡。另外有棵樹從聖人的肚臍裡長出來，樹蔭則籠罩著全世界。樹蔭下頭有著重山眾水，還有人群。奧斯曼醒了以後，把他所做的夢告訴了「德爾維希」，「德爾維希」便向奧斯曼說道：「奧斯曼我兒，恭喜你啊，因為神授給你以及你的後人帝國權柄，我的女兒瑪爾可敦（Mâlhûn）是你的妻子了。」這個夢指出了神將帝國授予奧斯曼，但是奧斯曼也得保護起他的屬民。

邊境戰士群

在鄂圖曼這個帝國存在之前，鄂圖曼人出身貧微。一〇七一年，塞爾柱土耳其人從拜占庭手上贏得曼齊克特（Manzikert）一役，使土耳其和土庫曼（Turcoman）教士得以進入安納托利亞地區，並在該地定居。塞爾柱土耳其人在安納托利亞建立起羅馬蘇丹國（sultanat du Rûm）[1]，先在尼西亞（Nicée）建都（承蒙十字軍於一〇九七年收復該地），後來再建都於以哥念（Iconium），也就是後來的柯尼亞（Konya）。十三世紀前三分之一時期，蒙古人在中亞和伊朗的征服行動又逼著一支新興出身為烏古斯人（Oguz）的土耳其部族以及奧斯曼的先人，前往西方到安納托利亞一帶移居。一二四三年，蒙古人抵達安納托利亞，大敗塞爾柱土耳其的羅馬蘇丹國，使後者成了藩屬國。另一方面，一二六一年拜占庭人從拉丁人手中收復了君士坦丁堡[2]，並拋下之前作為己方首都的尼西亞。畢竟對巴利奧略這個帝國新王朝而言，比提尼亞（Bithynie）這個地區變得比較沒那麼重要了。

在這個中央權勢於間歇時期才展現出來的邊境地帶，有基督教或穆斯林地方領袖、希臘僧侶或穆斯林「德爾維希」清修士的機構，也有諸如巴拜派信仰（Babaï），或是韃靼異教信仰（païens tatars）存在，還有奧斯曼的父親埃爾圖魯爾（Ertuğrul）與他的部族，於冬夏兩季，分別在或許是羅馬蘇丹所賜予的瑟於特（Söğüt）谷地[3]、以及位處西南方的牧場兩地之間和平地遊牧。十三世紀末蒙古人在安納托利亞一地的權勢崩解，而一三〇八年賽爾柱土耳其人的王朝也消失。這些政權邊境還有內部的土庫曼部族首領趁機從中解放出來、得以自治，甚至獨立。[4]或許埃爾圖魯爾，特別是他的兒子奧斯曼，順著「加薩」（gaza）精神（原出於在阿拉的道途上、由眾「勇士」〔gazi〕所率領的襲擊，不過在此已不具任何宗教上的涵義），出於對榮耀與雄心的追尋，而投身於征討拜占庭基督徒，以及甘米揚大公國（émirat de Germiyan）這位南方穆斯林的「老大哥」。藉由審慎的聯姻策略（奧斯曼娶了一位部族首領暨清修士的女兒，並讓他的兒子奧爾汗〔Orhan〕娶了一位本地基督教領主的女兒）、減輕賦稅政策，以及維安計略，奧斯曼讓基督徒或穆斯林農人都重回自己的土地。他在政策上維持住幾個交流中心（像瑟於特就位在從君士坦丁堡到柯尼亞的路上），卻又不顯得太過獨立（奧斯曼雖身為賽爾柱土耳其的藩屬，但在一三一〇年至一三二〇年間蒙古人於西面邊境地區重建權勢的相關文獻中，卻不見關於他的記載）。奧斯曼自行建立起領土根據地，其範圍西從位處布爾薩（Brousse）與尼西亞之間的耶尼謝希爾（Yeni ehir）延伸出去，東至其主要住所之所在地埃斯基謝西爾（Eski ehir），瑟於特則處在兩者之間。

身為征服者的奧斯曼從人

自一三〇一年起，追隨奧斯曼的人（Osmanlis）展開大規模的征戰行動：尼西亞圍城、攻擊布爾薩或是尼科米底亞（Nicomédie）附近一帶。拜占庭加以回擊，可是珊伽里俄斯河（Sangarios）氾濫，使奧斯曼從人得以避過拜占庭的防禦工事。一三〇二年奧斯曼從人在尼科米底亞附近的巴菲烏斯（Bapheus）贏得戰事，這場勝利又再次吸引安納托利亞西部的戰士，他們或是穆斯林，或者是能改宗伊斯蘭的基督徒、「異教德爾維希」（derviche hétérodoxe），甚至是法學家。接著奧斯曼有系統地在比提尼亞展開征戰行動，但他反倒沒能拿下重要的城市。一三二四年左右，奧斯曼逝世，其子奧爾汗早已對此有所準備，繼承了父親的大位。與土耳其蒙古式習俗正好相反的是，奧斯曼並未將財產分給不同的子嗣，這點也成了鄂圖曼的特色，以及往後逐漸轉變成帝國型態的政權基礎之一。

奧爾汗持續他父親所發起的征戰行動。這場征服行動乃是由眾「勇士」所領導，是一場毫不停歇且全方位的行動。奧爾汗占領了比提尼亞地區的一些大城：一三二六年奪取布爾薩（又作Bursa）這座重要的商業中心，奧爾汗立該城為首都，也把家族墓地安置於此；一三三一年取得尼西亞（又作伊茲尼克Iznik）；一三三七年取得尼科米底亞（又作伊茲密特Izmit）港。一三三〇年至一三三二年間，當摩洛哥旅行家伊本．巴圖塔（Ibn Battuta）造訪安納托利亞的時候，他宣稱奧爾汗為最重要且最富有的土庫曼首領。在奧爾汗這方，一三二九年被他打敗的巴利奧略皇帝安德洛尼卡三世（Andronic III），於一三三三年又與他在尼科米底亞圍城中相逢：安德洛尼卡三世以贖金換來奧爾汗不對拜占庭在比提尼亞最後的一片領地動手。

奧爾汗和他父親一樣，都支持「德爾維希」。他們是一派屬於大眾與「勇士」的伊斯蘭流派，但這也可以是個和平的流派。貝伊（bey）、埃米爾，或是鄂圖曼蘇丹，一向都歸於「德爾維希」修會。不過，老是克紹箕裘的奧爾汗，從以正統遜尼哈納菲學派[5]伊斯蘭教所建成的單獨一個大公國（émirat）*，來發展出初步的體制基礎。奧爾汗還尋求烏理瑪（ouléma），即宗教、法律學者的幫助。行政體系以「維齊爾」為首，直到一四五三年，該職通常皆由錢達爾勒家族（Çandarli）成員出任。內閣文書不但使用土耳其文、也以阿拉伯文及波斯文撰寫而成，後兩門語言為近東的國際語言，也是文人用語。當局鑄造貨幣，亦成為一種主權象徵物，還蓋了清真寺、神學院、伊斯蘭教學校（madrasa）這些有虔誠信仰的機構，以及浴場，且特別在布爾薩及伊茲尼克兩地蓋起公共建物。針對虔誠信仰或慈善使命而來的捐獻，也就是行「瓦合甫」（waqf）這項習俗，亦發展了起來。一三三七年的一篇著名題詞將奧爾汗形容為一位「重要、

* 「大公國」（émirat）有時在文中亦作「貝伊國」（beylik），兩者皆為王侯型政權的意思。

以神之名行戰鬥的大埃米爾、眾『勇士』的蘇丹、『勇士』、『勇士』之子，國家、宗教與遠景的一流人物，更是他所處時代的英雄，這便是奧斯曼之子奧爾汗」。上文不但顯示宣傳的程度已臻完善，也表現出邊境、擴張戰事與一個穩定、更和平的國家（Etat）兩者之間的衝突，而這種衝突也一直持續到十五世紀末。此外，在奧爾汗過世當年，也就是一三六二年的一篇題詞中，他被冠上「蘇丹」一銜，這也突顯出奧斯曼從人對專制權力所持的抱負。

在比提尼亞一地以外的征服行動裡，奧爾汗約於一三四五年占領了卡拉斯貝伊國。該領地占據達達尼爾海峽東岸，他在當地集結了一批艦隊，而獲勝的眾「勇士」則已由此挺進歐洲。在更遠的東面，奧爾汗的兒子蘇里曼帕夏（Süleyman Pasha）或許在一三五四年就占領了安卡拉。不過，對奧斯曼從人以及歐洲歷史產生極重大後果的一樁事件，乃是他們受到了拜占庭方面的請求，干預拜占庭本身的事務。安德洛尼卡三世死後，以及一三四一年巴利奧略王朝的約翰五世（Jean V）以八歲之齡在兩股勢力間即位之後，緊接著便爆發一場內戰。約翰五世即位時的兩股勢力，一派為身為攝政諮議會（conseil de régence）之首的約翰五世母親，薩瓦的安（Anne de Savoie），另一派則為其父先前所指定的攝政約翰・康塔庫辛（Jean Cantacuzène）。這兩派人馬都在尋求土耳其貝伊的軍事支援。約翰・康塔庫辛先是得到烏穆爾帕夏（Umur Pasha）這位艾登貝伊國（Aydin）的埃米爾援助，他們先前就已經結盟。但從一三四四年起，約翰・康塔庫辛也得在士麥那（Smyrne）對抗起另一支拉丁聯盟，接著則是薩魯汗貝伊國

（Saruhan）的埃米爾援助，最後就是奧爾汗貝伊國的支援。在此也顯示出貝伊國（beylik）之間的相對重要性。一三四五年，約翰・康塔庫辛接觸了奧爾汗，而薩瓦的安則是先前就已經向奧爾汗請求過援助了。約翰・康塔庫辛與奧爾汗雙方的聯盟關係，在次年便以約翰・康塔庫辛之女狄奧多拉（Théodora）與奧爾汗於歐洲的西利布里亞（Sélymbrie），又名錫利夫里（Silivri）所舉行的婚禮鞏固起來。聯姻成了一項持續超過百年的特色：所有的聯盟都得經由婚姻來確認。幸虧約翰・康塔庫辛有薩魯汗貝伊國與奧爾汗貝伊國的武力，才得以戴上皇帝冠冕。內戰於一三五二年再起，約翰六世（Jean VI），也就是約翰・康塔庫辛，贈給土耳其人加里波利（Gallipoli）這座類半島（presqu'île）上一座稱為希比（Tzympe）的堡壘。一三五四年，一場地震毀壞了加里波利的城牆，奧爾汗的兒子蘇里曼帕夏便占領了加里波利以及其他的堡壘，從中安置土耳其的殖民地移民（colon），且由幾位或多或少獨立的「邊境領主」來與這些移民作伴。奧斯曼從人和其他土耳其人就從這些基地發動在色雷斯地區（Thrace）的襲擊，並且在一三五九年，或是一三六一年，取得季季莫蒂霍（Didymotique）這個位處帖撒羅尼迦（Thessalonique）之路上的關鍵地帶，該城也成了他們在歐洲的首府。

蘇里曼帕夏這位預定的繼承人在一三五七年墜馬身亡，所以奧爾汗便選了蘇里曼帕夏的兄弟穆拉德一世（Murad Ier）來繼承大位。或許是上承一段小型內戰的緣故，使穆拉德一世犯不著得殺了幾位有一半血緣的兄弟才能即位。他繼承了一個保有幾項特點的政權，而這些特點則由鄂圖曼帝國一直保留下來至其滅亡為止；其地理定位橫跨亞洲（安納托利亞地區）、歐洲（即魯米利亞地區〔Rouméli e〕）兩洲、其事件史則為一股在兩地區間來來去去的動盪力量。穆拉德一世在安納托利亞得到歐洲基督徒的軍力支援，於一三七五年（或一三八一年）至一三八二年間併吞了甘米揚貝伊國（Germiyan）與哈米德貝伊國（Hamid）。穆拉德一世還得面對自己的女婿，即卡拉曼貝伊（Karaman）的反攻。他於一三八六年將之予以平定。穆拉德一世還攻占泰凱貝伊國（Teke）與安塔利亞港（Antalya）。在歐洲，儘管一三六六年丟了加里波利一地，土耳其戰士仍持續挺進歐洲，其征服行動依舊相當驚人：他們疑似在一三六九年取得哈德良堡（Andrinople），即愛第尼（Edirne）；這無疑是透過某些邊境領主，而開啟北面保加利亞與西面塞爾維亞的路徑。上述這些邊境領主諸如艾維諾斯（Evrenos）和米海爾（Mihal），或是塞爾維亞人茂爾柯斯（Malkoç），三位安納托利亞的基督徒，後來都改信伊斯蘭教。塞爾維亞人和保加利亞人則都意識到鄂圖曼對這個現實狀況造成威脅，他們打輸了一三七一年的馬里查戰役（Maritsa），而成了穆拉德一世的藩屬。當馬里查河這道屏障一被移開，馬其頓很快就被征服了。鄂圖曼征服軍自一三七二年起就觸及了帖撒羅尼迦，而一支由卡拉．哈利勒．海雷丁．錢達爾勒（Kara Halil Hayreddin Çandarli）所率領的軍隊，則在一三八三年攻占塞雷斯（Serrès），接著便包圍住帖撒羅尼迦。該地是巴利奧略王朝的曼努埃（Manuel）避居之處，他拒絕接受其父約翰五世所賜的藩屬地位。一三八七年，帖撒羅尼迦投降。在這段期間，索菲亞（Sofia）於一三八五年陷落，接著是尼什（Nis）於一三八六年失守，這便開啟了貝爾格勒（Belgrade）之路。不過，在一三八八年，卻有一支鄂圖曼部隊被波士尼亞多位王侯（prince）擊敗。穆拉德一世在次年便主導一場意欲對塞爾維亞人先下手為強的懲罰性征討行動。這場對決在一三八九年六月十五號、於科索沃波爾耶（Kosovo Polje）一地發生，此地名意指「鶇鳥的田地」（le Champ des merles）。塞爾維亞人及他們的波士尼亞聯軍被打敗了，可是穆拉德一世卻也被一名塞爾維亞司令暗殺，而塞爾維亞的拉札爾（Lazar de Serbie）*則被斬首。

穆拉德一世死後有了「勇士」這個外號，他讓鄂圖曼大公國（émirat ottoman）領土擴張到了三倍大，賦予其帝國規模，而且他還帶著蘇丹一銜。穆拉德一世延續了由卡拉・哈利勒・海雷丁・錢達爾勒所體現出來的中央集權政策。錢達爾勒被委任為軍隊最高法官、行政系統首長，是實質上的大維齊爾，也是魯米利亞地區的首任「總督」（beylerbeyli）。穆拉德一世安置穆斯林在魯米利亞地區定居、發展出「提馬爾」（timar）這種封地稅制[6]，可能也是他引進「血稅」制度（dev irme），亦即由四十戶基督徒中「徵集、取用」一位男孩來供作信仰伊斯

* 即拉扎爾・赫雷別利亞諾維奇（Lazar Hrebeljanović）。

蘭教且土耳其化的奴隸、禁衛軍（janissaire），即菁英步兵，以及行政系統官員。穆拉德一世亦使哈德良堡變成了屬於他的首府愛第尼，也在那兒蓋了一座宮殿。

一個新生帝國的脆弱

巴耶濟德一世（Bayezid Ier）在戰場上殺了自己的兄弟葉爾孤白（Yaqub），立刻就繼承父親的大位。[7]他花了在位的十三年時間以如同自己的名字「閃電」一般的速度打擊作戰、平定敵人，並使這些敵手成為歐洲藩屬。巴耶濟德一世為了征服薩魯汗、艾登、孟忒瑟（Mente e）這些貝伊國，於一三九〇年投入安納托利亞地區，並往前方抵制他在卡拉曼貝伊國的姻親兄弟。一三九二年當魯米利亞地區的諸位邊境領主持續進逼時，巴耶濟德一世奪取了卡斯塔莫努（Kastamonu）。不過，另一位新敵手：匈牙利國王西吉斯蒙德（Sigismond）出現了，他想建立起一些緩衝國（État tampon）；可是巴耶濟德一世在一三九三年便占領了保加利亞，次年則包圍君士坦丁堡。三年後，西吉斯蒙德成功取得東歐人及「醫院騎士團」（l'ordre de l'Hôpital）的協助，不過這些武力於一三九六年都在尼可波里斯（Nicopolis）被殲滅了。[8]帖木兒這位新的土耳其蒙古（turco-mongol）征服者到來，讓被奪產的眾安納托利亞貝伊提高了士氣，而加入帖木兒的陣營。巴耶濟德與帖木兒雙方軍隊於安卡拉交戰。一四〇二年七月二十八日，鄂圖曼人敗北，巴耶濟德一世於一四〇三年三月九號，在被捕為囚期間過世。

巴耶濟德一世在位期間，官僚系統的發展可沒少貪汙，不過法官的報酬是有規範的。「總督」一職則延伸到安納托利亞和魯姆（Rûm）兩地。為了控制達達尼爾海峽，一三七六年收復的加里波利便轉型為船艦基地。巴耶濟德一世被俘，對鄂圖曼帝國而言仍舊是個致命打擊。人們指責巴耶濟德一世的弱點，像是酗酒，還有他治下的齊維爾阿里・錢達爾勒（Ali Çandarli）求和，而將帝國行政置於「加薩」精神之上。

巴耶濟德一世沒有在諸子中選出繼承人，緊接著從一四〇二年至一四一三年間，出現一段稱之為「大空位」（Grande Interrègne）的內戰時期，鄂圖曼帝國差點就消失在這段期間。一四〇二年一共有六子存在，不過權位之爭卻發生在色雷斯地區的蘇里曼（Süleyman）、布爾薩的伊薩（Isa）、阿馬西亞（Amasya）的穆罕默德（Mehmed）與屈塔希亞（Kütahya）的穆薩（Musa）這四子身上。一開始似乎是蘇里曼占了上風，但最終卻是排名第四的奴婢之子穆罕默德在一四一三年取得勝利。穆罕默德一世（Mehmed Ier）在他短暫的統治期間，成功地在一個重新統一的帝國裡建立起威信。一四一四年、一四一五年和一四一七年，穆罕默德一世面對在安納托利亞的敵人，必得樹立威嚴，而將卡拉曼立為藩屬國。從一四一七年至一四二一年，穆罕默德一世在歐洲，尤其在瓦拉幾亞（Valachie）一地亦得面臨敵手、建立威信，而土耳其人也在阿爾巴尼亞探及了亞得里亞海。穆罕默德一世內部則得面對蘇非派族長貝德爾丁

十四世紀到十五世紀的鄂圖曼擴張

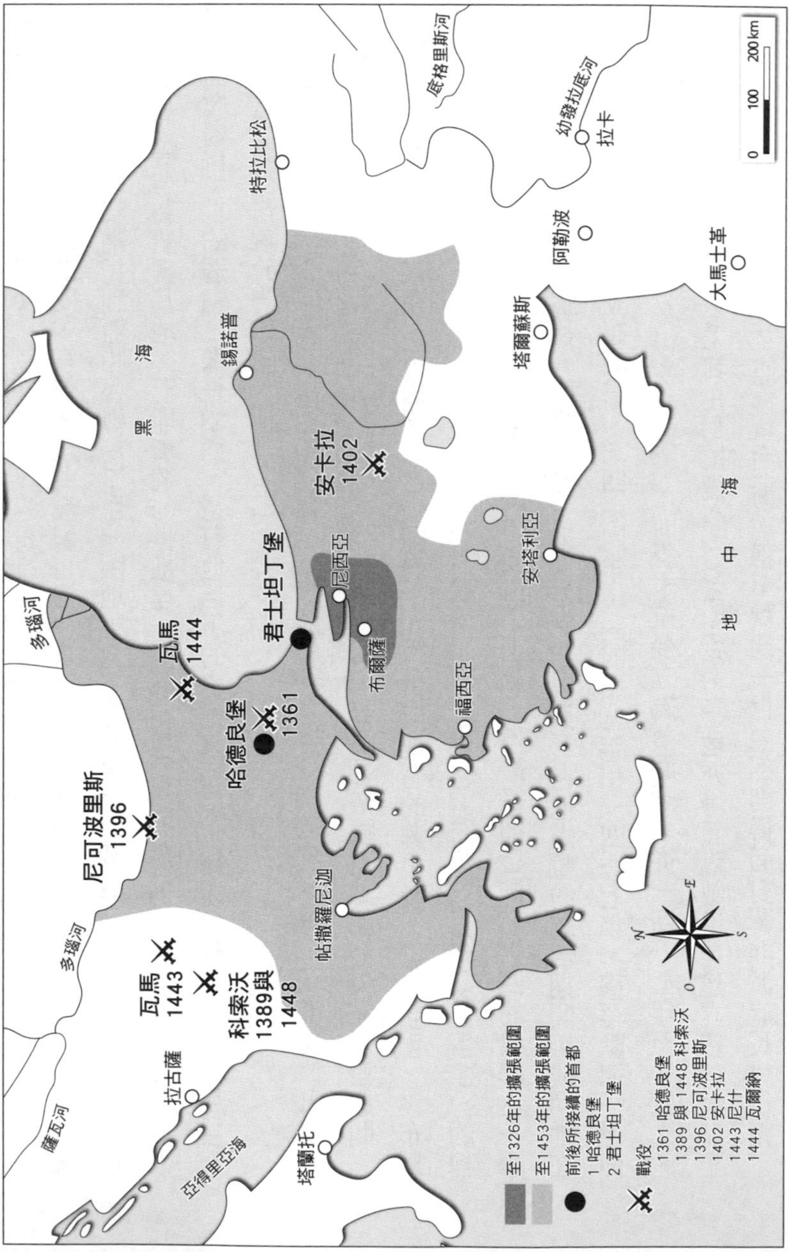
底格里斯河
幼發拉底河
拉卡
特拉比松
阿勒波
大馬士革
塔爾蘇斯
黑
海
錫諾普
安卡拉
1402
尼西亞
安塔利亞
君士坦丁堡
瓦馬
1444
多瑙河
布爾薩
福西亞
哈德良堡
1361
尼可波里斯
1396
地
中
海
帖撒羅尼迦
多瑙河
瓦馬
1443
科索沃
1389與
1448
拉古薩
薩瓦河
塔蘭托
亞得里亞海
0 100 200 km
至1326年的擴張範圍
至1453年的擴張範圍
前後所接續的首都
1 哈德良堡
2 君士坦丁堡
戰役
1361 哈德良堡
1389 與 1448 科索沃
1396 尼可波里斯
1402 安卡拉
1443 尼什
1444 瓦爾納

（Beddredin）的叛變。貝德爾丁想要弭平地區間的差異，他本人來自安納托利亞，於一四一六年來到巴爾幹地區定居，獲得當地邊境領主的支持。貝德爾丁同年就被處以絞刑，但是他的觀念則在拜克塔什（Bektachi）這支蘇非派教團之中散佈起來，且在禁衛軍之間相當受歡迎。穆罕默德一世身體孱弱，他早在一四一八年就提拔了他的兒子穆拉德（Murad）為阿馬西亞的總督。

建立帝國

一四二一年當穆罕默德一世在愛第尼過世的時候，巴耶濟德帕夏（Bayezid Pasha）與易卜拉欣・錢達爾勒（Ibrahim Çandarli）這兩位齊維爾隱藏死訊，好讓年僅十七歲的穆拉德二世（Murad II）在毫無異議的情況下登上大位。穆拉德二世事先替眾位兄弟規劃好去處：穆斯塔法（Mustafa）統治安納托利亞、年幼的優素福（Yusuf）及馬哈茂德（Mahmud）則交由巴利奧略王朝的曼努埃二世（Manuel II）託管，而這可不是空手得來、免付任何代價的。依據拜占庭傳統，優素福與馬哈茂德都必須被弄瞎，曼努埃二世也釋放出穆拉德二世的叔叔穆斯塔法這位競爭者來。穆斯塔法是穆罕默德一世的兄弟，在加里波利及愛第尼兩地都得到認可，可是，這位叔叔在一四二二年卻被穆拉德二世處死。一四二三年，穆拉德二世也殺了自己的兄弟穆斯塔法。穆拉德二世就此便能自由自在地投身邊界地帶。在歐洲，自一四二三年起，穆拉德二世便毀了赫克薩利米翁（Hexamilion）這道阻隔科林斯地峽（Corinthe）的壁壘，並摧毀摩里亞（Morée），即伯羅奔尼薩一地。穆拉德二世穿越亞洲，再度兼併了甘米揚、艾登、孟忒瑟、泰凱與哈米德這些大公國，然後於一四二七年再回到歐洲，一直進攻到西吉斯蒙德治下的貝爾格勒，且於一四三〇年收復在一四〇二年被蘇里曼割讓給拜占庭的帖撒羅尼迦。一四三七年西吉斯蒙德過世，接著則是西吉斯蒙德的繼位者亞伯特（Albert）於一四三九年過世，這讓穆拉德二世得以直接攻擊匈牙利。他也遇見了匈雅提・亞諾什（Janos Hunyadi）這位新興的捍衛者。匈雅提・亞諾什是外西凡尼亞（Transylvanie）的總督（voïvode）。穆拉德二世奪取貝爾格勒的行動失敗了。一四四三年九月，這位總督讓鄂圖曼人在雅洛米察河（Ialomi a）嘗到敗績。穆拉德二世在大齊維爾哈利勒・錢達爾勒（Halil Çandarli）的支持下，於一四四四年六月十二日在愛第尼簽了和約，這讓他得以對抗卡拉曼的貝伊。穆拉德的兩位長子先後於一四三七年及一四四三年過世，再加上二十年征戰下來的疲累，或許也促成了穆拉德退位給這位年僅十二歲的唯一繼承人穆罕默德（Mehmed），並將他交由大齊維爾哈利勒・錢達爾勒監管。

此外，於一四三九年統一希臘、羅馬教會的佛羅倫斯宗教會議（concile）之後，教宗隨即宣告十字軍將對抗土耳其人。至於人在匈牙利的教廷使節，則讓匈牙利國王拉斯洛（Ladislas）廢止與鄂圖曼的和約。秋天開始，有一支部隊被動員，並沿多瑙河下行，不過穆拉德在重回安納托利亞退隱前，再度被延請復出。一四四四年十一月十日，他於瓦爾納（Varna）壓制了匈牙利軍隊。扎加諾斯（Zaganos）這位總督所支持的穆罕默德二世（Mehmed II）難以忍受在哈利勒．錢達爾勒的管束下，妨礙了他包圍君士坦丁堡的計畫。或許正是哈利勒．錢達爾勒於一四四六年籌劃禁衛軍反抗，而讓穆拉德二世重回大位。直到一四五一年穆拉德二世過世的那一年，他都在歐洲、摩里亞征戰，在阿爾巴尼亞對抗著斯坎德培（Skanderbeg），也在瓦拉幾亞作戰。一四四八年，穆拉德二世歷時三日，打贏了對抗匈雅提．亞諾什的科索沃波爾耶大戰。

邊境領主雖然總是在軍事行動中身先士卒，但他們的影響力卻在下降；而中央政府，也就是「高門」（la Porte），則不斷透過官僚制度自我強化，目的是為了戰事管理與管控部隊及火砲兵。同樣地，儘管神秘派的教團擴散開來，穆拉德卻在遺囑裡提出宗教的正統性。穆拉德二世在布爾薩蓋了穆哈迪耶清真寺（mosquée Muradya）並作為家族墓地，他也以建造一座新宮殿，以及起造育屈謝雷菲里清真寺（mosquée Üç Serafali）的方式，致力發展、美化愛第尼一地。育屈謝雷菲里清真寺有三道長廊、四座尖塔，還有座圓頂，亦有針對聖訓（hadith）的初等或高等宗教教學機構，也有一座橋。

當穆罕默德二世於一四五一年重回王位時，他只剩下一位弟弟，是個年輕的男孩，而穆罕默德二世馬上就讓這位弟弟銷聲匿跡。為了達成他奪取君士坦丁堡的目標，穆罕默德二世可是步步為營。即使他對哈利勒．錢達爾勒極其反感，穆罕默德二世卻依然將其留任為大齊維爾。穆罕默德二世和塞爾維亞人、匈牙利人以及威尼斯簽訂停戰協議，還付款給拜占庭人以保住巴耶濟德一世一位名叫奧爾汗（Orhan）的孫子，並對卡拉曼君主再度重申其藩屬地位。將後方淨空之後，穆罕默德二世在君士坦丁堡北方、博斯普魯斯海峽上建造了如梅利堡壘（la forteresse de Rumeli Hisari），以與安納托利亞堡壘（Anadolu Hisari）這座由巴耶濟德一世建於一三九三年至一三九四年間的堡壘相稱。此兩座堡壘的交火範圍正好擋住海峽中段最狹窄的一塊區域。一四五三年四月六日，穆罕默德二世集結部隊及一座（幸好還有幾位歐洲砲手協助操作的）驚人火砲，正對著君士坦丁堡的城牆。穆罕默德二世還讓一支艦隊從陸路繞過熱內亞的殖民地佩拉（Péra），穿越被鎖鏈封鎖的金角灣（Corne d'Or）。五月二十九日，君士坦丁堡被攻陷，君士坦丁十一世（Constain XI）與奧爾汗（Orhan）皆被殺害。君士坦丁堡被劫掠三天，聖索菲亞大教堂成了一座清真寺。接著則是哈利勒．錢達爾勒被捕，他很快就被處決，由扎加諾斯取代他的職位。自此之後，大齊維爾多半由「血稅」出身的人士出任。

穆罕默德二世的第一項任務便是依循帝國的民族、宗教特性——不論是穆斯林、基督徒或是猶太教徒——再度充實新首都君士坦丁堡[9]的人口。在一四七八年，計有九千五百一十七戶穆斯林、五千一百六十二戶基督徒，以及一千六百四十七戶猶太教徒。穆罕默德二世建了法提赫清真寺（la mosquée du Fatih），「法提赫」意即征服者的意思。他還蓋了一間鑽研宗教的伊斯蘭宗教學校（madrasa）、一座市場、一個坐落市中心、於一四五五年完工的宮殿，不過穆罕默德二世卻沒住在那兒。他最後寧願定居在極東、可觀海的高處：托普卡匹皇宮（le palais de Topkapi）。這座宮殿自一四五九年就開始興建。為使帝都易守難攻，緊接著前人所打造的博斯普魯斯海峽上的城堡之後，穆罕默德二世於一四六二年在達達尼爾海峽也建起堡壘。

取得君士坦丁堡，讓穆罕默德二世完成了阿拉伯征服者先前在六六八年至六六九年間，以及七一六年至七一七年間沒能成功的事。這同樣也是巴耶濟德一世於一三九三年至一四〇二年間，以及穆拉德二世在一四二二年沒能達成的事情。穆罕默德二世先前便自創了一段「偽聖訓」（hadith apocryphe），其中便提到「真福君主、光榮的穆斯林部隊攻占了君士坦丁堡……」。穆罕默德二世是一位典型的「勇士蘇丹」（sultan gazi），他使用可汗——即普世之主——這個舊土耳其名號。他以這種方式展現出自己的地位高過安納托利亞的眾位貝伊，甚至也高過埃及的馬木路克蘇丹（sultan mamelouk）。留用君士坦丁堡此城的希臘名，好讓穆罕默德二世得以使用「凱撒」（qaysar，又作César）一銜，並自承不光是東羅馬帝國、也是西羅馬帝國的傳人，而羅馬便是穆罕默德二世的下一個目標。

穆罕默德二世身為「勇士蘇丹」，將鄂圖曼征服行動持續下去。自從鄰近的君士坦丁堡陷落以後，熱內亞的殖民地佩拉便服膺於穆罕默德二世，卡法（Caffa）在克里米亞的殖民地則於一四五四年納貢。為了抵擋拉丁人的攻擊，穆罕默德二世在一四五五年至一四五六年間，開始有計畫地攻占愛琴海上的島嶼；一四六二年他奪下位於列斯伏斯島（Lesbos）上屬於熱內亞的米蒂利尼（Mytilène）；在一四六三年至一四七九年間的戰事當中，他於一四七〇年取得尤比亞島（Eubée）上的哈爾基斯（Nègrepont）這塊威尼斯人領地。威尼斯人在這幾年的戰事之後，為了在君士坦丁堡能有一位代表（baile），而向鄂圖曼帝國支付貢金。在巴爾幹地區，自一四五四年起，經過多次戰役，方才讓塞爾維亞於一四五九年納入帝國，接著在一四六三年，則有波士尼亞與赫塞哥維納（Herzégovine）進入帝國版圖；不過在一四五六年，鄂圖曼又再度於貝爾格勒失利。除此之外，一四五八年至一四六〇年間摩里亞也被征服，而且一四六六年在阿爾巴尼亞則又有新一波壓制斯坎德培的戰事。安納托利亞東邊出現了土庫曼人的白羊王朝（Ak Koyunlu）新勢力，這股新勢力加入了競逐卡拉曼一地的行列。穆罕默德二世在一四六八年，將白羊王朝一部分的人口流放到君士坦丁堡。不僅如此，土庫曼白羊王朝還與威尼斯結盟，在西方打造第二道前線，於是爆發了戰爭。白羊王朝的君主烏尊哈桑（Uzun Hasan）於一四七三年被打敗，使鄂圖曼人最終得以兼併卡拉曼貝伊國，並且與馬木路克王朝有所接觸。在黑海，錫諾普（Sinope）與科穆寧王朝（Comnènes）的特拉比松（Trébizonde）希臘帝國於一四六一年被征服；在頓河（Don）河口的塔納殖民地（La Tana）則在一四七一年陷落，卡法則是於一四七五年被攻破。至於當地可汗乃是成吉思汗後人的克里米亞，則於一四七八年成為藩屬國。黑海變成了鄂圖曼帝國的內陸湖。穆罕默德二世則是「兩地（魯米利亞與安納托利亞）暨兩洋（黑海與愛琴海）」之主」。

一四八〇年，穆罕默德二世展開兩大征戰行動：其一是為了征服羅德島（Rhodes），其二則是為了征服義大利，他的目標無庸置疑就是羅馬了。羅德島位處君士坦丁堡與亞歷山大城的海上航線上，是醫院騎士團的總部。此騎士團的騎士領軍過幾場針對穆斯林的追逐戰，所以羅德島正是一個得排除掉的障礙。五月二十三日鄂圖曼的艦隊登上羅德島、轟炸該城，並於五月二十七日展開一場失利的突襲，然後於八月十七日解除圍城。在義大利，鄂圖曼人打算於布林迪西（Brindisi）登陸，可是七月二十八日那天，風卻把來自發羅納（Valona）的艦隊推往奧特朗（Otrante）。鄂圖曼人很快地包圍了奧特朗，在八月十一日展開襲擊，隔天就占領該城。義大利人組織反擊的速度很慢，而且要到一四八一年九月十日土耳其人才撤退。穆罕默德二世死於一四八一年五月三日，正值他要參加對抗羅德島或埃及征戰的時候。他留下了一個強大，但歷經了三十年的持續戰事而力竭、失血的帝國。

繼承帝國之首

穆罕默德二世過世時，鄂圖曼帝國就具備一些會隨著整個帝國的歷史而保留下來的結構。這個帝國是奧斯曼王朝的個人財產，蘇丹就是全家族唯一的首領。按照伊斯蘭律法與哈納菲學派，男人只能娶有四位具平等地位的穆斯林妻子，但是他也能娶非穆斯林為妻，但後者地位較為低階；男人還可以依照自己的財力，擁有數量隨意的女奴。所有的子嗣都有法定地位，甚至連女奴所生的子女如果被追認的話，其母可以得到高階地位，死亡的時候還可以獲得自由。在奧斯曼一系，合法婚姻是具有政治價值的，不過女奴則有提供蘇丹繼承人的功能，上述這點從穆拉德一世開始似乎便成了慣例。此外，一直到十六世紀初期，當一位女人替蘇丹生兒子以後，蘇丹便不再與其同床共枕。這名男丁則由其母撫養，與其他有一半血緣的兄弟、也就是未來王位的競爭者隔離開來。然後當這個男孩到青少年的年紀，蘇丹便會委託他管理一省，且其母也會隨行。母親在這些蘇丹的子嗣中總是扮演著貼身要角。一直到十五世紀中葉，鄂圖曼人都還實行著王朝聯姻，他們和基督徒世系以及穆斯林世系都一概實行這種聯姻措施。此般措施，讓鄂圖曼埃米爾得以和高階或較古老的君主平起平坐。奧爾汗與約翰六世．康塔庫辛諾斯之女狄奧多拉在一三四六年的聯姻最為出名。奧爾汗在一三五八年又安排另一場其子哈利勒（Halil）與巴利奧略王朝約翰五世的女兒伊蓮娜（Irène）的婚事。巴耶濟德一世於一三七〇年代經其父安排，娶了甘米揚貝伊之女，這也讓他得到部分貝伊領地。聯姻亦能佈署一些藩屬關係，像是一三九二年巴耶濟德一世娶了塞爾維亞王子史特芬．拉札列維奇（Stefan Lazarević）的姊妹奧莉薇拉（Olivera），也讓他在前線得以安寧。同樣的婚姻模式也出現在西線，一四三五年穆拉德二世娶了與匈牙利相抗衡的塞爾維亞人杜拉德．布蘭科維奇（Georges

Branković）之女瑪拉（Mara）；或是在東線，穆罕默德二世於一四五〇年，與位處東部邊界的杜勒卡迪爾（Dulkadir）貝伊之女西提．可敦（Sitti Hattun）的婚姻，則是最後一場此類聯姻。

在鄂圖曼最初幾代，繼承沒出什麼問題，即便埃米爾不遵守土耳其蒙古式分封諸子的習俗。奧斯曼的兄弟都不為人知，他們或許在奧斯曼瀕死前便與奧斯曼之子奧爾汗合作，這也解釋了奧斯曼其他子嗣也接受他為君。此外，奧斯曼其他的子嗣都位居總督或軍事指揮職位。這得等到繼承奧爾汗大位的時候，事態才有所變化。穆拉德一世就得面對自己的兄弟們，他贏過了自家兄弟，而且或許就在一場短暫的內戰中殺了他們。儘管巴耶濟德一世在科索沃波爾耶之戰的戰場上，利用高官的支持來處決自己的兄弟葉爾孤白，在一四〇二年的時候，他卻沒能安排好繼任者（如果他打算安排的話），便被帖木兒抓捕，由此開啟長達十一年的內戰。穆罕默德二世在一四五一年讓自己相當年幼的弟弟人間蒸發，回歸了傳統模式。到了十五世紀末，弒兄弟法條被納進歸功於穆罕默德二世的法典，其中的條文便寫道：「如果我們順著維持帝國完整的大局走下去，殺害自己的兄弟成員就是一件必要之事，也正是如此，大部分的烏理瑪在伊斯蘭律法的架構下皆允許這樣的行為。」

權力中心：宮殿

蘇丹扮演著權勢，蘇丹所在之處，就是權勢所在之處。伊本．巴圖塔描寫到奧爾汗擁有上百座的堡壘，而且奧爾汗本人也不停地穿梭於這些堡壘之間。奧爾汗的父親奧斯曼有座私下偏好的寓所，那便是位在馬拉基納地區（Malagina）薩卡里亞河谷（Sakarya）山丘上的卡拉賈希斯塔寓所（Karajahisar）。奧爾汗，甚至是穆拉德一世本人，在一三八七年時，都還住在那間寓所。一三二六年奪下布爾薩以後，此地也變成鄂圖曼的首都，直到一四〇二年被帖木兒軍隊洗劫為止。奧爾汗在該城建了一座宮殿。奪下哈德良堡後不久，穆拉德一世就在此城建了「舊宮」（Vieux Palais），其孫穆薩，即大空位內戰時期的其中一位競逐者，再加以擴建、補強。「舊宮」格局方正，僅在北面有一個入口，尚有一個大庭院，而建物則是沿著牆面蓋起來的。一四五一年，穆拉德二世開始建造位在城外登薩河（Tunca）邊的「新宮」（Nouveau Palais），這座宮殿由他的兒子穆罕默德二世於一四五四年完工。「新宮」有兩座庭院，住宅沿著庭院而建，還有座橋連起宮殿與河中的一座島。除了渡假以外，穆罕默德二世並不常住在這兒，因為他正在新首都君士坦丁堡市中心的公牛廣場（Forum Tauri）上蓋一座新宮殿。這座新殿也呈方正格局，包括配有「陽光無路照射進去的庭院」的一座後宮（harem），以及提供給貼身人員、侍從的宿舍，甚至還有一片豢養野獸的狩獵保留地。可是這座宮殿卻無法得到穆罕默德二世的歡心，他在一四五八年即位後，就在一個更佳、更易防守且通風的地點建起了新宮殿。此座新宮殿鄰近聖索菲亞大教堂這個鄂圖曼人的羅馬帝國象徵，位處君士坦丁堡極東、俯瞰著博斯普魯斯海峽且正對亞洲的山丘上，於一四五九年動工，工期一直延續到一四七八年。它依鄂圖曼軍營的格局建成，正中央是蘇丹寓所，周圍建物則依其功能各有配置。宮殿及城市以城牆隔開，這片城牆也圍住了廣闊的花園，而舊拜占庭城牆則守衛著金角灣、博斯普魯斯海峽以及馬摩拉海（la mer de Marmara）。宮殿入口，也就是帝國之門，日後以「莊嚴樸特」（Sublime Porte）的稱號為人所知，它緊鄰聖索菲亞大教堂。喧擾的第一進庭院主要有設於神聖和平教堂（l'église Sainte Irène）的軍械庫，四周有各種不同的部門、倉庫與年輕男孩的宿舍。從中門（porte du Milieu）到第二進庭院裡，則規定保持肅靜，只有蘇丹才能騎馬進入此處。想要在帝國諮議會（Conseil impérial）請願的朝廷、政府人員、臣屬都獲准進入第二道庭院裡，帝國諮議會則在一座小建物裡舉行議事。第二進庭院同時也是廚房與馬廄所在之處。喜門（porte de la Félicité）則引向蘇丹私人寓所所在的第三進庭院，罕有政府官員進入。就在門邊有間請願室（chambre des requêtes），蘇丹就在此處發表談話或接見大使。稍遠處則有蘇丹私人財庫，而過了花園以後就直通海岸。從蘇丹寓所可以通到穆罕默德二世時期縮減的寢宮，因為有一定數量的婦女是住在舊宮殿裡頭的。如此格局讓蘇丹更容易避開臣民的目光，這點或許是遙受巴格達阿拔斯宮廷的影響。宮廷也有一套愈發明確的禮儀規定。所有僕役都是奴隸，他們都是戰場上劫掠而來的年輕男孩，但主要還是「血稅」出身。這些男孩在宮殿裡的學校接受嚴謹教育，信仰伊斯蘭教且被土耳其化。接著，他們便依才能分配在宮廷不同部門裡負責各項工作，諸如騎兵、警衛、特派員、馴禽師、總務人員、財務人員，或進入禁衛軍、官僚系統，而其中最有天賦之人則可出任齊維爾一職。有幾位「白人」宦官（eunuque blanc）照料這些男孩，「黑人」宦官（eunuque noir）則在寢宮服侍，由此看來，他們是為最接近蘇丹的人。

帝國行政系統

政府由「底萬」（divan），即帝國諮議會（Conseil impérial）所掌控，由大齊維爾主持。帝國諮議會一開始是由一群領主組成的，他們提供埃米爾軍事、政治事務上的建議，輔佐他主持正義。政治政策是於半公開聚會中定案的，而司法則以公開方式執行。隨著行政系統發展，「底萬」由齊維爾，即人數可達三位的部長、軍事法官兼司法首長、魯米利亞與安納托利亞兩區的「眾貝伊之主」、內閣首長、財政首長所組成。「底萬」在君士坦丁堡宮殿裡的會議廳（Chambre du conseil），或在外省宮殿、亦或戰時蘇丹的帳內聚會。穆罕默德二世是首位不再出席「底萬」會議的蘇丹，他以這種方式展現退隱態度，以及他本人的優勢地位。在十四、十五世紀，各種不同的職位皆可由同一人繼任，但之後這般情況反倒成了特例。直到十五世紀中，齊維爾都是烏理瑪出身，烏理瑪是遜尼正統派宗教、法律學者文人，他們提倡一個有力的中央集權國家，而與邊境的「德爾維希」及領主作對。齊維爾一職或多或少變成了錢達爾勒家族的世襲職位。卡拉．哈利勒．海雷丁曾是比萊吉克、伊茲尼克、布爾薩三地的法官，一三六二年則成為首任軍隊法官。他於一三八一年之前成了齊維爾，一三八七年死於塞雷斯。海雷丁的長子阿里繼承其父，出任軍隊法官與齊維爾。阿里參與科索沃波爾耶一役，巴耶濟德一世將他留任原職，他卻於一四〇二年自安卡拉成功出逃，轉為服侍蘇里曼。阿里亡於一四〇六年，彼時他正轉而朝向穆罕默德一世一方。阿里的么子易卜拉欣在一四〇五年時為布爾薩的法官，他無疑是追隨蘇里曼的，接著則追隨穆薩，最終則跟從於一四一五年提名他任軍隊法官的穆罕默德。一四二〇年，穆罕默德又提名易卜拉欣為齊維爾。一四二一年在阿爾巴尼亞人巴耶濟德帕夏過世時，他被提名為大齊維爾。巴耶濟德帕夏是穆罕默德早在一四一三年所提名的大齊維爾人選。一四二九年，易卜拉欣於服侍穆拉德二世的任上亡逝。易卜拉欣的長子哈利勒於一四二六年成為軍隊法官，其父過世時則成了大齊維爾。我們先前見證哈利勒與穆罕默德二世不和，於是哈利勒的下場頗為悲劇。一四五三年至一四五六年間繼任哈利勒的扎加諾斯（由於在貝爾格勒受挫，所以止於一四五六年）出身「血稅」制度。自一四五六年至一四六八年，以及自一四七二年至一四七四年擔任大齊維爾一職最久的馬哈茂德．安格洛維奇（Mahmud Angelović）則是色薩利（Thessalie）的領主後人，他在塞爾維亞擁有地產。接下來的大齊維爾就都是「血稅」子弟出身。隨著征服行動展開，內閣不單為了在安納托利亞的土耳其、阿拉伯居民，以及亞美尼亞居民，而以土耳其文、阿拉伯文和波斯文來撰寫官方文書（acte）；也為了希臘人，以及在外交場合上的義大利人，而使用希臘文；亦為了匈牙利人、摩爾多瓦人（Moldave）、瓦拉幾亞人（Valaque）而使用塞爾維亞文，也為了魯米利亞地區居民使用拉古薩文（ragusain）。

十五世紀末，鄂圖曼帝國由魯米利亞、安納托利亞（此兩省皆源自十四世紀末）、魯姆及卡拉曼四大省分所組成，再加上瓦拉幾亞與摩爾多瓦（Moldavie）的王侯國與克里米亞汗國這幾個納貢的政權。由一位「眾貝伊之主」——也就是「眾領主之領主」——領導諸省。他是一位總督，職務主要為軍事性質。該職也是成為齊維爾的理想跳板。各省又被分為數個「桑賈克」（sanjak），或多或少是按照舊領土界限而劃分出來。「桑賈克」可重新使用舊名並且保有王朝，這在東方邊境封地尤其如此。一四七五年前後，一位熱內亞的觀察家計算出魯米利亞一地共有十七塊「桑賈克」。每塊「桑賈克」都配有一名總督（sanjak bey）為首長，兼具軍事、政治、稅務、經濟職權，但卻不具司法權限；後者乃保留予法官。

大部分的土地皆屬蘇丹，私人地主寧可將自己的土地歸建到「瓦合甫」（waqf）、即基金會裡頭，以避免每次繼承時的產權分割。十五世紀末，我們可以依照收入來劃分幾種封地：一個「提馬爾」的價值可達兩萬阿克切銀幣（aktche，或作aspre）、「蘇巴西里克」

（subashilik）*的價值則達十萬阿克切銀幣。「提馬爾」包含一座或多座村莊，授予一名「西帕希」（sipahi），即騎兵，以負責維持秩序、集結稅收、提供軍事服務。「提馬爾」既是一種稅務封地，所以享「提馬爾」資格者（timariote）並無「提馬爾」的所有權；這也是一種聯合原生貴族、即魯米利亞地區基督徒的好辦法，但每當具備「提馬爾」資格的人想取得土地的時候，便成了此法的危害之處。中央政府便透過建立稅務、普查紀錄的定期查訪加以管控。

軍隊與艦隊

奧斯曼的軍隊原本是由弓騎兵組成的，他的軍隊運用奇襲戰術，也就是撤退以後再重新攻擊的模式。這是侵襲行動（razzia）最理想的戰略，但卻不是行伍戰事或圍城戰中最好的兵法。若說奧爾汗是透過把持比提尼亞四周區域、餓壞城裡的人們來取得這區的城市的話，那鄂圖曼人在十四世紀就學會圍城戰術。一三九四年當巴耶濟德一世包圍君士坦丁堡的時候，他在博斯普魯斯海峽亞洲側蓋了一座城堡來封鎖海峽，而且他還在君士坦丁堡城前方設置了如重力投石

* 意指較為大型的封地。

器這種投擲裝置。一三九八年在卡拉曼地區的拉蘭德（Larende），巴耶濟德一世就備有活動式圍城塔。要到一四二二年穆拉德二世包圍君士坦丁堡的時候，文獻中才開始出現火藥；而最出色的圍城，當然要屬一四五三年的君士坦丁堡圍城。

軍隊大部分都由享有「提馬爾」利益的「西帕希」所組成。自十四世紀末起，步兵則充作蘇丹的隨扈禁衛軍，一四〇二年在安卡拉是禁衛軍守在巴耶濟德一世身邊直到最後一刻的，而騎兵則早就逃之夭夭。十五世紀時據信禁衛軍的數目在穆罕默德二世登基時有五千名，到了一四七二年至一四七三年間對抗烏尊哈桑的戰士時則有近萬名。另外也有六個分隊的宮殿騎兵，約三千五百人隨侍著蘇丹。除了這些正規軍以外，還有從一三八九年以來見於文獻，自工匠、農人中招募的「阿薩普」（azab）步兵。在城市裡頭的「阿薩普」是隨城區徵召動員的，該區居民得提供這些「阿薩普」武器、設備以及軍餉。「阿薩普」在一四七五年約有六千名，不過他們的數量應該是隨著進行中的戰事而變化的。另外也有由「阿克尼基」（akinjis）所組成的一支輕騎兵。一四〇〇年以前，「阿克尼基」出現在魯米利亞地區，且擁有自己的首領、組織。他們的群體精神讓人想起「勇士」精神。鄂圖曼在軍事行動展開之前雇用他們來驚擾敵方，或是在戰事以外的邊境封地上突襲，而其中劫掠所得的物資就是其收入來源。一四七五年左右，「阿克尼基」預估有八千人，其中有六千人可直接作戰，另外兩千人則身處邊界。

倘若弓箭為土耳其騎兵的武器，而劍、矛、斧、盾則為步兵武器的話，那麼鄂圖曼人很快就學會使用敵人的武器。鄂圖曼人相當早就採用弩弓，但是他們主要所採用的敵人武器是火砲。從一三四〇年代火砲開始在西歐發展，在十四世紀後半擴散到中歐及東歐。鄂圖曼人應該是在一三八〇年代接觸到火砲的。一四二二年的君士坦丁堡圍城是首次確定提到火砲的記載日期，有一位希臘的事件見證者提到了一些大型轟炸行動，不過卻沒有造成什麼效果。重裝車（wagenburgen）戰術部分解釋了一四四〇年代對匈牙利的戰事失利的原因，可是一四四八年的第二場科索沃波爾耶戰役，鄂圖曼人便有自己的重裝車。在君士坦丁堡圍城時，鄂圖曼全力展現火力，巨大的投石砲向城牆射出了砲彈。此外，火砲、火槍也變成戰場上的常用武器了：鄂圖曼人承認這些武器使他們得以在一四七三年打贏對抗烏尊哈桑的戰爭。

一三五四年鄂圖曼人占領加里波利，且開始對海戰感到興趣。穆拉德一世（一三六二—一三八九）或許在加里波利就造起巨艦與槳帆船（galère）。一四〇二年，帖木兒身邊的卡斯蒂利亞（castillan）使節便估計加里波利港可容納四十艘槳帆船。一四五三年奪取君士坦丁堡後，鄂圖曼人在金角灣便有了一座新軍火廠，穆罕默德二世也開始打造數量繁多的槳帆船。槳帆船的划槳手來自魯米利亞與安納托利亞的內陸地區，船長、各種指揮巨艦所需的船副，則由海岸地帶徵用，其武裝人員全數皆為「阿薩普」。艦隊長官傳統上皆由加里波利的「桑賈克」總督擔任。鄂圖曼的艦隊在一四六二年奪取米蒂利尼，以及一四七〇年攻占哈爾基斯的這兩場戰役中都展現了效率。

司法層面

當鄂圖曼人征服一個地區的時候，他們並不強迫原生人口改宗伊斯蘭。根據伊斯蘭教律法，基督徒，即東正教希臘人、亞美尼亞人，還有猶太人，在此情況下則成為齊米（dhimmi），即納貢「保護民」。蘇丹則以提任或是認可社群領袖來作為回報，這當中也包括君士坦丁堡的牧首一職。穆罕默德二世便是透過這樣的方式，於一四五四年提名反對與羅馬教會統一的根納季烏斯．斯訶拉里奧斯（Gennadios Scholarios）為牧首。各社群保有本身的習慣法，但是其成員都可以向伊斯蘭法官投訴。當一位「保護民」和穆斯林起爭執的時候，只有穆斯林法官才能夠審判這類事端。鄂圖曼帝國的官方信仰是依循哈納菲學派的遜尼派伊斯蘭。蘇丹本身有法律顧問「穆夫提」（muftis）供其諮詢伊斯蘭教律法。另外還有身兼全帝國法官的軍事法官存在。為了維繫住這個伊斯蘭信仰，從奧爾汗在伊茲尼克城，一直到穆罕默德二世在君士坦丁堡的八座學院，埃米爾與蘇丹先後都建立伊斯蘭宗教學校（madrasa），這些機構講授著宗教與法律。蘇非派教團則在「特克」，即修院（tekke）裡聚會。這個派別本來是遜尼派中的邊緣學派，主要盛行於柯尼亞的梅夫拉維教團成員（Mevlevi）之間。自從魯米（Rumi）的孫女於一三七八年和巴耶濟德一世成婚以來，蘇丹便倡導起蘇非派。在安納托利亞地區則也有什葉派存在。

蘇丹無法修改伊斯蘭教律法，但是他卻可以頒佈世俗法令。這些世俗法令從十五世紀末起就被集結在法典（kanunname）之中，其範圍涉及犯罪刑法、土地產權以及稅制。社會上則區分為「阿斯克里」（askeri），即受軍隊法官管轄的軍人、官僚人員，以及「拉亞」（re'aya），即納稅平民這兩個群體。世俗法主要涉及持有「提馬爾」資格的人士與納稅人之間的關係。

在不到兩個世紀的時間裡，以邊境襲擊為生的奧斯曼從人建立了一個貨真價實且橫跨歐亞的多國、多重民族、多項宗教信仰，以及具有多重文化的帝國。這段霸業並非是順著一條平穩的路線前行的，比如巴耶濟德一世在安卡拉對抗帖木兒失利，以及由於繼位系統失靈，而造成「大空位時期」這段充滿危機的年代，在在顯示出這項事實。攻占君士坦丁堡讓穆罕默德二世實現了歐亞一統，也奠定了傳統鄂圖曼帝國的架構。穆罕默德二世持續著征服行動，擴張他的權勢：在敘利亞與埃及及馬木路克王朝兩地，於一五一六年及一五一七年分別取得了麥加與麥地那；奪取貝爾格勒、阿爾及爾（一五二一）、羅德島（一五二二）、匈牙利（一五二六）、伊拉克（一五三四）、葉門（一五三八）、的黎波里（一五五一）、賽普勒斯（一五七一）、突尼西亞（一五七四）、克里特島（一六六九）。不過一五二九年鄂圖曼人在維也納失利，還在一六八三年又不敵哈布斯堡王朝（Habsbourg）。在東方，自十六世紀初開始，鄂圖曼人則遭遇到薩非王朝（Safavide）這個非凡的競爭者；十七世紀在北方則遇到了俄羅斯人。鄂圖曼為了對抗這些敵人而展開一系列筋疲力竭的戰事。鄂圖曼人在現代時期控有廣大的亞洲、歐洲、非洲，以及在地中海、紅海、波斯灣的海陸路徑網，可是十五世紀的經濟活動在這片廣闊的土地上卻是相當微弱，我們甚至可以說「條條大路都還是通向君士坦丁堡的」。君士坦丁堡是徵用自各省的年輕男丁、自然資源、錢財的中心集結地，蘇丹就住在這裡。他身為至高權力的化身，與近身人員、臣屬之間的距離益發遙遠。大權落入軍隊與官僚系統之手，後者的成員則是由忠誠度更甚其身為奴隸時的人員所組成。

第六章　八世紀末到十五世紀初的中國：領土鞏固與大洋開放

柯蘭（Paola Calanca）

中國在漢朝（西元前二〇六年至西元二二〇年）以後歷經了長時間的分裂和動亂，於唐（六一八—九〇七）、宋（九六〇—一一二七，一一二七—一二七九）兩朝治下重獲一統與權勢。在這幾個世紀間，部分也是幸虧有了北方五代（九〇七—九六〇）以及南方十國（九〇二—九七九）這些中介朝代所帶來的活力，使得中國有了諸多政治、經濟、社會以及科技方面的演進。這些演進都將形塑往後的體制，比如設立全權君主、政府菁英、中央集權軍隊等。中國的聲名歸功這個時代甚多，本時期因面臨北方強權，各政府不停地有所創新，而對軍事（科技、戰術）、工業（製陶、冶煉等）、文化和藝術層面的進步多所貢獻。由於中亞商路（著名的絲路）受阻，中國果斷地轉向海路。這個南向經濟轉移促成了政權於南方地區立足更深，也促成了中國經濟在東亞、東南亞發軔之始，尤其是在東南亞，有數個重要的社群在幾世紀間參與了此項區域榮景。

該如何在漫長的中國歷史中選出一段時期以呈現一貫性的脈絡呢？而且這個時代區間還得確實對一段時期堪有代表性，更佳的情況則是對某種清楚的傾向也呈現這類代表性。除了史學方法已展示過的各種分期方式以外[1]，我們同時反思編者對唐（六一八—九〇七）、宋（九六〇—一一二七，一一二七—一二七九）兩朝的提議，最終選出一段稍長、延伸至十五世紀初的時期，使其得以涵蓋到元朝（一二七一—一三六八）與明朝（一三六八—一六四四）初期。其實也正是在這段時期裡，政府的中央集權影響力日增，不過這方面的影響絕對是被強化，並在近乎等同於今日全中國的領土上生根。因此我們所選擇的時期並非無數沒有意義的斷代之一，而是更細緻地檢視南方地區的融合情況，且將海洋空間納入帝國經濟、安全考量之中，並以此等方式來概述這幾個世紀對此地往後兼具開放與專制兩種特質之前景的重要影響。由這個層面看來，該時期代表了本區政治演進的縮影。

領土不寧與邊界威脅

歷史文獻主要讓唐宋兩代呈現出一抹光榮的過往（這兩朝實際上為中國歷史的盛世），但卻對同一時期的糾紛少有著墨。要知道，此時期一方面確實擁有前所未見的經濟、政治榮景，但另一方面，中國的政治力量卻也極度孱弱。在北面領土，中國實際上已不再具有支配地位。這是個矛盾的時代，因為體制、經濟、科學、藝術層面上的成就，以及羸弱的政府，還有尤其是北方的軍事潰退，同樣成了這個時期的綜合特色。在安祿山（七五五—七六三）謀反以後，唐朝當局已無力控制國家，後者從此便落入地方長官「節度使」手中。節度使的背景為式微的貴族成員，或是單純的軍閥。當宋朝開基者又再度重建統一政治的時候，主要位處渤海與山西（大同）間的北方領土卻沒被統一收復。儘管宋代前幾位君主發起多場征服，這些北方領土卻不曾被收回過，而且到了一〇〇五年，連一絲收復失土的企圖都完全放棄。該年，當局簽署了「澶淵之盟」，接受年付一筆津貼給遼國（九〇七—一一二五），且放棄以軍事力量收復這個地區。

這樣的挫敗不全然是衰弱的宋代軍事結構所造成的後果，而較偏向是基於國際情勢特別動盪且充滿起伏的緣故。尤其在北方，草原民族進入了武裝時期。這通常就像是一段穿越危機的時期，然後支配指揮傳統社會的半平等關係被打破了，而由一位充滿魅力的領袖，也就是憧憬超越部族地位的「可汗」來掌權。[2] 如此一來，唐亡以後，北方分裂了。中國相繼出現了政治實力孱弱的五代[3]，可是在五代王朝的門戶外，遊牧民族確實組成了有力的政權，好比契丹人在九〇七年建立了遼朝、党項人在一〇三二年建立了西夏，還有一一一五年建立金朝的

十二世紀初的宋朝

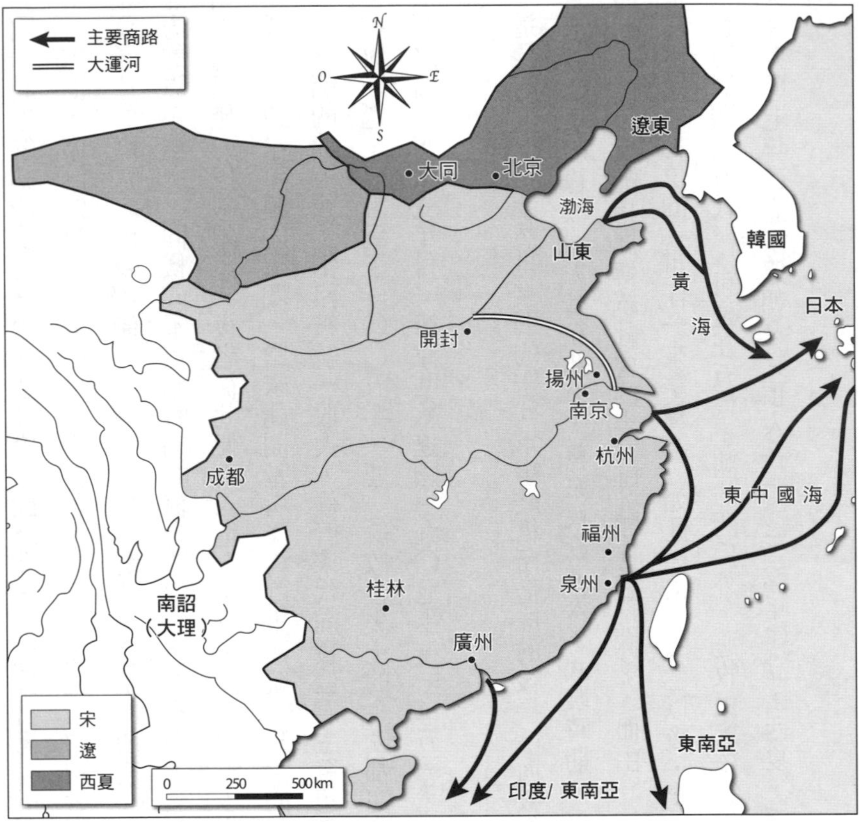
主要商路
大運河
N
O
E
S
大同
北京
遼東
渤海
山東
韓國
黃
海
日本
開封
揚州
南京
杭州
東中國海
成都
福州
泉州
桂林
南詔
（大理）
廣州
東南亞
印度/ 東南亞
宋
遼
西夏
0
250
500 km

女真人。洲際貿易穿越塔里木盆地（bassin du Tarim）與中亞的陸路從此便不再可行了。十到十三世紀間，這些政權侵犯、兼併了中國北面領土，而且在本身被蒙古大軍併吞之前成功地掌控了這些地方。蒙古軍則在一二七九年至一三六八年間征服了中國、創建元朝。由於宋朝當局不再控有產馬的地區，所以被迫在西面山區向西藏人集團（有些人認為這些西藏組織是聯邦形式）以茶來交易馬匹。西藏人集團之所以較易掌控，是由於帝國於九世紀時崩潰以後的政治勢力衰弱所造成的。「茶馬互市」的貿易規模也影響了部分中亞商業。[4]其他陸地上的邊界情勢也並非完全沒有任何風險，特別是西南部接續南詔（六五三—九〇二）的大理王國（九三七—一二五三），使得透過緬甸通往印度變得窒礙難行。再往南邊，越南北部在九七一年組成了獨立國家。在北方地區勢衰的宋朝，儘管有將越南北部重新納入領土的企圖，也只好承認了這個事實上的國家。歷經元朝軍隊兩度入侵，以及明朝初期（一四〇七—一四二七）的短暫整併，當局不得不只控制屬於帝國的領土，而安南便不在其中。

東面領土的情勢也不再穩定。新羅王國（royaume de Silla）於七世紀後半葉統一了朝鮮半島，約三世紀後，則是由高麗王國（royaume de Goryeo，九三六—一三九二）完成了相同的霸業，可是當局卻還是得不斷提防著覬覦其北方領土的遼人。經由兩條路線，韓國與中國的貿易往來日益頻繁。一是從山東沿岸往韓國東部與日本方向，或者是穿過渤海、蓬萊一帶的島弧，在山東北面往遼東走，接著沿岸航行到韓國。當韓國政局不穩時，中國人與日本人，或者是兩方之一，得以開設一條福建、浙江直通日本南部或是琉球王國的航線。通往更遠處九州港口的這條航線也經過了臺灣北部。至少直到八世紀，日本使團也借道這條航線。這段時期此地區的文化、外交往來相當興盛，主要是因為佛教廣傳，而其中的佛教文化相關用品在中國進出口貨品中占有相當的份量。這些貨物例如與佛教儀式相關的經書、器物與用香等，都隨著僧侶與信徒而來。尤其在六到七世紀間，這些禮儀敬拜用品貿易是南海主要的貿易驅動力之一。

商業擴張

大抵是外部情勢使然，十與十四世紀構成了一個非常重要的時期。海洋貿易在此時期參與了中國的經濟與政治發展，而其他亞洲地區也是相同的狀況。如此互動，讓雙方經濟活動透過巨大的國際貿易系統而相互漸進融合起來。這個新興的背景並非是出於政府明確的意願所造成的，而主要是基於因應各類情勢所生成的。宋代為因應當時的緊急情勢，而有了海事發展；其作法是強化軍事防衛力，還有儲備王朝存續所需的金錢。此外，陸路沿線的政治局勢不穩，使中國到印度的海線從八世紀開始更具吸引力。同樣也是在這段時期，印度洋沿岸諸國，主要是朱羅王朝（Chola，三至十三世紀）的君主，於九世紀後半與十三世紀初之間大力支持著商業活動。這個亞洲海洋商業的新階段伴隨著散居的泰米爾人（tamoule）、穆斯林在東南亞快速地安頓，他們也在中國廣東、揚州，接著在泉州定居。八世紀時，這些僑民已經在廣東首府，似乎也在揚州安居。他們於此地亦歷經了西元七五〇年代的首次族群迫害（pogrom）。據《新唐書》（受宋帝委託所撰，約在一〇六〇年成書）所載，七八五年換成這批僑民洗劫了廣東首府，以報復本身飽受濫權之苦。穆斯林社群人口在九世紀末則或許達到十二萬餘人。這個數字有可能在宋代便有所成長，然後到了元代，在當局支持之下就又增長得更多。

印度洋商業榮景或許是伍麥雅（六六一—七五〇）與阿拔斯（七五〇—一二五八）[5]哈里發即位所促成的。此兩代哈里發掌權的征服行動都有商人接續在與中國、東南亞和印度洋的貿易中扮演舉足輕重的角色，這樣的狀態至少持續到十四世紀。這條航路從此由穆斯林商人間的人脈所控制住，而且還因為東南亞轉口港興盛而活力充沛。其中室利佛逝（Srivijaya）（即巨港〔Palembang〕）和蘇門答臘（Sumatra）為最重要的轉口港之二。此區貿易主要的參與人員皆定居此地，還在當地建立起活躍的阿拉伯、波斯、中國等外僑社群。紅海、波斯灣中轉印度洋到中國的貿易在唐代是直達航線；然而，為了降低運輸成本，尤其是為了降低風險，這些長距離的直達航線到了十至十一世紀間都被切成了一小段一小段的航路[6]。海上航線的切分隨著季風調整，這有賴南印度與東南亞的轉口港網絡支持，而外國商賈社群就是在這些轉口港建立起來的。另外，自七世紀起，在東南亞群島（Insulinde）與緬甸諸王國中即可觀察到海洋貿易興盛的開端。海洋貿易一直到十四世紀左右主要為阿拉伯人與波斯人所掌控，接著則是中國人取代了這個掌控地位。海洋貿易交易量與貨品量的成長，主要都是由中方的生產與市場所刺激出來的。上述這個現象從十到十一世紀起更加名符其實。這股活力一直持續到上述時期的尾聲，即明朝到來時，貿易型態就被強加調整。

湧向南方

如果沒有另外一項從八世紀、九世紀起顯露出來的因素助長的話，商業活動轉移至海上的現象是不會發生的。這項因素便是人口從北方地區（此區某種程度上為中國歷史上的核心）分散到了南方地區。這並不是一起前所未有的事件，自漢亡以來，相同路線的移民潮便已然存在。不過這次的人口移動規模更大，而且也組織得更具架構。這是其中一項最具刺激性、並且引起某些變動的驅力。這些變動「改革」了經濟（經濟貨幣化、農業進展、工業創新等）、政治（貴族沒落與一個新士人階層竄起），也「改革」了社會（都市化過程、一部分菁英人士遷往外省等），並且支援南方國土融入得更好。自隋朝（五八一——六一八）以來，重大水利工程，如連接黃河、揚子江*、淮河的大運河皆顯示了當局意欲使國內不同地區間的往來更加方便。唐朝覆滅時，國土再度分裂，是為五代十國時期，不過那幾年卻反倒強化了宋朝開基的太祖（治期為西元九六〇年至九七六年，其人真實姓名為趙匡胤，是後周的篡位將領）用來再次統一國土的基礎。若說領土一統「最終」（in fine）是一項北方人的壯舉的話，那麼政府有一部分的措施、手段，以及某種程度上的經濟穩固，則都是來自南方地區的影響。

南北情況實際上是完全相反的。在北方，前朝軍事首長與軍閥競逐領土，試圖建立起類似唐代政府這種他們先前努力所摧毀掉的王朝型政權；在南方則是由「新人」掌權。這些「新人」偶爾是低階層出身，他們知道要如何將本身的軍事天分轉換成政治才幹。地方菁英與自北方出逃、從此於「異地」謀職的文人同樣都受到了「新人」的倚重。南方如此安穩的局勢，乃是多虧了保障邊境和平的靈巧外交調節，而由「新人」所建立出來的；同時間還透過精良的各類所得稅與附加稅徵收系統來維持政府運作，稅務所得則用於水利計劃，以及其他區域經濟所需的設施。這些政權受限於領土規模，且被包圍在內陸，為了坐穩大權、確保政治生命，勢必得採取首要培植經濟的政策。南方這些政權便是對商業如此地有好感，所以無論是內部或外部的商業活動（私人的以及官方的，官方活動則是以外交出使的形式展開）他們都會加以支持。十國的君主注重領土繁榮，且留意不冒犯到敏感的鄰國。他們當中除了南唐（九三七—九七六）的君主以外，沒有任何一位君主展現出帝國雄心。定居在南方以及東南方王朝，出於

* 亦即長江，此為歐洲人稱呼「長江」的古早脈絡。

財務需要、本身的活力，還有其相對穩定的政局，而與區域間的互動更好，且發展出了互相依存的經濟。這些國土長年的和平局勢促進了中國南北部的商業交易增長，也促成了揚子江、閩江以及珠江眾三角洲十分搶眼的發展。商業交易增長與上述水域的搶眼發展這兩個現象，便參與了中國領土擴大的凝聚過程。

為了達到上述目標，再加上本身與其腹地國由於政治及生態上的限制而難以接觸，俾使東南方諸政權支持著海上貿易。海洋貿易乃是當這些南方沿岸地區意欲重掌本身的前程命運，或是政府機構影響薄弱、留給地方主導空間時，一再出現的活動型態。海洋以及其相關的事務實際上或多或少都隨著時代扮演著重要角色，而且自古以來皆如此。雖然無論是什麼時代的中文作者都對這些地區，即海洋疆域，還有其相關的事物著墨甚少。在散佈於文獻內的不等資訊中卻都指出海洋不再只是個自然疆界而已，也輪番成為避難所、流亡路徑、通往長生不老之處（即蓬萊、方丈與瀛洲諸島）或是通向自由之地的路線，亦或是運送軍隊的一種途徑，以及當局與私人的自然獲利財源。總結來說，海洋這個空間，至少在近海岸地帶，有時亦會轉變為兵戎之地。

海洋，這片大不同的地帶

我們遺漏了許多關於中國、中國與海洋的關係，以及其中有關的活動。不過，中國就像其他地方一樣，自八到九世紀起，海洋貿易交易量迅速成長，也刺激了各政府施行與海洋交易頻率、佈局相關的措施。接下來的時期，國家或多或少採取干預的態度，且或多或少對海洋貿易的特許事務性質出現占有慾。反之，國家卻不能繼續忽視這片大不同的領土。奢侈品、民生必需品都出自該處，戰艦也總是更加定期地巡守海洋。在中國史上，可以分出四個涉外海事交流中心。與外國的海事交流，不論是商業性的，或是外交性質的，這兩種事業通常無法一分為二。對外海事交流中心首先有很早便出現在文獻中的山東北岸，主要是與韓國往來，後來則與日本有往來。接著是江浙地區，環繞著揚子江三角洲、錢塘江，以及從八世紀開始便接納了阿拉伯和波斯商人社群的揚州城；還有明洲，即今寧波，為中國連接東亞、特別是日本以及東南亞最活躍的港口之一。第三個中心則是福建省，該地以兩個中心為主，其一為在閩江周邊的省會福州，其二則為南部的泉州。福州與泉州同樣都是通往東亞、東南亞的港口，擁有大量海事資本，造就了中國僑商社群與航海實力的育成中心。最後一處交流中心則是廣東。該地主要是轉往東南亞與印度洋的港口。不過與其他的港口相較之下，廣東港涉及較多與紅海及波斯灣的港口往來。[7]

我們對宋代之前的航海事宜所知甚少，如今似乎有項難以駁斥的事實：一直到宋代，往南海的商業活動主要都是由外國船隻上的外國人所主導的。而東部海面，即東海、黃海和渤海的情況卻大不相同。由考古發現與罕見的文獻資料來衡量，韓國人與中國人，似乎長久以來就借道東部海面這些海路，之後日本人也逐漸依循相同的航路。從蓬萊到遼東半島末端大連的島串，確實自古以來就使人得以方便穿越渤海。然而，新羅於六六八年併吞了高句麗（Kogury）、六六九年兼併了百濟（Paekche），這使得日本和新羅之間的關係惡化。因此，日本使團或許從八世紀起，就開始嘗試一條直航的新海路。日本使團主要靠岸浙江，或在明洲港，或在越州港，即今日的寧波。私人船舶主要則同樣在福建港口靠岸。[8]在東南省份，當地與物產上市連作的經濟模式見證了海運交流的興盛。舉例來說，福建某些大家族不是建了陶窯，就是開發起礦層。

唐代時，儘管海上交易早已有壟斷性的法規加以箝制，但是海上活動管控卻還沒完全被限制太多的法條給規範住。與南海的商業活動首先集中在廣東。這顯示出地方政府，即省府與其附屬組織，為了讓己方致富，都會透過各種管道來抽取利益。政府的作為僅限於偶爾派遣「市舶使」來出巡督查。而市舶使主要的任務，或許則是替趁機想擁有奢侈品的宮廷取得異國物資。異國奢侈品進入京城有三種管道：「時進」為地方政府送來的地方物產，也就是外省在職公務人員所送出的禮物，最後都進到了宮廷財庫。「公市」，或稱「收市」，則是授予多位政府代表優先收購外國產品的特權（這項優先收購特權同樣也涉及了首都與邊境的市集）。該特權也成了另一條宮廷補給的來源。[9]「朝貢」乃是諸位省長向中央進貢特產，這些特產當中便有例如焚燒用香、象牙等異國產品。某些事故隱約顯現出地方人員偶爾會大舉濫用特權，造成廣東外國商人的抵制行動，且爆發了多項激烈衝突（其中便包括七五〇年代阿拉伯與波斯人聯合攻擊廣東城等事件）。

隨著海洋貿易擴張，以及支撐海洋貿易的諸多服務有所改善以後，便可將當局針對海洋貿易所施行的政策勾勒得更清楚。以政經觀點來檢視的話，各個政府的海洋貿易開發政策，至少針對奢侈品而言，通常都近似於某種獨占，且有各種自然生成的細微差異。當局的海洋貿易開發至少持續到明代前幾位君主在位時期。明代前幾位君主將事涉海洋貿易的規範與當局採用的軍事措施緊密地連在一起。這樣的作法目的在於保衛海岸地帶，這些皇帝們並不重視可以自海洋貿易抽取的利潤，而就此大量降低了國庫收入。與明初諸帝做法大異其趣的宋朝當局，為了尋求財源，一開始就採取了控制海洋活動的措施，以便抽取其最大的利基所在。宋代設置了海關部會來負責控制離境與來自外國的船隻。當局也施行附加稅，且針對某些商品建立起專賣系統。從此以後，這些商品便只能在國營商店裡陳設。宋代政府一開始實質控制了對外商業活動，甚至還在九八五年禁止中國人前往海外。不過為了要支持海上活動，宋代當局還是派遣了宦官前往南海，目的在鼓勵外國使團到中國來。而這項政策在經濟上實在不足以獲利，於是在九八九年，宋代當局又再度允許僑民離境。不過離境得限於某些條件：取得執照[10]、於特定官署登記，且有幾個強制過境點等限制。

十一世紀與十二世紀初施行了幾項較不集權的措施，開設了「市舶提舉司」。該部會的職責甚多，舉凡查驗出入境船舶（確認無夾帶違禁品）、對貨品鑑價且估算附加稅額、發行中國船隻的執照等事務。這些官署偶爾會受到批評，但卻能夠扮演起守門人的角色，避免負責海洋商業的公務員濫權。另一項日漸出現的變革則是海關附加稅隨著貨品性質為精緻貨品或一般貨品而有所不同。如此的區隔讓海關公署接著得以強制收購日後會在官營市場販賣的貨品。海關附加稅多元化，尤其讓商業相關產業以及往來亞洲的商賈人際網路，成了一項專門領域。這項「自由化」使得私營商業興盛起來，最終取代了國營商業，也造成前來中國港口的外國使團數下降，因為這些外國使團經營的活動都由中國商人來執行。[11]

元代（一二七九－一三六八）的海洋貿易自由化有多早，也就多早開始受到限制，甚至在十四世紀初海上貿易有幾年是被完全禁止的。然後在一三二二年以後，又再度重新且永久開放給私人商業領域。宋元時期，還有唐宋兩朝中介時期的一些王國為中國海運建構了一段頗具優勢的時期。十一世紀初開始，中國海運昌盛成形，約在十二世紀末規模最盛。商業與技術革新是這項海運榮景的重要元素。不過商人的地位卻由於經濟、政治上的風險，而往往脆弱不堪。宋代朝廷與商業界的協議首先是一項利益結盟，但卻造就了前所未有、且不限於中國一地的經濟發展。實際上，同樣正是這段時期形成了東南亞商業的「黃金期」，而韓國也分享到了這套日本亦受惠的商業網路。[12]

中國，作為海上軍事強權

中國政府和外國政府，如元朝的蒙古政府，不光只是因為牽扯到商業的關係所以才顧慮到海洋事務。中國當局注意到海洋事務使海岸地帶得以逐漸融進古老的帝國體系中，而讓中國成為海上強權。常備海軍機構其實可以上溯至宋朝，宋代人意識到船艦武力的重要性，沒有船艦武力，國家統一便不可能實現。所以宋代前幾位君主都很注重海軍建軍與訓練，而其中的技術進展，則似乎都是「南人」（一開始主要是江南地區人士）的功勞。這最初的幾支聯隊構成了南宋的海軍核心，幾十年下來船艦倍增，不單是為了保障某些零碎海岸地帶的安全，主要也是為了河川的保安。[13]關於這點，就必須記得，宋代完全是因為有了軍事與商業上的海洋事務發展，才得以長治。蒙古政權一旦有了這方面的發展能力，最終便成了打擊宋朝的回馬槍。忽必烈在位期間，為了支持各場海外征戰，以及運送主要為穀類的民生必需品，而不斷擴增艦隊。穀類作為民生必需品，由江南運到新首都大都，即今日的北京。忽必烈治下所策劃的軍事行動為：日本（一二七四，一二八一）、緬甸（一二七七，一二八三，一二八七）、占婆（一二八三）、安南（一二八五，一二八七）、琉球國（一二九一—一二九二）與爪哇（一二九三）。元朝由於其有利海洋貿易與軍事艦隊發展的政策，與宋代相比更加支持亞洲海上活動。另外也幸虧有了亞洲的海上活動與「蒙古和平」（一二七〇、八〇年間至一三六〇年），即歐亞大陸由四位可汗分治的時期，而促進了貨物與人員流通近一世紀之久。

以軍事觀點來看，明代延續了宋、元兩代著手進行的航海革新。為了回應日本倭寇與強大敵手倖存的艦隊所帶來的威脅，而非任其流竄[14]，明朝開基帝朱元璋（一三二八年生，卒於一三九八年；在位期間為一三六八年至一三九八年）其實就制定了稱為「海防」的政策。海防涉及了一套用來建立可供實戰部署的措施。建立這項部署的用意在於保衛所有河岸與鄰近水域。此政策內容也涵蓋了建造與保養一支艦隊、將海洋貿易限縮在朝貢體系裡[15]、頒佈法規（即「海禁」）來控制人民，也控制住人民海上活動。海禁之目的在於避免人民與政府公告周知的或來自國外的敵人勾結的可能，也意在避免海岸地帶失序。反之，除了有名的帝國艦隊海軍上將鄭和（一三七一—一四三三）[16]的行動（一四〇五—一四三三）以外，明代當局並未打算如同蒙古王朝一般籌備起國外海事活動。這項政策在實務上所表現出來的便是在全部的海岸地帶設置海軍聯隊、設立崗哨，以及建立海岸防衛隊。這種政策趨向儘管大大地限制了海外商業自由，在第一時間內卻促進了自此被限定於朝貢體系框架下的外國官方交流。就代表團來訪中國的頻率來看，這是一種具有野心的外交，尤其自東南亞國家方面觀之。永樂年間（治期為一四〇二年至一四二四年）鄭和率領艦隊出巡，東南亞外交達於鼎勢。鄭和最後幾次出巡（一四一七—一四一九，一四二一—一四二二，一四三一—一四三三）到達麥加港口吉達（Djedda），途經忽魯謨斯（Ormuz）和亞丁（Aden），還有非洲東岸。

如此看來，這段時期中國在亞洲有著強勢的海權地位，而且似乎還能掌握好區域海線與區域海洋貿易。尤其自元朝起，中國便能夠尋求這樣的角色，至少一直到十五世紀中國皆承擔著這樣的角色。自唐末起，南方地區最終的融合，以及該區與國內其他地區在經濟上的相互依存，造成帝國政府或多或少自願將海洋空間納入其經濟與安全政策之中（直到元朝為止）。亞洲與世界經濟之間的交流如此頻繁，以至於即使明朝限制性的政策壓制了南方與東南海岸諸省的榮景，卻還是間接地賦予了中國商業在亞洲一股無可忽視的驅動力。外國商賈，特別是穆斯林，以其漸進式融入海岸都市社群的方式，在經濟以及在社會層面上，皆曾擁有過一段備受優待的時期（宋朝，還有元朝更是如此），其中有一部分的外國商賈則在明朝時前來，當社會政治氛圍對他們不再有利時便離開，前往東南亞。這些外國商賈與其他主要為東南省分的僑民將一起塑造出中華／華人流散（diaspora），並逐漸掌控全區交易。這便是王賡武將其命名為「無帝國商人／商人無祖國？」[17]的社群，以及近來包樂史（Leonard Blussé）言下所謂「非正規帝國」[18]的社群組成。現實或許是介於下列兩種組合之間：第一種模式指出群體是自行獨立投入的，這顯然是項事實，卻沒讓人瞥見其商業力量；後者則隱晦地指出這些社群與商業世界，還有在移居國與原生國之間所維繫的非間接連結，而毫不考慮到一項或許對比相當明顯的社會現實，那便是：一方面，中國移民成了其政府的法外之徒；另一方面，在他們做生意更加自由的同時，也變得不信任僑居地當局，因為一旦離開中國，他們便落入了東南亞各國的掌控之下。

在此處所研究的時期內，中國最終納入了南方領土。從此以後，南方領土與鄰近的海洋空間以與其他省分一樣的方式來經營。[19]一時之間，中國甚至搖身一變成了一個海上強權，也多虧如此使各種流散興盛，好比漢人穆斯林、福建裔等。這項海外擴張首先起因於宋代前所未見的經濟繁榮，此為北方邊界持續性軍事威脅所造成的後果。中國政府欲收復領土時，未曾面對過如此強大的政權，也未曾處在如此積弱的地位，必須年年以某種贖金來換取和平。然而，就如同賈志揚（John Chaffee）接續斯波義信（Shiba Yoshinobu）所指出來的現象一樣，歲貢金額其實是低於和草原民族的貿易收入的。斯波義信甚至還認為，這些貢金支出其實並非那般損害中國經濟，因為貢金間接地刺激了遼人消費來自宋朝領土的物資，而且西夏人與金人也很有可能和遼人狀況相同。[20]如此一來，這項無止境的金錢追求，顯然造就了此時期中國與亞洲他處的經濟發展以及技術發展活力。

由於這些限制，以及先前的經濟和文化發達，中國透過生產（絲、茶等產品）與消費力（香料、香以及其他異國商品）而成了亞洲交易、經濟的動力要素。草原人民對和平所造成的持續威脅也刺激了航海與軍事創新。為了管理與其他國家的海上交流而設置的機構，特別是朝貢系統與海事督察機構，都規範了商業交易。這些機構最終塑造了此時與往後整體亞洲的交流模式。建立朝貢系統的手法通常為政府獨占商業活動、限制聯繫，也對商業交流設限。這種情況卻反而激起了最富冒險精神的中國人想像力，以至於在十六世紀，最先被禁止的私人商業活動逐漸取代了官方商業活動。

關於朝貢貿易，政府設下了使團之間得遵守的時限，以及隨朝廷與不同國家間的關係性質而定出的使節數量。上述情況會隨著國家不同而大相逕庭。這些規則是為了控制住與朝廷做生意的商業交易數量。根據一篇十六世紀的隨筆[21]，涉及來自琉球國的使節禮儀就包含了好幾個階段：使團船舶一到，在分配下錨點前，立刻便由中國軍隊處理接待。接著會有一名公務人員在通譯與工匠陪同下查核認證。審查完以後，封印住貨品，官員們便護送使團船艦到福州。眾特使被安排住進了「安遠驛」。這座大型建物包含了多個具特定用途的廳室：納貢暨接待室、各式食品倉儲、住所、廚房等。經審查與出示到場人員後，省級機構便通報中央政府，且準備將外國代表團轉送到首都。使團回歸自身原本的港口時，琉球國的眾使者就此便可以販售其所帶來的商品給某些精挑細選過的中國商賈。雙方這些交易是由「市舶司」來管理的，並且經由中間人來控管品質，並定出價格。

由於政治不穩定，宋朝無法像明朝一樣使用朝貢制度，至少在北方就是如此。宋人的軍事弱勢使他們相當脆弱。這便是最終不得不往海上開放的源起，以及對南方鄰國帶有某種程度優越感的來源，好比其對「大越」（Dai Viet）這個當初位在今越南北部的政體創建時的優越感。宋人所建立起來的戰爭經濟，留給商業交易一個相當大的空間，元朝則延續這種「重商主義式」的開放。反之，這其中的躍進之勢在明朝卻停了下來。不過這種往海上邁進的活動卻從來沒全然停止，因為海岸與毗鄰水域從此成了帝國安全系統主要的一部分，而其中的海軍武力理論上便應該在鄰近海岸的地帶縱橫往來。中國人在空檔時間成功建立起未來「非正規海商帝國」的基礎。這座帝國在十五世紀、甚至是在十六世紀期間真正地運行起來，而且還長期建構著亞洲商業交易的動力。

閉鎖或圈界帝國

第七章 保加利亞帝國：史學神話或歷史事實？

菲拉・阿塔莎諾娃（Véra Atanasova）

保加利亞是座帝國嗎？

今日史學上若要形容中古時期的保加利亞帝國，即沙皇的「沙皇國」（tsarstvo），學者會偏好使用日耳曼或羅曼語所翻譯出的「帝國」（empire）一詞，而非「王國」（royaume）。一般來說，這兩個詞彙意指兩種不同類型的政權（État）：前者指的是某種形式的政府，這種類型的政府有廣闊的領土與為數眾多且服膺於一人權勢之下的各種人民；而後者指的則是某種控有不等大小領土的君主政體，這種政體還有凝聚臣民成為單一民族的傾向。雖然眾國王皆可屈服於某位皇帝之下，但兩者對調的情況卻是不可能的。既然如此，保加利亞沙皇就是政權唯一的主宰，而且他的權勢「先天上」（a priori）就不受制於任何人。但是這樣的狀況便足以將保加利亞斯拉夫文（slavon）中的「沙皇國」翻譯為「帝國」了嗎？有可能藉此與拜占庭皇帝及其統治相比擬嗎？中古時期提及「保加利亞帝國」這個稱號，是名符其實的嗎？

當拜占庭人冊封給當地君主「沙皇」（tsar）名號的時候，中世紀的保加利亞政府早從九二七年起便正式使用「沙皇國」（tsarstvo）這個字眼。這個狀況一直持續到一三九六年，也就是當保加利亞落入鄂圖曼統治的時候。[1] 自七世紀末起，保加爾人（Protobulgare）[2] 被可薩人（Khazar）從原先的領土[3]進逼到多瑙河三角洲。有一部份的保加爾人便在當地定居下來。這便是保加利亞歷史的發軔，我們可以依宗教和政治結構區分出兩段明確的時期。自六八一年至八六四年為第一段時期，本時期保加利亞人仍然依附著保加爾人的多神傳統與信仰，而且其君主為「可汗」（khan）[4]。第二段時期則是自九世紀開始，基督教以國家官方信仰地位廣傳的時期。該時期的保加利亞君主被稱為「王公」（knyaz）[5]，過幾年後則轉稱為沙皇，也就是「沙皇國」的統治者。儘管「沙皇」這個字眼要到十世紀才成為正式用語，保加利亞的政治、軍事勢力在八、九世紀便已然顯明。保加利亞領土囊括了各種族群出身的各式人民，都聽令於可汗一人。此外，可汗的地位與拜占庭皇帝差可比擬，所以問題便在於這兩者在君主位階的相對位置。另外便是在基督教化、以及拜占庭承認沙皇地位以前，可以言稱「保加利亞帝國」嗎？這便是我們想要為之定義的課題。為了尋找這個定義，我們運用了回溯保加利亞歷史進程中的幾個大主軸、描寫政權結構、分析權力運作及其正當性這幾種方法，就我們手邊可及的書寫文獻、考古，以及影像資料來分析。

強力竄起

七世紀時，拜占庭，即東羅馬帝國，便時常成為阿拉伯人的攻擊目標。阿拉伯軍隊迅速進逼，使君士坦丁堡陷入險境之中。征服君士坦丁堡，甚至是基督教帝國的陷落，一直都是入侵者一方的完美夢想。在這幾十年的動盪中，拜占庭北面領土都處於防守不實的狀態。同時在更東邊的地帶，可薩人向歐洲挺進，迫使保加爾人移民。而他們的家園便位處「歐洲的門戶」之上。庫布拉特（Koubrat）這位該地政權之君，與拜占庭皇帝希拉克略（Héraclius）很是親近。希拉克略提拔了庫布拉特為「貴族」（patrice），這項榮稱便展現出他對庫布拉特的器重。為了避免和可薩人發生衝突，庫布拉特的三個兒子及其子民便往西邊移動。三子其一的阿斯巴魯赫（Asparoukh）在多瑙河三角洲的北面領土，即今日的羅馬尼亞境內定居下來。阿斯巴魯赫利用其父與拜占庭簽下協約所建立起來的邦誼，以獲得拜占庭當局保護其與東羅馬帝國接壤的邊界土地。過不了多久，希拉克略被殺，局勢也有了不一樣的轉變：拜占庭內部變得不穩定；而可汗倒是從中得利、展現出建立獨立政權的野心。可汗向多瑙河東部領土進逼，一直前進到色雷斯地區（Thrace），他一路上集結了諸多斯拉夫部族聽命其一人之下。六八一年，拜占庭皇帝君士坦丁四世（Constantin IV）為擋下入侵者的腳步，被迫簽下了和平協約。該項協約使保加利亞人最終正式在多布羅加地區（Dobroudja）領土上定居下來；拜占庭當局還得向這個新政權年繳稅金。此等情事前所未有，誠如彼時的編年史家所言，此事件對拜占庭帝國而言是一次頗為恥辱的敗仗。該協約之簽訂，劃下了保加利亞中古史以及第一個保加利亞政權（État）的開端。[6]

當時有多位同代人見證了這些戰勝拜占庭帝國的事件；而拜占庭帝國在此之前可一直都被視為最大的地區勢力。大羅馬帝國的繼承政權失去了地位，而保加利亞這個異教民族，不只成功征服了一部分的羅馬帝國領土，還獲皇帝本人承認政權呢！如此的歷史轉折突顯出保加利亞領袖的才能，他們不但是出色的軍事戰略家，也是有遠見的政治家。保加利亞領袖甚至還將斯拉夫部族納進自己的國家裡，展現出其統治多種民族的才幹。

從此以後，持續共享國界的兩個政權間關係呈現兩極化。拜占庭拒絕認定保加利亞領土永久脫離帝國疆界，這種心態解釋了其對保加利亞的敵意，以及持續存在的軍事企圖。矛盾的是，這兩方敵手卻也是同盟，七〇五年保加利亞可汗泰爾維爾（Tervel，七〇〇—七二一）支援拜占庭皇帝查士丁尼二世（Justinien II）抵抗一場篡位事變。泰爾維爾在首都宮殿所舉行的一場官方儀式中受封為「凱撒」（kesar，又作 césar）一銜：拜占庭皇帝查士丁尼二世在泰爾維爾頭頂放上一頂王冠，在他肩頭披上了一條古希臘式的短披肩（chlamyde）。這項拜占庭帝國最高尊榮授予儀式，依官方慣例，還搭配了在金色禮拜堂（la basilique dorée）看臺發表的一段談話。保加利亞君王另外還收到許多禮物，例如巴爾幹山脈南面的一些領土。七一六年，可汗的軍事入侵以一條和約作結：迪奧多西三世（Théodose III）認可了保加利亞統治者新獲的領土，前者每年還得付出量價等同於三十古斤（livre）黃金的大紅皮革為貢品。依照慣例，在拜占庭方面，這項進貢則被呈現為「巴西里厄斯」（basileus）的慷慨解囊……。七一八年，在拜占庭與阿拉伯人雙方交戰時，泰爾維爾介入其中，成功地解救了君士坦丁堡。這項支援在很長一段時間裡，大幅抑止了阿拉伯人侵襲拜占庭帝國內部。此等壓制堪可與七三二年普瓦捷（Poitiers）大戰相比擬。泰爾維爾依循著保加利亞著皮革的風尚，卻讓自己幾乎晉身到與拜占庭這個衰落帝國的巴西里厄斯並駕齊驅的地位。

回到拜占庭授給泰爾維爾以報答其支持拜占庭當局的頭銜上頭。在拜占庭的政治位階上，「凱撒」是最接近皇帝的榮銜：直到科穆寧王朝阿里克塞一世（Alexis Ier Comnène，一〇八一—一一一八）所主導的稱號變革以前，「凱撒」都是帝國位階裡的第二人。這項稱號是繼位者、即帝王兄弟或子嗣才擁有的特權，從來沒封給宮廷以外的人過，更何況是一位異教徒。一枚年代約七〇五年以後的鉛製章印上，便出現以下的銘文：「聖母護佑泰爾維爾這位『凱撒』」。鉛章正面有可汗莊嚴地端坐寶座、戴著頭盔、手持長矛與盾牌，盾牌上則飾有一名騎兵向地上敵人進逼的圖樣。這枚鉛章所顯現的是一名身為戰士且旗開得勝的君主形象。鉛章本身的角色也很重要；這項物件代表著個人權勢，見證了保加利亞領袖的偉大，不僅在於贏得軍事勝利而已，還統治著連接東、西方商業路徑的十字路口地帶領土。據保加利亞與拜占庭簽署的和約，泰爾維爾得重建這些穿越保加利亞的路徑，擔保其持續運作下去。泰爾維爾的章印上飾有他的稱號以及聖母護佑的軍事力量形象；保加利亞「凱撒」以顯眼的方式，呈現出他在中古世界中，不論在西方或在東方的地位與權勢。

直到八世紀末，由於內部的王位爭奪衝突，以及與拜占庭持續的對峙，保加利亞的情勢都還是一直不太穩定。約在八世紀末時，出現了一段暫時的平靜，特別是在克魯姆（Krum，八〇二—八一四）可汗統治時期。克魯姆開啟了集權中央政策。他得利於自己的軍事行動，而成了離君士坦丁堡不遠、一大塊往南邊延伸土地的主宰。他還歸併了無數部族或是部落，其中也包括了阿瓦爾人（Avar）及斯拉夫人的部族。這些成就大部分歸功於自八〇九年起，征服瑟帝卡城（Serdika）之後的軍事現代化措施。瑟帝卡城，即今日的索菲亞城（Sofia），該城由於位處羅馬帝國「軍事大道」（Via Militaris），又被稱為「皇室之道」（Vasiliki Odos），也就是前往馬其頓與東歐主要路線的中點，因此便成了掌控巴爾幹半島的關鍵城市。再加上有位阿拉伯裔戰略家，先前為了閃躲拜占庭宮廷，而前來保加利亞人的土地上避難。這位戰略家為保加利亞人啟蒙了他們先前所不知的攻城機具製作技藝。儘管可汗多次向拜占庭皇帝議和，後者卻都回絕。西元八一一年，尼斯弗魯斯一世（Nicéphore Ier）在保加利亞軍隊的一場攻戰中遭捕且被斬殺。拜占庭與阿拉伯編年史家都突顯了「巴西里厄斯」戰死這項罕有的事件。拜占庭請求查理曼朝廷協助此事，更刻劃出拜占庭的積弱。由於事態重要，以及拜占庭和保加利亞共有疆界的緣故，法蘭克君王以軍事援助換取到拜占庭皇帝承認其帝號的待遇，以利拜占庭抵抗保加利亞頻頻告捷進逼的軍隊。儘管克魯姆並未持有任何艦隊，但他一手包圍君士坦丁堡卻展現出他的武力。不過保加利亞士兵的凱旋步伐卻在八一四年，隨著可汗在拜占庭帝國大門之前猝死而中斷。

克魯姆在他的國家裡可是建立對國內所有人民一視同仁的成文法第一人。身為君主，克魯姆的職責在確保內部穩定與和諧生活；軍事衝突會先讓居民變得貧困，而盜賊、乞丐，還有喪失土地人員的數目也都大幅增加。為了國家存亡，勢必得做些社會變革。於是眾斯拉夫部族首領「王公」的自治權被剝奪；他們的領土被分割，並重新分散到更大、由單一首領治理的分區裡頭。我們能夠在克魯姆的法令中解讀出一個集權化君主國家的誕生。

克魯姆的兒子奧莫爾塔格（Omortag，八一四—八三一）也致力於內部穩定。八一六年夏天，奧莫爾塔格便是為了上述目的而與拜占庭人簽下為期三十年的和約。這項十一點和約中牽涉到斯拉夫部族的命運、換囚與邊界固定。兩位君主在簽署和約時都以配合對方宗教儀式的方式表現互相尊重。編年史家就此詳述了各種細節。某些編年史家對一位基督教君主居然能做出異教的動作感到激動，不過這也展現出保加利亞君主所獲得的地位，特別是其政權對拜占庭帝國存續的重要性。接著，根據這項和約，拜占庭皇帝米海爾二世（Michel II）請求奧莫爾塔格於斯拉夫人托馬士（Thomas le Slave）試圖篡位時予以支援。其中一位拜占庭編年史家在這個場合下將可汗稱為「巴西里厄斯」，而非使用至此在其他文件中用過的稱號諸如執政官（archonte）、霸主（hégémon）、主君（kyrios）。如此一來，這位基督教的對手，而且還是對基督徒嚴苛、無情的迫害者，在拜占庭帝國最為動盪的一段時期裡，對拜占庭帝國與帝國家族仍是有所貢獻的。某種程度上，保加利亞君主的權勢已與拜占庭皇帝並駕齊驅。

面對斯拉夫人，奧莫爾塔格延續其父的政策。斯拉夫的反抗行動被壓制住了，眾斯拉夫部族在最後一次行動中尋求與保加利亞領土接壤的法蘭克帝國皇帝虔誠者路易（Louis le Pieux）的支援未果。保加利亞其實位於當時幾大勢力的交界處，加洛林、拜占庭與可薩都是其鄰國。奧莫爾塔格在內政方面承襲了克魯姆的模式，引進分區行政系統，將土地分成數個區（comitat）。奧莫爾塔格的中央集權化政策略有所成：我們接觸到的史料中，「斯拉夫」一詞日益罕見，而由「保加利亞」一詞所取代；在此項轉變中可以解讀出建構起一支統一民族的開端，這支民族則聚集在一位身懷威嚴且地位重要的人士身邊。國家的界線便是如此定下的，而且四面八方不論內外皆處於和平狀態。而當君主不得不動用武力時，他看來也是一位極其優秀的軍事將領……。

由於與拜占庭交戰造成大量建物毀損，亟需重建，所以奧莫爾塔格便開始建物修繕。首都普利斯卡（Pliska）本身亦有受損。一座內部的堡壘取代了可汗的舊宮殿（aula），這座堡壘包圍住君主的宮殿與宮廷內最機密人員的宅邸。在住宅與公共、宗教建物周圍，立起了一道高達十二公尺的城牆。一座隸屬皇家財產的長柱，以一段銘文紀念了君主新宮建成：「一人即使生活無虞，依舊難逃一死，然亦將有另一人誕生。願後人見此銘文，便憶起過往其人之所作所為。此執政官之名為奧莫爾塔格，即『坎納速比吉』（kanasubigi）*；願神賜其百歲。」這番訊息堪比多位偉大羅馬皇帝，直追圖拉真（Trajan）與塞提米烏斯・塞維魯斯（Septime Sévère）的規格。同樣是在一枚金牌上，可汗身穿拜占庭皇帝的衣飾現身：古希臘式短披肩以別針固定在他的右肩，頭上則戴著低階配飾冠冕（couronne basse），左手持一副十字架，右手則拿著阿奇亞束袋（akakia）[7]。上述圖像被「坎納速比吉・奧莫爾塔格」（kanasubigi Omortag）一詞圍繞著，該詞可譯為「偉大可汗」或是「天意可汗」，其後更補上了這位可汗乃身為「眾多保加利亞人」的字樣。奧莫爾塔格實際上統治了巴爾幹半島上一片相當大的領土，在這片土地上充斥著多個民族，他們互相融入保加利亞人民之中，而成了同名的民族。拜占庭皇帝米海爾二世於八一六年和約儀式上的舉動，可以衡量出奧莫爾塔格的權勢。即使奧莫爾塔格政權並非基督教政權，人們依舊無法否定其重要性與力量。

---

* 保加利亞早期君主稱號。

西美昂統治末期的保加利亞（八九三—九二七）

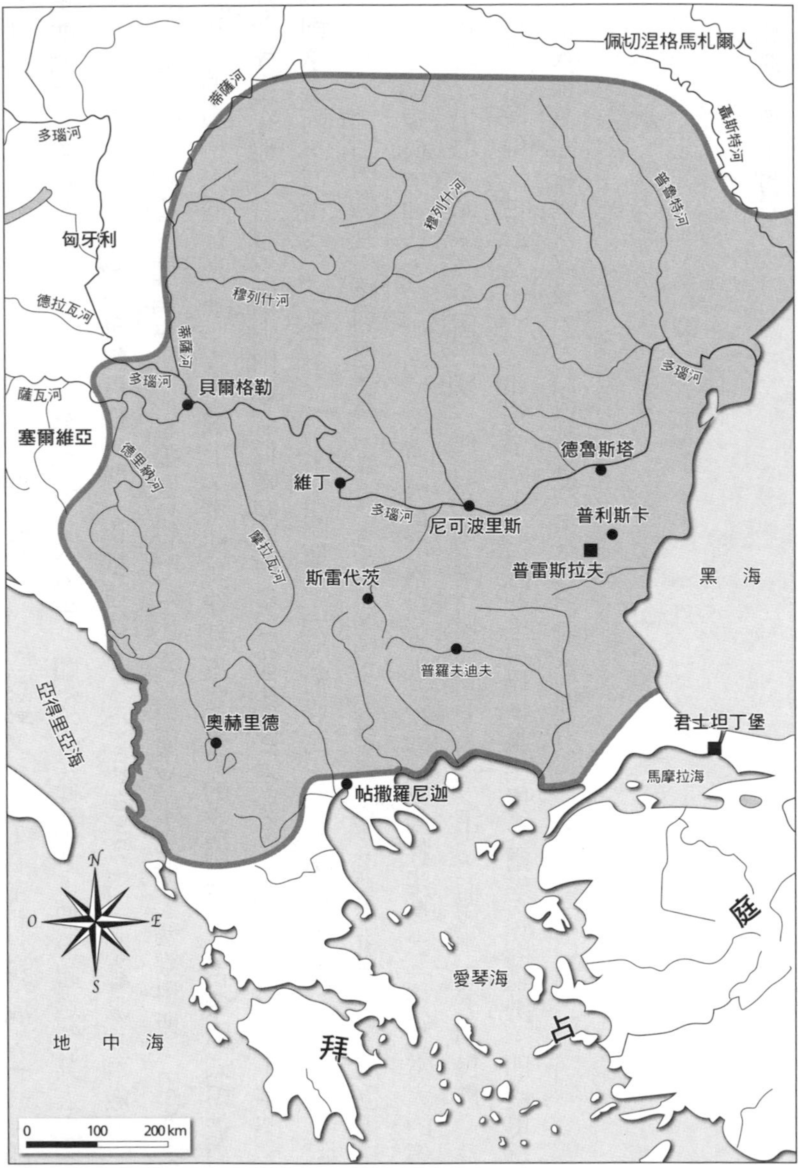

融入基督教世界

兩起重大的事件在鮑里斯（Boris，八五二—八八九，八九三）統治期間留下深刻印痕：八六四年基督教被頒定為國教、八九三年斯拉夫語成了國家官方語言。保加利亞轉向一神信仰是個明智的政治選擇；其介於南邊的拜占庭帝國與北邊的加洛林帝國兩大基督教帝國之間，成了僅存的唯一多神政權。一神信仰的影響漸漸上達宮廷：可汗的親近人士中出現了幾位基督教信徒，其中就包括了奧莫爾塔格的親兒子，而且這還不是個例。

就維持住既存多股勢力間的平衡而言，轉向一神信仰的決策至關重要。鮑里斯可汗在幾年之間睿智地思考要選擇哪個宗教才最有利於國家繁榮，尤其要有助於國家的自治。鮑里斯的夢想是協商出未來保加利亞的教會獨立性，以便他施展政策。鮑里斯與他最親近的家族成員在八六四年一同受洗。他取得「王公」一銜，還取了米海爾（Michel）這個與他的教父拜占庭皇帝米海爾三世（Michel III）一樣的名字。然而，頒布基督教為官方宗教的過程卻也不是全無血腥：新受洗的米海爾—鮑里斯（Michel-Boris）為了建立起秩序，不得不殺害五十二名「波雅爾」（boyard）*及其家眷。這起事件有其重要性；除了突顯出斯拉夫君主的決心以外，也反映了保加利亞社會內部既存的強弱關係。

八七〇年君士坦丁堡的第四次宗教會議中，保加利亞教會的問題就排在議程裡，而且人們決定讓保加利亞教會為君士坦丁牧首教區管轄。幾年後，在八七九與八八〇年間，一場新召開的宗教會議清楚指明保加利亞大主教不再由君士坦丁牧首祝聖授職，而改由當地教士執行，且永遠要有君主的同意才行。這項決議乃是受到教廷施壓而成，教廷處心積慮要抑制拜占庭的影響力。如此一來，在某種程度上，保加利亞教會便成了東方少見的自主教會。這不僅見證了保加利亞君主在談判全程中靈巧的政治操作，也見證了其政權的重要性。保加利亞囊括了一大部分的巴爾幹地區與各式民族，但全體人民卻都以其國君、一段共享的歷史、以及一門宗教而團結。這門宗教因此便需要一套符合語文需求的字母系統。

宗教禮拜剛開始用的是希臘文。可是斯拉夫人與保加利亞人日常生活用的卻是另一套方言，所以大部分的信徒無法理解禮拜儀式。建立一套大眾可識的字母系統便成了當務之急。別名君士坦丁（Constantin）的西里爾（Cyrille）與美多德（Méthode）這兩位修士兄弟檔便被指派去建立字母系統，因而創發了第一套被稱為「格拉哥里」的字母（glagolitique）。多篇宗教禮拜文獻迅速地被轉譯為這套新字母。美多德可能在八八〇年前往君士坦丁堡旅行時，藉由保加利亞宮廷見到了鮑里斯—米海爾這位「王公」本人。不過還是多虧了這對兄弟檔的門生：克萊蒙（Clément）、納旺姆（Nahum）、薩巴斯（Sabas）、安吉勒（Angélaire）以及羅倫（Laurent）等人的努力，才讓新式書寫系統在國內流傳開來。保加利亞君主意識到格拉哥里字母的好處，他接納了這批人，還支持他們的工作。經過幾次修正後，普利斯卡的主教君士坦丁便選用了這套字母，將其命名為「西里爾書寫系統」，以向這套系統的宗師西里爾致意。保加利亞本身的字母創建與基督教信仰流傳有關，這顯現出當時國家（État）的重要性。保加利亞位處商路交界，下轄同屬一個政府的廣大領土與眾多民族；該國便如此擁有了一項最重大的統一優勢，即其本身的書寫系統。

八八九年，已相當年邁的鮑里斯引退，並投身宗教，將王位讓予長子弗拉基米爾（Vladimir）。弗拉基米爾在內政上卻不追隨父志，也不認可父王的宗教決策，而試圖重新恢復舊信仰。鮑里斯於是便抽換掉弗拉基米爾，另將大權轉授給原本預計獻身宗教的幼子西美昂（Siméon）。在一場八九三年的大會（conseil commun）中，西美昂還得發誓不再恢復多神信仰。該場會議同樣也決定將首都由異教色彩過於濃厚的普利斯卡遷到普雷斯拉夫（Preslav）去。最後還將保加利亞斯拉夫語（Slavon）頒定為日常宗教禮拜的正式用語。西美昂便是在上述這樣的背景條件下，展開他自八九三年起直到九二七年的治期。

西美昂從小就被送往君士坦丁堡，於瑪格瑙拉學院（l'école de la Magnaure）就學；他博得拜占庭人器重，以至於被認為是半個希臘人。西美昂於拜占庭首都居住多年的經歷，見證了

* 保加利亞的貴族銜稱。

保加利亞與拜占庭雙方宮廷之間建立起的關係。這段受教過程讓西美昂得以熟稔拜占庭傳統與風俗。不過，儘管有這些良好關係存在，西美昂的統治依舊是以多場反抗拜占庭的勝仗才讓人印象深刻。這幾場勝仗使保加利亞國的領土規模擴張到兩倍之多，比起希臘帝國（即拜占庭帝國的歐洲領土）來得更加廣闊！西美昂因此認為「王公」一銜已然無法與其實質匹配。九一三年，西美昂包圍君士坦丁堡，要求拜占庭皇帝正式承認其「巴西里厄斯」的稱號；「巴西里厄斯」可是當時君王的最頂級稱號，相當於斯拉夫稱號中的「沙皇」。西美昂還要求比照所有拜占庭的君主，在「巴西里厄斯」這個稱號之前再加上「屬於全羅馬人」這道註解！不過西美昂僅僅得到了攝政尼可拉牧首（Nicolas）戴上的「伊批里塔里永」（epirriptarion）[8]，該物件為一種高級職銜象徵，在某種程度上有祈福意味，卻不具備帝國冠冕的價值。而這件事倒也阻擋不了西美昂自命為沙皇。最終是西美昂的兒子彼得（Pierre）才獲得對其帝銜至關重要的拜占庭官方承認。在西方世界所有帝國盡皆消失的時代裡，保加利亞可說與東羅馬帝國平起平坐！

西美昂的教育背景對其涉外政策有所助益。他派遣代表直至北非，為的便是串聯起一個對抗拜占庭的軍事聯盟。西美昂建立了與法蘭克王國（Francie）及日耳曼王國（Germanie）的關係，加強自己在眾外國君主前的形象，且運用這樣的方式促進了各式交流。不過儘管在戰場獲勝，也取得了帝國頭銜，西美昂卻依然飽受挫折。戰爭削弱了經濟，西美昂以及其繼位者也都沒能守住多塊以武力戰爭取得的領土。他的文化政策反倒留下了重要的痕跡，尤萬主教（exarque Jean）所撰的一篇〈創世六日評〉（Hexaméron）提及了西美昂，便是一項指標。〈創世六日評〉是拜占庭時興的一種文體，混合了宗教協約彙編與哲學性文章，呈現出一個依循神聖位階且以權力原則來統治的和諧世界觀。這種權力不光是君主的權力而已，也是人類對自然的、男性對女性的、父母對子女等的權力。尤萬主教在其中又加上一道特別的修飾，便是頌揚西美昂本人、贊頌他的虔誠與統治。這篇作品是用來針對某些地方還依戀著舊信仰的人民以推廣基督宗教的。該文便是以這種方式來強化新宗教，也將人民與君主連結起來，創造出供當局政權（État）運作所需的強力連結。

西美昂鉛印上的君主形象模倣著「巴西里厄斯」，在鉛印正面他一手持十字聖球，另一手則持權杖。鉛印上伴有「獻予西美昂，這位巴西里厄斯，年年月月」的銘文。鉛印反面有另一道銘文重改了西美昂的帝之頭銜，將其與基督連在一起：「以基督之名，西美昂為羅馬人的巴西里厄斯。」沒有什麼事證要比這枚鉛印更能清楚呈現保加利亞君主的憧憬。這不僅是個夢想而已，甚至還是保加利亞君主在中世紀世界中實質佔據的政治地位：保加利亞君主是歐洲地圖上最大的國家（État）之一，又涵蓋了多個族群與領土，而且還與其他海外國家（pays）建立了關係，最終則加入重要的商業網絡中。「西美昂之治」便是如此在史上留名的；這段時期被認為是中古保加利亞無論在政治或文化兩個層面的興盛期，甚至可說是鼎盛期。

西美昂之子彼得（Pierre，九二七—九六九）改變了與拜占庭之間的關係。九二七年，保加利亞與拜占庭簽署了一項影響「深遠」的和約[9]，而且首度有拜占庭宮廷的公主被許配給一位外國君主。該名公主即為羅曼努斯一世（Romain Ier Lécapène）潛在的繼位者，她是羅曼努斯一世的長子兼輔國君主克里斯托弗（Christophore）之女瑪麗（Marie）。此和約於布拉契尼斯宮（palais des Blachernes）簽署，婚禮則是由史特芬二世（Stéphane II）這位牧首於巴魯克利聖母教堂（l'église de la Vierge Balikli）主持。[10]在禮拜儀式中，瑪麗被取了一個帶有「和平」意涵的名字：伊琳娜（Irina）。保加利亞大主教獲得了牧首這項要職，這也是首次有新牧首加入其他五位既存牧首的行列中，這五位牧首分別為羅馬、君士坦丁堡、亞歷山大（Alexandrie）、安提阿（Antioche）與耶路撒冷的牧首。保加利亞教會取得了獨立，有權培養自己的教士、以自己的語言舉辦彌撒、建造一座聖人殿堂（panthéon de saints），而且還只聽命於保加利亞沙皇一人。

彼得被拜占庭皇帝正式認可為「巴西里厄斯」。拜占庭內閣辦公室（chancellerie）與保加利亞一方的通信便顯出了彼得的威望：「致吾所鍾愛的、精神上的子嗣，且出於神的安排，其亦為保加利亞基督民族之君。」拜占庭皇帝正式賦予其巴西里厄斯銜稱以後，也就將沙皇的權力合理化。「精神上的子嗣」一稱，將保加利亞沙皇置於帝國家族行列的位階頂點，成了萬人之下的「巴西里厄斯」近人。一枚鉛章在正面呈現出帶十字光環的基督半身像，手持福音書且做出賜福手勢，背面則是彼得與伊琳娜共持一具牧首雙十字（croix patriarcale）。該枚鉛章的說明文字內就包含了巴西里厄斯這個新稱號。這枚鉛章見證了宗教與權力兩者間所建立起來的關係，也反映出明顯的拜占庭影響。

第一個政權組織

保加利亞覆滅之後由拜占庭皇帝巴西爾二世（Basile II）統治，國家（pays）組織有所改變，拜占庭模式便在此生根了。之前，第一個保加利亞政權的組織同時混合了庫布拉特可汗以及六八一年以前就定居在保加利亞的斯拉夫人這兩者間的遺緒。家族是社會統合的主要單位，所以君主乃是某個統治家族的部分成員，其後人亦有相同的背景。保加利亞君主在基督教化以前是國內唯一的首領，同時掌有政治與宗教大權。社群大會（conseil de la communauté）扮演了主要角色，由各部族代表組成，反映出多神信仰的色彩。社群大會的成員為國家做出包括與可汗人選相關的諸多重要決定：他們有權提名可汗，在必要時也能罷黜掉可汗。

新宗教的教義相當明確，已在草原帝國內施行。根據其教義，君主乃是直接由神送上大位的，而且還擁有特權地位。社群大會的功能縮減，君主的宗教權力也被剝奪，而轉移到教會。但是牧首卻是由君主所提名的。受到拜占庭系統的影響，保加利亞君主還會自比為拜占庭皇帝。拜占庭當局的優越性自然會一直顯現出來；好比在彼得與拜占庭之間所經手的協約裡頭，沙皇一銜並未包含「由神意所安置」這句修飾巴西里厄斯一銜的字句。拜占庭人以相當精巧的手段來突顯本身的優越性。希臘人當然才是天選之人，即地上基督帝國的守衛者。

沙皇必須關照人民，對人民擔保興盛。他必須成為榜樣，且確保有神明護持；他與神的這點連結不斷被提起。所以歉收、飢荒或是軍事失利皆可被歸咎到君主頭上，造成似乎被神所遺棄的政權失守。為了維繫這道連結，聖人作為人民與神之間的中介者角色就特別重要。

西元一千年之後

彼得過世以後，保加利亞政權便由於內部衝突以及外部侵襲而失去穩定。九七〇年至一〇一八年間，保加利亞繼位者的主要目標在於面臨俄羅斯人與拜占庭人的襲擊時，守住保加利亞的領土獨立。一〇一四年，巴西爾二世的大軍摧毀了山謬沙皇（Samuel，九九一—一〇一四）的軍隊。一〇一八年，保加利亞國屈於敵手，且陷入拜占庭當局的統治長達近兩個世紀。獨立的保加利亞成了單純的追憶。

兩場保加利亞人民的暴動皆發生於拜占庭統治時期，分別是在一〇四一年與一〇七二年。這兩場反抗行動的主謀德里昂（Delyan）與君士坦丁・鮑定（Constantin Bodin）都用了「彼得」這個名字，他們想要博取已逝封聖沙皇的庇佑；彼得先前被封聖的時間點不詳。一一八五年，有兩位策反推翻拜占庭統治的波雅爾，其中的長兄狄奧多（Théodore）也在自己加冕時用了彼得這個名字。一位既強勢且虔誠的往日君主之榮光都被留存在這個名諱裡頭。這位同名君主知道如何重建和平局勢與獨立狀態。用取同名這樣的方式來展示本身的親屬關係，也讓反叛成了一件合理的事情。此外，這些策反人士與已逝沙皇的親戚關係建立了起來，所以他們也將自己納入了多位先前統治過保加利亞土地的君主的行列之中。

約略在十二世紀末，當拜占庭帝國由於日益嚴重的王朝危機而漸漸衰頹時，阿森（Assène）與狄奧多・彼得（Théodore-Pierre）策動的謀反行動也獲致勝利。而拜占庭帝國此次的王朝危機，乃是由熱內亞與威尼斯兩個共和國海軍的干預行動所造成。一一八五年是為反抗行動的起點，史家們也視該年為保加利亞第二沙皇國的開端。保加利亞人在軍事征戰中佔了上風。一一八九年，阿森和彼得尋求日耳曼皇帝腓特烈一世（Frédéric Ier）奧援；腓特烈一世刻正前往君士坦丁堡，途中經過他們的領土。阿森與彼得想以抗衡拜占庭的四萬大軍來換取其認可他們在希臘的王權，不過紅鬍子（Barberousse）卻對兩人的要求不予理會。一直要等到他們的兄弟卡洛揚（Kaloyan）統治時期，才得到了這項備受期待的認可。

而阿森與彼得則找到了另一種確立統治正當性的方式。帶有神蹟的聖德米特里（Saint Démétrius）聖像被迎入反叛軍首都特爾諾沃（Tarnovo）。聖德米特里乃是帖撒羅尼迦城（Thessalonique）於一一八五年陷入諾曼佔領時期的守護者。有武人聖者前來支持保加利亞反

伊凡·阿森二世統治末期的保加利亞（一二一八—一二四一）

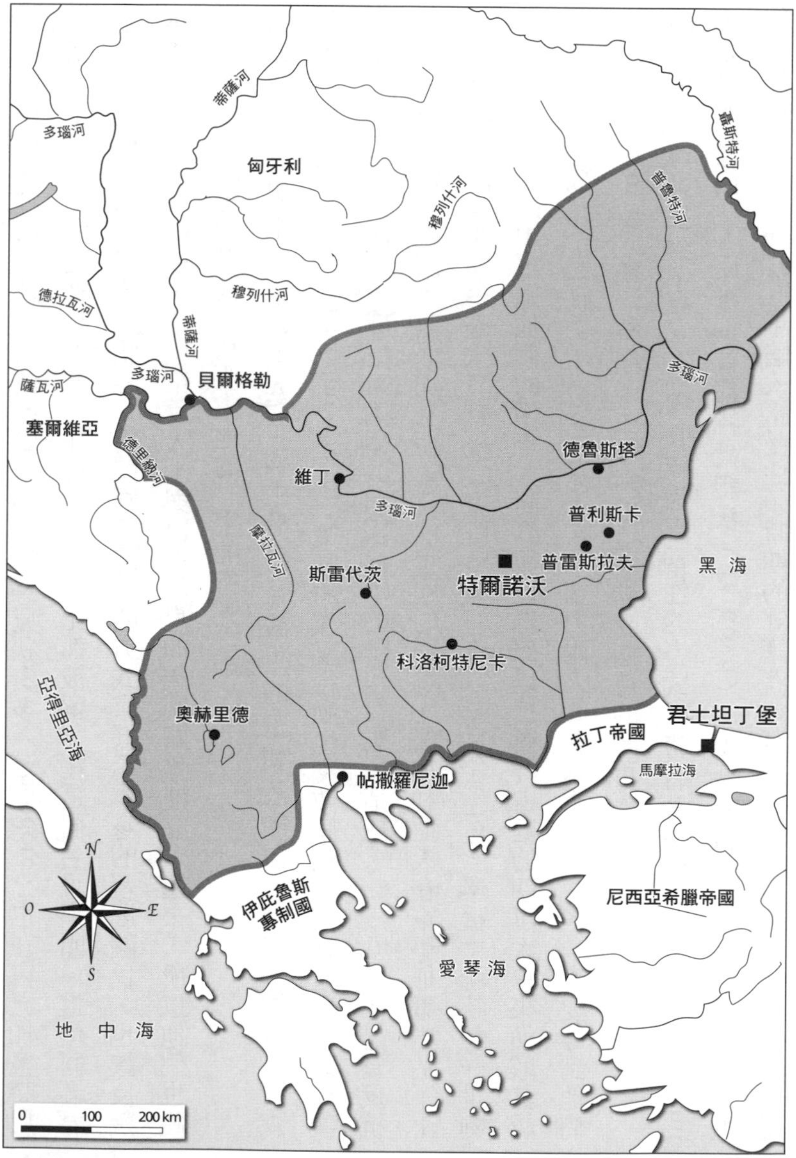

抗軍……阿森與彼得這兩位兄弟闡明了神本身早就賦予了保加利亞人民自由。接著在一一九四年，里拉聖伊凡（saint Jean de Rila）這位九世紀苦行僧暨里拉修道院創辦人[11]的遺骨從斯雷代茨（Srédéts）被轉送到新首都特爾諾沃。所有可能的來源都結合了獨立的因素。

阿森與彼得的弟弟卡洛揚（一一九七—一二〇七）則是位精明的外交家。面對逼近君士坦丁堡節節勝利的十字軍，卡洛揚在一二〇二年與拜占庭帝國簽署和平協約；協約中拜占庭帝國承認了保加利亞當局所持有的領土，但卻拒不承認沙皇的帝國屬性。卡洛揚便只得從他處尋求認可。自一一九九年以來，卡洛揚與教宗展開了談判；一二〇四年，他與羅馬教會簽下了盟約。這項舉動僅具政治意涵而已，在保加利亞社會中沒有任何宗教上的改變。但當時卻是需要這麼一項措施的，因為既然拜占庭皇帝拒絕加封保加利亞君主沙皇的名號，這就像拒絕恢復保加利亞教會的獨立性及其牧首一職。更何況拉丁人的進逼也讓人擔憂，卡洛揚因此打算選對陣營。一二〇四年，教皇使節為其加冕，並將皇室權杖授予了卡洛揚。自此之後，保加利亞教會便由羅馬教宗直接管轄的「首席主教」（primas）領導。卡洛揚另外還獲得了自行鑄造貨幣的權利。他的章印上有聖母像，且刻有「保加利亞沙皇卡洛揚」的銘文。同一時間，卡洛揚在與教宗的通信中自封「皇帝」（imperator），可是教宗卻視其為「國王」（rex）而已。

伊凡．阿森二世（Jean II Assène，一二一八—一二四一）延續了如此靈活的外交手段，以有效率的聯姻政策來加強自己的權勢。因此，為了收復保加利亞的部分舊領土，伊凡．阿森二世娶了匈牙利國王的女兒，這些舊領土包括了位在塞爾維亞的貝爾格勒（Belgrade）與布拉尼切沃（Branichevo）。沙皇也將自己其中一名女兒許配給狄奧多的兄弟曼努爾・科穆寧（Manuel Comnène）；狄奧多是伊庇魯斯專制國（despotat d'Épire）的君主，亦為拜占庭復辟的主要王位覬覦者。伊凡・阿森二世也沒忘了拉丁帝國。一二二八年，庫特奈的羅伯（Robert de Courtenay）過世，其十一歲的兒子鮑督因二世（Baudouin II）無法履行大權。眾男爵（Baron）便將阿森王朝（la dynastie des Assènes）之中的代表人視為可能的攝政人選。伊凡・阿森二世的其中一女與鮑督因二世便被安排成婚。伊凡二世成了區域最有權勢的君主，面對拜占庭帝國繼承者分裂之下的情勢，他統治著最廣大的領土，還確保住本身邊界的和平狀態。眾男爵亦寄望伊凡二世藉由自身的外交長才，替這個混亂的地區帶來穩定。不過伊凡二世對君士坦丁堡事務的影響力，以及其漸長的權勢，皆讓拉丁人心生畏懼；他們認為伊凡二世暗中有些打算，或者醞釀著某些念頭。伊凡二世或許帶有雄心，想成為永恆之城君士坦丁堡的新皇帝。一二二九年，一道密約簽署了下來，攝政職責於是轉移到耶路撒冷國王布里昂的讓（Jean de Brienne）身上。

狄奧多・科穆寧（Théodore Comnène）身負伊庇魯斯專制國君一銜，也早就發現了保加利亞君主的權勢崛起。一二三〇年，他打破了兩國之間的和平，進犯保加利亞，不過同年卻在鄰近科洛柯特尼卡城（Klokotnica）的地方嚐到一面倒的敗績。狄奧多・科穆寧與他整個家族被囚，還被帶到了特爾諾沃。伊庇魯斯專制國成了保加利亞國的藩屬，伊凡二世將該藩屬國交給姻親兄弟曼努爾來領導。中古保加利亞達成了擴張鼎勢，遍及亞得里亞海、黑海與愛琴海三個海域。沙皇為了紀念自身的勝績，在特爾諾沃的四十烈士教堂（l'église des Quarante-Martyrs）內立了一根石柱。在十四世紀的某份文獻裡，伊凡二世被稱為「保加利亞人、希臘人、法蘭克人、塞爾維亞人以及阿爾巴納西（Arbanasi，即阿爾巴尼亞人）的君主」。

一二三一年，在教宗同意之下，布里昂的讓加冕成了君士坦丁堡皇帝。這件事刺激到伊凡二世，他中斷與拉丁教會的盟約，並且立刻就重建了保加利亞教會的獨立性及其牧首教區的地位。他為了加強自身在塞爾維亞人心目中的地位，便將自己的另外一位女兒許配給塞爾維亞的新君弗拉帝斯拉夫（Vladislav）。最後，他讓自己的最後一位女兒與尼西亞帝國（empire de Nicée）繼位者迪奧多二世・拉斯卡里斯（Théodore II Lascaris）訂婚。迪奧多二世・拉斯卡里斯既然是拜占庭王位的唯一競逐者，伊凡二世的舉措，首要便是確保本身教會的獨立。一二三五年的拉普賽基宗教會議（concile de Lapseki），於三位東方牧首的同意之下，決議創建特爾諾沃牧首。伊凡二世重拾了沙皇一銜。保加利亞首都漸漸化身為「沙皇城」的形象，是為重要的經濟、政治及宗教中心。

在保加利亞與在拜占庭一樣，大權都有賴皇帝、牧首與首都三者維繫。特爾諾沃卻難以仿效君士坦丁堡所達致的境界，自承為接續羅馬地位的城市……但是特爾諾沃卻和君士坦丁堡一樣憧憬成為統治型都市、帝都與一座模範城市。作為帝國權力與新牧首的所在地，特爾諾沃也會渴望神聖護佑。特爾諾沃有諸多耶穌在十字架上受難的遺物（relique de la Passion），也有多位基督教萬聖殿堂的聖人遺骨。保加利亞首都可說是一座基督信仰的堡壘。

一二〇四年拜占庭帝國覆滅之後，特爾諾沃流行起一個概念，此概念受靜修派（hésychasme）[12]與新文化傾向的影響，將在十四世紀匯聚起來。根據史料[13]，特爾諾沃成了「新沙皇格勒」（nouvelle Tsarigrad），即沙皇之都、君士坦丁堡的傳承地。考量到保加利亞與拜占庭兩國間的聯繫，如此的轉移想法並不讓人意外。十三世紀多虧伊凡二世的政策，該城已成為無論政治，或是文化、經濟上的中心。特爾諾沃有人們樂於與君士坦丁堡相比擬的高聳宮殿。依照帝國城市的規格，多間教堂與私人禮拜堂點綴著都會空間。為了見證神聖的慈心，某些這類宗教建物裡還保存著新朝君主所帶來的守護聖人遺骨。奧莫爾塔格的紀念柱被移到了四十烈士教堂，置於科洛柯特尼卡大戰（bataille de Klokotnica）的紀念柱隔壁；沙皇想要以這種方式來呈現保加利亞偉大君主的傳承，他強調保加利亞政權的悠久歷史，在往日的時光裡乃至當代，同樣都留下了榮耀的印記。

我們則見證了一場重要的經濟榮景，這場榮景於伊凡二世自鑄錢幣時清晰可見。保加利亞史上首次發行了金幣。金幣正面圖像為保加利亞君主由聖德米特里加冕，反面則是全能耶穌像（Christ Pantocrator）。如此的圖像呈現，再次提點了君主權力與基督信仰的連結。保加利亞確立本身在國際貿易架構中的一席之地，而這些保加利亞貨幣則被用來當作保加利亞君主及其政權的名片。

尾聲的開端

伊凡．阿森二世於一二四一年駕崩之後，開啟了保加利亞緩慢衰弱的時期。內部的王位繼承爭奪使大權不穩，且有多個地方首長聲稱獨立。分裂的態勢一直到一三九六年才平息下來。一二六一年拜占庭帝國復辟也並未帶來任何局勢穩定的力量。一三〇〇年當一場波雅爾諮詢會議（conseil commun des boyards）結束之後，新起的朝代取得了大權，保加利亞與拜占庭人、塞爾維亞人與韃靼人之間的衝突才就此打住。

十四世紀時，東方諸國的權力分裂步調加劇，導致其日漸為鄂圖曼政權所掌控。對保加利亞沙皇而言，實踐一個平穩未來的夢想已不可及。伊凡．亞歷山大（Jean Alexandre，一三三一—一三七一）的統治，以及最後的幾年時光，讓人印象深刻的便是分離主義以及內外皆然的衝突。即使伊凡．亞歷山大在彼時以「皇帝」自居來簽署商業協約，旁觀見證的記述自此卻提及「保加利亞有三」：特爾諾沃沙皇國、維丁沙皇國（Vidin），以及多布羅加專制國。最後幾位保加利亞沙皇既無法再對其人民立威，也沒辦法再一同團結起來對抗入侵者。穆斯林軍隊同時

保加利亞三國（約一三七一年）

穆列什河
匈牙利
蒂薩河
摩爾多瓦
多瑙河
多瑙河
貝爾格勒
瓦拉幾亞
德魯斯塔
維丁
尼可波里斯
多瑙河
普利斯卡
卡利亞卡拉
摩拉瓦河
特爾諾沃
斯雷代茨
黑海
塞爾維亞
奧赫里德
君士坦丁堡
馬摩拉海
帖撒羅尼迦
N
O
E
S
拜占庭帝國
愛琴海
特爾諾沃沙皇國（1371-1395）
維丁沙皇國（1356-1396）
多布羅加專制國（自1340年起）
0 100 200 km

不斷進逼，一個接一個占領保加利亞領土。首都特爾諾沃在一三九三年被攻下，而最後一個保有自由的堡壘維丁則於一三九六年落入鄂圖曼人之手。保加利亞帝國從此便不復存在。

一座保加利亞帝國

從七世紀到整個中世紀保加利亞政權統治者所存續的時期，他們全無例外地都得清楚展現自己大權在握，也有權將這道權力施展在其所聲稱的領土上。保加利亞政權統治者為了達到該目的，知道須得運用多種知識、文化手段；而且他們從來也不會忘了一點，那便是必須讓當代掌有更大權勢的人士來認可本身的頭銜，好比說教宗、君士坦丁堡牧首，以及「巴西里厄斯」。

保加利亞政權統治者的政治、經濟才能都足以匹配其雄心：他們將自己的權勢施展於一片廣闊的領土以及成功使其共存的不同民族之上。當保加利亞統治者擁抱基督教時，他們就投入了基督民族的大家庭中，而接近自己的夢想。創出一套適應當權運作、宗教儀式與人民需求的字母系統，乃是在政治統一過程中具決定性的一股支持力量。沿用、吸收拜占庭傳統，同樣也在為政權所用的政治、宗教概念發展中，扮演了重要角色。

儘管內部衝突確實引起局勢不穩，一個中央集權的政權（Etat）卻被建立了起來，產生一支統一的民族，其中各個成員沿用了「保加利亞」這個名稱。該政權與鄰國也建立起穩定的關係，創建了一個商業交流網路；鑄幣成了常態性事務，也讓新政權的形象散佈開來。

保加利亞當局的權勢不論在第一或是第二帝國時期，其達到歐洲的區域規模事實如此明顯。所有的見證紀錄都與此相符一致，並以難以否認的方式確認了保加利亞政權早已取得帝國的地位。外國編年史家也響應了這項觀點。儘管拜占庭皇帝自承有主導力量，保加利亞君主卻是其領土上的主宰與唯一的領袖，並且也不屈於任何外部權威。「王國」一詞用來描繪保加利亞的地位與政治管理似乎不甚合宜。因此，即使得保留某種程度的謹慎心態來使用「帝國」一詞，就中古保加利亞的情況來看，使用「帝國」一詞來指稱保加利亞斯拉夫「沙皇國」（slavon tsarstvo）似乎也是名正言順的。在此政權改宗基督教之前，將其指稱為「保加利亞」是否也同樣合宜，則又是一個頗具開放性的議題。人們需要新的研究以更加了解保加利亞君主的權力運作與展現方式。

第八章　塞爾維亞帝國起落

安德・法依格（Andrej Fajgelj）

塞爾維亞國在人稱「強人」（le Fort）的史特芬・杜尚（Stefan Dušan，一三〇八—一三三五）統治時達到領土規模鼎盛期，且成為巴爾幹的第一強權。緊接著多場蠶食拜占庭領土的出色征戰後，一三四五年杜尚自行加冕為「塞爾維亞人暨希臘人之帝」。杜尚身為首位配有此銜的君主，他究竟是不是真的企圖登上羅馬皇帝在君士坦丁堡的大位呢？人們無從斷言這一點，因為杜尚的英年早逝使他的野心戛然而止，還導致了他的帝國如同草創竄升時的速度一般，迅速地四分五裂。一個世紀後，結果卻是鄂圖曼土耳其人於征服拜占庭帝國，以及塞爾維亞、保加利亞帝國或是拉丁帝國這幾個帝國所殘存的最後幾塊領土時，奪下了君士坦丁堡；而這幾個帝國先前之所以能夠成形，也是靠侵吞拜占庭帝國領土所得而來的。

有爭議的世紀秩序

數個世紀以來，歐洲只認得單獨一個教會與帝國，這點在今日想來或許很令人吃驚。此帝國中樞位在君士坦丁堡，座落於歐陸極東面，乃是對歐亞皆散發出影響力的「第二個羅馬」。拜占庭在其千年帝祚中從來沒放棄過普世帝國與普世聖職（sacerdoce）這兩項普世主義。「秩序」（taxis）這項屬於他們社會的指標概念，便建立在此兩項普世主義之上。兩種來自神的權力施展得很「和諧」，且分別以皇帝與牧首作為代表。拜占庭人建立了一套世界政權的階層系統，以使這套理想中的秩序能夠適應現實地緣政治的偶發事件。多元主義（pluralisme）在這套系統中是被承認的，且融入了普世秩序之中。僅有一位「巴西里厄斯」身處這個階層頂端的大位上。雖然勢力強弱關係與這套階層出現了矛盾之處，「巴西里厄斯」依然能夠維持原則上無可異議的權威。這點導致了敵國君主，以及成功征服拜占庭帝國的勢力，即保加利亞人、阿拉伯人、土耳其人等，甚至都還能接受己方被拜占庭帝國視為臣屬，且將本身所收到的拜占庭貢品當作其慷慨的「贈禮」。

這套秩序在八百年查理曼加冕為「羅馬人皇帝」時出現裂痕，羅馬帝國體制的普世性自此有了爭議。從此以後，古老東西歐之間的斷裂不停加劇，普世聖職這條主軸也頃刻間動搖了起來。第一場大決裂發生於八六三年至八六七年間的「教派分裂」（schisme），即希臘文中的「分裂」一詞。八六三年，教宗尼可拉一世（Nicolas Ier）罷黜了君士坦丁堡的牧首佛提烏（Photios）；佛提烏則在四年後揭發了拉丁人在儀式與教義方面有所偏差，而罷免掉尼古拉一世，且將他逐出教會。八六九年，新教宗哈德良二世（Hadrien II）以革出教門這個手段來打擊佛提烏，指控他為「捏造謊言和創出墮落教條的人」。拜占庭拒絕屈服，「巴西里厄斯」開始反對普世教權（universalisme pontifical），這場危機因此出現前所未見的規模。歷經一場虛有其表的和解之後，一〇五四年又爆發了一場新的危機。這場教派大分裂（Grand Schisme）使東西教會永久分離，教宗透過穆瓦延穆提耶的宏伯特（Humbert de Moyenmoutiers）這位使節（légat）除去了君士坦丁堡牧首米海爾・賽路拉留斯（Michel Cérulaire）的教籍。宏伯特還藉機將所有令人非難的異端思想，即亞流派（arianisme）、多納圖斯派（donatisme）、摩尼教（manichéisme）全都錯怪到希臘人身上去！君士坦丁牧首也以將教皇使節宏伯特逐出教會作為回敬，但是卻對教宗本人手下留情。東西兩教會從此各走各的陽關道，而兩教會的信徒則持續以「吾信唯一教會」（credo in unam ecclesiam）這句話來告解。

當威尼斯人於一二〇四年讓第四次十字軍東征轉向的時候，東、西方兩地便累積了敵意。這些十字軍放棄了將耶路撒冷從不信者手中解救出來的目標，至少是在教廷默許下，洗劫了君士坦丁堡這座基督教的第一號城市。十字軍最初之所以繞道，是由於阿歷克塞・安格洛斯（Alexis Ange）這位覬覦拜占庭王位的人士，他呼籲十字軍介入拜占庭的朝代之爭。十字軍介入的結果最後成了一場極其暴力的掠奪，連基督教祭壇都沒能倖免於難。十字軍征服君士坦丁堡的狀態一直持續到一二六一年拜占庭王朝復辟為止，其所帶來的動盪令人難以估量；而接下來兩個動盪的世紀，也只不過延長了拜占庭帝國苟延殘喘的時間而已。最後當「不信」的土耳其人在一四五三年征服伊斯坦堡的時候，西方世界的冷漠以待，最終刻劃出分裂歐洲的歧異。甚至連「拜占庭」這個名號都殘留著這種東西方互不理解的色彩。因為所謂的「拜占庭人」從來沒用過這個外來地名，他們都稱自己的帝國為「羅馬帝國」（Imperium Romanum, Βασιλεία Ῥωμαίων），且自稱「羅馬人」（Romani, Ῥωμαίοι）。

東、西兩方之間的尼曼雅王朝

史特芬・杜尚隸屬尼曼雅王朝（Nemanjić），該王朝為主要建立起塞爾維亞中古政權的王朝。尼曼雅王朝的治期超過兩個世紀，剛好與拜占庭最艱困的時期重合；若是沒有這項背景的話，尼曼雅王朝是無足畏懼的。尼曼雅王朝出現於一二〇四年君士坦丁堡首次被奪的前夕，且在一四五三年該城二次被奪占時消亡。至於杜尚的統治時期則與拜占庭具毀滅性的第二場內戰時期，即一三四一年至一三四七年重合。此外，尼曼雅王朝的領土就位於先前分隔出東西羅馬帝國的地區，而該地也正處於形式重組的狀態中。羅馬與君士坦丁堡雙方教會間的教職權限競爭，即為這方面的一個例子。如此的背景，全都成了尼曼雅王朝政治視野的指標。

尼曼雅王朝的政策是先自行定義為主權獨立派（souverainiste），以政權獨立（indépendance étatique）來塑造均質特性。這是尼曼雅王朝開基之王史特芬・尼曼雅（Stefan Nemanj，一一一三—一一九九）老早就傳承下來給與他本人同名的王朝的政策方向。一一九八年在阿索斯山（mont Athos）山上的希利安達里烏修道院（monastère de Chilandar）創建章程中，史特芬・尼曼雅便將拜占庭式的階層秩序呈現出來：該章程先行提及「神立希臘人為皇帝、匈牙利人為國王」，以利後續行文接著指出己方的獨立性：「同樣地，神基於廣大的恩典與慈愛，而賜與我們的曾祖父及祖父輩來統治這塊塞爾維亞土地（……，）且神立我為大諸磐（grand joupane，高級貴族、行政頭銜）」，尼曼雅就此掌握了本身已然世襲自神的權勢。

科穆寧伊薩克一世（Issac Ier Comnène，一〇〇七—一〇六一）這位「巴西里厄斯」引進雙頭鷹作為個人徽記之後，尼曼雅王朝有可能便是首個沿用雙頭鷹作為政權象徵的王朝。尼曼雅王朝的這番選擇，與本身位於東西交界，並試圖在其中以模稜兩可且折衷的角度來獲益有關。

在垂死的拜占庭與向外擴張的西方世界這兩者間的勢力強弱關係中，尼曼雅王朝選擇向勝出的一方靠攏。特別是「對抗拜占庭」這個態度，主導了尼曼雅王朝的杜尚所大力進行的西南翼領土擴張。解救一座拜占庭的藩屬國，確實只會導向與拜占庭起衝突的局面。除此之外，這些領土也是最受覬覦與防禦最弱的地方。有眾多塞爾維亞人的領土是尼曼雅「塞爾維亞國王」一直有所憧憬的地帶；北方與西面也有符合這些特徵的土地，不過在這兩個地區，尼曼雅王朝倒是比較遵從既存的國界。尼曼雅王朝在東部較偏好尋找同盟，特別是維持住與威尼斯的親近關係。杜尚甚至還申請了威尼斯共和國的公民權（la citoyenneté de la Sérénissime），打算在有難時避居該地。尼曼雅史特芬一世（Stefan Ier Nemanjić）拋棄了第一任妻子歐多克西亞（Eudoxie），以便之後再迎娶威尼斯總督恩里柯・丹多洛（doge Enrico Dandolo）的孫女安娜（Anne）。歐多克西亞可是身為其中幾任拜占庭皇帝的女兒暨姪女，而恩里柯・丹多洛正是引導十字軍攻擊君士坦丁堡的同一位威尼斯總督。在一二一七年這場婚禮的同年，史特芬一世也成了尼曼雅王朝中「受加冕的第一人」，於該年自教宗英諾森三世（Innocent III）手中取得王冠。史特芬一世一直保留著這個冠冕，直至一二二六年他本人去世為止。

精神領域上，尼曼雅王朝則做出了相反的選擇。兩年後，即一二一九年，在尼西亞（Nicée）避難的君士坦丁堡牧首，任命史特芬一世的兄弟，也就是「僧侶王子」薩瓦（Sava）為塞爾維亞的首任大主教（archevêque）。新任的塞爾維亞大主教職權附帶自主性（autocéphale），亦即在聖職管轄與決策方面皆能自主。尼曼雅的眾子嗣得到羅馬冠冕與君士坦丁堡的禮冠（mitre），以確保本身這個年輕的政權，能夠賦予其皇室與精神上的權威力量，同時還可以小心翼翼地保有獨立。

這段期間，尼曼雅王朝諸子之父被封聖。史特芬・尼曼雅本人在自己建立的幾座修道院裡退隱；他先是在斯圖代尼察（Studenica），後來則是在希利安達里烏修道院隱居。他象徵性地將自己的大權歸還給神，而追認了其大權的神聖淵源。史特芬．尼曼雅身為各種層面上的奠基者，他又加上了最終這個手段，使尼曼雅世系不為人所非議，而統治超過兩個世紀之久。神聖的光環賦予尼曼雅家族一種難以讓人駁斥的統治魅力。除了鼎鼎有名的杜尚以外，薩瓦與史特芬，以及眾多尼曼雅家族的後人都被封聖。

然而，從第一時間來看，尼曼雅王朝加入東方教會的舉動，倒不是相當明確。史特芬．尼曼雅本人一共受洗兩次，第一次是依天主教儀式；第二次受洗則是依東正教儀式進行。史特芬．尼曼雅自己的兒子哈斯托（Rastko）避居阿索斯山，在該地獲得薩瓦這個教名，且其父後來亦追隨他的修行之路。這起事件成了一個轉捩點。此事究竟是不是一場政治操作呢？這是有可能的，不過這場操作卻不再聚焦於權力上，而是把焦點放在威權之上；且其中的強弱關係已然翻轉。拜占庭失去了政治權勢，但仍保有原來的精神權威力量。西方的勝利，尤其是一二〇四年洗劫君士坦丁堡的事件，只不過加深了拜占庭於靈性方面的權威而已。尼曼雅王朝大膽的實務作法，無論是政治謀略，或是靈性志業，或者兩者皆然，都採用了對東正教更加強烈的情感依附來達成平衡。東正教在觀感與定位之下，都被認為是「真正的信仰」。如此一來，一下子便出現一個極其矛盾的後果，那便是尼曼雅王朝的塞爾維亞人雖然與拜占庭交戰，卻並非不屬於某些史家所稱的「拜占庭國協」（Commonwealth byzantin）成員。所謂的「拜占庭國協」，意指一個包含數個國家的圈子，在這個圈子裡，各國與東羅馬帝國具有相同的宗教、文化與世界觀。儘管杜尚與拉丁人有多個聯盟關係，他在一三四九年的法典中依然正式譴責了「拉丁異端」。

一三三〇年七月維爾布斯特（Velbužd）之役——一場關鍵戰事

史特芬・杜尚是史特芬・尼曼雅以來的第六代傳人。他約在一三〇八年出生，是史特芬・烏洛斯三世德尚斯基（Stefan Uroš III De anski）與保加利亞公主迪奧多拉（Théodora）的婚生子。史特芬・杜尚童年隨家族在君士坦丁堡流亡，在該城住了七年。「沙皇之城」，即杜尚母語中的「沙皇格勒」（Tsarigrad），讓杜尚從幼年時便對該地印象深刻。杜尚的父親史特芬・德尚斯基（Stefan Dečanski）由於參與了一場叛變，而被自己的父王史特芬・烏洛斯二世米祿廷（Stefan Uroš II Milutin）流放，且處以瞽刑。一三二〇年雙方和解後，杜尚待在米祿廷身邊，直到他次年駕崩為止。雙眼奇蹟式痊癒光芒下的史特芬・德尚斯基，於接下來的繼承爭奪中獲勝（其實他的雙眼在先前並未被完全弄瞎）。德尚斯基於一三二二年登基時，也讓杜尚被加冕為輔攝政（corégent）暨「青年王」（jeune roi）。依循多位尼曼雅王朝繼承人的慣例，杜尚獲得了自己的出生地省分涅塔（Zeta）作為封地。

杜尚在首次加冕時年僅十四歲。他在二十歲以前便已具備關於國家事務的經驗，更因本身的軍事才幹而鋒芒畢露。同代人形容杜尚外表高大、結實、強壯且英俊。稍晚約在一三五〇年左右，法國作家、戰士梅濟耶爾的菲利浦（Philippe de Mézières）也在遇見杜尚本人時對他印象深刻，他寫道：「杜尚是所有同時代的國王當中身材最為高大的，還有一張非凡的面容。」一三三〇年七月的維爾布斯特之戰，成了杜尚及其王國的轉捩點。杜尚這位年輕的國王展現了他作為戰士與指揮官的才幹，而塞爾維亞則以在保加利亞與拜占庭之前的東南歐一號強權自居。

維爾布斯特之戰前，先有一場撕裂且削弱拜占庭帝國的內戰於一三二一年至一三二八年間發生。此即為巴利奧略安德洛尼卡二世（Andronic II Paléologue）與其孫安德洛尼卡三世（Andronic III）這兩位覬覦皇位者之間發生的衝突。塞爾維亞人與保加利亞人於這場衝突的最後階段都投入戰事之中，各自支持敵對的陣營。史特芬・德尚斯基選了戰事失利一方的陣營，即安德洛尼卡二世。新任的「巴西里厄斯」安德洛尼卡三世與保加利亞皇帝米海爾・希什曼（Michel Šišman）為了懲罰德尚斯基，組成了聯軍打算展開攻勢。

和安德洛尼卡相反的是，米海爾召集了一支大軍，可是於今日的丘斯騰狄爾（Kyoustendil）附近所發生的戰役卻是一場慘敗，保加利亞人折損了自己的皇帝。這場戰役中關鍵的重裝騎兵衝鋒，乃是由杜尚所指揮的。塞爾維亞人甫獲勝果之餘，安德洛尼卡放棄了軍事行動。

米海爾之前曾經威脅過要「在塞爾維亞建立王位」，但現在卻反而是史特芬・德尚斯基有機會在保加利亞實現這件事。不過德尚斯基的想法卻與米海爾截然不同。大戰前夕，根據替德尚斯基作聖徒傳記的格列哥里・沙布拉克（Grégoire Tsamblak）記載，德尚斯基藉由下面這段話讓米海爾放下敵意：「對你所擁有的知足，讓這一切都維持得好好的，然後別對神所賦予他人的事物癡心妄想了，因為你這樣就是與神起衝突，就像一個人明明添了亂，但在公平分配獎賞之後，還要抗議所得不公。」史特芬・德尚斯基在大戰獲勝後，忠於格列哥里・沙布拉克替他記載下來的言行，因此劫掠並未發生，眾保加利亞領主（seigneur）都保住了自己的地產，而且塞爾維亞的領土擴張亦相當節制。不過史特芬・德尚斯基倒是介入了伊凡・史特芬（Ivan Stefan）的保加利亞王位繼承事端。伊凡・史特芬是米海爾與元配安娜的幼子，而安娜同時也是史特芬・德尚斯基的姊妹。被米海爾休掉的安娜，現今又以攝政一職回歸大權。

兩場政變

塞爾維亞貴族相當不滿。德尚斯基對被征服者相當慷慨，可是獲勝的塞爾維亞領主們卻認為這可是糟蹋了他們的報償。一三三一年春天，保加利亞的眾波雅爾推翻了安娜與伊凡・史特芬。此事更加深了有關塞爾維亞大勝的預期利益以及戰果流失這方面的觀感和疑慮。有異議的貴族從來不敢推翻尼曼雅王朝本身，他們反倒多次對王朝間的爭鬥火上加油。杜尚與父王間的衝突，則一觸即發。

史特芬．德尚斯基先發制人，洗劫了杜尚的封地涅塔。杜尚不得不逃往布雅納河（Bojana）對岸避難，而這正好就是德尚斯基先前面對自己父王的處境。造化弄人，歷史重演，但卻是讓人扮演著相反的角色。一如德尚斯基先前被自己的父王米蘇廷召見，這次是德尚斯基假意向自己的兒子提出談判，其實是打算藉機將他抓起來。不過，帶有戒心的杜尚回絕了這個邀約。遲疑了幾個月以後，這是一三三一年的八月二十一日，杜尚在一場大膽且出乎意料的行動中，襲擊父王位於內宏迪米耶（Nerodimlje）的朝廷，且擄獲了自己的父親。九月八日，杜尚在該地附近的什莫欽城堡（Svrčin）自行加冕為王。事件地點內宏迪米耶與什莫欽兩地，都位於今日科索沃的烏羅舍瓦茨（Uroševac）一帶。

兩個月後，德尚斯基於監禁期間身亡。不論是否奉杜尚之令，抑或是其授意下的行動，大部分的評論家都懷疑這是一場謀殺。無論如何，德尚斯基這起可疑的死亡事件，成了尼曼雅內鬩積聚下來的頂點。反抗父親而瞎了眼，或是至少有部分視障的史特芬三世德尚斯基在一場對抗自己兒子的戰爭後，於狀況未明的情況下過世；這成了一件悲傷的事例。德尚斯基在塞爾維亞東正教會裡被人頌揚為一名殉道者，而弒父這道陰影則持續壟罩在杜尚身上。

人們從未以足夠的水平標準，來強調貴族這個經常被低估的角色。史特芬・德尚斯基在維爾布斯特大戰前花了整夜祈禱這件事，並不是單純虔誠、遵從秩序而已。德尚斯基流傳下來一項精打細算且永續的王朝領土擴張策略。他的父親米祿廷在執行這項策略上名列前茅，而他自己的兒子杜尚則推翻了這項策略，且以這種方式取得了好戰的貴族支持。這些貴族的野心與其父的告誡「對你所擁有的知足，讓這一切都維持得好好的」，雙方形成了對比。

一三三二年，杜尚娶了保加利亞新任皇帝伊凡・亞歷山大（Ivan Alexandre）的姊妹葉蓮娜（Jelena）。葉蓮娜追隨她的丈夫杜尚，成了投身中古塞爾維亞政治最鉅、且顯然是最有權勢的女性。此外，這兩個王室的聯盟關係，先前在維爾布斯特大戰前夕大為動搖，而這門與保加利亞公主聯姻的婚事，則保住了這道聯盟。最終，兩場政變都沒改變維爾布斯特大戰所帶來的主要後果；連德尚斯基先前激起叛變的政策，都在風波過後維持下來了。塞爾維亞並未征服保加利亞，但卻取得了多項更重要的戰略優勢：剷除掉具威脅性的希臘保加利亞聯盟、建立起長久的塞爾維亞保加利亞聯盟，而且保加利亞人還讓塞爾維亞人自由出入發達河（Vardar）與斯特魯馬河（Strymon）河谷沿岸這幾條向東南方擴張的天然路徑。巴爾幹第一強權，便不再被綁手綁腳。

征服時期

杜尚登基後的第一起軍事行動為領軍反擊涅塔的波雅爾叛變。他在賣給拉古薩共和國（Raguse）斯通小半島（presqu'île de Ston）這一塊西部邊界領土之後，轉往南方發展。接下來頃刻間便有了征服拜占庭領土的行動，不過其規模倒是頗為節制。征服行動首次的重大突破，乃是由拜占庭的一名叛徒西里安涅斯（Syrgiannès）所觸發。當西里安涅斯這位貌似投機的陰謀策劃者於君士坦丁堡受挫時，他向杜尚尋求庇護，而杜尚也在一三三三年熱情地收容他。塞爾維亞軍隊在隔年藉西里安涅斯的協助，深入馬其頓，還征服了奧赫里德（Ohrid）、普利勒普（Prilep）、卡斯托里亞（Kastoria），且直達拜占庭世界第二大城帖撒羅尼迦的城牆前才停下腳步。這些征服行動之所以如此迅速，其實並非由於本身攻勢猛烈，而是防守薄弱所造成的。這些城市對中央政權的忠誠度被內戰與貪腐侵蝕得如此之深，所以最常見的狀況是各城不僅不戰而降，也沒被包圍過。西里安涅斯的案例，對拜占庭的行政危機頗具象徵意味。身為拜占庭西面邊境軍區（marche）的前任總督，他負責的事務正好是防衛塞爾維亞。西里安涅斯轉換陣營，由他來指揮塞爾維亞的攻勢，使杜尚手頭上擁有一位拜占庭首領要員的判斷能力、權勢力量，以及人脈資源可供調動。塞爾維亞這次獲益所帶來的破壞程度如此嚴重，以至於我們無法設想，倘若西里安涅斯沒在他先前的大本營帖撒羅尼迦被拜占庭密謀暗殺的話，後果將會如

杜尚·尼曼雅的塞爾維亞帝國

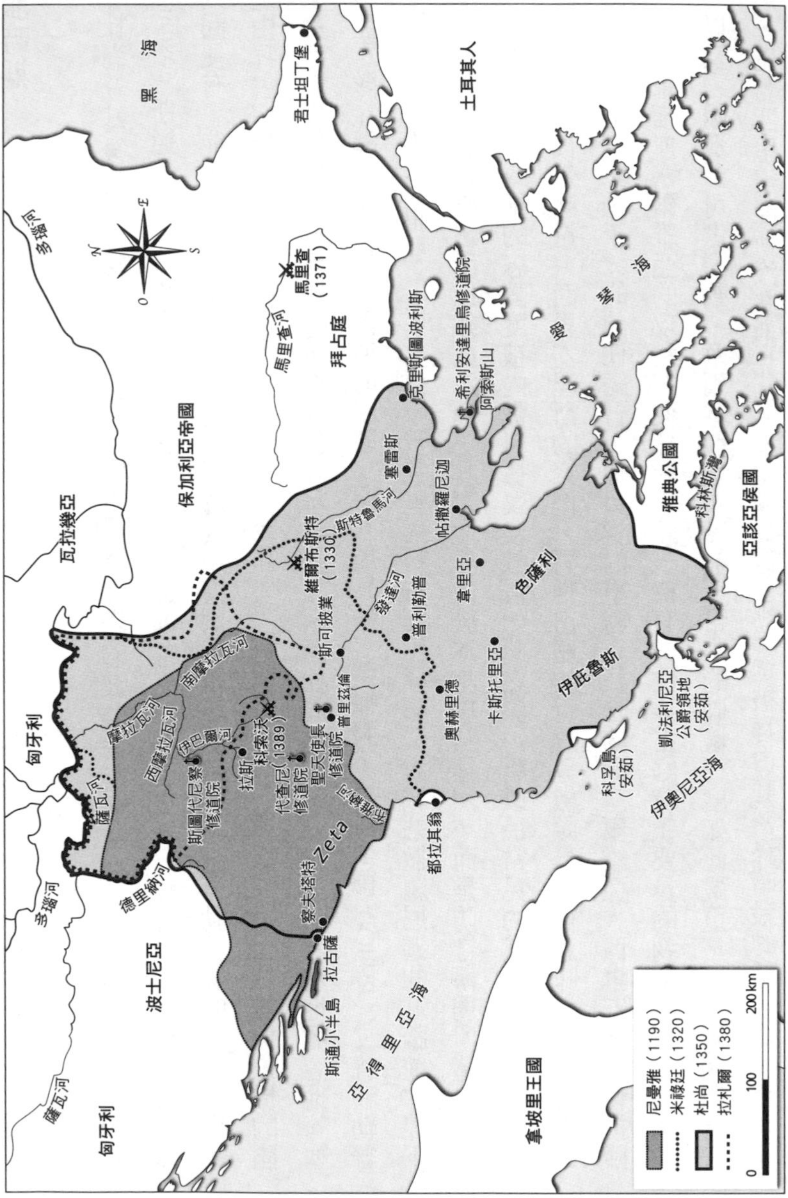

何。杜尚不久之後，即與「巴西里厄斯」安德洛尼卡三世達成一條和平協議。該協議載明歸還某些拜占庭被征服的土地，但也承認了自德尚斯基以來所取得的其他土地。這項認可，成了塞爾維亞與拜占庭兩地關係的先例。好比杜尚的祖父米祿廷的情況，乃是協調好讓他取得征服而來的土地，以充作元配拜占庭公主希夢妮德斯（Simonide）的嫁妝。時代已經有所改變。

這十年的後半期間，展現了兩強權之間的關係正規化。一三三六年，兩位國君在一場於拉多維什（Radovište）舉行的盛大會面中相見。兩人由親信陪同，共渡七天時光，進行友好交流。作為一名行動派，安德洛尼卡三世成功地重建起拜占庭帝國。在西面地帶，他讓伊庇魯斯（Épire）與色薩利（Thessalie）兩省重新納入帝國版圖。安德洛尼卡三世最終甚至還成功地將福滅亞（Hrelja）攏絡到自己的陣營裡。福滅亞為杜尚手下幾位主要的領主之一，塞爾維亞於馬其頓的東部邊境軍區，便是由他主管。如此一號人物，不免令人想起西里安涅斯，可卻是在完全相反的情境裡。

至於杜尚則正在度過一段艱難的時期。一三三六年，他與葉蓮娜的婚姻出現了史上唯一的一次危機；那便是歷經四年婚姻，卻依舊沒有子嗣。杜尚正打算再婚，可是奧地利的伊莉莎白（Élisabeth d'Autriche）這位被杜尚求婚的公主，卻萬分厭惡杜尚這位既是教會分裂派、又十足野蠻的未婚夫。奧地利的伊莉莎白對杜尚的厭惡程度之高，以至於她就此病倒亡故。這場危機出乎意料地是由葉蓮娜來解危，她最終生了他們倆人唯一的繼承人烏洛斯（Uroš）。在一三三四年至一三三五年間，以及一三三八年，杜尚得抵抗住匈牙利人穿越薩瓦河（Sava）且遠達西摩拉瓦河（Morava occidentale）的攻勢。一三四〇年，病重且被福滅亞背叛的杜尚，替他本人還有自己的家人申請威尼斯公民權獲准。面臨一個重重威脅不斷的未來，杜尚顯然十分擔憂。一位像福滅亞如此這般重要的領主轉換了陣營，這讓杜尚意識到強弱情勢轉為對拜占庭有利了，再加上更重要的一點：貴族轉而反抗他。

然而，四十五歲的「巴西里厄斯」安德洛尼卡於一三四一年六月猝逝；是年九月起，拜占庭便爆發了內戰。這場內戰一直持續到了一三四七年，然後自一三五二年至一三五四年又再度爆發。二次爆發的內戰遠較前次更為血腥，據主事者之一約翰・康塔庫辛諾斯（Jean Cantacuzène）相當中肯的說法，內戰「幾乎摧毀了一切」。拜占庭內戰亦伴隨著下列多起事件：一場王朝危機出現、針對靜修派（hésychasme）[1]出現神學爭議、一場反抗鄉間貴族的革命發生了、國庫僅存的財物被毀滅殆盡、流行鼠疫、發生了一場強烈地震，以及土耳其人部署於歐洲！拜占庭崩潰，使得塞爾維亞帝國得以晉升，而貪求新頭銜與地產的塞爾維亞貴族則興高采烈。

拜占庭內戰的主因是由於輔佐未成年的王位繼承人，即年僅九歲的巴利奧略約翰五世（Jean V Paléologue），而帶來的周邊攝政紛爭。約翰・康塔庫辛諾斯，作為安德洛尼卡最親密的友人與狂熱的合夥對象，似乎是頗為合乎情理的攝政人選。多次回絕成為輔國君的康塔庫辛諾斯，其實已是掌管帝國的人。但是薩瓦的安（Anne de Savoie）這位出身義大利的皇后、牧首卡列卡斯（Kalékas）、寒門出身且為康塔庫辛諾斯舊庇客（protégé）的大公爵阿波考寇斯（grand-duc Apokaukos），卻都反對康塔庫辛諾斯成為攝政。阿波考寇斯便趁著康塔庫辛諾斯九月為了協商摩里亞（Morée）重回帝國版圖，而離開君士坦丁堡的時候，密謀造反。康塔庫辛諾斯被罷黜，他的個人財產被查封、劫掠，與他同黨附和的人受迫害，其母則是被監禁。這般不公的羞辱，使得康塔庫辛諾斯受挫，還波及到帝國氣數；他卻拒不接受罷免，從十月開始便自立為帝。康塔庫辛諾斯一般為人所知的名號是約翰六世（Jean VI）。約翰六世的對手們，於十一月讓年幼的約翰五世（Jean V）加冕。牧首自立為攝政，而阿波考寇斯則持續為主要參戰人員。他同時也煽動著一場社會革命，反抗起以康塔庫辛諾斯為代表的高階鄉間貴族。在接下來的五年中，戰爭撕裂了拜占庭。一三五二年，當至今一直忠心耿耿服侍著王朝，先前甚至還支持過約翰五世繼位權的康塔庫辛諾斯對王朝本身發出異議時，敵意便又再度升起。

對康塔庫辛諾斯而言，戰事似乎不太順利。一三四二年，他被迫向先前在拉多維什會議見過面的杜尚尋求援助。兩人達成了聯盟協議，其中杜尚絕對遠比康塔庫辛諾斯在他的回憶錄裡所承認的拿到更多好處。聯盟協議甚至還有可能曾經考慮過某種協同君主皇室（coroyauté）的體制形式。總而言之，擁有不輸給交戰兩方皇帝的權勢，杜尚以第三者的姿態介入了拜占庭的繼承戰爭。如果先前就出現過一位像西里安涅斯如此背景的叛徒，而讓杜尚得以展開重大的征服行動的話，他難道不會盼望著之後有位拜占庭皇帝來尋求塞爾維亞朝廷的庇護嗎？

讓內戰轉為國際性事件，成為絕望的康塔庫辛諾斯唯一的出路，但是這樣的作法卻大大損及了拜占庭一方的利益。是年年底之前，康塔庫辛諾斯另外找了土耳其人，這個從此不再離開拜占庭帝國土地的外國盟友。康塔庫辛諾斯與杜尚在一三四三年分道揚鑣後，先是塞爾柱人（Seldjoukide），接著則為鄂圖曼人（Ottoman），依舊是他主要的盟友。土耳其人讓康塔庫辛諾斯得以獲勝，一直到土耳其人讓他遜位。土耳其人首度在歐洲的希比（Tzympe）眾碉堡後方立足，接著則在一三五四年，於加里波利（Gallipoli）的堡壘後方安頓下來。

一三四三年，杜尚征服了除了都拉其翁城（Dyrrhachium）以外的阿爾巴尼亞地區。他向東馬其頓前進，又獲得東馬其頓的福滅亞投誠，且於福滅亞死前奪得他的領土。杜尚的署名為：「全塞爾維亞、大洋地區兼參預希臘地區行政系統（estnik）之國王暨專制君」，這是首度有一位塞爾維亞國王的署名包含了拜占庭領地。他也很快地就自認為是「諸位偉大、神聖希臘皇帝的繼位人」。當塞爾維亞人圍攻的韋里亞城（Véria）投向康塔庫辛諾斯陣營的時候，雙方的聯盟便受到了影響。兩人成了敵手，杜尚也毫不遲疑地接受了拜占庭攝政陣營眉來眼去的聯盟提議。

塞爾維亞的進攻在這個新階段裡又更為迅速。一三四四年，杜尚除了下列幾個地方以外，掌控了整個馬其頓。韋里亞仍舊在康塔庫辛諾斯手上，帖撒羅尼迦則是由奮銳革命黨徒（zélote révolutionnaire）所統治，而西部的塞雷斯（Serrès）則持續忠於拜占庭攝政。不過杜尚第一次與土耳其人交戰卻嚐了敗績。土耳其人在戰事上顯得更機敏與靈巧，他們在斯特分尼亞納（Stephaniana）附近反倒打贏了由裴優（Preljub）這位名士所率領的一支人數更眾、設備更完整的塞爾維亞騎兵團。這個悲慘的先例，於季季莫蒂霍（Dimotika）與馬里查河（Maritsa）這兩場戰役中又再度重演，塞爾維亞人在其中都未善用己方優勢。

加冕

一三四五年，塞爾維亞向東南方的擴張達至頂點。塞爾維亞人幾代以來便進逼斯特魯馬河谷，米祿廷統治時期就已經觸及愛琴海，而他也並未在該地就停下腳步。塞爾維亞人最終掌控了愛琴海岸、東馬其頓一直延伸到克里斯圖波利斯（Christoupolis），即今日的卡瓦拉（Kavála），還據有關鍵的阿索斯山與塞雷斯；或許也正是這個時期，康塔庫辛諾斯重新奪回了韋里亞。

阿索斯山作為東正教修道生活的中心，享有不容商榷的靈性權威。作為所謂的「聖山」，僅有苦行僧居住當地，並享有諸多特權，以及一套由「首席」（Protos）所主導的自治行政系統。緊接著十一月頒布的金璽詔書（La Bulle d'or）之後，杜尚循此詔書與阿索斯山的首席達成協議，並取得諸僧侶對其權勢的認可。阿索斯山的首席將杜尚納入禱詞中，就放在約翰五世這位皇帝的名號之後。這項讓步絕非無足輕重，這是阿索斯山首度承認有另一位君主與拜占庭的「巴西里厄斯」並駕齊驅。

被馬其頓最肥沃的高原之一所圍繞的堡壘城市塞雷斯，歷經數年圍堵，於九月向杜尚投降。這座戰略要城，在該區的重要性僅次於帖撒羅尼迦，杜尚也讓該地成為東部行政中心。他立刻就於該城安置下來，和葉蓮娜一起在當地度過冬天。杜尚在塞雷斯簽下一封寫給威尼斯總督的信，信中署名自己身為「幾乎是整個羅馬帝國希臘地區的君主」（fere totius imperii Romaniae dominus）。他最終也在塞雷斯自立為皇帝；杜尚作出這項舉動的時間點，或許是在一三四五年的聖誕節。

自此之後，杜尚離帝國冠冕只剩最後一步。在拜占庭「調和」世俗與靈性兩種權勢的原則之下，帝國不能沒有牧首。具體來說，拜占庭式禮儀規定只有牧首才能加冕皇帝。一般的作法是由君士坦丁堡牧首將國君引領至聖索菲亞大教堂。而既然杜尚只有祖上聖薩瓦所傳下的大主教一職可供調動，塞爾維亞大主教尤翰尼奇聶（Joanikije）便被頒布為塞爾維亞首位牧首。緊接著在一三四六年四月十六日復活節當天，當局在斯可披業召開一場大會。杜尚於該地由新任的塞爾維亞牧首與保加利亞牧首加冕為帝，且再加上一場由奧赫里德大主教與阿索斯山首席共同主持、且有多位主教、修道院長（higoumène）、僧侶出席的彌撒。

這場加冕儀式的重要性，默默地（ex silentio）由見證該事件的拜占庭人士展現出來。尼基福洛斯・格利果哈斯（Nicéphore Grégoras）與康塔庫辛諾斯本人，他們光是提到「自行頒布」（ἑαυτὸν ἀνεγόρευσε）這樣的字眼，就顯露出其重要性。而且一三四一年即公告為帝的康塔庫辛諾斯，在杜尚被加冕的幾個星期後，突然也自行加冕了。每位篡位者都能自立為帝，可是只有嚴守拜占庭儀式，以及被聖職人員賦予合法地位的加冕儀式，才得以弭平批評聲浪，消滅對手。

創設塞爾維亞牧首一職的過程充滿爭議，但卻不是先例。九二六年，西美昂一世（Siméon Ier）也是在保加利亞大主教升級為牧首職之後，隨即晉升為帝的。先是喬治亞、接著在塞爾維亞就有其他人追封牧首這個職位。所有這些被追封的牧首職，都被納入了傳統的牧首職，即羅馬、君士坦丁堡、亞歷山大、安提阿與耶路撒冷的行列之中。而關於尤翰尼奇聶的晉升，則出現一件有趣的事實：一三三八年，他便是首位就職塞爾維亞大主教的俗人，這點可是大大跳脫了固定程序。尤翰尼奇聶之前就在杜尚的朝廷裡擔任書記（logothète）一職，相當於國務卿的高位。他顯然是杜尚的親信，所以杜尚便把最重大的任務都託付給他處理。

最後引起爭議的既非創建牧首職，亦非創建帝位，反倒是後續的法理衝突。新創牧首的裁定權延伸到拜占庭教區上，塞爾維亞主教取代了希臘主教。幾年下來，也許就在一三五〇年，君士坦丁堡牧首卡利斯托斯（Calliste）強力反彈，他將杜尚、尤翰尼奇聶以及塞爾維亞主教群逐出教門。如此激烈的決定，正合康塔庫辛諾斯之意。他身為君士坦丁堡的輔國君，彼時的首要任務，就是以武力手段（manu militari）逼退塞爾維亞人，以及阻撓塞爾維亞與約翰五世這兩位皇帝的聯盟。約翰五世很快就要在新爆發的內戰當中，再度成為康塔庫辛諾斯的對手。來自普世牧首，即君士坦丁牧首的責罰，即便其政治色彩遠較宗教性質濃厚，還是對塞爾維亞東正教施壓甚重。值得一提的是，卡利斯托斯與尤翰尼奇聶這兩位牧首都被封聖。

葉蓮娜在杜尚身旁被加冕為皇后，他們的兒子烏洛斯也被加冕為塞爾維亞國王。杜尚以這樣的手法來確認自己的繼位事宜，保住其繼承領土當中的傳統行政系統。杜尚一被加冕後，立即施行皇權，慷慨分賜拜占庭式的頭銜給己方的貴族。這項頭銜分封是從他自身的家族成員開始，而且是從最高級的頭銜，即「凱撒」、「至尊」（sébastocrate）與「專制公」（despote）開始分封的。塞爾維亞帝國宮廷採用了全拜占庭式的文化：禮儀、稱號、服飾，以及雙語化的內閣都是拜占庭式的。成為皇帝以後，格利果哈斯便提及杜尚「以羅馬式的風俗，取代了野蠻的生活型態」。

在古斯拉夫文與希臘文中，杜尚帝國頭銜的典型表達型式是有所差異的。古斯拉夫文版本為「在基督神裡，塞爾維亞人與希臘人極其忠誠的皇帝史特芬」（Стефанъ въ Христа Бога благовърни царъ Србљемъ и Гръкомъ），且有各種變體；而希臘文版本則為「在基督神裡，塞爾維亞暨羅馬帝國故土（Romanie）忠誠的皇帝暨獨裁君（autocrator）史特芬」（Στέφανος ἐν

Χριστῷ τῷ θεῷ πιστὸς βασιλεὺς καὶ αὐτοκράτωρ Σερβίας καὶ Ῥωμανίας）。最後這個希臘文形式，完全複製了拜占庭「巴西里厄斯」的署名，不過卻有兩點差別。「巴西里厄斯」是「羅馬人」（Ῥωμαίων）的普世帝王，而從來不是一片「羅馬帝國故土」或是其他有疆界限制某地的普世帝王。此稱號套用了一個複合且具有地理性質的定義，好將塞爾維亞囊括在內。可是，這項定義理應為法理與認同歸屬上的定義才對。使用該稱號，證明了一點，那就是：即便杜尚的帝國地位是仿效拜占庭的形式而來，他依然始終認可至高無上的「巴西里厄斯」乃是獨一無二的。杜尚與約翰五世之間的關係，就多次證明了這項事實。

也該輪到約翰五世承認杜尚為「塞爾維亞皇帝」了。阿索斯山與保加利亞帝國，同樣也都承認了杜尚的帝銜。拉古薩、威尼斯與波士尼亞王國在與杜尚通信時，也都會使用他的帝銜，不過這些政權在與第三方通訊時則不會使用該銜來稱呼杜尚。至於對教廷、匈牙利王國、神聖羅馬帝國而言，杜尚僅僅是位國王罷了。

最後幾年時光

杜尚在加冕後達到了他個人權勢的頂點。一三四七年至一三四八年的冬季，杜尚違反阿索斯山不得有女性出現的規矩，由皇后葉蓮娜陪同在該地度過幾個月的時光；這場不尋常的家庭出訪或許與鼠疫正從伊斯坦堡肆虐著歐洲有關。一三四八年伊庇魯斯暨色薩利的總督約翰·安格洛斯（Jean Ange）因黑死病過世。杜尚在當地沒遇到什麼大型反抗，就奪取了這兩個因傳染病而衰弱、且人口流失的省份；他征服拜占庭領土的行動便以此作結。

杜尚的帝國在擴張最甚時期的領土觸及亞得里亞海、伊奧尼亞海（Ionienne）與愛琴海三個海域；其帝國北延至多瑙河、南達科林斯灣（golfe de Corinthe）、西及察夫塔特城（Cavtat）、東至卡瓦拉。

一三四九年五月二十一日，全國大會（assemblée d'État）在斯可披業通過了杜尚的法典，這本法典是塞爾維亞中古最重要的立法著作。建立起具普遍性的法律是一項帝國特權；杜尚啟發自查士丁尼一世與巴西爾二世這兩位立法的「巴西里厄斯」，全面施行起他的新特權。在法典前言裡如此寫道：「且（神）將一切置於我手中，一如祂對君士坦丁大帝所做的一樣」，杜尚證實了他傳承自拜占庭，還懷有普世性的抱負，誠如法典前言又提及：「（且）立我為『整個』正統信仰的皇帝」。法律的絕對權威。甚至還限制了帝國的權勢，據此法典第一百七十二條：「眾法官應依據本法典，以一如其所載明的內容行公正判決，而非以對吾帝國之畏懼來做判處。」不過，這部法典的功能尤其在於給予這項帝國權力合法的地位，並予以強化，以壓制廣大帝國中的離心勢力。

自一三四七年至一三五〇年，杜尚建立起自己的虔信機構，也就是靠近普里茲倫

（Prizren）一地的聖天使長修道院（monastère des Saints-Archanges）。據時人記載，該修道院別具一格，卻在土耳其君主時期（Turcocratie）被完全夷平。一三五〇年，杜尚與科特羅曼尼奇王朝（Kotromanjić）的賓王*史特芬二世（le ban Stefan II）交戰時，征服了波士尼亞絕大部分地區。不過，他為了守住帝國另一端受到康塔庫辛諾斯攻擊的色薩利，不得不放棄這些在波士尼亞新征服到的領土。

杜尚的竭力經營於達成高峰之前，亦有其極限。若說他真的打算攻下君士坦丁堡的話，倒也沒那個本錢，這尤其是因為他沒有一支自己的海軍。杜尚兩度於一三四六年與一三五〇年尋求威尼斯的艦隊支援未果。

一三五四年，杜尚展開了他最後一個政治上的大動作：以基督教社群隊長之姿，試圖領軍一支新組成的十字軍來對抗土耳其人。杜尚與人在亞維儂的新教宗英諾森六世（Innocent VI）展開協商，提出以自己改信天主教為條件，來換取教廷對他的支持。塞爾維亞牧首尤翰尼奇聶原受邀與杜尚討論這項計畫，卻在此時染病身亡。教宗確實將杜尚提名為「對抗土耳其人的隊長」（Captianeus contra Turchos），還派出了皮耶・托瑪士（Pierre Thomas）這位未來的君士坦

---

* 賓王（ban）為波士尼亞統治者彼時的稱號。

丁堡拉丁牧首為教宗使節（nonce）。然而皮耶・托瑪士於次年蒞臨的時候，這項協商卻在雙方各有猜忌的氣氛下進行，因而沒獲得任何具體成果。東正教色彩極度強烈的尼曼雅王朝人士會真心改信天主教一事，實在難以取信教廷。更何況，米祿廷早先就已經為了自身的外交利益，對宗座濫用過這種手法。

假如歷史要還給杜尚一個公道的話，那就是他實為首位意識到土耳其威脅規模的歐洲君主，然而他最後的外交倡議卻一點也不實際。這項對抗土耳其人的提議，絕對是為了要回應北方的新威脅力量；彼時有位年輕的匈牙利征服者：拉約什一世大帝（Louis Ier le Grand），正覬覦著塞爾維亞的領土。杜尚以領頭羊之姿，呈現出歐洲被土耳其人威脅的情境，他或許也正打算實現他對拜占庭的野心。不過，拉約什一世於一三五三年至一三五四年間進犯塞爾維亞的行動失敗以後，便轉攻威尼斯；而自一三五四年十二月起，康塔庫辛諾斯遜位，拜占庭王位也亦趨穩固。在上述這些新興背景條件下，杜尚便對靠攏宗座這件事興味索然。

殞落

杜尚在極度不明確的背景下，猝逝於一三五五年十二月二十日，享年約四十八歲。他過世的地點不詳，死因更是難以認定，而且還無法確定他是否是自然死亡。杜尚葬於鄰近普里茲倫、由他一手建立的聖天使長修道院。

杜尚駕崩，他先前在新建省分提拔的地方領主開始向繼位人烏洛斯爭取自治。烏洛斯有著「弱者」這個外號，他只守住了塞爾維亞帝國時期前的領土。杜尚的同父異母兄弟西蒙（Siméon）在色薩利耀武揚威，且與烏洛斯爭奪起皇位來了。沃卡辛（Vukašin）與烏格列薩（Uglješa）這兩個米亞貞維契家族（Mrnjav ević）的兄弟，兩人分別在斯可披業與塞雷斯此兩座帝國首府當權，並以最富權勢的貴族之姿出現；他們的權勢如此強大，導致沃卡辛．米亞貞維契（Vukašin Mrnjavčević）甚至自立為烏洛斯的共治君主（cosouverain）。此外，沃卡辛還把通常限定給尼曼雅王朝繼位人的「青年王」（jeune roi）一銜，授予了自己的兒子馬可（Marko）。如此一來，尼曼雅王朝首度面臨帝國全體新興貴族的挑戰。

不過，有關杜尚繼位的衝突卻並未發生。一三七一年九月，米亞貞維契兩兄弟雙雙在馬里查一役（la bataille de la Maritsa）中戰死。馬里查之戰對基督徒帶來毀滅性的後果；基督徒在這場戰役中與穆拉德一世（Mourad Ier）蘇丹領軍的土耳其人相比之下人數較眾，但戒心反倒不足。烏洛斯在同年十二月過世，他沒留下任何繼位人；至於馬可也沒能成為塞爾維亞皇帝，反倒成了鄂圖曼的藩屬。馬可於一三九五年在蘇丹旄下對抗基督徒時戰死。科斯特聶次的君士坦丁（Constantin de Costenetz）記下了馬可的遺言：「我向神祈禱祂拯救基督徒，也祈禱我是在這場戰役中最先戰死的人。」在土耳其君主統治的幾個世紀中，人民對記憶裡如同「青年王馬可」（Marko Kraljević）一般的悲劇性命運產生自我認同，而他也成了眾多斯拉夫南部民謠的主題人物。

馬里查大戰之後，所有塞爾維亞擴張所得到的領土，就此落入鄂圖曼人手中。這些領土費時四分之一世紀方才取得（杜尚統治時期為一三三一年至一三五五年），其成為失土的過程也同樣歷時將近四分之一世紀（自一三五五年至一三七一年）。更重要的是，塞爾維亞驟然擴張後緊接的崩潰景況，不光抵銷掉領土擴張的成果而已，而是波及整個尼曼雅王朝的百年傳承。尼曼雅王朝覆滅，其代代所轄的領土則被瓜分。另一位杜尚治下的高級官員拉札爾·赫雷別利亞諾維奇（Lazar Hrebeljanović）則在諸多對手中勝出，取得瓜分之下最大的領土，且得到了塞爾維亞教會支持。一三七五年，拉札爾·赫雷別利亞諾維奇安排了塞爾維亞教會與君士坦丁牧首於杜尚墳前和解的場面。赫雷別利亞諾維奇頂著塞爾維亞式的頭銜「肯亞茲」（knez），不過其繼位人史特芬·拉札列維奇（Stefan Lazarević）將本身的俗世權勢重新歸入君士坦丁堡裁定權之下，而得到了拜占庭所賜的「專制公」一銜作為回報。

一三八九年六月二十八日，拉札爾率領塞爾維亞大軍於科索沃一役（la bataille de Kosovo）中力抗土耳其人。此役雙方皆損失慘重，拉札爾與穆拉德兩位君主雙雙戰死沙場。這是鄂圖曼征服者唯一一次在戰場上折損一名蘇丹，鄂圖曼人也得到了先前拉札爾轄下地區的宗主權。科索沃之戰成了塞爾維亞史上的重大事件。史詩頌揚著拉札爾以及所有於此役犧牲的眾士兵，教會視他們為殉道者，科索沃之戰的那一日也成了國家重大節日。這場戰役在集體記憶中象徵著塞爾維亞政權的尾聲與「土耳其奴役」的開端。歷史現實其實更加複雜一些，因為由史特芬·拉札列維奇所建立起來的塞爾維亞專制國極其繁榮，一直要到一四五九年才覆滅；其他的塞爾維亞政權，亦於之後才步入亡國之途：波士尼亞王國亡於一四六三年、涅塔親王國則亡於一四九八年。關於科索沃之戰，傳說與歷史反倒兩相契合：這場戰役成了勢不可擋的鄂圖曼人征服杜尚帝國殘土的關鍵時刻。

後世

杜尚身後有三名繼位者戴有帝銜：其子烏洛斯、有一半血緣的兄弟西蒙，以及西蒙的兒子尤文（Jovan）。烏洛斯身亡（一三七一年），以及尤文遜位（一三七三年）、退隱至主易聖容修道院（monastère du Grand Météore）這兩起事件，成了尼曼雅王朝的終章。史詩與聖徒傳記（hagiographie）偶爾也破例將「沙皇」這個皇帝名號沿用於拉札爾身上。其後，復興塞爾維亞帝國的壯志，往往皆不切實際，或沒有任何成果；好比有雄心且自立為帝的尤文·內拿得（Jovan Nenad，一五二六—一五二七），或是「偽帝」斯得潘·馬里（Šćepan Mali，一七六一—一七七三）。

後世立刻便出現針對杜尚的批評。杜尚將尼曼雅最初的王位與主教晉升為帝位與牧首的行為，被解讀成是某種展現「傲慢心態」（hybris）的舉止。格利果哈斯對他的評價為「慾壑難填」；瑪夫・奧爾賓（Mauro Orbini）則於一六〇一年指出，杜尚「因勝仗而狂熱起來」；科斯特聶次的君士坦丁於一四三九年認為杜尚「違抗了前人遺命」。十四世紀《達尼洛合集》（*Recueil de Danilo*）[2]則是如此形容杜尚的：內文提到「他自己的心態越發傲慢，並且背棄了先祖的皇家權勢、開始渴望帝國尊榮，而自行加冕為帝」。《達尼洛合集》的作者乃是達尼洛二世（Danilo II）的其中一位續寫人，他加油添醋地聲稱杜尚是「強力」執行這些事項的。這卻與杜尚在法典中聲稱的完全相反，杜尚在他的法典中聲明道：「諸此措施皆非循吾慾所致，亦非受迫於任一勢力，而乃秉神與他人之恩寵祝願而至……。」除此之外，甚至連杜尚的外號「希尼」（Silni），即「強者」，都還帶著負面的暴力與高傲意味。

若說懊悔的塞爾維亞人改採杜尚生前政敵們的尖銳批評，以對他下論斷的話，都是出於悲慘的現實使然。杜尚英年早逝，他短暫的帝國、謀略註定是失敗了。歷經外號「強者」的父親杜尚，迎來了他被稱為「弱者」的兒子烏洛斯，然後王朝覆滅。塞爾維亞獨立政權消亡，人民則淪陷屈服於土耳其侵略者長達好幾個世紀。大幅度的進展時期，竟成了最終崩潰的前奏。

以象徵意義來說，杜尚與史特芬・德尚斯基之間的衝突成了事端起源，這些事端則因保留了父代德尚斯基構想出來的秩序，而得以解套。煽動杜尚擴張主義的貴族受到了下列譴責：

「大人物們，個個身懷可憎的靈魂，將帝國瓜分成了碎片。」內歌斯（Njegoš）這位國家詩人，在名詩〈群山之冠〉（La couronne des montagnes，一八四七）的韻句中，如此悲嘆著。總而言之，貴族不論有無征服行動，一樣都表現出貪得無厭與不忠的態度。由於「沙皇」拉札爾在科索沃一役所作出的傳奇性抉擇：為了天上的帝國，而犧牲掉地上的帝國；這使得塞爾維亞帝國的經歷過往，於國家記憶中增輝昇華。

針對杜尚的批評，在之後幾個世紀較趨緩和，而能帶著某種懷舊眼光看待他的榮耀。隨著自土耳其君主統治解放出來，以及塞爾維亞國家政權再現，杜尚的帝國成了一種詩意盎然的理想，也成了一項政治參考指標：好比伊利亞·加拉沙寧（Ilija Garašanin）於一八四四年所撰的〈塞爾維亞國家大計〉（Nacertanije）一文中便提及：「這些塞爾維亞帝國建設，得從廢墟與斷垣殘壁中擺脫，並予以更新，以利自這些長久穩固的歷史基礎上，新起建樹。」

杜尚最終所圖究竟為何？皇帝、輔國君、類皇帝、反皇帝、篡位者，亦或是拜占庭帝國建制內的繼承人呢？史家們至今也尚無共識。解讀杜尚心態的方向擺盪於兩種極端之間：第一種，乃是一直相當盛行的傳統主流想法，認為杜尚總是圖謀征服君士坦丁堡，並登上拜占庭帝位；第二種則堅稱杜尚的行為表現比較偏向隨機反應，他的行動有時甚至還顯得遲疑不定；而這都是由於他順從著貴族的慾望野心，且利用拜占庭內部崩解以獲益的緣故。後者或許才是杜尚擴張主義的真正動力。

實際上，杜尚的作為乃處於某個複雜的帝國動態之下。彼時，從前一統的羅馬帝國世界有多達六位皇帝：法理上的「巴西里厄斯」約翰五世、約翰五世的對手兼輔國君約翰六世、與拜占庭當局的關係偏向共存而非敵對的保加利亞暨希臘人帝國皇帝伊凡·亞歷山大（Jean Alexandre）*、塞爾維亞暨希臘人的新皇帝杜尚、東方的特拉比松（Trébizonde）皇帝巴西爾二世，以及西方的羅馬皇帝查理四世。

杜尚與查理四世及匈牙利國王拉約什一世並列，成了歐洲十四世紀權勢最大的君主之一；據英國史家史蒂芬·朗希曼（Steven Runciman）的說法，杜尚極可能是「勢力最強的君主」。杜尚之治再次包裝出來的保守與統治正當性，卻因他的征服行動失色，而往往被人小看。杜尚總是在追尋統治正當性，他仰賴宗教與法律。尼曼雅王朝中，他召集的全國大會次數最多。杜尚最終大致遵循了拜占庭式的世界秩序。在東南方的征服行動與將塞爾維亞朝廷拜占庭化的過程中，他首先延續其尼曼雅先人與米祿廷的措施；杜尚亦非首位開展帝國政策的尼曼雅王朝人士，他只不過是第一位徹底執行這項政策的人而已。關於杜尚最確切的評價，或許是這樣的：塞爾維亞帝國乃是與拜占庭帝國「對應下的產物」（pendant），而塞爾維亞帝國的最終目標，則是與拜占庭帝國「合併」（fusion）。這項目標以中央及其周邊，即塞爾維亞的勢力此消彼長來實踐。繼保加利亞人與塞爾維亞人之後，這股斯拉夫拜占庭國協的趨向，被莫斯科的「第三羅馬」概念再行沿用。不過這次，莫斯科卻對落入鄂圖曼之手的君士坦丁堡再無實權。

杜尚所建立起來的事物並未滅絕殆盡：他的法典成了後世的司法參考文獻；遠較塞爾維亞帝國領土為大的塞爾維亞牧首裁定權轄區，成了杜尚最為長久的建制遺緒；還有一個持續至今的歷史教誨，那便是杜尚的諸多成就，成了一股強力聯繫起巴爾幹的力量。

---

* 保加利亞沙皇伊凡·亞歷山大，有Jean Alexandre與Ivan Alexandre兩種字母轉寫方式於原文中並陳。

第九章 日本古代、中古時期的皇帝與帝國概念原理

洛伊克・卡造（Loïc Cazaux）

君主制的法國，加洛林王朝後帝國體制形成了一項政治參考指標。皇室不時提起、使用帝國這個框架。日本的政治文化則與帝國體制原理維持著複雜、親密的關係，這種關係緊密到我們可以發現，天皇在位的年代名稱成了日本紀年的年號。天皇或許成了這種延續性的象徵，因為天皇理論上有著至高權威；也由於從日本的神話性起源，一直到當代史時期，都咸認該帝國世系從未中斷。雖說神話隨著日本信史出現而失色，但這個象徵卻依然相當強勢。日本現今依舊以帝國治期作為紀年分期。一九八九年，當明仁天皇（Akhito）即位時，日本也進入了平成時代（Heisei）。平成時代成了傳說中西元前七世紀統治日本的神武天皇（Jimmu）以來，第一百二十五個帝國治期。神武天皇這名首位且咸信存在的天皇，被認為是傳說中於西元

前六百六十年月行第二個月的第十一日建立起日本帝國、一統日本群島的天皇。該日期雖為假定，卻是定義國家認同的主要元素，而這項認同總是涉及帝國的代表人物。二月十一日是日本的國定假日，儘管天皇已無任何實權，卻持續體現日本政權與人民的團結。一八八九年明治天皇（Meiji）也象徵性地選擇在二月十一日這一天，頒定日本首部憲法。頒定這部憲法的目的，是為了在將軍（shôgun）政權崩潰之後，重新建立起帝國威勢，並樹立起一套具侵略性的國家主義意識形態，讓天皇成為「大日本帝國」的基座。

天皇之所以意圖取得日本政治與國家認同的主導權，肇因於日本群島是採用帝國模式建立起一個中央化政權，才進入信史的；而該中央政權，則是以諸多具備主權的機構並以一部成文法為基礎所建立起來。西元七世紀，帝國體制即作為最利於促進政治、領土一統開端的政治結構樣貌出現。在西元最初幾世紀，也就是或許可以稱之為日本「史前時期」的西元六世紀之前，日本群島乃是由多位地方首領所統治，而這其中便出現了統治日本中部與西部的大和王權（Yamato）。

帝國體制原理是一個被引進的政治模式，被移植到略具雛形的君主中央集權制度上。如此的君主中央集權制，由於五、六世紀中國表意文字的傳播姍姍來遲，所以才剛開始使用書寫文字而已。日本帝國由大和王權奠基，於西元七世紀後半葉成形。大和王權的機關和司法組織主要有賴中華帝國的模式而構成，其得以認識中華帝國的相關模式則受惠於自史前時期的最後幾個世紀以來，大和王權與朝鮮、中國兩地不斷攀升的交流密度。然而，啟發自隋唐兩朝的中華模式，立刻就適應了日本群島的文化與意識形態特點。日本帝國體制原理對來自內陸且總是使本地貴族入迷的文化影響並非無動於衷，而是以結合天皇與日本信仰、傳統，尤其是神道教的方式，蛻變出一套排他的原則。在日本信史開端，帝國便如此成了展現日本特色的一種方式，同時也提供了一項於政治、文化與領土方面，集結諸多領域與氏族於唯一一位君主之下的強制性工具。

古日本的誕生因而有很大一部分是一項政治革新，甚至是一種神話發明；因為日本正史沒有任何延遲重塑天皇登基敘事，而將天皇視為遠古事物，且與日本國傳奇的起源與諸神的決定連結在一起。這項發明在日本群島演進中極其重要，並在其歷史中構成了一項政治參考指標以及意識形態固有的佐證資料。在歐洲，帝制代表著一種過時的歷史性模式，並在古代（Antiquité）末期就被肢解；但是，當某位特定君主能夠聲稱具有普世性的威勢之時，便有可能被更新或重新「修整」。相反地，日本自七世紀起即與帝制維持著重大、甚至密切的關係。帝制為當權的統治合法性下了定義，並界定出其歷史定位。雖說這點大大解釋了日本帝位的延續性，卻不意味著天皇的實質統治有所延續。為了見證這個概念的應用實例，現下便適合以更精準的方式來關注這套帝制在古代時期的誕生，以及其在中古日本政治機制中的定位。

從史前大和王權到日本帝國

日本帝國是在所謂的「古代」時期（kodai）建構出來的。此時期大約始自六世紀末，直到十二世紀末為止。本時期的開端，凸顯出漢－朝鮮文化（sino-coréen）在大和王國宮廷的快速流傳：君主政體在畿內（Kinai）安頓下來。畿內位於本州（Honshû）這座大島中部，即今關西（Kansai）地區。不過，此君主政體亦試圖往南部與九州島（Kyûshû）拓展其影響力。大和王國宮廷在採納佛教與書寫文字之後，開啟了中華方面的影響，並展開一套中央集權化的程序。這套程序造就了日本群島的政治、文化統一；日本群島中主要的島嶼則被切分為多個省，即日語中的「國」（kuni）。

日本帝國在七世紀時，透過諸位「大王」（ôkimi）於本州中部的改革、征服行動，以大和君主政權為基礎成形。日本帝國的首都先後為奈良（Nara）與京都（Kyôto）；奈良為日本史上首座常設首府，京都則與奈良一樣，皆依循中國都市模式所建造。實現帝國建造，則有賴一場相對快速的文化融合。此事一方面促進了與來自中國的帝國體制原則的融合；另一方面，貴族菁英則向漢和參照事項（références sino-japonaises）靠攏。這些參照事項將在地充滿神道教（shintoïsme）色彩的皇家傳統，與「經由」朝鮮半島流傳過來的中華文明所帶來的事物連繫在一起；這些中華文明事物是為書寫文字、儒家道德、佛教信仰、中央集權化的行政組織，以及律令發展。

因此，難以將日本帝國的創建視為一項無中生有（ex nihilo），僅僅是由外部影響，即某種移植中國輸入、複製所促成的創造物。聖德太子（Shôtoku Taishi，五七四－六二二）為日本這種帝國轉型最初的創始人之一。他本身或許是名虛構人物。無論他是否真實存在過，透過描述他的歷史，展現了一種需求；那便是將體制改革「人格化」，並以此描繪出純粹日本的基礎。因為，如同在西方世界一樣，日本帝國乃是深層轉變的產物，其時程則遠早於七世紀。這些轉變，導致了優勢政治體制挪用一套新的體制、意識形態框架，而非屈就於被一套革命性模式侵入。日本諸位「大王」採納了享有盛名的中國模式。此一作為的用意，不光是要與中華帝國對抗，或是挪用某些政治符碼，以讓日本群島達到必須倚賴唐朝的地步。「大王」採用中國模式，正是因為這套帝國模式符合貴族家族的期望。這些貴族世家在畿內地區（即今日的關西地區）掌有權勢。對一批意識到某種主權文化的日本菁英而言，該帝國模式正適合一個如此強勢的政府，權充其表現框架。

自七世紀到八世紀末，日本帝國政體逐漸固定下來。宮廷一如諸省，開啟了公務人員職務，以及一套部分留存在帝國高級貴族身上、延續至十九世紀的禮儀。有階層的行政系統自關西中部掌控領土與運輸網路，但作為傳統政治關係特色的氏族組織卻沒被完全剔除。一套以「法規」界定出來的法律出現了，好比七〇一年所公佈的《大寶律令》（*code Taihō*）*。

便將機關組織起來。該律令即受到同時代唐朝律令系統密切的啟發。這套「律令制」（ritsuryô sei）迅速地涵蓋了各種建制與刑事法律層面。稅務複雜了起來，土地則以班田制管理。在班田制中，公部門與私人領域皆被分配到土地。經濟繁榮、開墾活動促進了政治與制度發展，而這兩方面的發展也都受惠於戰事有限。至少到十世紀，狀況皆是如此。

這些改革成了日本歷史發展上的重要事件指標，同時也建構出一套模式。該模式啟發了直至明治天皇於一八六八年的帝國維新運動（restauration impériale）。七九四年，京都成了帝國首都。其首都地位維持到一八六九年為止；是年，天皇決定重新對江戶將軍首府投注心力，而將其改名為「東京」，意即「東部首都」，以展現其所擁有的主權。在九世紀初期，這個歷史上相當巧合的時期：查理曼於亞琛（Aix-la-Chapelle）建帝國首府；阿拔斯哈里發甫建都於巴格達；而日本天皇則在史上的大和地區安頓下來。光是新帝都的名稱，本身就塑造出某種形式的政治規劃。京都，字面上為「首府」。該城首先被稱為「平安京」（Heian-kyô），意即「和平與安寧之都」。京都建立在一個由群山與宗教建物圍繞的新址之上，而這些建物亦可帶來宗教護持的力量。京都乃是根據中國幾何概念建造，且與唐代首都長安的風格有所共鳴。日本帝國先前的首都奈良，便已複製過長安的風格；而京都則採用直交方格規劃，涵蓋了一個長寬分別為五公里與四公里的矩形，再細分為行政區（arrondissement）與街區（quartier）。市集則分布在城內兩頭。還有一條大道，其兩方的盡頭各有一座大門。大道自城中由南向北直達皇宮，皇宮乃是京都的中心、帝國的中心，也是象徵性的世界中心。宮殿城牆融入都會區域中，聚集了呈幾何網狀的樓閣，並由官方、行政建物或是住宅的廊道連結在一起。「內裏」（Dairi）位居宮殿中央，為天皇私生活起居之地。此地緊連兩座宗教建物。其一位在宮殿區中央，專為神道信仰之用；神道信仰在帝國權力定義中扮演著決定性的角色。另一座宗教建物則是一座佛教敬拜堂。在「內裏」與皇宮大門之間，錯落著兩棟細長的建築物：大極殿（Daigoku-den）**為天皇公共生活領域展露之所、豐樂院（Buraku-in）則保留給宮廷的大型宴會之用。天皇的公、私生活領域是同時出現的，但卻有所分別。如此現象，亦符合帝國權勢日漸不再以個人形式介入日本統治的狀態。

實際上，京都建城伴隨著帝國皇族間為了掌控政府而多所競逐的現象。如此的競爭態勢，使權勢顯赫的藤原氏家族（Fujiwaha）從八五八年以來便獨占攝政一職，支配當局。自九世紀初開始，從奈良到京都的權力轉移，是透過平城天皇（Heizei）及其兄弟嵯峨（Saga）之間的爭鬥所展開的。設立新首都開啟了一個新時代，也展現出一段日本皇權充滿矛盾的時代。一方

---

* 原內文拼音作Daihô，經查應作Taihō。

** 原內文拼音作「大極院」（Daigoku-in），經查應為「大極殿」（Daigoku-den）。

面文風繁盛、持續展開行政系統上的變革；另一方面，在這段時期，天皇面臨政治實務上的權勢博弈取決於幾個貴族大世家，而非君主本身對帝國皇室的掌控力道。這點導致了該時期天皇日益退居幕後。

除了上述這些衝突以外，變更首都的理由也可能是為了要取得通衢間最佳的位置，以便控制住才剛納進帝國勢力範圍裡的東部與北部省份。在十、十一世紀時，最初針對京都政權的大規模反抗，正是來自這些有諸多強勢戰士世系生根的關東（Kantô）諸地。

然而，為了使新政體取得統治正當性，天皇及其周圍人等自帝國建成以來，就致力發展出一套史學與神話規劃。多虧了這套規劃，中華帝國模式才得以沿用下來。與外界交流薰陶而結合起來的事物，亦成了日本權勢的象徵。用來自中、韓的表意文字於六世紀寫成的最初幾篇文獻，皆以神道傳說為日本皇室取得正當性：創造日本諸島的眾神都支持統治該地的諸君。這幾篇文獻在七、八世紀新帝國政體設立之後被重撰。七一二年，宮廷貴族所出版的《古事記》（*Kojiki*）便集結了某些此類的原始記述。《古事記》一書，與稍晚問世的日本正史《日本書紀》（*Nihon shoki*）都重拾了借用自中華帝國唐人的文學、王朝典故。不過，為了讓這些參考典故符合日本自身的文化與信仰，所以都被修改過。帝制下的日本，確實複製了中式制度與政治層面的框架；這麼做的目的，為的是使之更加適應日本的文化起源與神話。

我們因此觀察到，日本帝國設立時，一套富含原創性的史學文獻系統發軔了。透過這套原創的系統，由帝國來界定神話的史實特性；而天皇的職務則樹立起威望，成為日本歷史一統與演進的政治模式。這幾部編年史受先前幾世紀所形成的日本傳說所啟發。然而，這些傳說，卻也是被呼召來取得新君主權勢正當性。西元六七〇年間，被視為史上最初的幾位天皇之一，以及據皮耶—法蘭索瓦．蘇以西（Pierre-François Souyri）所言，身為「皇帝職責發想人」的天武天皇（Tenmu，六七二—六八六）成了這項新興崇拜的創始人；這種新興信仰也成了一種必要的信仰，因為天武天皇在一場政變中排除掉皇室家族內的競爭對象，強加施行起這套信仰。天武天皇命人編撰首部日本正史彙編《古事記》。此書讓「日本」這個拼音為Nippon（或作Nihon）的字眼流傳開來，以稱呼該國。「日本」這個字的後續影響相當重大。《日本書紀》這本最初的日本官方歷史之一，再度採用了這個詞彙。「日本」（Nihon），意即「太陽源起之處」。這所有的用心，都是想和中國及其「中央之帝國」的定義做出區隔。日本以其座落於東面為特點，東方也正是旭日升起之處。這個表達方式再度呼應了神道教女神天照大神（Amaterasu），祂是太陽與光之女神，與其父母一同調節原初的混亂狀況。天照大神的雙親為伊奘諾尊（Izanagi）與伊奘冉尊（Izanami），祂們是創建日本的神祇。日本天皇本身便是源自天照大神。

同樣地，天武天皇（l'empereur Tenmu）的名號，則成了持續使用到當代的皇帝稱號起源。自天武天皇的治期開始，日本人便以「天皇」（tennô）一詞來指稱皇帝。「天皇」意指皇帝一職。由於天皇自比為天上的北極星（天皇意即「天上的皇帝」），天皇一職還在世界的架構中被賦予一個主要的地位。天皇亦可被視為一位看得見的「神明」（Akitsu kami）。日本傳統宗教神道教，則以作為某種意識形態基本元素的方式而出現。即便日本帝制同時間對源自中國的佛教在日本群島的推廣倒也保持相當開放的態度，但這種意識形態基本元素乃是為日本帝制權作辯證的。佛教與神道教，此兩者並非不可調和。神道教帶來了一個可供自身參照的文化，自然而然地融入到日本帝制原則的表達方式中。皇帝職務的神聖詮釋，大體上混合了某些本質為中國的佛教、儒教或是道教影響（皇帝身為道德與良好社會秩序的守門人），以及某些深層日本式的宗教參照事物（天皇為天照大神之後，天照大神交付給天皇一項不可廢止的委任職務以統治日本，並透過儀式執行來調節在潔淨與不潔事物兩者間的關係）。

日本天皇在靈性世界治理布局中有著如此特別的地位，好比一個介於人神之間的聯繫。這道聯繫，迫使天皇在施行統治這件事情上，維持著複雜的關係。此外，在某些情況下也可以是女性的天皇，他難道不是一位前來負責地上秩序象徵性調節的人士，而竟然是一名屈就於時代偶發事件的執政者嗎？

統治核心：皇家與貴族網路

天皇的個人統治實際上迅速衰弱，但這個狀況並末抑制日本帝國政治、文化、藝術的欣欣向榮。由此觀之，將天皇本身與圍繞在他周圍、掌管著主權機構的皇家人士區隔開來，才是較為合理的思路。在九、十世紀這段宮廷定都於京都的時期裡，帝國政府藉一套高級公務員的職系而持續建構成形。高級公務員的職位乃是經由競試取得，而競試內容大多為中國文科、歷史，以及道德科目。

貴族漢化並末抑制日本原有文化的興盛，比方說「假名」（kana）這種音節字母，或者是佛教天台宗（Tendai）的出現，都成了這方面的實例。天台宗與日本其他佛教宗派一樣，都有中國方面的根源，可是這並不妨礙天台宗博得自己的特色，然後對淨土宗（amidisme）這支佛教宗派以及中古的禪宗發生影響。這幅文化榮景，尤以物語小說式（monogatari）的宮廷文學發展表現出來。宮廷與皇家依循一套禮儀以及諸多複雜的頭銜組織起來。這套標準代表著貴族世界最高的一套社會文化參考標準。十一世紀初由宮廷女子紫式部（Murasaki Shikibu）所寫成的《源氏物語》（*Genji monogatari*），便是這麼一回事。此書展現了女性在貴族生活中的特殊地位，且由於其中的心理層面描寫格局，成為日本文學傑作之一。《今昔物語集》（*Konjaku monogatari*）這部小說則於一一二〇年問世，正值皇家衝突浮上檯面，引動十二世紀末的戰爭與中世紀的到來。

競試，以及賦予「文人仕途」的重要性，開啟了中級公務人員通往中央行政系統的大門，保障了某種有限度的社會流動。然而，在這個史家稱為「宮廷貴族時代」、即「應長時代」（ôchô jidai）的時期，監管皇室（也就是監管政府的事務）因此落入了幾個畿內貴族的大家族之手。充其量有二十來個此等類型的家族環繞在天皇身邊，他們的後代之間彼此通婚，居住於皇宮周圍。諸位天皇面對貴族宗派，努力地想建立起自己身兼王子的子嗣地位，但卻從來沒真正成功過。有個家族在其他所有家族之中脫穎而出，且掌控了皇室；這個家族便是自九世紀起至十一世紀末統領著宮廷的藤原氏。身負文采與影響力的諸貴族獨占帝國要職，監管著「天皇」的皇位繼承。

藤原氏的機遇，顯示了帝國體制中維持著諸多人際關係脈絡與貴族宗派。藤原氏的家底兼有政治與領土、地產性質。如此的機制，先前就已在五、六世紀確立大和王國時，扮演起第一線的角色。在接下來的世紀、即七世紀時，「政權典章制度」（système de l'État des codes）與日本帝國誕生，定出了一套集權於中央的制度框架以及使君主權勢得以坐實的工具，卻並未衝擊到這些貴族世界聯盟的常理。控制住皇家的藤原氏，也沒停下編撰法典的進度；這項工作依然密切仰賴公權力。十世紀初，藤原氏主導古代時期最後一部大型律令文集《延喜式》（*Règlements de l'ère Engi*）的編撰工作。在天皇處於實質統治邊緣地位的狀況下，以如此行動展現出藤原氏編撰法令的實力。

面對這個情形，十一、十二世紀的首要癥結，便在於能夠施展於黨派脈絡的權力關係上，而黨派脈絡正是組織皇家的元素。出身與親緣關係，成為取得宮廷要職的重大標準，並且妨礙了真正中華式的帝國官僚系統得以施行。日本依循一套類似歐洲加洛林宮廷的政治機制，要取得些微的公權力，皆仰賴在忠誠關係中的地位而定。政府是由人際裙帶所組成的，而且帝國顯要也仰賴這些人際裙帶以任用、維繫諸多公務人員群體。這些公職人員群體都被登錄在某位顯貴的家宅之下，又稱為「家人」（kenin）。他們本身如此仰賴顯要，並且以此職務為交換，加入了組織宮廷貴族階層的授受、回報循環。他們也能收到來自諸省的大片地產，即莊園（shoen）的收益。

在這個階段，帝國體制塑造出一個政治組織，該組織混合了一套立法與司法的框架，卻又合乎禮儀規範，能正規化公權力的表達方式，以及一些使各大貴族世家獨佔中樞權勢的社會複製機制。由此，各大貴族家族成了國內文化、經濟或是宗教活動的驅動力。天皇依舊是體制內的頂尖關鍵人物，可是他卻不再直接介入其中；而且他也不過只是一位擔保著世俗秩序、一如維持著精神秩序的高級權威代表而已。

不過，天皇卻並沒有一直被限縮為單純的象徵性人物。十一世紀末，隨著藤原氏自此時期開始，較難透過女性對帝國世系繼承施壓，再加上宮廷缺少另一大家族掌權，天皇便重新出現在幕前，以突顯主權的延續。這便是所謂的「退隱天皇統治」時期，即十二世紀後半葉的「院政」（insei）時期。此為天皇難以公然施展個人權勢的跡象，諸「退隱天皇」*便選擇自一處僻靜之所或是遠離皇宮的地點來遙控政府。他們建立了一套平行、私有的行政系統，亦與皇室家族緊密連結，並替代了「院廳」（in ni chô）這個公有行政系統。帝國體制提供了一套統治正當性與法令的框架。某些顯露出家族、私人領域，一如公共、官方層面的統治機制，則嵌入了此框架當中。然而，以實質統治的角度來看，如此的配置是無法長久的；因為很快地就見到上皇的權勢，被將軍政權（shôgunat）這個帝國內部新興的政治系統侵蝕。

面對著諸戰士的天皇，或中世紀時期之濫觴

在闡述將軍政權的出現，以及伴隨此制而來的中世紀時期之前，先要理解到一件事，那便是日本天皇的人身角色，首先是被約束在典章和儀式之中的，而這點乃是更甚於主導政府這個角色的。政府則以聯盟與菁英大家族之間的權力遊戲建立起來，而所謂的菁英，便是主導皇室的古代貴族或中古戰士。上述這些傾向，都是用以理解日本帝國體制演進以及古代至中古時期過渡的要素。

實際上，帝國政治穩定不光是憑藉某個大貴族世家統領宮廷與當權世系的能力，也有賴這

個世家將自己的權勢貫徹到帝國之內所有的省分及其首長身上。不過在十二世紀，各省的權力關係有所演進，尤其是東北諸省，該地從此似乎與日本文化領域以及帝國式階層結構融合得相當完美。征服東北省分的行動發生在古代時期。征服卻並未形成讓京都中樞視為「蠻夷」的邊疆地區，即保障京都中央免於外部侵襲的緩衝地帶。羅馬帝國式的防衛工事（limes），或是部族聯邦的思維，並不適用於帝制的日本。日本當局與必須管控住外部日耳曼族群壓力的羅馬帝國大不相同，而羅馬帝國外部的日耳曼族群，亦與羅馬式特徵（romanité）差異甚大。距畿內東部幾百公里的關東地區，融入了主要島嶼本州的運輸網路、經濟流動與地緣政治之中。帝國宮廷對於與東北菁英劃出界線不感興趣，反倒偏好透過授予這些具主導性的家族特別的貴族地位，與他們在首都政制下共同合作。

也就是在此等名義下，我們便見證了在十至十二世紀之間，一個就社會與貴族層面而言皆屬獨特的群體竄起。它與帝權很是親近，因為該群體中的人士能夠在京都以及外省皆取得公職。這些公職在帝國生活中日顯重要，因為這些群體乃是由專業戰士，即「武士」（bushi）所組成的。這個身負馬術與射箭專長，人們也稱之為侍（samouraï）的群體，之所以會形成一個

---

* 又稱「上皇」。

十二世紀左右的日本

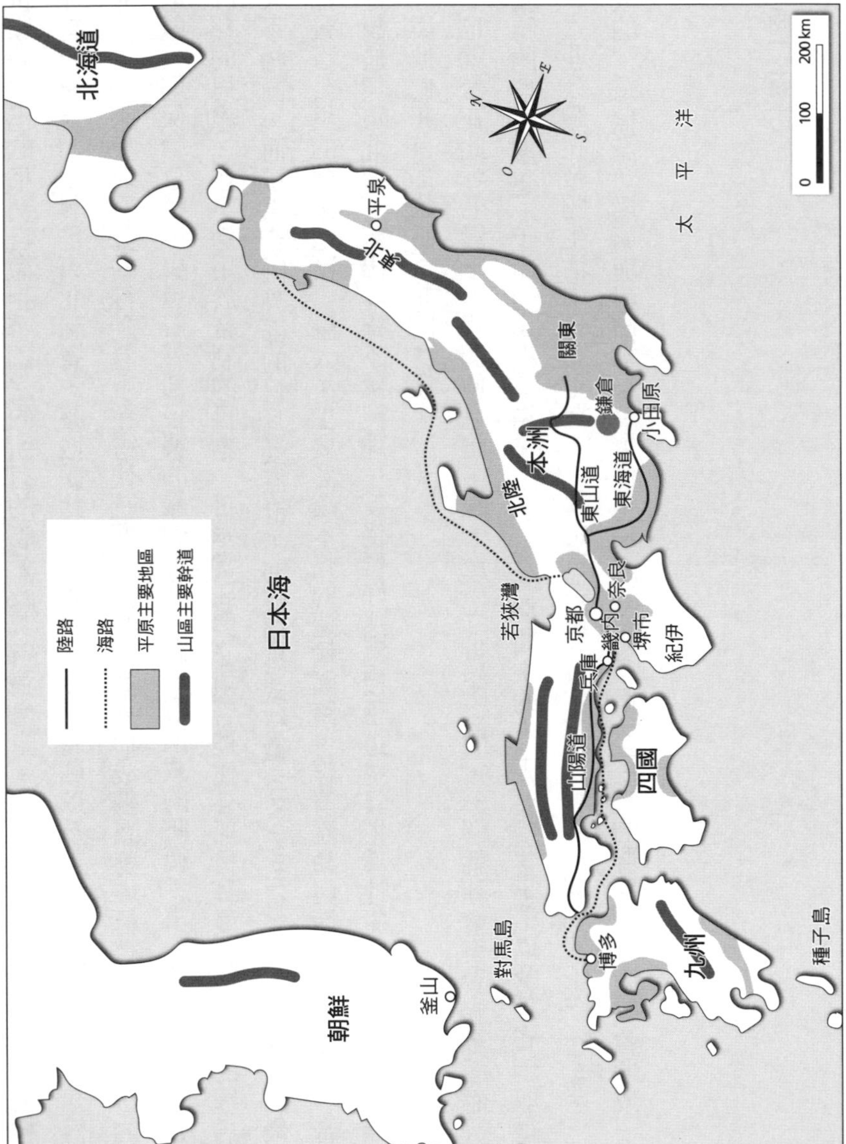
北海道
日本海
陸路
海路
平原主要地區
山區主要幹道
平泉
關東
鎌倉
小田原
本洲
北陸
東山道
東海道
若狹灣
京都
奈良
畿內
堺市
紀伊
兵庫
山陽道
四國
九州
博多
對馬島
種子島
釜山
朝鮮
太平洋
0 100 200 km

新的社會階層，乃是由於本身的軍事文化與在地方上定居的事實：這是一個意識到本身身分與在菁英之間位置的群體，而菁英間的戰爭對峙氣氛則日益顯著。此群體透過領主式占領大片領地以及其血緣結構而壯大起來，但是對在首都的貴族生活亦相當熟悉。

面臨著發展不全且浸淫在維繫與地方貴族忠誠裙帶關係的官僚系統之下，「武士」成了宮廷古老貴族一個難以忽視且有利於控制自身領地與外省的利器。不過，這幾個最有力的「武士」家族都主動加入無論在京都或者在邊境地區組織起貴族世界及公職體系的宗派擁護網路。雖說「武士」構成了一個新興優勢群體，但當他們在古代末期取得勢力時，倒也不是新人。出身關東地區，且在十二世紀後半爭奪天皇近身宮廷勢力的兩大氏族：平氏（Taira）與源氏（Minamoto），早早就同時在中央行政系統與外省地方政府占據有利位置。軍事徵募制度的崩潰，也有利「武士」突顯其地位。地方要人、中樞貴族成員，或是皇家管理的私人軍隊，即「武士團」（bushidan），確保了公共秩序得以被遵守。如此一來，這項變革展露出一項日本貴族的軍事化運動；此軍事化運動於十二世紀末觸及中央機關的程度，一如外省機關所受到的衝擊。貴族軍事化運動於一一九二年臻於完成，催生出在關東由源氏所統領的新權力中心。

這些轉變導致了一項決裂，此即為造成十二世紀末轉換至日本中古時期的原因。由這個方向來看，日本中古時期，即十二世紀末至十六世紀末，並非如西方世界一樣是由於古代帝國結構崩潰所產生的，而是古代帝國結構重組之下的結果。新政治系統「幕府」（bakufu）由眾戰士所統領。幕府自一一八五年起在鄰近今日東京、東距京都數百公里的鎌倉（Kamakura）一地開始運作。這個新政治系統並未消滅掉皇位與皇室。在京都，皇位與皇室都還持續存在，而且一直維持到十九世紀末為止。宮廷與天皇在中古時期的日本得以長存，是因為它們無法輕易被取代。一如古代時期，由於皇帝得執行多項儀式，所以他們是擔保政治秩序與守護日本繁盛的人。

不過中古日本卻再也不可能被當成一種「帝制式政府」的系統。二十世紀初的日本史家，例如原勝郎（Hara Katsurô），咸認幕府在鎌倉建置時期為初步轉向現代期的時代；而現代時期的特色則為公權力的分裂。受歐洲史影響且想要建立認同原理的二十世紀初日本史家，便運用了西方「中世紀—居中的時期」，即「中世」（chûsei）這個字眼，來權衡自十二世紀至十七世紀間號稱具有「中介」性質的演進。矛盾的是，也正是在這個「中介」時期，方才凝結起針對日本在亞洲之起源的史學反思；因為這個時期顯露出與中國古代諸多模式間的分化，以及在日本群島內建立了一套與大陸系統大不相同的文化。

中古日本因此被定義為一場決裂。然而，這個斷裂卻沒拋棄掉古代時期、尤其是帝國的參照事物。這個時期反倒比較像是因為處於戰士支配的新社會經濟秩序中，而再度更新這些參照指標。同代之人，好比十三世紀天台宗修院院長慈圓（Jien）就已經認為中世是「戰士的時代」，即「武士的時代」（musha no yo）。這個現象由於皇家的主權掌控沒落，而成了一件可能的事實。勝出的源氏家族（一一八五—一三三三）於鎌倉設立第二座首都，主權也隨之易手。東部出現了一座與舊有的帝都京都同等級的城市。京都並未停止發展，但卻苦於將軍新首都的政治、文化競爭。皇家失去了控制政府職能、運用武力、行使司法正義、行政系統任用，以及決定領地資源歸屬的能力。失去最後幾項能力，透露了一件事：從此以後封建藩屬的邏輯退下，而將這個核心位置留給個人式的忠誠機制。一一九二年，宮廷任命源賴朝（Minamoto no Yoritomo）為「征夷大將軍」（sii taishôgun），就顯示出權力運作從此建立在保住公共秩序與維持和平的才幹之上。這項職位傳統上乃是由皇家選派的軍事首領，負責東北諸省和平。

由將軍所統治的二元政權：帝國與幕府

將軍式的新政府創建出來了，日本政體走向軍事化。後白河天皇（Go-Shirakawa）於一一九一年決定讓將軍成為世襲的職位。源氏將軍與其後的繼位者北條氏（Hôjô）都住在鎌倉，在該地憑藉「幕府」施展實權。「幕府」一詞是沿用對軍事總部的稱呼，與皇宮有所區隔。天皇在京都持續存在，但他只不過是個象徵性的人物罷了，而且日本政治生活也從中抹去天皇這號人物。治理國家、朝見與監視藩屬、執行司法的職責都落到幕府身上。

然而帝國卻沒崩毀，因為其擔負著傳統與權力的正當性。人們可以明顯觀察到貴族所扮演的角色越來越吃重，而且有時甚至連天皇的角色也漸趨重要；好比十三世紀的順德天皇（*Juntoku*）以及其《禁秘抄》（*Kinpishô*）於禮節說明書撰寫工作上的定位。京都宮廷在十世紀以後以及中世紀時，自立了專精禮儀文獻、致力研究禮俗與程序的機關。禮俗與程序是日本社會往來的基礎，也是調節貴族生活的元素；從京都一直到眾外省戰士的朝廷皆如此。但是規則與禮儀卻不是權力的法則與作用力。

擁有「將軍」一銜的將領，理論上只有在天皇授意下才會存在。十三世紀後半葉的將軍是從皇家王子當中任命而來的，眾將軍則以影響皇位繼任人選作為反制。京都與鎌倉這兩座首都之間的連結，便因一位軍事首領坐鎮在帝都而具體了起來。京都一地維持著宮廷行政系統。該城喪失了一大部分的政治性功能，而助長其儀式方面的功能角色。這樣的狀況，卻並未妨礙京都持續介入世俗事務。不過，出自「禮制」（régime des codes）的皇權在十三世紀起，則被「戰士習慣法」取代。戰士習慣法乃根據一二三二年寫成的《御成敗式目》（*Goseibai shikimoku*），意即「辨別善惡之規」這本律法彙集所定。

我們可以自問，自一一八五年起，基於什麼樣的理由，使皇家將完整的大權行使讓渡給東日本的戰士家系。即便有一套屬於「退隱天皇」的系統建置了出來，關東大武家的正面反抗以及上昇的權勢，在其中起了無可置疑的作用，進而削弱了天皇與皇家的力量。對鎌倉的「武士」而言，天皇在如此背景下萬萬不會拒絕讓他們取得公權力。然而，這項體制上的授受，也是再也無力有效維持國土東部秩序的皇家與鎌倉將軍們之間，所妥協出來的結果。這項協議，最初應該是著重在留給京都皇室貴族於本州中、西部尚有些作為的餘地，而該地也正是源氏與北條氏這些東方戰士仍略有施展空間的地方。實際上，在一二二一年宮廷黨派震盪——即承久之變（guerre de l'ère Jôkyû）——以後，如此的均勢狀態大多是將軍受益。不過這卻沒止住保有天皇以及天皇周邊貴族辯護皇權再起的宣告。自七世紀以來，帝制原則似乎也在整個日本的演進中，成了一項與日本主權發展同質的政治體制，但是這個政治體制卻和統治運作狀態兩者之間益有分別。在如此背景下，眼見天皇於將軍政體衰弱時，便固定趁機展現出自己的企圖，也就絲毫不令人感到意外。

一三三三年與一三三六年間歷時短暫的建武新政（restauration de Kemmu）正是此般情況。皇家分裂為兩個敵對陣營，如此情勢使後醍醐天皇（empereur Go-Daigo）於某種競爭態勢之下得利。我們開始衡量時代背景，以便理解後醍醐天皇如何在一三三三年成功建置復辟新政。鎌倉將軍的權勢自十三世紀末以來便開始衰弱，「幕府」忙著維繫內部相當脆弱的政治穩定，還得鞏固對藩屬網絡的掌控力道。該政權不打算有任何海外擴張行動，但還得面對蒙古攻擊本州南部所造成的後果。就這點來看，日本的情況與加洛林朝中人的例子大不相同；當權者從來就沒考慮過要仰賴帝制原則與活躍的征服行動，以強化日本中樞的權力。竭力與天皇保持疏遠關係、將同樣的帝制原則融入新起的將軍式秩序裡頭，如此作為難道會對「幕府」本身有什麼好處嗎？日本群島的地理情況也造就了如此局面，一如因日本群島統一情事而別具特色的中古日本史，基本上也並未朝向他方發展。一個普世性的羅馬政權的確令人著迷，但對於先集中於京都周邊，接著才由位處邊緣的鎌倉成為中樞，這樣的日本體制而言，卻是相當古怪的。就此來說，自七世紀以來，由於中國模式於日本又經歷了一番調適，所以也是一套失敗的外部模式。而且我們可否還記得大和王權的君主在六世紀時，便試圖影響朝鮮三個王國的政治生態，但卻以失敗告終的事呢？

與其將己方發展成一時興起且本身也難以承擔的征服者角色，日本人寧願自限於面臨外部攻擊風險的海岸防衛事務中。西南方的九州島便位處前線位置，該地自古代時期就有海岸防衛工事；七世紀時，日本便是以這些海岸防禦工事來面對中國人以及新羅王國的朝鮮人。六個世紀過後，蒙古人在征服了朝鮮之後便對九州一地形成威脅。蒙古人的陸上帝國，讓日本間接地在十三世紀進入歐洲史中；那是馬可孛羅在大汗的宮廷中得知這個位居極東、積聚著黃金與財富的邊境國家存在的時候。日本，也就是這個馬可孛羅所指的「日本國」（Cipango），即中文的「日本國」（Ribenguo）、「太陽昇起之國」，日文拼寫成「日本國」（Nihon koku）的地方。蒙古人是否為了奪得這些財寶，所以才派遣船艦到日本東南部呢？與日本群島的商業關係加深，這樣的現象讓日本海員、或者說日本海盜的獲利成長。蒙古人便是面對著如此情勢，憑藉中國與朝鮮的武力，先後於一二七四年與一二八一年兩度試圖登陸九州。儘管犧牲掉好幾千人，蒙古入侵行動每次都還是失敗。蒙古失利對日本人而言激起了很大的迴響。因為這證明了日方海岸防護工事的品質，「幕府」將海岸防衛工事養護得很好，抵擋敵人深入後方國土；也證明了「將軍」政權——更確切來說是九州的戰士們——或許遠較一支內部相當異質、甚至難以動員其朝鮮武力的蒙古軍隊更具有效的抗敵能力。日方的勝利，很快就被「幕府」拿來利用。「幕府」視此為在西方諸省內所發生的一項政治成功事例，亦為一個神明護佑的例子。而這些西方省分很晚才納入鎌倉勢力之下。一二七四年的颱風與一二八一年的暴風雨，也助長了保護日本的「神風」（kami kaze）傳說塑造。二次世界大戰時，該傳說也被移植與再利用，但卻成了具征服、擴張特質的日本帝國，在經營服膺日方利益與日本國家主義的「大亞洲」失敗後，試圖對美方所亮出的最後幾張底牌。

不過，日方抵抗蒙古的勝仗最後其實對鎌倉「幕府」演進以及「幕府」與京都天皇之間的特殊關係衝擊甚小。政治與領土上的利害關係顯然留滯於日本群島內部，而將軍則忙於調節邊陲地帶上升的勢力。十四世紀的前三分之一時期，後醍醐天皇特殊的生涯事業，使得藩屬的聲討勢力再度加入天皇宮廷的征討之中。後醍醐天皇是個有魅力與野心的人物，他認為天皇作為天照大神的代理人，乃是神與人之間的中介人，所以應該在國土統治中佔有一席之地。後醍醐天皇成功集結了一個由對古日本時期有懷舊情感的皇家貴族成員、心有不滿的戰士以及僧侶所組成的聯盟。後醍醐天皇一鼓作氣壓制住了將軍政權。鎌倉政權崩潰，仍留給天皇政府三年的餘裕。可是，復辟皇室卻無法重建足以令不同黨派戰士以及神職貴族利益皆能滿意的政治均勢，於是內戰再起，最終橫掃了復辟皇室。這是一個時代的跡象，中古社會已無法再自滿於單純的回首過往了，而是得考量到鎌倉將軍政權先前沒能牽制住的地方勢力。

將軍政權離崩潰仍相距甚遠，位處鎌倉的二元政體，又在足利氏（Ashikaga，一三七八—一五七三）治下重建了起來。新王朝這次意味深長地選擇中部地區，在緊鄰皇宮的京都安頓下來。足利義滿（Ashikaga Yoshimitsu）將軍於十四世紀初期，承接起由中國人所賜的「日本國王」一銜，蓋了著名的金閣（Pavillon d'or）。而這是否讓上皇的職權蒙上了一層陰影呢？無論如何，儘管日本在中世紀下半葉出現經濟與文化的榮景，足利氏依然面臨了新啟的戰事。那正是在十六世紀因領主對立加劇而留下印痕的「戰國時代」（sengoku jidai）。領主間的敵意最終壓過了中古的將軍政權，促成了德川（Tokugawa）一朝的到來。德川王朝於十七世紀初，仰賴一股強大且集權於中央的力量，再度統一了日本。德川氏成功地維繫了大權達三世紀之久，且確保了和平態勢，並且治理著一個秩序相當階層化的社會。日本進入了現代時期，同時保留著「幕府」制與「幕府」本身所融入的皇室架構。於是日本便只剩下明治天皇在位的十九世紀後半，有一個後果深遠的新興皇室復辟事件尚未歷經。帝制在明治時代以及隨後二十世紀的昭和（Shôwa）裕仁天皇（Hirohito）的變革下，出現一套足堪辯證日本政權重建的意識形態與歷史傳統。在此處，神話與帝國歷史確保了統治正當性。

總歸來說，自七世紀至十九世紀，甚至直至今日，天皇難道不就構成了日本政治生態的共識嗎？然而，我們卻不應將日本天皇視為主權與公權力的保管者；畢竟西方的「帝權」（imperium）稱號，其中的威信是以混合著「權威」（auctoritas）與「權力」（potestas）這兩者的力量所鋪陳出來的。日本天皇可以是政治生活組織者，也可以是將人的命運與諸神意旨結合的協調狀態的擔保者，以及淨化社會程序的調節人。他扮演著執政者角色，且行使主權。一九三〇年代極端國家主義的偏差，導致裕仁天皇擅用日本帝制的意識形態工具，為自己的帝國主義抱負背書。不過，天皇如果不自居為政治博弈裡的仲裁角色，通常也難以將自己當成其中的玩家。他在政治博弈中不具職權，這點無疑解釋了帝制之所以歷時長久的原因。日本帝國自古代時期開始延續，並影響了中古與現代時期的時代步調。日本帝國還進而象徵化其神話起源。

就西方中古時期而言，不論是加洛林王朝或日耳曼皇帝，這些皇權都是憑藉著本身「帝權」施行的原則以及帝國統治的模式；古代與中古時期的日本帝國，則寧可圍繞著某種政治表達原則來組織自身。就憑這一點，讓先由皇家、接著由「幕府」所負責的政府周邊組織成形。天皇的存在是被抹滅了，但他也定期涉事，構成了一套滲入文化、宗教與神話的框架，以及一項保證官方時代延續性並證明政治正當性的參照樣本。帝制在中古將軍政體到來時能存活下來，是因為帝制決定了主權基礎；這點甚至還被鎌倉、京都的將軍，或是江戶（Edo，即東京）的將軍拿去利用。當西方世界的中古帝國透過主權表達本身的政治行動時，帝制原則在日本所代表的則是一個統治正當性的儲備資源。這造成了日本中古政權有著二元傾向，也有著雙倍的中樞權力關係，而且牽制地方藩屬的必要性也隨之加乘。

當「幕府」還未受到中世紀末竄升的邊陲勢力與社會不穩定發展衝擊之前，如此情況尤其使之得利。十七世紀初，將軍政權在江戶重組，同一時間，京都這個古帝制首都則一直都是存在的。這便開啟了一個與中古有別的新時期。這個新時期與中古的區別在於，中樞以階層及地位來確立和平，且制定社會競爭的能力；在此借用皮耶—法蘭索瓦・蘇以西（Pierre-François Souyri）於《新日本史》（*Nouvelle histoire du Japon*）這本好書中所用的詞彙，即所謂「日本式的舊體制」（Ancien Régime à la japonaise）。這卻是一個透過相當具原創性的主權漸進過程，對其作出定義，並將君主統治重建起來的舊體制；其中的原則依舊保持帝制，但具實質作用的形式，則成了將軍制。

第十章 美洲諸太陽帝國

卡門・貝拿（Carmen Bernard）

墨西卡人（Mexica）與印加人（Inca）構成兩個美洲古典的帝國擴張典範。這兩個帝國約在十一世紀建成，且在十六世紀隨著西班牙征服而崩潰。日耳曼人文學者於十五世紀末將歐洲史劃分為三段分期，而此兩帝國便處於所謂的「中世紀」時期。然而，美洲帝國與舊大陸（Vieux Monde）帝國之間，卻有天壤之別。在美洲，大規模的國土整治工程，好比道路、橋樑、灌溉運河，以及宏偉的建物（金字塔、廣場、神殿、壁壘），都是單憑人力建起來的；因為拖曳重物與載人的牲畜（公牛、母牛、馬匹、驢子），還有雙輪車、四輪車、雙輪拉車與其他的運輸工具，以及鐵製工具（刀具、棍棒、鐵桿與鋼製剪刀）都是由西班牙人和葡萄牙人自十五世紀末才開始引進的。墨西哥和祕魯兩地各自所持的領土，都遠比現今以該地稱呼作為國號的政權還要廣闊得多。因此，此兩地有一定數量的政治、經濟與意識形態標準是符合古典帝國定義的，好比一個至高無上的權力機關控管著一片路徑、道路交織的廣闊領土；制服了多個民族，使其成為上貢者；軍事的擴張，以及強勢地施行一個以中央政權壟斷戰事為基礎的秩序。

在考古文獻中，統治著一片廣大區域的任何政治總體都被視為一個帝國，所以在此兩椿事例以外，應該還要加上其他大型政權，例如奇穆（Chimor）這個在祕魯北岸擴張且與印加同時代的王國；該國後來在一四七〇年被印加人所征服。還有位處西墨西哥的米卻肯（Michoacan），以及從未被墨西卡人征服的塔拉斯卡王國（le royaume des Tarasque）。在馬雅（maya）世界裡頭的人民，由於嫻熟書寫文字與數學估算，而成了全美洲大陸最先進的民族。二〇一七年的雷射影像，則揭露出在瓜地馬拉（Guatemala）的佩滕（Petén）熱帶叢林中數個世紀以來被掩蓋住的建物規模。三十公尺高的金字塔，還有六萬多座神殿、宮殿、陵墓、堡壘、道路與其他建物，提供約達千萬的人口遮風避雨。不過，至少就現今的研究狀況來看，這些被古老敵手之間的交鋒所撕裂的巨大城邦政權，似乎未曾服膺過任何一個中央政權。

印加與墨西哥（mexicain）帝國的鼎勢都在十五世紀，而本文即著重於探討讓此兩座帝國得以成形的擴張活力。我們所持有的文獻主要為考古資料，並以西班牙人、混血人士與原住民於歐洲征服（Conquête）之後所撰寫的編年紀事來補足。不過，這些十六世紀的歷史紀事需要經過雙向解碼。一方面，西班牙人常以本身的政治觀念來解讀原住民的現實客觀事物；另一方面，提供這些訊息的人士，不管是祕魯人或是墨西哥人，都會隨著世系從屬、身分地位與出身，而有各種不同版本的事實。因此，隨著編年史家徵詢的對象不同，歷史事件可以出現各式不同的寫法。瑪麗亞・羅斯托沃夫斯基・德・迪耶・坎塞科（María Rostworowski de Diez Canseco）就將此種省思運用於印加人身上，不過這點同樣也可以延伸運用在墨西哥人身上，當然也適用於歐洲的編年史家。[1]

印加人不是「國家」，而是一個號稱源自太陽的「世家」。印加人可能是外來的民族，某些專家認為他們來自熱帶低地或是的的喀喀湖盆地（Titicaca），然後約在十世紀時在庫斯科谷地（Cuzco）定居下來。印加人以其軍事能力和意識形態來威嚇眾人，漸漸地將塔灣廷蘇優（Tawantinsuyu），即所謂「四區之國」（pays de quatre quartiers）的數千個農人社區融入其中。庫斯科城是這個帝國的中心，該城在較古老的文獻裡和統治王朝是混合在一起稱呼的。大約在一五二〇年時，塔灣廷蘇優北從帕斯托（Pasto）地區，即今日的哥倫比亞（Colombie），拓展到智利中部與阿根廷西北部。印加人的軍隊東達巴西的馬莫雷河（Mamoré），卻沒能成功在這個與首都相距太遠且寬闊的熱帶地區建立起穩定的殖民地。

納瓦人（Nahua），即「講話清楚的人」，為語出納瓦特爾語（nahuatl）的稱呼。他們在中美洲涵蓋多個出自北墨西哥的部落，而其中便包括阿茲特克人（Aztèque）。根據用以解釋阿茲特克人超越一般特質而塑造出來的神話，他們來自一座被稱為阿茲特蘭（Aztlan）的神話島嶼。阿茲特克人由該地出發，在守護神暨太陽神維齊洛波奇特利（Huitzilipochtli）的保護下，展開了一段長途跋涉。在多部書籍或手稿（codex）中所描繪的這段長程遷徙過程裡，他們被引到了圖拉（Tula）這座托爾特克人（Toltéque）的首都大門前。當阿茲特克人在特斯科科湖（Texcoco）的一座島上定居並建立起墨西哥（Mexico）時，阿茲特克人即成了墨西丁人（Mexitin），接著則轉變為墨西卡人（Mexica）。幾十年以後，最初簡陋的小村落成了美洲大陸權勢最大的城邦，還是世界上人口最多的城市之一。[2]墨西哥—特諾奇提特蘭（Mexico-Tenochtitlan）政權在讓鄰土臣服之後，打算統治阿納瓦克（Anáhuac），即環繞著人居世界水域的大西洋與太平洋海岸。在西班牙征服的時候，有幾個城邦依舊維持著自治。

美洲於十一世紀的視角

自考古學中得知印加人及阿茲特克人大約在西元一千年左右出現，我們能透過這點學到什麼事情呢？在整段漫長的「安地斯社會」歷史中，觀察到了幾個常態。首先，任何有力的政權都有意進入造就祕魯特色的三個生態突顯區：乾燥的太平洋海岸、高海拔地帶，以及亞馬遜山麓地帶（Piémont amazonien）。最初的幾個城邦是沿著海岸邊，從現今與厄瓜多和智利的邊界發展起來的。為了讓這個散布著小綠洲的地區變得能夠居住，人們應該整頓過這個地方，而且自美洲文明形成期（le Formatif，約西元前一千六百年）開始，灌溉運河就引流了來自山地溪流的水源。安地斯山脈的高地與夾在峭壁之間的谷地，由於地勢起伏與海拔高度而難以接近，則是其中的第二個地方。最後一個區域則是一直往亞馬遜無限延伸的熱帶山麓地帶，多種對儀式來說極其重要的植物，諸如古柯樹、卡皮木屬藤蔓植物，還有菸草，以及珍稀物材，如羽毛、黃金與木材也都來自此地。這三個地區之間的交流是不可或缺的，而且我們可以在美洲大陸最古老的瓦爾迪維亞文化（Valdivia）中發現這些往來交流。[3]

安地斯在歐洲征服前的歷史，是由社會分裂、城邦敵對，以及政治、意識形態的融入歷程等上述兩種時期更迭，留下軌跡。查文德萬塔爾（Chavín de Huántar），便是建在一個高海拔、近馬拉尼翁河（Marañón）流域及太平洋海岸，即庫比斯尼克文明（Cupisnique）的地方，是祕魯首座大型文化群聚。即使查文德萬塔爾在海岸地帶建立起多個孤立的領土或殖民地，且在一片占地廣大的地區傳播起本身的宗教原則，更有意要藉北部海岸與熱帶低地來掌控交流網絡，但將其稱之為「帝國」卻不甚適切。查文德萬塔爾是第一個具備這種安地斯融合傾向的模式，此種傾向將諸城邦納入了中樞的監護之中（西元前九百年至前兩百年間）。而蒂亞瓦納科－瓦里文明（Tiwanaku-Wari）則創建起一個介於聖殿與軍事政治組織兩者之間的政權，為安地斯山脈的原型帝國（約於西元三百年至一千年）。最終，庫斯科谷地的印加人，創建了浮現於十五世紀初、並於一五三三年被征服的真實帝國。

在安地斯山脈的核心，蒂亞瓦納科的的喀喀湖盆地，神聖的大城邦存在將近千年以後崩潰；瓦里作為蒂亞瓦納科城以祕魯阿亞庫喬（Ayacucho）地區為中心的政治、文化延展勢力，也一樣瓦解了。蒂亞瓦納科─瓦里文明，以其軍事擴張政策、「殖民地」創建，以及散播一套以「神持權杖」為代表的宗教意識形態，可被視為印加帝國的先驅帝國。這是首度有政治霸權移動到祕魯高地上。安地斯山脈的各個高原是駱駝屬牲畜馴化的搖籃（西元前四千年）。駱駝屬牲畜馴化是整個美洲大陸獨一無二的現象，也是與中美洲一道真正的分野。駱馬和羊駝是主要的肉食來源。這兩種動物提供了品質優良的獸毛，而羊駝獸毛則能以祕魯這個世界一大紡織文明的多種技術進行加工。這些動物在婚娶嫁妝與政治聯盟中，同樣也具備重要的功能。最後，在許多人類獻祭中，此兩種動物也會隨同獻祭，並且取代人身祭品。

在這個高海拔、礦產豐富的地區，砷銅與銀的冶煉技術約在西元前一千八百年時出現。後來，利用「銅錫合金」這種盛產於玻利維亞與智利北部的礦石，人們得以製造出青銅器。在北岸的希坎（Sicán）便出現了極薄且被稱為「奈培」（naipe），即「遊戲卡」的牌子。這些卡牌就是以的的喀喀地區的礦石加工製成的，在規模有限的交易中被用來當作籌碼。在西元一千兩百年左右，同樣也是在希坎製造的銅斧，則經由海路，從厄瓜多的曼塔（Manta）地區，大量輸入墨西哥西部。[4]最後，馴化過的馬鈴薯則確保了蒂亞瓦納科─瓦里的社群一項穩固的食物基礎。乾燥的根莖暴露在寒冷、海拔四千公尺以上的地方，自然是可以久藏的，而且此物還能彌補天候風險。

阿根廷西北部也沒脫出蒂亞瓦納科—瓦里文明的影響範圍之外，甚至連亞馬遜山麓地區也是一樣：來自的的喀喀湖盆地的商業網絡，觸及了座落於波利維亞熱帶低地的莫克索斯地區（Moxos）。這座商業網路將亞馬遜與奧里諾科河（Orénoque）的民族串連在一起。當蒂亞瓦納科—瓦里文明維繫百年的平衡被打破時，在庫斯科谷地所創建的殖民地就開始自治。在瓦里文明終結與印加時期到來兩者之間的空檔，區域性的戰爭加劇了，高地的堡壘「普卡拉」（pukara）取代了要道旁的開放型村莊。在阿普里馬克流域（Apurímac），先前屬於蒂亞瓦納科—瓦里帝國衛星勢力的昌卡人（Chanca），身處庫斯科谷地的小城鎮與海岸地帶之間，擋住了這些小城鎮與海岸的聯繫。

在中美洲，建於特斯科科湖畔、壯麗的特奧蒂瓦坎（Teotihuacan）城邦（西元兩百五十年至六百五十年）餘暉，也以一場擾亂這片廣大地區平衡狀態的崩解作為尾聲。世上所有的已知財富，都聚集在這座擁有二十萬居民的大城市裡。該城的居民分布於面積達二十四平方公里的土地上。此城依循星象分布以及突出於地平線之上的山峰頂點所建構出來的都市計畫，以及高大建物的各種數學比例、排列走向，都反映出建城者想讓這座城市成為大宇宙複製品的心思。

特奧蒂瓦坎的居民為多民族結構。城裡有某些特別的街區保留給薩波特克人（Zapotèque）、塔拉斯卡人（Tarasque）、瓦斯特克人（Huastèque）、墨西哥灣沿岸的商賈，以及聚集在主要生產蛇紋石面具工坊的玉石加工商居住。馬雅風格的壁畫、圖像字形，妝點著特潘帝提拉（Tepantitla）與特提拉（Tetitla）壁壘的外牆。來自整個中美洲、其中也包括來自古奧爾梅克文明（olmèque）的供品，放置在墓地與廟宇中，而這也彰顯出特奧蒂瓦坎一地囊括了所有已知世界的財富。

特奧蒂瓦坎的政策是否如同某些專家筆下所寫，大致採和平政策呢？[5]特奧蒂瓦坎統治過在瓦哈卡地區（Oaxaca）的阿爾班山（Monte Albán），當地可能就是文字書寫與數學的中心；其在維拉克斯地區（Veracruz）同樣也具影響力。特奧蒂瓦坎曾急遣過幾批大軍到瓜地馬拉低地，其戰事首領接著便在提卡爾（Tikal）定居下來。戰士的形象種類為數眾多，他們頭戴絢麗的羽毛冠、手持投擲器；而人類獻祭的跡象也非常多。[6]然而，這座大城邦似乎並未打算兼併遠方土地，其主要目標是掌握從奧爾梅克人時期以來，在中美洲與巴拿馬地峽便已然存在的商業網路。於是，我們在這座城邦的政治擴張行動中，便再度發現如同祕魯一般想要掌握原料及珍稀物件交易的意圖。

人們稍後在墨西卡人身上也可以見到的事物結合象徵，則出現在特奧蒂瓦坎；這些結合象徵的事物有：羽蛇、雨神暨繁殖神特拉洛克（Tlaloc）、象徵心臟的神聖貝殼，或是象徵權勢的編毯（如舊世界的王位）、戰士的鸚鵡羽冠，以及蛇這種被視為標示了神聖空間的動物。對墨西卡人而言，特奧蒂瓦坎這座荒廢數個世紀的城市，是創世之所。根據傳說，為了賦予第五顆太陽（Cinquième Soleil）創造的力量，諸神便在此投火犧牲。可是，這個初始的犧牲，卻不足以穩住第五顆太陽的活力。因此，為了延遲這個太陽無可避免的熄滅，必須用人類的心臟來加以餵養。這則墨西卡人所轉述的創世故事，可能就和古老的圖像殘片所顯示的一樣，誕生於特奧蒂瓦坎一地。[7]

美洲古代最大城邦的衰敗與毀滅，與墨西哥中部突然湧入來自北方乾燥地區的民族有關。奇奇梅克人（Chichimèque）從七至九世紀，陸續大量來到該區，隨著這些納瓦部落向前挺進，並往中美洲移動，接著便在該地定居下來。在這些民族中，便有阿茲特克人的身影；他們歷經遷徙與考驗後成為墨西卡人，在中美洲建立了一個政治、軍事無人出其右的強權。[8]

墨西卡帝國策略

墨西卡人自十四世紀起，出現政治上的突破。在一三二五與一四三〇年間，墨西卡人占領了特斯科科湖上的一座小島，向特帕內克人（Tépanèque）上貢。特帕內克人是一支早在墨西卡人到來以前，就在特斯科科湖畔阿斯卡波察爾科（Azcapotzalco）城邦定居的納瓦人。特帕內克人的對手是定居在特斯科科的阿科爾瓦人（Acolhua）。特帕內克人在墨西卡人的支援下，制服了阿科爾瓦人。不過，墨西卡人接著便和湖區其他的城邦聯手反抗特帕內克人。因為特帕內克人不願屈服，所以在歷經一百七十四天的戰事之後，阿斯卡波察爾科這座城邦便被摧毀。

一四二八年，一支新的軍事勢力誕生。這股勢力是由墨西哥（Mexico）、特斯科科與特拉科潘（Tlacopan）三個城邦所組成的三方聯盟。此聯盟的首要目標在於掌控特斯科科湖周圍地區；即便還有查爾科（Chalco）在湖的極南側抵抗了十年，這項目標依然很快就達成了。原則上，組成此聯邦組織的各城邦都統治著自身的領土，不過在幾十年內，墨西哥－特諾奇提特蘭便樹立起帝國首都的威名。

墨西卡人所採用的不是什麼新穎的統治策略，改變的是其干預事務的程度。墨西卡軍隊不限於只管轄臣服墨西哥谷地的眾城邦，並求其進貢而已，還以更遙遠的阿納瓦克沿岸為目標。如此的影響力擴張，使城邦朝貢行政系統漸趨複雜，也讓軍事部署倍增。除了特奧蒂瓦坎以外，中美洲尚無其他政權曾經成功統一過墨西哥谷地。阿斯卡波察爾科的崩潰，成了創建墨西卡帝國的關鍵事件；此兩勢力一起一落，歷時未滿一世紀。[9]

中美洲城邦是由一名被稱為「特拉托阿尼」（Tlatoani，意即「讓人害怕，而且很會說話」）的君主來治理的。這名君主由一個諸多君王所組成的委員會遴選出來。根據史料，伊茲科瓦特爾（Itzcoat，一四二七－一四四〇）為首位墨西卡「特拉托阿尼」，他出於本身的軍事勇氣與智慧，名正言順地成為「特拉托阿尼」。在伊茲科瓦特爾治下，貴族與平民間的地位差異擴大；至於君主的神聖特質則被強化。為了鍛造出墨西卡社會的軍事風氣（ethos），伊茲科瓦特爾創辦了男孩學習打仗的技藝學校。階層等級、箴言口號、部隊與種種區別，都是為了促進士兵的尚武熱忱，並獎賞最有效率的戰士，也就是「抓到最多俘虜」的戰士。「馬塞瓦勒」（macehuale，即農人）為數最多，則是在地方當局撥給他們的土地上耕作、上貢。「馬塞瓦勒」也可以進到為他們設立的軍事學校裡，成為鄉土戰士的一分子。商人與工匠成了另外的社會地位群體。商人被稱為「波契特卡」（pochteca），他們很富裕，投身於遠程貿易中，低調地前往偏遠地帶取得奢侈品項，諸如羽毛、寶石、項鍊、珍珠母，尤其是能轉賣為奴隸的人也是品項之一。「波契特卡」亦扮演偵察人員的角色；在籌備一場軍事行動前，他們會藉著商務遠行的機會來探查遠方民族的行為。不過，這一點並沒妨礙到他們為自己的利益行事。「波契特卡」只住在谷地中的十二個城邦，其中便包括了特諾奇提特蘭、特拉特洛爾科（Tlatelolco）與特斯科科。至於工匠，特別是玉石匠及羽藝匠，則像在特奧蒂瓦坎一樣，享有盛譽。工匠以協作方式組織，最好的工坊位於墨西哥及特拉特洛爾科。這是因為首都的雄偉之處，不僅在於反制武力，也在其積聚財富的規模上。

在社會底層還有「馬耶克」（mayeque），他們是在貴族土地上常駐的勞工，被豁免上貢，但卻終生為農役束縛，而且還得跟著軍隊移動來擔保後勤。再往下的話還有奴隸，他們有自立門戶的自由，甚至還能擁有一小塊土地，但卻是為主人服務的；主人可以支使奴隸的人身，也能把他們犧牲掉。

要了解墨西卡擴張的模式，就得先從「阿爾特佩特勒」（altepetl）這個政治、社會單位談

歐洲征服前的墨西哥

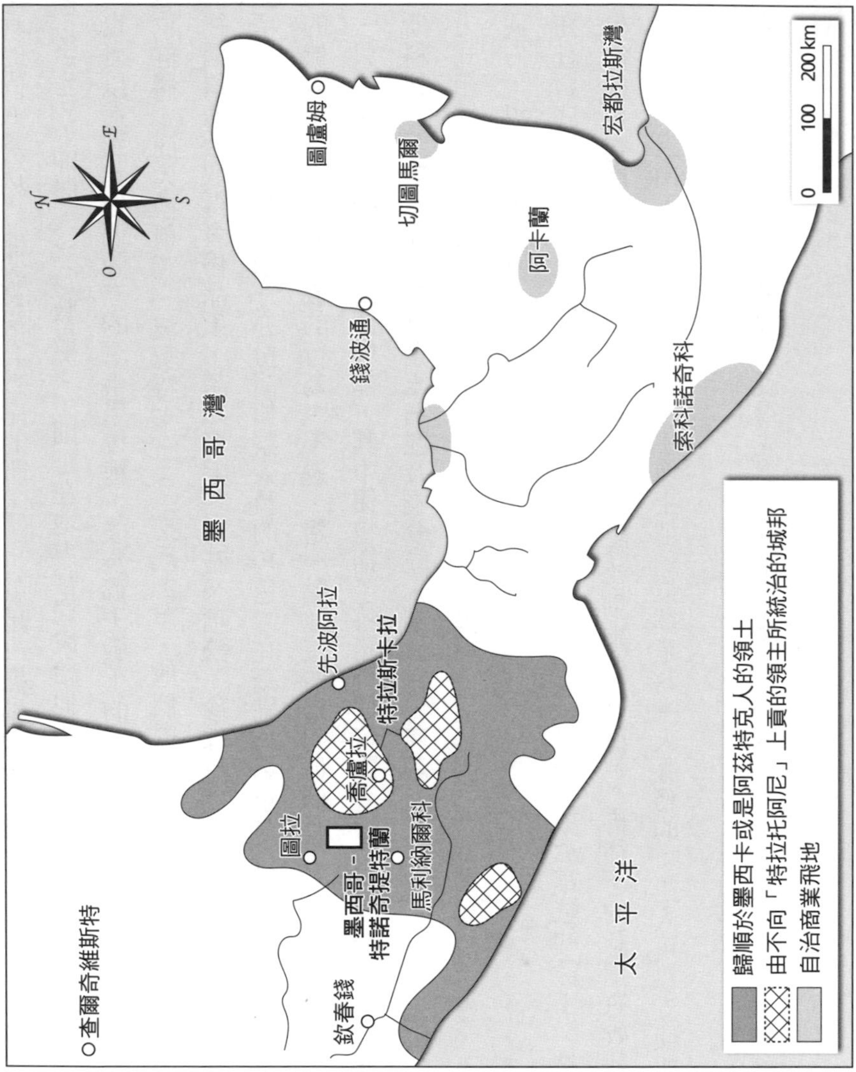
墨西哥灣
太平洋
宏都拉斯灣
圖盧姆
切圖馬爾
阿卡蘭
钱波通
索科諾奇科
先波阿拉
特拉斯卡拉
喬盧拉
圖拉
墨西哥-特諾奇提特蘭
馬利納爾科
欽春钱
查爾奇維斯特
N
E
S
O
0 100 200 km
歸順於墨西卡或是阿茲特克人的領土
由不向「特拉托阿尼」上貢的領主所統治的城邦
自治商業飛地

一五一九年墨西哥周邊一覽

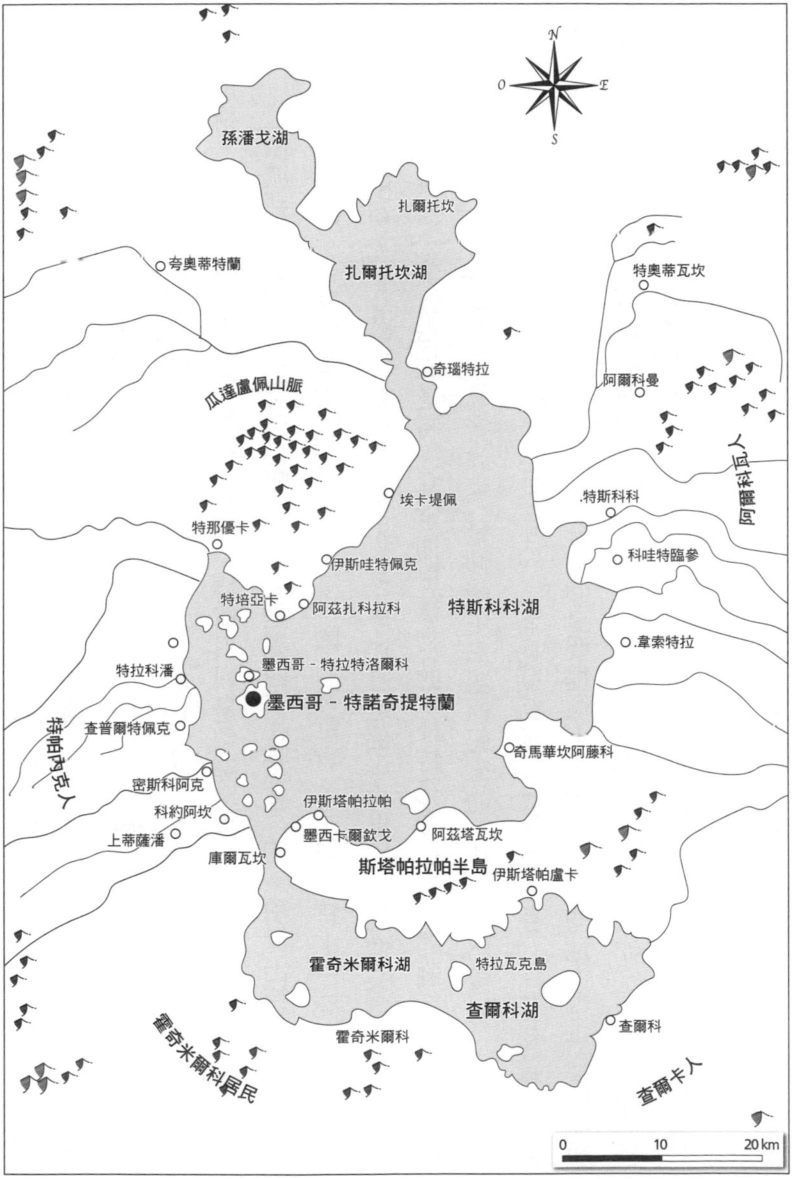
N
O
E
S
孫潘戈湖
扎爾托坎
扎爾托坎湖
夸奧蒂特蘭
特奧蒂瓦坎
奇瑙特拉
阿爾科曼
瓜達盧佩山脈
阿科爾瓦人
埃卡提佩
特斯科科
特那優卡
科哇特臨參
伊斯哇特佩克
特培亞卡
阿茲扎科拉科
特斯科科湖
韋索特拉
墨西哥－特拉特洛爾科
特拉科潘
墨西哥－特諾奇提特蘭
特帕內克人
查普爾特佩克
奇馬華坎阿藤科
密斯科阿克
伊斯塔帕拉帕
科約阿坎
墨西卡爾欽戈
阿茲塔瓦坎
上蒂薩潘
庫爾瓦坎
斯塔帕拉帕半島
伊斯塔帕盧卡
霍奇米爾科湖
特拉瓦克島
查爾科湖
查爾科
霍奇米爾科
霍奇米爾科居民
查爾卡人
0
10
20 km

起。「阿爾特佩特勒」即一座村莊，以及其轄區與人口。地方領主控制著物資與人力。墨西卡人除了和一些頑強抵制的民族對抗以外，他們還維持了這個政治結構，並且建立起某種形式的間接統治，以維護秩序、確保抽取貢賦。有某些城邦是由多個「阿爾特佩特勒」所組成的，這些「阿爾特佩特勒」主要出現在納瓦人的城邦，而與特帕內克人、特諾奇卡人（Tenochca，墨西卡人之別稱）或是查爾卡人（Chalca）相同。特斯科科是個區域型政權，在十四個城邦政權施行權勢。這個城邦和政治階層的嵌合關係，則又是墨西卡帝國薈萃的一項傑出特色。[10]

經濟籌碼是墨西卡帝國擴張的動力。墨西卡帝國透過獻貢、「波契特卡」商賈與市集這三種途徑來取得財富。門多薩手抄本（Codex Mendoza）這部十六世紀的圖像文獻，便描繪出中央省分的獻貢義務。獻貢指的是將一套定期提徵物品送往特諾奇提特蘭的制度。這套制度由「卡爾皮克斯」（calpixque）管理，其乃是仰賴中央組織起來的。特拉特洛爾科、佩特拉卡爾科（Petlacalco）、阿科爾瓦坎（Acolhuacan）、夸奧蒂特蘭（Cuauhtitlan）、維伊波希特蘭（Hueypochtlán），以及查爾科都是墨西哥谷地的重要提徵上貢中心。這些地方得供應服裝與盾牌給諸位戰士，但是其貢獻的品項，卻主要為食用產品及實用的物資，諸如定額的織品與織毯，或是固定數量的墨西哥龍舌蘭蜜。特拉特洛爾科則是唯一得供應可可豆的城邦；可可豆是巧克力的原料，也是市集的本位貨幣。

獻貢系統最先是由伊茲科瓦特爾於墨西哥谷地組織起來的，接著再延伸到外部省分去。墨西哥當局實際上偏好保留地方領主在當地的地位，然後透過這些在地領主，自地方上的財富獲利。[11]如果遇到在地物產沒有直接包含在墨西哥當局所設定的貢品品項中時，眾城邦則得透過商業交易，也許是和「波契特卡」往來，不然就是透過市集，以取得這些物品。鄰近墨西哥的城邦供應一籃籃的玉米，而異地物產則來自較遠的城市。某些專家認為，這樣的分配是某種合於經濟的考量，目的是要減低運輸成本。若不要先去否定這項解讀，我們還可以提出距離遙遠、稀有性與價值之間的關聯：這點即為遠程商業的常態。[12]超出墨西哥谷地中央的軍事擴張行動乃是阿薩卡亞特爾（Axacayatl，一四六八—一四八一）的作為。「特拉托阿尼」從此便以控制特萬佩特克地峽（isthme de Tehuantepec）一帶為目標。該地乃是通往瓜地馬拉的路徑。然而，儘管有一支近四萬人的軍隊，阿薩卡亞特爾卻沒辦法殲滅掉米卻肯的塔拉斯卡人，也無法制服特拉斯卡拉人（Tlaxcaltèque）。此外，亦有其他有助於奠定「墨西哥式和平」（paix mexicaine）的策略，好比墨西哥的「特拉托阿尼」獻出女兒與地方君主聯姻，抑或是將土地分配給菁英的這些作法。

一四八六年，阿維特索特爾（Ahuitzol）被選為墨西哥的大「特拉托阿尼」。依慣例，新君主為了獲得在加冕慶祝典禮將被獻祭的俘虜，都會展開新征服行動。而在這場典禮中，為了讓不願降服的眾領主印象深刻，於是便在墨西哥的大神廟（Mayor Templo），殺掉來自附近城邦的八萬零四百人。即便這個數量似乎太超過了，卻顯示出人祭在十五世紀的最後幾年，已

印加帝國

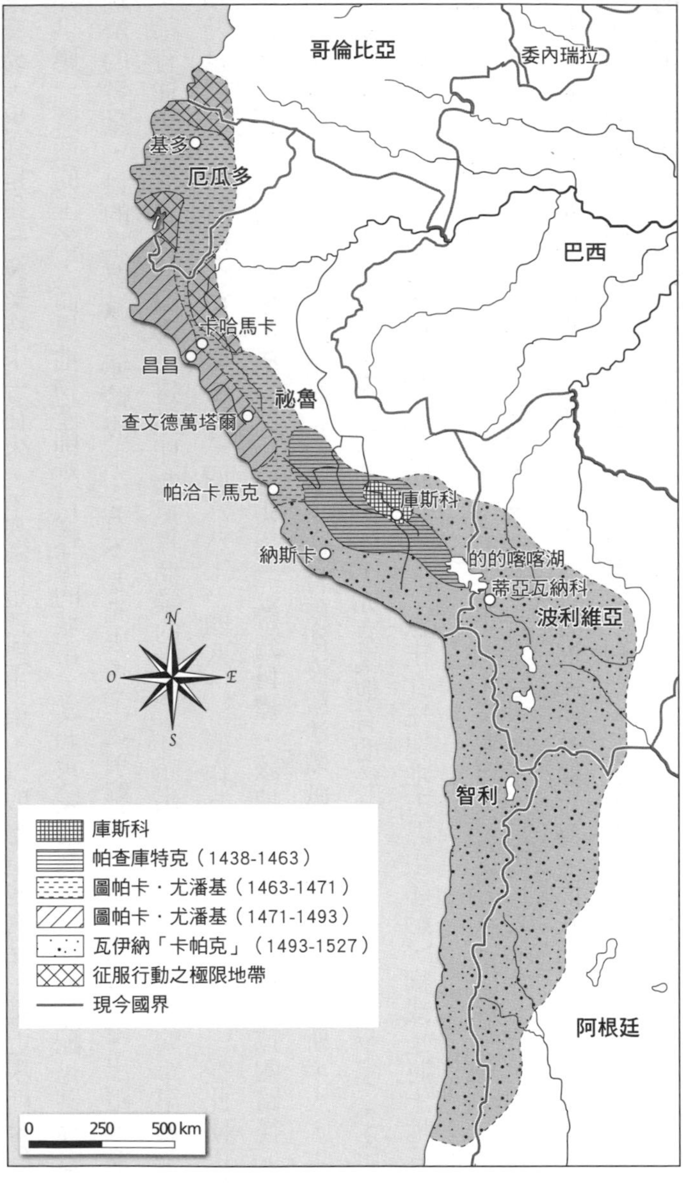
哥倫比亞
委內瑞拉
基多
厄瓜多
巴西
卡哈馬卡
昌昌
祕魯
查文德萬塔爾
帕洽卡馬克
庫斯科
納斯卡
的的喀喀湖
蒂亞瓦納科
波利維亞
N
O
E
S
智利
阿根廷
庫斯科
帕查庫特克（1438-1463）
圖帕卡・尤潘基（1463-1471）
圖帕卡・尤潘基（1471-1493）
瓦伊納「卡帕克」（1493-1527）
征服行動之極限地帶
現今國界
0 250 500 km

然超出了「榮冠戰爭」（guerre fleurie）的框架背景。人祭這個戰爭儀式，是由伊斯科阿特爾（Ixcoatl）的姪子特拉卡埃爾（Tlacael）所建立起來的；其目的為設置一個簡便、持久的「心臟市場」，俾利供應給他們的太陽神維齊洛波奇特利。特拉卡埃爾會選擇一些接近墨西哥的城市，好比特拉斯卡拉（Tlaxcala）、韋霍欽戈（Huejotzingo）與喬盧拉（Cholula），而非遙遠、住著血肉不討神歡心的「野蠻人」城邦。由於殲滅人口會造成這項珍貴資源枯竭，所以「榮冠戰爭」得遵守一定的時程。特拉卡埃爾命人燒了古老的手抄本，因為在這些篇章裡頭，新來到高原的墨西卡人與維齊洛波奇特利這位屬於他們的神都沒出現過。自現在起，歷史完全就是墨西卡人版本的歷史。

一五〇二年，蒙特蘇馬·索克約特辛（Moctezuma Xocoyotl）鞏固了先人所獲得的成果。在他統治期間，墨西哥市達到雄偉壯麗的頂點。該城以大約三十萬的居民人數，成了地球上人口最多的城市之一。墨西哥城邦與陸地藉三條堤道相接，而特斯科科湖在歐洲征服時，則有大量補給該城的輕舟交錯往來。墨西卡人首都所再現的壯觀規模，在某種程度上，可是超越特奧蒂瓦坎的。

庫斯科的策略

西班牙人編年史家所蒐集到的傳說提到了四個（或三個，依不同版本而定）印加人與自己的姊妹暨妻子，都是從帕卡里坦博（Pacaritambo）的一座洞穴（或的的喀喀湖的一座島上）迸生出來的。沒了太陽父親的保護，且歷經了幾場冒險以後，有一部分的兄弟姊妹成了石頭或是鹽巴。曼科「卡帕克」（Manco Capac）引領印加人來到早就被其他民族先行佔領的庫斯科谷地。印加人最終統治了這些民族，還娶了當地的公主。印加前五個王朝，都出自「烏林庫斯科」（Hurin Cuzco），即出身下半階層的庫斯科。自第六位君主開始，則是「阿南庫斯科」（Hanan Cuzco）這位出身上半階層的君主統治，這或許也是某種社會地位晉升的跡象。[13]歷史轉捩點則出現在第九位印加君主、「大轉型家」尤潘基．帕查庫特克（Yupanqui Pachacutec）統治時期。他在戰勝昌卡人這支封鎖住阿普里馬克谷地的民族後，打通了庫斯科谷地，印加人令人目炫神迷的擴張行動從此便暢通無阻。要注意的是，絕大部分的文獻咸認帕查庫特克是一名篡位者，他坐享他父親維拉科查「印加」（Viracocha Inca）這位真正帝國創建者的王位。不過，維拉科查可是一位重要的神祇。歐洲征服時期的印加當代人，認定他是蒂亞瓦納科的太陽門上所刻的太陽神，即「持權杖的領主」。

殖民文獻推定出「印加」帕查庫特克（Inca Pachacutec）即位的時間約在一四三八年。在他於一四七一年猝逝前，「印加」帕查庫特克把軍事事務委託給自己的兒子圖帕卡・「印加」・尤潘基（Tupac Inca Yupanqui），而圖帕卡・「印加」・尤潘基也成了最有成就的征服者。身為軍隊首領，他探勘了亞馬遜山麓地帶直到瑪代拉河（rio Madeira），即今日的巴西。口述傳說也證實了圖帕卡「印加」（Tupac Inca）可能甚至還有一支木筏艦隊穿梭在太平洋上。無論真假，這些謠言都反映出「四區帝國」（empire des Quatre Quartiers）藩屬對其軍事征服所激起的欽佩之情。一四九三年，圖帕卡・「印加」過世時，其子瓦伊納・卡帕克（Huayna Capac）延續了他的事業，且重新組織了從此由哥倫比亞南部的帕斯托，一路延伸到智利中部的帝國。瓦伊納「卡帕克」於一五二六年過世，開啟了一場其中包含庫斯科的瓦斯卡爾（Huascar）與阿塔瓦爾帕（Atahualpa）兩子之間對抗的王朝爭奪危機。阿塔瓦爾帕殺害了前者，然後在一五三三年，則輪到他自己被皮薩羅（Pizarro）這位征服者給處決了。

印加人的政治晉升是一個緩慢、但持續性過程下的成果，即介於西元前一千至一千四百年之間統治庫斯科谷地諸位領主的過程。庫斯科城在神話記述中被形容成一個被沼澤包圍的貧苦小市鎮，並在這四個世紀的時期中自行發展出來。十四世紀末，該城占地有五十公頃大，這樣的大小以一個位於安地斯山脈的地點來看，很是可觀。[14]印加人霸權建立在他們的軍事組織以及與其他群體的聯姻之上。我們可知瓦伊納「卡帕克」在其榮耀頂點時，除了擁有也身為自己姊妹的元配以外，還有地方領主與皇室家族締結而成的上百位側室。[15]印加人是以階層化的世家所組織起來的：「帕納卡」（panaca）聚集了印加君主的後人，而皇家「艾露」（ayllu）則集結了其他省分與皇家聯姻的菁英。因為對墨西卡人而言，貴族就是由豁免上貢的等級群體所組成的。從十五世紀中開始，印加君主就已然神格化，而且還有複雜的儀式，將他本人與近身人士隔離開來。[16]

印加人把征服到的人民土地分成了三部分：預計用來維持社群與本身權勢的土地、用來維繫政權且讓政權興旺的土地，還有註定留給太陽崇拜與皇家木乃伊的土地。土地耕作與過剩的生產則回歸到進貢者身上；進貢者以「密塔優」（mitayo）的身分，參與帶來集體利益的勞役。「密塔優」是「密塔」（mita）一詞所衍生的稱呼。「密塔」意指強制性輪班勞動；在社區、印加、神廟的土地上，以及礦場，還有城邦、神廟與道路的建造工程中，亦或是搬運或郵遞，都是執行這種差事的場合。加爾西拉索・德・拉維加（Garcilaso de la Vega）在十七世紀初所創造[17]、於現代時期又再度被拿來使用的「社會主義」烏托邦，其實是與印加政權背道而馳的，圖帕卡「印加」和瓦伊納「卡帕克」都被證實擁有「印加」作為個人用途的私有土地財產。此外，常貼近「印加」頭銜的「卡帕克」（Capac）一詞指的便是擁有軍事勇氣、薩滿知識，且物質生活富裕的人士，所具備的一股無形力量。[18]

一般人，即「密塔優」，都被束縛在分配社區裡，他們是用來供給個人需求、不可或缺的一份子，進貢勞役也是由他們來安排的。但是，某些社會階層的人士卻與社區斷開了連結，好比釀造玉米啤酒的婦女便是如此。玉米啤酒是在太陽祭儀中相當重要的飲品。與社區連結斷絕的人士還有編製精緻織品的女人，以及皇家後宮女子，上述這些女人被稱為「阿克拉」（aclla）。還有「亞納科納」（yanacona）這個群體，亦與社區連結斷絕；他們通常是神廟住持，而且也是為國王提供專屬服務的人員。「印加」可以急遣幾位忠貞的僕人，到帝國外圍的城鎮去觀察該地物資、人們的服儀與風俗。最後則是「米提瑪埃」（mitimae），即在「印加」命令下移居的開墾僑民（colon），他們在維繫帝國秩序方面扮演舉足輕重的策略要角。「米提瑪埃」一詞最先指的是「移動到另一片非自身土地的人」，如此作為的目的，是要確保與中樞相距甚遠的領土安全。這些人員定居在距離出身之地相當遙遠的地方，亦可充當導師，教導這些屈服的人民關於庫斯科人上貢事項、尤其是義務方面相關的慣例。[19]這類人員當中許多都是間諜，他們會留意並上報流言。

其他的「米提瑪埃」也會被調動到遭野蠻民族侵擾所威脅的邊境地帶。這些野蠻民族來自亞馬遜山麓地帶、基多（Quito）或是智利的塔灣廷蘇優邊界上。「米提瑪埃」住在有防禦工事的軍營裡，領收女人、毛織料、羽毛，還有金、銀手環。遷移這些人口還有另外一個理由，那便是殖民某個區域。這些「米提瑪埃」都被豁免上貢，而且他們也和其他人一樣領收女人與古柯葉。根據十六世紀的文獻，「米提瑪埃」制度是由帕查庫特克「印加」尤潘基（Pachacutec Inca Yupanqui）所創建、組織起來的。因此，這項制度便和庫斯科的擴張政策有關。

此制造成了「縱向性理論」，也就是出自不同社群的群體，占領了位於各種不同氣候區的土地。這些殖民土地可以是在相對接近中樞的地方，也可以是在距離好幾天路程的地方，像是的的喀喀湖的盧帕卡人（Lupaqa）殖民地便須一個半月的腳程；或是像在莫克瓜（Moquegua）或森林低地裡的拉雷卡哈（Larecaja）。[20]「縱向」參差的聚集地，由斷絕社區的家庭所組成，乃是安地斯自給自足的具體實現。這些聚集地全然或部分跨出了以物易物的網絡。此理想型態亦有例外存在；位在太平洋南岸的欽察（Chincha）這座以木筏船隊縱橫海岸而著名的城邦，便是一個首要的例外。

一系列的因素使管控塔灣廷蘇優這片人口估計有一千兩百萬的廣闊領土，成了一件可行的事情：軍事力量、面臨威脅時的「慷慨大度」意識形態、官僚結構、強迫遷移人口、重寫歷史與宇宙秩序，以及道路網。開通鋪設好的路徑、興建糧倉，以及將安地斯山脈的斜坡地整頓成可耕作的土地，這些都是瓦里的遺緒。自帕查庫特克統治以來，次級道路的維護、延長、開通保障了部隊移動與貢品流通。每位「印加」都得開通一條道路，這亦是帝國擴張的實質條件。通往帝國欽察蘇優（Chinchaysuyu）、科利亞蘇優（Collasuyu）、安蒂蘇優（Antisuyu）、孔蒂蘇優（Cuntisuyu）四個省份的四條道路都從庫斯科出發，然後通往縱向要道。

貢品是征服戰爭的要素，也是一種便於「印加」派遣來的「督察」直接控制社區的途徑。征服戰事主要是以嚇阻為基礎。社區面臨著可觀的武力部署，只好接受由庫斯科來庇護當地。

「印加」的「慷慨大度」，具體而言是指重新分配財產、抵抗氣候風險與外在世界攻擊的防護措施。乾旱、飢荒或水災的影響效應，都可訴諸國有倉儲、糧倉來彌補。被征服省分的領主，以聯姻與「贈禮」的方式融入政權中。儘管會有一位庫斯科公務員的職務與這些領主的職務重疊，他們仍是間接統治的核心人物。拒絕納入庫斯科朝貢網路的民族則會被滅族，而這些民族的諸位神祇「哇卡」（huaca）也會被永久摧毀掉。在基多北方省分，庫斯科對地方民族的鎮壓特別強勢。

印加人擅於制定出一套隨合理條件對進貢者分級的官僚系統，好比以十到一萬個家戶作為計算單位。[21]各省最理想的情況是集合了三萬家戶，並由庫斯科省長管轄。庫斯科省長乃是首長階層的頂尖人士。另一種理想的情況，則是由「庫拉卡」（kuraqa）主管從十到一萬戶的進貢單位。這種金字塔式的疊合，確保了命令得以傳達。將奇楚瓦語（quecha）以某種形式標準化，則讓管控更為簡便。各個社區的應辦事務，都載明於「奇普」（khipu）內。「奇普」是一個能夠登記每個獻貢單位應該繳納的物品數量、種類的系統：古柯、鹽、玉米、布料、涼鞋、礦石的數額，都以細繩上的繩結來表示。這個結合了絞扭細繩、繩結類型、顏色與數量的編碼書寫系統，也可能是輔助記憶某些歷史標竿事件的工具。

殖民時期舉辦過兩場大型調查，一是在一五六二年，於瓦努科（Huánuco）地區對邱巴邱人（Chupacho）的近身調查，另一場則是於一五六四年，在邱庫托（Chucuito）調查盧帕卡人，即的的喀喀湖的教士。這兩場調查，都闡明了政治系統的具體運作方式。在瓦努科的邱巴邱人所居住的地方，庫斯科設置的「米提瑪埃」就在堡壘裡頭，或者就在亞馬遜山麓地帶附近。庫斯科所任命的省長，每年控管一次工作成果，然後嚴厲地懲罰「怠惰人士」。原則上，獻貢物資就是當地的物產；可是鹽和蠟都要透過遠行以及與地方人士交涉方能取得。在盧帕卡人那兒，安納沙亞（Anansaya）的主要掌權人馬丁・卡里（Martin Cari），手下便有一個金銀匠工村莊，另外還有一個製陶工村莊聽令於他。馬丁・卡里還統治著定居在遙遠莫克瓜省的印地安人，以及住在有古柯生長的炎熱土地上的多個家族。除了製造毛料這項主要的貢品以外，原生居民還肩負著其他義務。馬丁・卡里要求下屬幹部每年都要選出介於四十到五十名之間的印地安人，以開墾民的身分到莫克瓜去，不然就是去薩馬（Sama）和拉雷卡哈的古柯田中，用自己的幾群牲畜去交換玉米。馬丁・卡里再給他們馬鈴薯、乾肉、獸毛以換取食物。下屬幹部交出六十名印地安人給馬丁・卡里去看管他的牲口群（他擁有好幾百頭牲畜）、監督他房舍內部，以及在莫克瓜他以私人名義持有的土地上勞動。他說這項特權是可以追溯到他祖上。

印加人自邱庫托省（Chucuito）各地的盧帕卡人（les Lupaqas）中徵調了六千名戰士，遣派至圖米班巴（Tomebamba）以平定該地之亂。但這些部隊似乎全軍覆滅了。盧帕卡人也為印加提供了開採邱基亞博（Chuquiabo）與波爾科（Porco）金、銀礦場的人力，以及建造庫斯科房舍的米塔約斯人（mitayos）。負責執行命令的庫拉卡人（kuraqas）更獲得了質地精良的布料與襯衣。此外，根據相關資料，米塔約斯人備受款待：他們有肉可食，也有玉米可吃，還能喝到「奇洽酒」（chicha）。

印加人的權勢乃是由太陽神來賦予其正當性的。鋪滿金板的太陽神殿（temple de Coricancha）是凝聚各種安地斯神祇、並將其置於太陽神護持之下的地方。印加崇拜並未摧毀掉有關「哇卡」，即古老起源聖地的信仰，以及該信仰的聖殿與儀式。這類的起源聖地通常是高山。被印加人所征服的民族，他們的「哇卡」象徵物，如小雕像、器皿、羽毛等，都被運到了太陽神殿，並且被保存於圍起來的空間之中。這是中央政權一種象徵性地將屈服社區的根源據為己有的作法。亡故的印加人木乃伊也置於太陽神殿內，且被視為神明一般受敬畏。將屍體木乃伊化是流傳千年的技術，可追溯到西元前五千年。印加人重新沿用這項傳統，讓他們個別的祖先成為全帝國的神聖守衛。木乃伊以及其標記與複製品，皆擁有土地與負責供應其吃穿的傭人。

太陽神殿是帝國的宗教中心。稱為「賽克」（ceque）的多條無形線條，像太陽般輻射出去，將太陽神殿與各宗教信仰的神殿（即「哇卡」）串連起來，並界定出負責養護上述地點的團體。這個理想模式顯示出印加人意圖將民族、省分、信仰合併於一個以庫斯科為核心的階層系統內。

此兩個皆由太陽神庇護的帝國似乎是無敵的。一五二一年，墨西卡人倒是被人數少得多的歐洲征服者以多場襲擊的方式打倒。[22]一五三三年，西班牙人在卡哈馬卡（Cajamarca）處決了瓦伊納「卡帕克」的其中一個兒子：「印加」阿塔瓦爾帕。上述潰敗的原因眾多，其中一個突顯出來的原因，乃是種種內部不和，使這些帝國整體變得脆弱。無論在墨西哥或是祕魯，西班牙人若是沒有受屈、不滿的城邦與民族相助，是不可能打贏墨西卡人與印加人的。傳染病、刀劍及火器所激起的驚嚇情緒，以及墨西哥、秘魯和西方征服者，兩造在戰術上根本就截然不同：一方帶有強烈的儀式性，而另一方卻猛烈發出致命的打擊。

第十一章 「帝國的影子」，論君士坦丁堡的拉丁帝國

佛羅倫斯．山普松妮（Florence Sampsonis）

第四次十字軍東征的法蘭克騎士，這些在一二〇四年奪取君士坦丁堡之後便投入攻擊拜占庭帝國領土行動的人，從未將自身征服行動的成果稱為「君士坦丁堡的拉丁帝國」。但是這個稱號卻被歷史學家使用。他們以如此的方式，小心地將此政治建構由羅馬帝國（即拜占庭帝國）這個十六世紀塑造出來的稱號區分開來。至於君士坦丁堡的諸西方君主，則堅稱其統治著「羅曼尼帝國」（empire de Romanie, imperium Romaniae），也就是羅馬帝國。「羅曼尼」（Romanie）指的是由「巴西里厄斯」所領導的東羅馬帝國。該詞自十一世紀末起，被義大利人用來指稱拜占庭帝國，更尤指該帝國的西部領土。希臘人身為其顯赫先人的合法繼承者，自稱其帝國為「羅馬人的帝國」。法蘭克人[1]並未創建出一個新的政權，但是他們卻聲稱自己正好就延續了這座為其所滅的帝國……。

這座帝國自一二〇四年起，被委交給法蘭德斯的鮑督因伯爵（comte Baudouin de

一二一六年的君士坦丁堡拉丁帝國

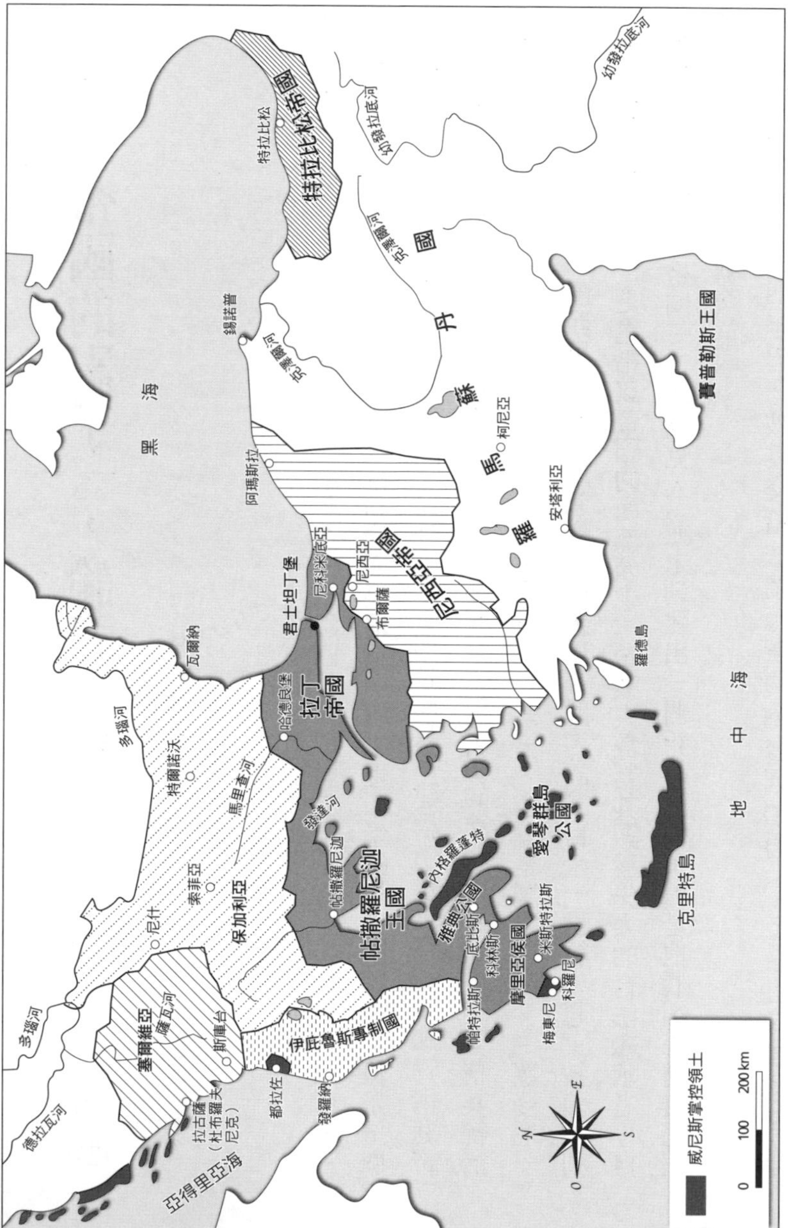

Flandre）。他在哈德良堡戰役（bataille d'Andrinople）前夕被俘期間過世，所以王位便落到了被咸認是拉丁帝國真正的奠基者鮑督因的兄弟亨利（Henri）身上。亨利的政治實現與在歐洲、小亞細亞的征服行動，使他得以在東地中海坐實自己的統治、扮演起策略性的角色。亨利統治期間為帝國盛世，接著由於拜占庭的收復行動，而形成一場緩慢緊縮的局面。一二一六年，亨利的姻親兄弟、庫特奈（Courtenay）的領主彼得（Pierre）加冕稱帝，但他本人甚至在到達君士坦丁堡以前，就已經過世。彼得的元配尤蘭德（Yolande）便一直代行攝政到二子羅伯（Robert）繼承王位統治為止；羅伯於一二一九年至一二二八年間統治拉丁帝國。而羅伯的兄弟鮑督因二世（Baudouin II）接著便繼承了羅伯的大位，但因為他還只是個孩子，所以就由布里昂的讓（Jean de Brienne）這位前任的耶路撒冷國王來行使統治權。布里昂的讓身為君權合夥人，他取得皇帝稱號，獲得了一直延續到他去世的統治權。一二三七年起，鮑督因二世便獨自領導一個規模縮小到只剩下君士坦丁堡及其近郊的帝國。他出外尋求過西方列強的支持，卻是徒勞無功。一二六一年，鮑督因二世就此永久離開了被拜占庭皇帝、巴利奧略家族的米海爾八世（Michel VIII Paléologue）所重新奪回的首都。

該帝國歷時短暫的特質，與其雄心大志背道而馳：怎麼一個本意為普世性、等同於日耳曼帝國（Empire germanique）規模的帝國，可以不斷被西方世界棄置，甚至一直忽略到此帝國誕生五十七個年頭消亡的那個時刻呢？十九世紀的歷史學家將拉丁帝國自遺忘中釋放出來。讓．

亞歷山大・布匈（J.-A. Buchon）便是其中一位史家，他在七月王朝時期替拉丁帝國做了一段溢美的記敘。七月王朝這段時期，也正是法國投入到非凡的殖民事功當中，並想尋回偉大過往的時期。拉丁帝國政權的歷史，特別是其認同議題，在今日則是一項考察、甚至是爭論的主題，其所根據的是拉丁文與希臘文兩種極度分散的史料。研究各種一下為拉丁帝國辯護、一下又譴責起這座帝國的文獻，我們得以開始探究該帝國真正的性質：這個帝國究竟是不是一個正如其自居的拜占庭帝國的延續政權，或者仍是一個如希臘人所設想的非法政權呢？此帝國是否至少是一座真正的帝國呢？

一個被十字軍篡奪、改變的帝國

東羅馬帝國像其他帝國一樣，是一個征服帝國。但是，它卻是以一種相當具有原創性的方式建構起來的。帝國的名號通常是賦予逐步取得領土行為的一項認可，不過在此則有了反轉現象：法蘭克人奪佔的可是一座已然存在的帝國。拉丁帝國實際上誕生於第四次十字軍東征。一二〇二年發起的十字軍東征偏離了聖地耶路撒冷這個原始目標，而轉為奪取君士坦丁堡。十字軍由於積欠先前提供船隻的威尼斯人債款，而身負債務；他們接受襄助並讓阿歷克塞四世・安格洛斯（Alexis IV Ange）登上拜占庭大位。阿歷克塞四世・安格洛斯是被自己兄弟阿歷克塞三世（Alexis III）罷黜伊薩克二世（Isaac II）、毒害的「巴西里厄斯」之子。法蘭克人以他們的支援，交換到阿歷克塞四世對其東征的財務、軍事支持的承諾。一二〇三年七月的第一場圍城行動，將阿歷克塞四世與他的父親迎回大位。可是面對國庫虛空大半，新任的輔國君在阿歷克塞．杜卡斯（Alexis Doukas）所策動的政變下蒙難之前，就已經延遲撥款給十字軍了。外號「厚眉毛」（Murzuphle）的阿歷克塞．杜卡斯是顯赫的杜卡斯家族（Doukas）成員，他有可能是阿歷克塞四世的一位表親，也是反抗拉丁人的領袖。杜卡斯策動暗殺了阿歷克塞四世，接著於一二〇四年一月二十八日自行加冕為「巴西里厄斯」。法蘭克人則決定以他們自己的名義奪佔君士坦丁堡，而且出乎眾人意料地，一二〇四年四月所展開的二次襲擊成功。地中海的版圖就此被撼動。若說這場十字軍東征未經事先規劃，但其實自一二〇四年三月起，早就已經預定要征服整個拜占庭帝國。十字軍急著出外作戰，他們簽了一道協議，在其中訂下了戰事目標。十字軍在這道協議中清楚宣稱：「應該透過這整座帝國來爭取榮譽與財物」，而且他們還預計在未來的皇帝、威尼斯人與他們自己三方之間分配好征服到的領土。

征服君士坦丁堡這件大膽的事，可以被當成一場新版的特洛伊奪城戰；因此這不是一場在希臘土地上縱橫冒險的終章，而是入侵全帝國的開端。法蘭克人將整個拜占庭帝國視為一個待奪取、瓜分的戰利品。當君士坦丁堡這座首都落入了他們之手，他們立刻便將選拔皇帝的任務，委託某個委員會來辦理。該委員會成員為六名威尼斯人，以及六名十字軍成員。法蘭德斯的鮑督因伯爵在眾十字軍首領當中，由於其軍隊之重要性，而較蒙特弗爾拉的博尼費斯侯爵（marquis Boniface de Montferrat）更受青睞；威尼斯人亦對博尼費斯侯爵有所猜忌。一二〇四年五月十六日，鮑督因伯爵在聖索菲亞大教堂加冕。拉丁人接著便決定依照預定規劃來瓜分拜占庭領土，此事在歷史上稱之為「羅曼尼帝國土地劃分」（Partitio terrarum imperii Romaniae）。*東羅馬帝國在被征服以前涵蓋了包含色雷斯的希臘大陸地區、愛琴海諸島、小亞細亞西海岸與黑海南岸。此帝國被劃分為八塊：其中皇帝分到了兩塊領土，而威尼斯人和其他的十字軍則各自得到三塊領土。「羅曼尼帝國土地劃分」的條約原文，可能是在一二〇四年十月撰成。這份文件替渴望在這些土地上致富的騎士們建立了一張目標清單，並以此種作法來組織征服行動。

然而，這場征服行動卻一點也不簡單，而且維持在未竟的狀態中。新任的皇帝展開行動，突襲分到他手中的希臘領土。兩年間，鮑督因領軍多場在小亞細亞、例如在色薩利（Thessalie）的勝仗；這幾場戰事都是為了對抗流亡在帝國外圍的拜占庭人。一二〇五年四月，保加利亞人在哈德良堡之役打敗了鮑督因；次年，他有可能就在牢裡過世了。鮑督因的兄弟「埃諾的亨利」（Henri de Hainaut）則於一二〇六年八月被選為皇帝且受加冕，而亨利在此之前早就已經是攝政。亨利以延續長兄征服行動的方式，來扭轉帝國的困頓景況。在亨利過世的時候，他直接控有色雷斯、君士坦丁堡地區，以及一部分的小亞細亞西部地區，直至尼科米底亞（Nicomédie）。博斯普魯斯海峽與達達尼爾海峽也掌握在他手上。

十字軍同時也展開了屬於他們那一部分的戰事，組成了多個拉丁帝國的附庸國。蒙特弗爾拉的博尼費斯攻占了帖撒羅尼迦地區（Thessalonique），且在該地建起一座王國；尚普利特的居庸（Guillaume de Champlitte）與維勒哈端的傑弗羅伊（Geoffroy de Villehardouin）這兩位香檳區人士（Champenois）則占領了絕大部分的伯羅奔尼薩（Péloponnèse），並建立了摩里亞侯國（principauté de Morée）。至於威尼斯人則向博尼費斯購回克里特島，並且控制一整個系列的基地。大部分的愛琴海島嶼都被拉丁人征服，特別是被威尼斯人馬可・桑努多（Marco Sanudo）征服了一部分的基克拉澤斯群島（Cyclades），在該地建立又被稱為愛琴「群島公國」（duché de l'Archipel）的奈克索斯公國（duché de Naxos）。但拉丁帝國就算在本身擴展最盛的時期，其領土規模仍舊只是拜占庭帝國的縮減版而已。

這個新帝國形塑出一個理論上服從皇帝權威的體質，但帝國內部實際上卻是隨著封建原則割據的。雖然拉丁帝國涵蓋了所有上述領土，皇帝卻倒是只有在屬於他的那四分之一土地上直接施行權威。一二〇四年三月的協議乃是一部「真正憲章的雛形」[2]，界定了皇帝與國

* 即東羅馬帝國、拜占庭帝國。

家（Etat）各種不同組織的權限，以及上述兩者能夠與其臣屬維持何種關係。就官方正式觀點而言，這並不是創建出一個新國家來，畢竟拉丁皇帝是想要成為「巴西里厄斯」繼承人的。但是實際上，拜占庭帝國結構卻被修改過，而大多成了封建式的結構。皇帝位居這個新階層的頂端，所有的封侯都對他宣誓效忠。當皇帝被選出來，其繼任原則很快便依照家朝制度來執行，維持在法蘭德斯（Flandre）和埃諾（Hainaut）兩家手上如此傳承下去，從鮑督因一世（Baudouin Ier）、其弟亨利（Henri）、其姊妹尤蘭德（Yolande），還有他身兼歐塞爾（Auxerre）與托內爾（Tonerre）兩地伯爵暨那慕爾（Namur）侯爵的姻親兄弟庫特奈的彼得（Pierre de Courtenay），接著則是其甥侄羅伯（Robert）與鮑督因二世。唯有「布里昂的讓」在一二三一年起直到他本人過世之間的時期，取得輔國君的大權。

若說這場帝國土地劃分條約（partitio）是依據拜占庭地籍簿冊和土地稅收來執行的話，也就等於西方封地概念同時被引進。一塊騎士的封地得保障三百里弗爾（livre）的收益，並提供騎士軍事服務。十字軍所得到的封地數量是依照其軍隊的重要性而定的。其中，佔據最重要軍事地位的那批十字軍，可獲得兩百個以上的封邑，外加一些榮銜。這些國王、王侯（prince）與公爵（duc）再將封地分給被封為男爵（baron）的自己人；男爵又再把土地分封給其附庸勢力，即騎士或單純的士官（sergent）。某些十字軍便如此而有了雙重、甚至是三重的封建依附關係：一層是原生國的領主、一層是拉丁皇帝，偶爾還有一層封建關係是拉丁帝國的另一位大領主。所有這些封建階層因此都設置在拜占庭的舊「軍區」（thème）中，這些省分皆由將軍（stratège）統領。即使拜占庭帝國在十二世紀末期開始出現了一些封建化的跡象，卻依然是一個中央集權型的政權；而拉丁帝國在一二〇四年以後則具有封建式的結構，因此是一個去中心化的政權。

拉丁帝國皇帝藉助一個比拜占庭時期規模更小的宮廷、從君士坦丁堡來統治帝國。他在拉丁人之間分派高級銜號與職位，而引進了西方的統帥（connétable）、內廷總管（chambrier）、司酒官（bouteiller），或許還有元帥（maréchal）這些職位，例如編年史家維勒哈端的傑弗羅伊就獲得了元帥一銜。士官（officier）、男爵（baron），以及最高行政官（podestat），即威尼斯的代表，組成了一個諮議會，但仍然由皇帝獨自下決策。封建式的風俗習慣被引進：自一二一七年起，整個拉丁帝國很可能已經有某種共同的法律基礎存在。同時，西方的宮廷生活也傳入拉丁帝國，好比封授武士儀式（adoubement）、騎士競技（tournois）、馬上長槍比武（joute），以及騎士文學（littérature courtoise）。教宗甚至還對摩里亞侯國作出「近似新法蘭克國」（quasi nova Francia）的評價。

拉丁教會結構也就如此移植到拉丁帝國之內。奪取君士坦丁堡也是一次統一拉丁教會與希臘教會的機緣，這是件有利教廷的事情。自一二〇四年起，便選出了一名威尼斯人作為天主教牧首，而拉丁人則占據了拜占庭人所遺棄的主教職位。西方宗教社群進駐拜占庭修道院，好比熙篤會（cistercien）就進駐到雅典附近的達夫尼（Daphni）修道院。諸拉丁皇帝則是投入新建場地的事務中，好比座落於君士坦丁堡的熙篤會陪切又聖瑪麗修道院（l'abbaye Sainte-Marie de Percheio）。眾軍事修會（ordre militaire）也沒被遺忘，亦在新帝國中取得土地，而托缽修會（ordre mendiant）則是在新帝國的土地上開設修院（couvent）。可是拜占庭的結構卻沒就此消失：幾位拜占庭的主教，例如內格羅蓬特（Négrepont）的主教就立誓服從拜占庭帝國。眾多希臘教長（prélat）在地方層級上、尤其在鄉村地區維持不變；而某些教堂，如君士坦丁堡的聖索菲亞大教堂，則充斥拉丁、拜占庭混合的教士群。阿索斯山的僧侶乃由維護其特權的教廷直接保護。可是，希臘人卻相當依戀他們自己的教會。奪取君士坦丁堡這件事，只不過是強化兩個教會之間的決裂而已。儘管教宗英諾森三世（Innocent III）希望拜占庭教士群承認教宗的至高無上地位（primauté），他們卻依舊拒不接受此事。拉丁帝國最終有兩個教會共存：拉丁教會負責為拉丁人、尤其是住在城市地區的拉丁人執行聖事（sacrement），另一個則是使大多數拜占庭人維持赤誠的希臘教會。

法蘭克人在設置這個新框架的時候，同時也得考量地方現實，並且為拜占庭的組織架構留下餘地。於是就有了誠如大衛・賈科比（David Jacoby）所指出的：一種拜占庭帝國在行政、財政、司法規劃中的實質延續性。[3]地籍與財稅部門都還是保留下來，諸領主從此便坐領地產稅。諸城邦的特權、風俗大致也都保留下來，社會秩序本身則部分留存。皇帝毀棄掉這些結構，會讓自身與整體人民疏離，更何況他還可以憑靠這些組織結構來抽取帝國資源。拉丁帝國因此便具備了拉丁、希臘的雙重淵源。

不過，某個大哉問成了一項辯論議題，那便是拜占庭組成元素在拉丁帝國政治認同中的比例。此項疑問，是十字軍本身聲稱延續了拜占庭帝國的範疇所提出來的。皇帝自認為是合法繼位者，或者說他們至少會想遊說屈服於他們的希臘居民這件事情。拉丁皇帝保留著「巴西里厄斯」這個頭銜：亨利為「經神加冕、基督裡虔信的皇帝、羅曼尼的統治者暨永遠的奧古斯都（Auguste）」拉丁帝國皇帝採納了多種希臘式的象徵符號與儀式。皇帝的加冕儀式遵從拜占庭的傳統儀式，希臘居民為新任君主儀式性地歡呼長壽，此舉被稱為「波歷坑尼翁」（polychronion）；此外還有「波斯奇尼司」（proskynèse），即在皇帝面前的跪拜動作，而上述皆為「巴西里厄斯」所專屬的榮耀。皇帝穿上大紅帝服，而帝國旗幟則在戰場上出現。為了展現出權力的延續，皇帝使用金璽或鉛璽來認證其詔書，並以紅墨希臘大字來簽署聖徒節日傳略月曆（ménologe）。錢幣則是模仿十二世紀末時皇帝的形式來製作。甚至還將某些拜占庭頭銜授予法蘭克士官，比如將首席衣飾官（protovestiaire）一銜授予白求恩的科農（Conon de Béthune）；儘管這種封銜方式並不真切地符合此拜占庭職銜所對應的職能。

拉丁皇帝挪用這些象徵，得以鞏固本身的正當性，即其人對希臘人的統治。可是，拉丁皇帝卻是自我附著在西方特有的載體上：帝國憲章以拉丁文書寫這項事實，便展露出西方的傳統。至於拉丁帝國章璽研究，倒是指出了挪用更多的拜占庭遺緒的演進方向。鮑督因一世身處在拉丁、拜占庭的雙面傳統下：其權力象徵標誌與正面說明文字具有希臘特質的那一面，但是皇帝衣裝以及選用這套騎術風格的作法，卻又是典型的西式風格，點出了眾法蘭德斯伯爵（comte de Flandre）的騎士價值觀。在鮑督因二世治下，則更加融入了拜占庭的慣例。既然他也是在一二一七年出生於君士坦丁堡，他甚至在一二四七年替自己冠上「紫衣貴族」（porphyrogénète）的稱號，此項名號為「帝王子女」的意思。鮑督因二世的璽印雙面皆帶有希臘特色：一面是他身坐拜占庭式的王位上，另一面則是他循羅馬傳統的勝利進城像。拉丁君主是否恰恰正在他們勢力衰退的時候，達成「確認自己是拜占庭皇帝」的這件事呢？

採納這些象徵，好比採納一部分的拜占庭帝國話語，對菲利普·范·特里希特（Filip Van Tricht）而言，透露出「帝國復興」，即拉丁文的renovatio imperii。此乃拉丁帝國認同的核心：法蘭克人奪取了拜占庭帝國的權勢，或許不過是要重新樹立起這道權勢而已。但如果說法蘭克人對抗「巴西里厄斯」的政變成功，就如同拜占庭歷史上處處充斥的實際狀況一樣的話，他們卻不像范·特里希特所設想的，就此成功地「替十二世紀末這個於政治—軍事層面都在衰退中的帝國，建立起某種帝國『復興』（renovatio）」。自稱為拜占庭的合法繼承人，其實並不意味著確實是如此！這主要是一種與希臘居民和解的方式。

一場真正的「復興」（renovatio）難道不是以長久的方式將拜占庭菁英融合進來嗎？可

是，如此的融合在帝國歷史中仍舊是相當局部、擺盪的。某些拜占庭人被委以管轄某些領土，例如迪奧多・巴哈納（Théodore Branas）便取得治理色雷斯的阿波斯（Apros）與季季莫蒂霍，以及哈德良堡的職務。帝國東部的防禦工作，於一二一二年至一二一三年間，則委由喬治・迪奧菲洛普洛斯（Georges Théophilopoulos）指揮的希臘軍隊執行。但是這些替拉丁帝國服務的希臘人依然相當少數，希臘人對拉丁帝國皇帝的忠心耿耿不過是表面功夫而已：這種忠心顯現出來的更像是得到機會向上攀附，而非深刻認同其新主。更何況，幾位菁英加入帝國政府的情況，多發生於想仰賴希臘居民的皇帝亨利治下。至於希臘人融入地方層級一事，則因拉丁人的少數地位而成了一件必要之事：由於希臘人顯然熟習當地語言與地籍簿冊（cadastre），所以便由希臘人繼續管理稅務行政。執政官（archonte）被融入封建階層，但是在藩屬層面上，此種作法乃出於簡單致意。執政官在各個王公（princière）宮廷中皆未參與決策。

最後要提到的一點，沿用拜占庭儀式、頭銜，或納入某些高官要人，都是幾種使拉丁人落實統治權於當地人身上的方法，也是拉丁人得以在稍微服從的附庸勢力面前強化帝國權力的手段。但是，拉丁帝國並非拜占庭帝國歷史中的一篇帶有法蘭克特色的續章。拉丁帝國是個西方國家，具備封建式的結構，且被移植到希臘來；而拉丁帝國只不過沿用了其征服行動受害者的某些形態而已。

一個帝國假象

這個出現在歐洲競逐舞臺上的新政權，其帝國特性相當有爭議。拉丁帝國並沒有取代掉神聖羅馬帝國，拉丁帝國皇帝亦未聲稱要拓展其統治力量到整個舊羅馬帝國的領土上：希臘人從很久以前就失去的領土，並未被劃入帝國土地劃分條約的範圍裡。除此之外，奪取君士坦丁堡還讓英諾森三世制定出一個新概念。一直到十三世紀初，「帝權轉移」（translatio imperii）的概念仍是一枝獨秀的：「羅馬帝權」（imperium Romanum）被教宗在西元八百年的時候，從拜占庭帝國轉移到查理曼身上，接著則是由十世紀的日耳曼皇帝再行取得。但從一二〇四年開始，為了遷就拉丁帝國，這個概念就被教宗暫時擱置。推翻日耳曼皇帝的帝國特性，就像否定掉這個新政權一般，都是一件不可能的事。於是教廷便訴諸「帝國分割」（divisio imperii）這個概念，以此來承認神聖羅馬帝國和拉丁帝國這兩個不同的實體存在。奪取君士坦丁堡的行為也在其後被羅馬當局合理化：神之所以授予帝國尊榮給拉丁人，是因為分裂教會的希臘人（schismatique）拒絕承認教宗至上的地位。

該政權的性質依舊是個複雜的問題：儘管西方文獻宣稱其認同中的帝國成分，這卻不是個渾然天成的元素。此政權也沒有其所憧憬的普世特質。最初幾位拉丁帝國君主確實有拓展自己的權勢遍及整個拜占庭領土的野心。他們自認為是東地中海地區唯一一位合法皇帝，既不承認保加利亞沙皇鮑里爾（Boril），亦不承認在尼西亞加冕為「巴西里厄斯」的希臘人迪奧多一世・拉斯卡里斯（Théodore Ier Lascaris）。亨利從博斯普魯斯海峽與達達尼爾海峽的一端到另一端，擴大起自己的帝國，並且暫時獲得了伊庇魯斯專制公（despote d'Épire）宣誓效忠。他也想在保加利亞帝國和塞爾維亞樹立起主權。亨利的野心一直延伸到東方的拉丁政權去：安提阿的博希蒙德（Bohémond d'Antioche）於一二一三年左右自行承認為其藩屬。「巴西里厄斯」確實為安提阿諸位拉丁君主於十二世紀理論上的領主。亨利最終或許懷有扮演起聖地霸權角色的野心，因為大約於一二一二年至一二一六年間，他預計參加第五次十字軍東征。拉丁帝國最初幾位皇帝受到拜占庭帝國傳統的啟發，想在整個東地中海施行普世統治。這幾位皇帝都聲稱實質展露了普世統治力量：當亨利的女兒和出身塞佩納（Tsépéna）的保加利亞領主史拉夫（Slav）結婚的時候，亨利便賜給他的女兒「保加利亞帝國」以作為嫁妝……然而，實際情況卻不大相同：保加利亞帝國和塞爾維亞一樣，都維持著獨立狀態。拉丁帝國對安提阿公國（principauté d'Antioche）也沒施加任何實質的政治影響力。此外，自一二二〇年代開始，這些普世主義的主張很快就被棄置不用。

以其囊括多種出身的民族看來，這個政治建構反而可以說是「帝國式」的了。但是在一二二五年之後，屈服於皇帝權威的居民卻減少。多個社群依然持續地接觸往來，好比在君士坦丁堡一地，法蘭克人、希臘人、亞美尼亞人、猶太人、些許穆斯林，以及為數眾多的義大利人，無論是威尼斯人、比薩人或是熱內亞人，都是住在一起的。許多「加斯慕勒」（gasmoule），也就是父親是法蘭克人、母親是希臘人的人士，在巴利奧略米海爾八世（Michel VIII Paléologue，一二六一—一二八二）統治期間都成了傭兵。但是法蘭克人仍舊維持少數，希臘人才是帝國的主要組成份子。雖說這些居民都屈服於拉丁人，他們倒似乎沒對法蘭克政權的帝國特質做出什麼貢獻來。至於君主稱號本身，就是一項透露君主自身帝國概念的指標了。「巴西里厄斯」是「羅馬人的國王」，如此的組合，點出帝國普世性（universalité）乃是針對自我定義為羅馬人之個體的一股統治力量。至於法蘭克人則自稱為「羅曼尼（Romanie）的皇帝」[4]：他們治理著某個已知的空間，即先前由希臘人所統治的空間，並且還將帝國的概念縮減為單純的領土統治。就連這一點也算是濫用概念：法蘭克人可沒掌控住整個東羅馬帝國的領土。因此，君主們嚮往的普世性理想，便和無足輕重的領土規模現實以及一個最終簡化過的帝國意識形態概念相互牴觸。

君主所施行的權威沒辦法真正表現出帝國式的格局。皇帝其人的威望自是重大：甚至（尤其！）當帝國不再的時候，皇帝的稱號都會被妥善地保留、傳承下來，而且也會被追封。然而，實際情況卻沒達到這些抱負的高度。雖然一名皇帝就是負責帝國防衛與維繫的工作，但皇帝的權勢倒是自一二〇四年三月的協議開始，就有所限制。拉丁帝國皇帝的權勢實際上只有在完全屬於他自己的領土上施行，並未施行於全帝國的領土之上。皇帝的某些藩屬遠比他還要強大：於是一二三六年和一二三八年，皇帝本人便得懇求摩里亞王公（prince de Morée）的軍隊支援，才好將君士坦丁堡從希臘人攻擊的戰火中解救出來。

帝國的封建特質因此限制了皇帝的權勢，也限制住其繼位的背景條件。在西方世界，繼任者是由教宗加冕來使其成為皇帝的。不過在第四次十字軍東征發生的相同背景之下，卻讓教宗於此事中被排除在外。十字軍僅限於「事後」要求英諾森三世讓帝國土地劃分條約生效，皇冠則由在場的眾主教置於鮑督因頭上，接著這項任務則落在新設的君士坦丁堡拉丁牧首身上，如此作法亦符合「帝國分割」（divisio imperii）的方向。只有庫特奈的彼得在掌管帝國前，想要由人在羅馬的教宗加冕。但是其他的君主皆採用了拜占庭的加冕形式，而牧首則都在聖索菲亞大教堂為「巴西里厄斯」加冕。這種作法的用意是要激發希臘居民的認可，以鞏固拉丁人帝國形象的威望。但是，這樣的作法卻並未授予新君主如「巴西里厄斯」一般的地位，因為其中作為基礎的意識形態是截然不同的。

法蘭克人忽略了「巴西里厄斯」其實帶有宗教層面意涵：他作為神在地上的代理副手，被視為等同於使徒、擁有強大的宗教力量，並且是一個確實使人敬畏的對象。都市空間內遍佈著皇帝圖像，甚至連皇帝本人都是為人所崇拜的，特別在行「波斯奇尼司」跪拜禮時更是如此。拉丁人卻棄絕了這個面向：即便皇帝是教會的至高保護人，教會卻不是屈服在皇帝之下的。某幾任君主嘗試過幾次要讓拉丁教會聽令於他，但多半是物質方面的理由，而非意識形態上的緣故。

亨利是唯一嘗試扮演更貼近「巴西里厄斯」這個帝國高位角色的拉丁帝國皇帝。他以「專制王公」（prince absolu）這個詮釋方向來運用拜占庭的「專制君」（autocrator）一銜。亨利使用拜占庭儀式來鋪展自己的威信。不過即便這些作法可以引起希臘人某種程度上的認同，對於抗拒行「波斯奇尼司」跪拜禮的拉丁人而言，卻並非如此。因此在此新政權當中，帝國權勢周邊的意識形態並無共存的現象，所以拉丁人和希臘人的感受可是大不相同的。皇帝得在他的西方藩屬和希臘屬民之間，維持一個微妙的平衡狀態：他不可能將他的權勢全盤「拜占庭化」，卻不失去法蘭克人的支持；反之，他也不可能顯得過分西化，卻又不完全切斷帝國延續的傳說。欠缺意識形態統一的情況，某部分解釋了此政權的國祚短暫。即便宮廷選用了帝國的意識形態，相當眷戀本身自主性的眾法蘭克男爵，亦從未參照過羅馬式的帝國特質。

此外，拉丁帝國皇帝也不必然被歐洲菁英視為皇帝。教廷以及那些盼望奪取皇帝稱號以圖利的人士，諸如拿坡里的安茹人（les Angevins de Naples），甚至是法蘭西國王，當然不會對拉丁帝國皇帝有什麼異議。至於日耳曼皇帝的態度則顯現出某種欠缺認可的指標。亨利視日耳曼皇帝為他的同儕，在一二〇七年至一二〇八年左右，他提議將自己的女兒嫁給日耳曼皇帝施瓦本的菲利普（Philippe de Souabe），後者可能將亨利視為暴發戶[5]，而回絕了這門親事。日耳曼皇帝自稱為「羅馬帝權」的唯一延續者，所以將拜占庭君主視為自己的下屬，連拉丁皇帝也不例外。

拉丁帝國不能被視為一個真正的帝國還有另外一個本質上的因素：皇帝沒能在他統治的土地上施展一股中央集權的力量，反倒日益屈服於邊境勢力之下。某些異質的因素是結構性的。西方菁英的分裂遠較一二〇四年的十字軍更甚，他們並未構成一個均質的群體。這些人來自五湖四海，形成了一個名副其實的「熔爐」，裡頭有著各種不同的生活型態。他們大部分來自法蘭西北半部、皇家領地，還有為數眾多的伯國（comté），即香檳（Champagne）法蘭德斯、埃諾、勃艮第（Bourgogne）、福雷（Forez）、波旁（Bourbonnais）等地，以及普羅旺斯（Provence）和義大利北部。雖然這些人有著共同的封建文化基礎，他們的施行作法卻大不相同。在征服行動前幾年的時光中，他們之間的敵意可是火上加油的。征服行動理應按照帝國劃分條約的架構進行，但卻沒將西方騎士的領土欲望算入其中。這些西方騎士通常為家族中的幼子，他們把這場十字軍征服行動看作是將自身打磨為重要領主（seigneurie de premier choix）的機會。

權力博弈形成了重大的壓力，即便在一二〇四年平均劃分未來的領土，就是為了避免這番局面。法蘭德斯人與義大利人之間尤其不和，甚至連在法蘭西教士與威尼斯教士之間，亦出現了不甚融洽的狀況。前幾任皇帝就不得不多次提醒自己的大藩屬國守好本分。蒙特弗爾拉的博尼費斯及拉丁帝國皇帝鮑督因一世之間爭執不斷；亨利於一二〇八年至一二〇九年間抵抗著帖撒羅尼迦王國的眾倫巴比領主；羅伯則是一場造反行動的受害者，這場事變是由幾位反對其親拜占庭政策的男爵所帶頭的。

拉丁帝國如此的政治分裂，導致了強烈的去中央集權化。帝國的大藩屬自行鑄造錢幣、擁有自己的軍隊，有時還主導起本身的外交政策來。這個欠缺均質性的狀況也在各種層級上感受得到：由於威尼斯人統治著一部分的首都，所以帝國首都實際上是被一二〇四年三月的協議分成兩部分的。

然而，諸多統一因素依舊存在：維持一個帝國式的政府、對君主應有的立誓效忠、建立起所有理論上服膺皇帝領土的共同慣例。這些慣例在一二六一年君士坦丁堡陷落之後仍倖存下來。為了確保他們忠心耿耿、鞏固同處於一體領土的歸屬感，某些藩屬被授予榮譽性的行政職：摩里亞的王公在一二〇九年便被任命為羅曼尼的總管（sénéchal de Romanie），可是拉丁帝國皇帝卻無法自首都施展直通全帝國的權勢，他們甚至還放棄了「巴西里厄斯」對某些商業、工藝活動所擁有的中央集權控制力。誠如讓．朗農（Jean Longnon）所指出的：「封建式階層取代了帝國式的行政系統。」[6]

最後，拉丁帝國是一個縮減為有限權勢的政權。拉丁帝國之所以變得貧困，首先與奪取君士坦丁堡一事有關。此事之後，接連發生了前所未見的劫掠，其規模和拜占庭首都對法蘭克騎士所發揮的奇想程度有關。三日之間，據克拉利的羅伯（Robert de Clari）的說法，十字軍犯下了「恐怖的罪行」：偷竊、強姦、謀殺，褻瀆拜占庭最為神聖的象徵，其中就包括聖索菲亞大教堂；騾子被拖進去運送戰利品，而一位妓女則在牧首的寶座前跳著舞。拜占庭菁英所遺棄的皇宮、宅邸被十字軍瓜分，皇帝陵墓則被撬開，其中的黃金與珠寶遭搜刮。即使不該過度重視這些竊盜行為，但某些藝術作品卻因此被帶到西方來，如著名的金色銅製雙輪四馬車，就被運到威尼斯的聖馬可大教堂（la basilique Saint-Marc）。[7]至關重大的劫掠行為便是洗劫了保存在首都的聖人遺物。這些遺物數量之多，讓十字軍印象深刻。他們佯稱希臘人背信忘義，以使這種洗劫聖人遺物的行為變得名正言順；而將這些遺物運往西方，則在事後（部分）合理化十字軍東征一事。這些根據培希的根特（Gunther de Pairis）此名僧侶所言的「虔信贓物」，無論是附有原證書的聖人遺物也好，或是其他真假較為可疑的物件也罷，皆大批流入了歐洲。路易九世（Louis IX）便得到了荊棘冠（couronne d'épines）這項最為著名的聖人遺物，他亦為此物建了聖禮拜堂（la Sainte-Chapelle）。

這些劫掠尤其危及帝國存在的前幾年，使其變得貧困。此外，君主無力奪取帝國全部的領土，使其被剝奪掉一大部分的資源：他們失去了領土上的經濟基地，如色雷斯、馬其頓，還有馬摩拉海（la mer de Marmara）的沿岸地帶。如此的領土緊縮，褫奪了該國於拜占庭時代在地中海所扮演的核心角色。君士坦丁堡本身也不再一如往常璀璨，即便該城對同代人總是投射出一樣盛大的奇想。君士坦丁堡確實依舊是帝國最具代表性的首都。此城之地位存續得比「人」

及「朝代」兩者還要久。但這是一座處於衰頹之中、且被一二〇三年至一二〇四年間的圍城行動蹂躪過的城市。一二〇四年該城約有四十萬居民，而到了十三世紀，人口則出現大幅度衰退。奢侈工藝活動沒落了，耕地卻在都市空間發展了起來。

皇帝親身扛起「君士坦丁堡皇帝」的稱號，他倒是意識到君士坦丁堡的象徵與意識形態層面上的意涵。拉丁帝國皇帝一如他們的先人，努力為這座城市增色。這項帝國政策在法蘭克統治的前幾年較為活躍，其主要涵蓋對象為宗教建物；但接著由於缺少財源，該政策便自行萎縮。君主一直都住在皇宮裡；他們住在布科里安宮（le Boucoléon），也住在布拉契尼斯宮（le palais des Blachernes），不過後者於一二六一年又有部分毀損。透過加冕、婚禮、宗教儀式隊伍及進城禮這些儀式，君士坦丁堡一直是帝國皇家人物登場露面的舞臺。但是這些活動遊行卻掩飾不了權力薄弱的事實。

一個孤懸於東地中海的政權

儘管拉丁帝國的領導者懷抱如此心願，可是拉丁帝國既非拜占庭帝國的合法繼承者，亦非一個真正的帝國式政權。該帝國是一塊在中古定義下的法蘭克人殖民地（colonie）；它是一個企圖要獨立的封建型結構，但卻仍舊依賴西方菁英，尤其是威尼斯的菁英。拉丁帝國的自主性由於其結構上的弱點，而有所縮減。與東方的眾拉丁政權一樣，拉丁帝國的人數太過稀少。法蘭克人還是維持著少數，即使他們的戰鬥力很強、軍事指揮也極有效率。為了確保法蘭克人的長久建設，並充作可供調度的軍事力量，於是便出現一則慣例，強制他們不得離開帝國超過一年又一日，不然就會有失去土地的風險。拉丁人應該得完全投入領土防禦的工作之中。可是他們人丁依舊稀少：在亨利治下，帝國軍隊沒超過六百名騎士，也許有一萬名士官、一些弩弓兵（arbalétrier）、弓箭手（archer），更別提支援部隊突厥之子補充軍（turcople）。拉丁帝國國防工作只吸引少數人作為志業，戰士主要都投入十字軍東征的行動。雖然有某些人來到拉丁帝國定居，許多人卻是早早就離開。米海爾八世拿下君士坦丁城隔日，就有三千名拉丁人逃離了。儘管各個社會階層都出現了異族婚姻，卻依舊難以彌補人數上的弱勢，這妨礙了法蘭克人確實控制好自己的土地，也阻礙了他們抵抗外來的攻擊。

因此，拉丁帝國君主總是不斷地在尋求支援，但就像亨利多次埋怨的一樣：沒有任何實質上的成功。亨利想要參與十字軍東征，可能也是呼應了一個戰略性目標：讓拉丁帝國的權勢在西方世界眼前閃耀，以便吸引到支援。皇帝一個接一個都被迫向自己的原生故鄉懇求協助。庫特奈的彼得以托內爾伯國（comté de Tonnerre）作抵押，向他的女婿借了一大筆錢，以建立一支有一百六十名騎士和五千五百名士官的軍隊。一二三六年，鮑督因二世去國四年，前往西歐懇求人丁與金援，而且還典當了著名的荊棘冠給一名威尼斯商人，此人才又把這頂荊冠轉售予路易九世。鮑督因二世被迫變賣首都教堂、皇宮屋頂的鉛與銅，甚至還把自己的兒子菲利普（Philippe）送給威尼斯商人作人質！

如此的人口劣勢，造成法蘭克領主在地方層級施行起某種形式的軍事、政治現實主義：調整封建原則，使女性更容易繼承封地、讓希臘菁英融入封建階層中、學習希臘文以適應文化（acculturation）。法蘭克領主也訴諸希臘派遣軍（contingents grecs）、土耳其傭兵以自衛。需要如此多的妥協，才讓他們得以長久地在帝國某些地帶安置下來。然而，法蘭克領主處境孤立，而且在軍事及財務上皆仰賴西歐政權。西方眾君主的反應並未達到教宗所期盼的高度，教宗呼籲以十字軍東征來拯救帝國，他本人甚至偶爾還提供拉丁帝國財務支援。路易八世（Louis VIII）沒遵守他遣送騎士的承諾；聖地的處境讓路易九世十分繁忙；至於腓特烈二世則寧願維持與尼西亞帝國的好關係。一二六一年丟失君士坦丁堡翌日，忽特柏夫（Rutebeuf）寫下的詩句就提到了：拉丁帝國多被視為一個前往聖地的中途站，而非目標本身。[8]

由於威尼斯擁有特別的地位，所以它成為在拉丁帝國內唯一長久投入心力的勢力。威尼斯總督，即「羅曼尼帝國四分之一又一半的領主」，領受了專制公這個高位。威尼斯人得向拉丁帝國皇帝宣誓效忠，且提供軍事服務；但是拉丁帝國皇帝其實是與最高行政官，即威尼斯總督在君士坦丁堡的代表平起平坐的。一二〇五年五月的一道協議認可了威尼斯於拉丁帝國內的自主性：威尼斯人可以在拉丁帝國內自由通行，且在境內有自己的法官，也擁有自己的教會。威尼斯當局便以如此方式在這個政權中占據了主要的政治地位，而拉丁帝國新任的皇帝也遵守著這些協議。

威尼斯的優勢首先是軍事性的：拉丁帝國皇帝不能未經最高行政官與其諮議會（conseil）同意展開征服行動。威尼斯人的艦隊確保拉丁帝國存活下來，一如其艦隊使該政權的征服行動得以進行：威尼斯在建立拉丁帝國的條件背景中強勢地留下印記。除了摩里亞王公的部隊以外，威尼斯是拉丁帝國唯一實質的帝國援軍；幸而有威尼斯的船艦：它是唯一能夠保護拉丁帝國的勢力。一二三五年被保加利亞人與拜占庭人包圍的君士坦丁堡，也正是由威尼斯艦隊執行防守工作。可是考量到拉丁帝國並非威尼斯統治區域的核心，以及總督之城（la cité des doges）威尼斯正在動員對抗熱內亞此兩件事實，這樣的援助都僅僅是表面而已。

拉丁帝國因此比較不像一個法蘭克人的權力中樞，反倒比較像是威尼斯的一個郊區，即威尼斯所建構出來的經濟網之下的一個主要著力點。威尼斯城控制了從亞得里亞海一直到君士坦丁堡的主要通道，其中包含了巴爾幹的海岸地帶、伯羅奔尼薩西南部領土，即科羅尼（Coron）與梅東尼（Modon）附近，此兩地有「威尼斯之眼」（les yeux de la Sérénissime）的別稱；更別提還有克里特島。眾多威尼斯商賈、銀行家在君士坦丁堡定居；在該城長期居住，就像在拉丁帝國其他城邦，好比在尤比亞島（Eubée）的內格羅蓬特一樣。拉丁帝國皇帝相比之下確實較為貧困，可是拉丁統治時期卻不意味著所有西方人生活皆如此困窘。大衛．賈科比就指出了特別在一二四〇年以後，所有西方商賈，尤其是威尼斯商人所汲取的利潤。拉丁帝國建立，把黑海開放給外國人，還讓黑海與地中海之間的往來發展起來。這個市場自由化的現象，對拜占庭人本身而言，能夠帶來一些正面回饋。威尼斯人為了彰顯自身地位、擴充自身利益，便在君士坦丁堡主導了活躍的都市規劃政策。這和君士坦丁城內任由公共建物荒廢成了明顯對比，而沿著金角灣的威尼斯街區則成了商業區。不過，這片威尼斯商賈榮景，卻不會再次回饋到拉丁帝國之內。

儘管有威尼斯支持，拉丁帝國面對拜占庭重征的行動卻還是軟弱無力。受到強勢鄰國威脅，拉丁帝國在地中海東面的地位被削弱了。一二〇四年之後，有三個希臘政權自稱為拜占庭帝國的合法後人，還自行設定了「覆滅拉丁帝國」的目標。這三個政權中，其中有兩個由科穆寧（Comnène）這個前皇室家族所統治：特拉比松帝國（empire de Trébizonde）由科穆寧安德洛尼卡一世（Andronic Ier Comnène）的兩位孫子創建於黑海海岸地帶；伊庇魯斯專制國（le despotat d’Épire）則由伊薩克二世（Isaac II）與阿歷克塞三世（Alexis III）這兩位皇帝的堂親米海爾・科穆寧・杜卡斯（Michel Comnène Doukas）創立於希臘西北部。不過，重大的威脅尤以尼西亞帝國為甚。該帝國在一二〇八年，由迪奧多・拉斯卡里斯（Théodore Lascaris）建立於小亞細亞西北。拉斯卡里斯為拜占庭帝國皇帝阿歷克塞三世之婿，且經新任東正教牧首加冕為「羅馬人之帝暨『專制君』」（empereur et autocrator des Romains）。該國在幾十年內，成了唯一能夠重新征服羅曼尼帝國的政權。

拉丁帝國皇帝卻不懂得和保加利亞人及塞爾柱人（Seldjoukide）在內的希臘人敵對勢力一同建立長久聯盟關係；其建立出來的協議都只是一時的。不過，為了鞏固帝國北方領土邊境，以及巴爾幹地區的拉丁勢力，亨利仍然主導了積極的外交政策。他在一二〇九年底至一二一一年間和柯尼亞的蘇丹國（sultanat de Konya）簽署了一項「友好協議」（amicitia），該協議便內含對抗尼西亞帝國的雙邊互助。一二一三年至一二一四年間，亨利與保加利亞人談妥了一道和平協定（保加利亞人自一二〇五年至一二〇七年起，可是曾摧殘了一大部分色雷斯與馬其頓地區的），該和平協定由亨利與保加利亞國王鮑里爾（Boril）女兒的婚事加以鞏固，而得以確保北方邊境穩定。這個協定也為意欲干預塞爾維亞以強逼該國國王承認其宗主權（suzeraineté）的拉丁帝國皇帝帶來了一項軍事奧援。亨利亦於一二一四年與匈牙利人達成結盟，他讓自己的姪女與匈牙利國王安德烈二世（André II）成婚。

亨利的後人嘗試將這個結盟政策延續下去。尤蘭德將自己的女兒瑪麗（Marie）許配給尼西亞皇帝迪奧多一世．拉斯卡里斯。鮑督因二世與保加利亞伊凡．阿森二世（Jean Assen II）的女兒原本有婚事安排打算，可是法蘭克人卻失去了保加利亞這個珍貴的盟友。更糟的是，當法蘭克男爵在一二三一年，偏袒選了布里昂的讓為攝政，而非保加利亞沙皇的時候，保加利亞人便互通聲氣尼西亞帝國。保加利亞人甚至在一二三五年至一二三六年間攻擊君士坦丁堡。鮑督因二世則試圖帶動起孤立尼西亞帝國的政策：一二三九年，他與異教庫曼人（Couman）結盟；一二四三年至一二四四年於羅馬試圖讓教宗與拜占庭盟友腓特烈二世取得和解的談判行動；拉攏蒙古人的計畫則於一二五二年左右出現。然而，尼西亞帝國卻與塞爾柱土耳其人以及蒙古人成功地結為盟友。拉丁皇帝，包括亨利，都忽略了與西歐政權建立起堅實聯盟關係這件事，而這些西歐政權，卻反倒都有可能與拉丁帝國這片領土的命運有強烈休戚與共的感受。拉丁帝國最終沒能成功扮演起一個大型區域地緣政治的功能角色。其與尼西亞接二連三的停戰，都只不過是在延緩挫敗的時間罷了。

欠缺軍事資源、有效的外交政策，好比希臘人在尼西亞的竄起，都導致了拉丁帝國的陷落。亨利一世（Henri Ier）的後繼者積累著挫敗經驗。拉丁帝國自一二二四年起的歷史是一場漫長的瓦解，帝國本身漸漸像張驢皮般萎縮。伊庇魯斯的迪奧多·安格洛斯（Théodore Ange d’Épire）於一二二四年奪占了帖撒羅尼迦王國；迪奧多·拉斯卡里斯的女婿約翰三世·瓦塔基斯（Jean III Vatatzès，一二二一—一二五四）於一二三五年攻克了色雷斯和部分馬其頓地區，並自一二二六年起奪取了拉丁人在小亞細亞所持有的領土，也取得了多座島嶼。一二二八年羅伯駕崩時，拉丁帝國的規模縮減為君士坦丁堡一城與其近郊範圍。除了威尼斯人所持有的領土以外，拉丁人只單純控有摩里亞侯國、奈克索斯公國以及首都君士坦丁堡的腹地而已。此外，君士坦丁堡這座首都在一二三五年至一二三六年間、接著則是在一二三八年，兩度歷經尼西亞的希臘人徒勞無果的圍城行動。自此之後，拉丁帝國的日子便開始倒數。不過，一二五八年一支集合起伊庇魯斯專制公、西西里國王曼弗雷迪（le roi de Sicile Manfred）以及摩里亞王公維勒哈端的居庸（Guillaume de Villehardouin）的聯軍成形，反倒突然出現一番振作景象。但是巴利奧略米海爾八世的部隊卻於一二五九年在馬其頓的伯拉哥尼亞之役（la bataille de Pélagonia）擊潰了這批武裝力量；此人自一二五九年一月起，便為尼西亞帝國的輔國君。雖說一二六〇年，巴利奧略米海爾八世的首都圍城行動失敗，他卻得到了摩里亞王公這位戰囚，以及三個伯羅奔尼薩的軍事防衛要地（place forte），這些成果便成了拜占庭重征半島的起點。威尼斯人在熱內亞疲於反抗戰事，甚至不再提供救援。米海爾八世實際上則在一二六一年三月，透過〈尼姆非協約〉（le traité de Nymphée）與威尼斯的敵手熱內亞結盟。熱內亞為拜占庭人提供軍艦支援，並以此交換到諸多經濟利益，其中便包括了接近黑海的通道……。

一二六一年七月二十五日，君士坦丁堡落入了阿歷克塞・史塔特哥普洛斯將軍（général Alexis Stratégopoulos）之手。他事前就已得知威尼斯艦隊前往黑海，所以會暫時不在場。不用等到熱內亞的船艦到來，君士坦丁堡的居民就向他打開了城門。一二六一年八月十五日，米海爾八世在聖索菲亞大教堂二度加冕為帝，他復興了拜占庭帝國。拉丁人奔逃，鮑督因二世拋棄了他自己權力的標記。

「倘若無人守成，則征服不存。」這是一二一二年亨利寫給教宗的字句。實際上，拉丁帝國之所以消失，是因為缺人與缺錢的緣故。儘管法蘭克人視米海爾八世為篡位者，而且渴望奪回君士坦丁堡的大位，他們卻從來沒能辦到這件事。摩里亞侯國與愛琴群島公國（後者又稱為奈克索斯公國）這兩座拉丁帝國的藩屬，持續其自治狀態，最終反而有助於本身政權倖存下來。雖說法蘭克人在拜占庭土地定居下來，而對建立某種使義大利諸城邦受益的經濟一統有所貢獻，他們卻無法重建因奪占君士坦丁堡一事而破壞掉的領土統一，以及教宗所期盼的教會統一。一二〇四年反倒成了天主教徒與東正教徒長期分裂的起源。米謝・卡普蘭（Michel Kaplan）言下的「拉丁帝國的魅影」，沒能成功地扮演其在地中海的重要角色，亦沒能真正體現出帝國式的意識形態。所謂的拉丁帝國，不過是個帝國的影子罷了。

領土「散發」帝國

第十二章

「未竟的帝國」，論從鄂圖一世至麥西米蘭的德意志帝國

西爾凡．古根奈（Sylvain Gouguenheim）

神後，汝為王，為帝（……）汝凱撒，持神手下雪恥之用寶劍（……）造物者之代理人，得神提拔，將爾置於一切權勢與所有王國的權利之上。

——阿爾巴的本佐（Benzo d'Albe）致亨利四世（Henri IV）語[1]

中古德意志帝國（Empire allemand médiéval）歷時超過五個世紀。由於有眾多勢力與之對峙，因此不得不以簡化事實為代價，好呈現出一個清晰的看法。帝國的概念應該要隨著時代現實略作調整才對。法國國王以劃定領土來建立政權，而讀者則對強調國王統治的法國歷史習以為常。熟悉如此法國歷史的讀者，其實冒著帶有錯誤眼光的風險：在日耳曼王國（royaume de

Germanie）[2]，國王沒有主人公的樣子，而比較像一位仲裁者。國王缺少自主權，只有像鄂圖大帝（Otton le Grand）或是紅鬍子腓特烈（Frédéric Barberousse）這樣富有精力、有手腕且機靈的君主，偶爾才會彌補這點弱勢。德意志帝國（Empire allemand）的歷史不能單純化約為皇帝所主導的政治：占據義大利北部的政體多元、王侯（prince）在日耳曼（Germanie）的影響分量、諸城為解放所做的努力，上述元素共同構成了一個千變萬化的萬花筒。

一個「德意志」（allemand）帝國？

我們稱為「德意志」（allemand）的帝國，因為這個帝國——單單有一部分——符合現代德國（Allemagne）的樣貌；這個德意志帝國對其統治者與屬民而言，為「羅馬人的帝國」。此稱號的日耳曼化（germanisation）很慢才發生，這見證了帝國概念對國家概念（idée nationale）存在長久的優勢。不過也正是德國，而非其他國家，展現出了羅馬式的君權（sceptre）。

「王國」（royaume）與「帝國」（empire）在法文中是有區別的，一如拉丁文中的regnum與imperium；德文卻只有一個襲自中古Rîche一詞的詞彙Reich。反之，我們卻觀察到德意志人倒是將「國王」（Kuning）與「皇帝」（Keyser）兩者分得相當清楚。總歸來說，人們想到的是人身、職位，而非領土，遑論其概念。那麼，帝國究竟是否存在呢？……

不論是當代人或歷史學家也好，賦予Reich一詞涵義，都將遇上無可避免的不確定性。這個字詞背後隱藏著三個截然不同的事物：理想中的普世帝國、由三座王國所組成的實際上帝國、「日耳曼」這唯一一座王國。

更何況，從來就沒有針對帝國概念、甚至是帝國定義的一致定論。這些概念、定義是隨著背負帝國責任、守護帝國、或是與之對抗的對象而改變的。詞彙上的不確定性，即反映出思想未竟的狀況。最後則是權力的象徵標誌，持續造成了含混不清的情形：相同的冠冕與一樣的權杖用在國王身上，也用在皇帝身上。

德意志王國（royaume d'Allemagne）在鄂圖王朝時期（les Ottoniens），由於八四三年的凡爾登瓜分（partage de Verdun），所以稱為「東法蘭克人的王國」（Regnum Francorum orientalium），或是單純稱作「法蘭克人的王國」（Regnum Francorum）。自一〇七〇年代開始，則出現了「德意志王國」（Regnum teutonicum）或是「德意志人的王國」（Regnum teutonicorum）這種說法。

當鄂圖於九六二年又建立帝國的時候，僅限於「帝國」（imperium）一詞的範圍。從康拉德二世（Conrad II），以及自兼併勃艮第王國（royaume de Bourgogne）時開始，人們便改採「羅馬帝國」（Imperium Romanorum）這個名號。提及「羅馬人的帝國」有雙重的重要性：一方面由於皇帝是在羅馬加冕的，這意味著羅馬人的認可；另一方面，更出於此帝國企圖成為古代時期帝國之延續者的緣故，所以也想要如同古代時期的帝國一般，持有一股「普世性」的權力。不過，帝國秘書處（chancellerie）的憑證文書，時常僅限於單獨使用「帝國」（imperium）一詞。

「神聖」（sacré）這個修飾詞，出人意料地在法文中成了（saint）「聖人般的」，因為一開始所對應的字詞其實並非如此。「神聖」此一修飾詞是在紅鬍子統治時期開始散佈的，「神聖帝國」（sacrum imperium）一詞見於一一五七年：神想要有此帝國存在，這點便合理化該帝國的存在，一如其合理化此帝國統治教廷的企圖。

君主的頭銜稱號亦順著類似的軌跡發展。日耳曼國王（roi de Germanie）從來不曾被稱為「德意志國王」（Rex Alemanie）：他只被稱為「國王」（Rex）。在鄂圖王朝與最初的薩利王朝（Saliens）統治時期，德意志在事實與精神層面上皆不存在。此外，也出現了日耳曼國王成為北義大利國王的呼聲。一〇三三年取得勃艮第王國之後，出現了一個指稱德意志、但範圍要限定得多的稱號，更何況選舉才是導向帝國大位的第一個階段。亨利三世（Henri III）一被選為皇帝，就採用了「羅馬國王」（Rex Romanorum）的稱號，預計作為帝號；此稱號即成了常規。

至於在敘任權之爭（la querelle des Investitures）時，教宗則是想方設法使用德意志國王（Rex Teutonicus）這個稱號，以表明德意志君主的權勢止於日耳曼地區（Germanie），所以他對亞爾（Arles）和義大利這幾個王國是沒有任何權力的……

按邏輯來說，日耳曼君主都是「羅馬人的皇帝」。日耳曼君主渴望以羅馬延續者之姿出現，將他們自己的頭銜與古代修飾詞，諸如「奧古斯都」（auguste）、「大無敵」（très invaincu）等調和在一起。腓特烈二世（Frédéric II）便採用了「腓特烈二世皇帝長年羅馬凱撒奧古斯都、義大利、西西里、耶路撒冷、亞爾之有德的勝利者暨得勝者」（Imperator Fridericus secundus Romanorum Caesar semper Augustus Italicus Siculus Hierosolymitanus Arelatensis Pius Victor et Triumphator）這一連串響亮的頭銜。[3]

在這些條件下，稱號日耳曼化的現象很晚才出現。「德意志帝國」（Imperium Teutonicorum）這個表達方式出現在一一六七年一封紅鬍子的信裡。[4]最初幾篇以德文書寫的資料，則可追溯至亨利七世（Henri VII）統治時期，他自稱「羅馬國王」（Romisch Kuning）。[5]作為一個「國家」的參照史料，則約在一四〇九年，皇家權力退縮到德意志領土（allemand）的時候出現。自一四四一年起，人們便將「神聖帝國」（sacrum imperium）與「日耳曼國」（germanica natio）兩詞並列。腓特烈三世（Frédéric III）於一四八六年的《全面和平詔令》（*édit de paix général*）中所顯現的國號則是「神聖羅馬日耳曼帝國」（Sacrum Imperium Romanum Nationis Germanicae）。語言也成了日耳曼化的事物之一：一四七四年出現了「神聖羅馬帝國德意志國」（heilig römisches Reich der deutschen Nation）這個字詞組合，之後則成了麥西米蘭（Maximilien）在一五一二年所使用的「神聖羅馬帝國」（Heiliges Römisches Reich deutscher Nation）一詞。*

一個基督教帝國

皇帝是由教宗來祝聖加冕的。敘任權之爭卻導致了一系列將皇帝除聖化的作為，如皇帝在卡諾莎（Canossa）受辱、亨利四世被罷黜這兩起事件。斯陶芬王朝（les Staufen）則讓這些行動畫下了休止符。紅鬍子表示，他可是獨自一人維繫起帝國，他甚至還膽敢自稱為「主的基督」呢！[6]在《奧古斯都之書》（*Liber augustalis*）開頭，腓特烈二世堅稱神將統領世界的任務委託給國王。該層面在之後就衰微了：一二五〇年至一三一二年間，由於長期無人身持皇帝稱號的緣故，而將上述這個神委任國王的層面降級了；世俗權力的概念進展，使事情朝這個方向發展，也有了一股不想再仰賴教宗方面下決定的意圖。帝國依舊是神聖的，而皇帝卻不再如此。

加冕當日，皇帝身穿特別的大紅衣裝、領受其權力的象徵物品：冠冕、權杖、矛槍、寶劍兩把、金蘋果、指環，以及十字架（上述物品如今都存放在維也納的霍夫堡宮殿〔la Hofburg〕內）。此冠冕概述了基督教的基本元素：羅馬與耶路撒冷、新舊約《聖經》、地上的君權與天上的主權。冠冕上鑲有一百四十四顆珍珠，呼應了〈啟示錄〉中天界耶路撒冷的尺寸大小，而且在其中一塊面板上出現了基督宣告著：「國王乃經吾而治。」其中一把寶劍為聖莫里斯（saint Maurice）之劍，此劍鞘套處刻了十四位從查理曼到亨利三世，共十四位君主的肖像。寶劍護手上則帶有「基督勝利、基督統治、基督指揮」（Christus vincit, Christus regnat, Christus imperat）的銘文：皇帝身懷捍衛基督教的任務。至於「聖矛」（sainte lance），則製於八世紀；該物自十三世紀起，便權作刺穿基督身軀的那把矛槍，此物甚至還嵌入了一根耶穌受難十字架上的釘子。這把矛槍成了神護佑保證無敵的象徵，九五五年鄂圖一世對抗匈牙利人的時候就帶著這把矛槍。十字架則含有一小片真正的十字架殘片，並附上一段將皇帝呈現為基督代理人的題詞。這些物件遠不止是君主手上單純的器械而已，它們體現了權力的象徵。

這些權力的象徵標誌出現在皇帝正面端坐的微型圖像當中。其中之一顯示出鄂圖三世（Otton III）接受多位象徵著眾臣服帝國勢力地區（pays）的女性化身對他表達敬意，這些地區包含：日耳曼（Germanie）、高盧（Gaule）、義大利，以及斯拉夫地區，換句話說也就是帝國的邊境封地（marche）。這是一種具體依據現實強弱關係的形象，而與理論上的普世野心相去

＊可見原文字詞書寫上的差異，後者則為後世所通行的寫法。

甚遠。君主所鋪設出來的形象，傾向使人們產生秩序與權勢感。一五一〇年，一幅漢斯・布格邁爾（Hans Burgkmair）的版畫則以肩負著十字架基督的雙頭鷹作為代表帝國的形體；沿著雙頭鷹所展開的雙翅上，則依階級高低排列著六十幾個王侯、城市、市鎮（bourg）的徽章。這番團結、有秩序的世界景象，恰與最後一位中世紀帝王麥斯米蘭想要建立起來的事物相合。

獲取帝國大位取決於諸王侯及教宗

接近大權有兩個階段。只有德意志國王（roi d'Allemagne）才夠資格問鼎帝國大位；而且還得由眾王侯遴選出來，方能成為國王。[7]這個必要條件卻還是不夠充分，接下來獲取皇帝頭銜與否，則取決於教宗加冕。[8]帝國（imperium）因此是掌握在德意志（allemand）領土上的王侯與教宗手上；皇帝的權力實際上便歸功於這些人。

王侯選舉阻礙了所有自動的世襲傳承，因此擋下了皇帝建立王朝、或是強令王朝久久長長的心願。當局以激烈手段尋求世襲，偶爾能夠得手，但卻從來無法永久取得此等地位。而至少，諸王侯的權力對世俗人等來說可是世襲的呢！當這些王侯願意選出君主的子嗣為國王的時候，他們也會爭取一些特權以作為回報。國王權力的脆弱性表現在王朝遞嬗的頻率上；九六二年至一二五〇年有三個王朝：鄂圖（Otonien）、薩利（Salien）與斯陶芬（Staufen），共十七位國王；接著則是六個王朝，共十四位君主（其中三個主要的王朝為哈布斯堡〔Habsbourg〕、維特爾斯巴赫〔Wittelsbach〕與盧森堡〔Luxembourg〕）。即便如此，選舉並未妨礙到由皇帝常設任務所建立起來的政策持續性。一旦站上大位，人們就忘了王朝對立，而重新接手掌管起帝國。

該項選舉起初是由全體世俗與宗教王公（prince）選出國王的。自一二五七年開始，這些世俗、宗教王公的數目被縮減為七位，即科隆（Cologne）大主教、美因茲（Mayence）大主教、特里爾（Trèves）大主教、波希米亞國王（roi de Bohême）、薩克森公爵（duc de Saxe）、布蘭登堡邊境伯（margrave de Brandenbourg）、萊茵行宮伯爵（comte palatin du Rhin）；他們在一二九八年正式形成了一個選舉「團」（collège）。一三三八年，多數決原則取代了一致性決定，而查理（Charles）於一三五六年的金璽詔書（Bulle d'or），則詳細定出了選舉模式。王侯權勢鼎盛時，諸王侯乃是「帝國的棟樑」，招惹王侯屬「大不敬」之罪（lèse-majesté）。不過，眾王侯卻未曾擁有過罷黜君主的權力，甚至他們早在一二九八年與一四〇〇年，就膽敢對拿騷暨溫塞斯拉斯的阿道夫（Adolphe de Nassau et de Wenceslas）展開此類程序。

皇帝無法制衡王侯，沒有王侯便能有所成的事情也極少。德意志（allemand）王權並非君主政體。國王的藩屬為其諮議、聯盟對象，亦是敵手。這些藩屬以一己之力，或是透過國王特許（concession royale）日漸擴大其領土支配力量。他們阻斷了附庸他們的勢力與皇帝之間的所有直接聯繫，以此自居為不可或缺的權力中介者，同時還限制住這些附庸勢力外擴的任何可能性。[9]腓特烈二世在一二三二年甚至還承認了帝國王侯在領土上的豁免權，這些王候在領土內便可自由移動、建立市集、箝制住城市的權勢、自行建造防禦工事、鑄造錢幣等。

王侯之間還有個權力平等的原則，沒有一位王侯可以成為另一位王侯的藩屬，但王侯之間實際的權勢依然相當不平等。實際上，這全部取決於他們與國王之間的強弱關係。眾王侯構成了競爭關係，甚至是敵對關係，他們賦予了政治生活中時時相當激烈的動盪與不穩定特質。正好就是王侯們將本身的領地（seigneurie）轉化為王侯國（principauté）的，接著在十二世紀與十五世紀之間，這些王侯領地則幾乎都成了國家（États），以至於德意志（Allemagne）的政治版圖便呈現著七拼八湊的樣態。

從登上王位到皇帝加冕儀式之間的過程往往很冗長：亨利二世（Henri II）等了十二年、腓特烈二世等了六年，西吉斯蒙德（Sigismond）則是二十二年。內部問題，以及與羅馬談判的難度，都可以解釋此等緩慢的進程。宗座同意並非是既成的，而是依兩位君主間的關係好壞而定。某些國王即使做出了重要的讓步，卻還是永遠無法成為皇帝，好比哈布斯堡的魯道夫與亞伯特（Rodolphe et Albert de Habsbourg）。在亨利四世、紅鬍子、腓特烈二世，以及巴伐利亞的路易（Louis de Bavière）時期，這項羅馬方面的障礙，以及衝突中的暴力，導致十四世紀時出現了將教宗所扮演的角色排除在外的論點。

該難題透過下列措辭被提出來：國王能否在被選出後立即行使其身為皇帝的權力，還是得等到其人於羅馬加冕之後方可視事呢？由於這段延滯期間偶爾可以長達數年，這個問題變得事關重大：帝位空虛可是上至歐洲層級的情勢不均現象由來。這因此便和將羅馬加冕一事定位為建制行為，抑或只是單純的儀式行為有關；在後者這種情況下，獲取帝國便全然屬於選舉的範圍，所以就屬於王侯的決定。一三二四年，巴伐利亞的路易於「薩克森豪森號召」（appel de Sachsenhausen）中宣布全面拒絕教宗的中介角色[10]：巴伐利亞的路易一被選上之後，就開始完全實行皇帝的權力。一三三八年八月，《天主教信仰》憲章（*Constitution Fidem catholicam*）也確認了皇帝的權威「單單仰賴著神一方」；而《法律容許令》（*décret Licet Juris*）則規定王侯選舉就可產生一位既不需任何認可，亦不需教宗或任何一方確認的「真正皇帝」。

羅馬，一個遙不可及卻尾大不掉的傳說

九六二年，鄂圖一世便打算承襲諸位凱撒（Césars）帝國的軌跡。德意志帝國（Empire allemand）不被視為一個新的帝國，而是一場帝國復興（Renovatio imperii）。「復興」（Renovatio）是源於羅馬的概念，是一場回歸至起源、並抹去時光軌跡的運動。一個普世、恆久權力的典範，透過基督教普世主義而強化起來；而該典範則為羅馬式的，且帶有傳說色彩。

鄂圖三世（Otton III）在其金璽詔書上便烙下了「羅馬宮」（aurea Roma）這個無數後人所沿用的字樣。此舉使其人得以成為與拜占庭抗衡的力量。建於君士坦丁堡的拜占庭帝國有「第二個羅馬」之稱，實際上才是真正的羅馬帝國；可是在日耳曼君主的眼中，征服羅馬的行動則讓他們成為羅馬這座永恆之城（Ville éternelle）的合法持有者。[11]

如同在羅馬一般，皇帝應該得展露其軍事才幹。鄂圖於九五五年在萊希菲爾德（Lechfeld）壓制過匈牙利人之後，方才能夠使眾人折服於他的企圖。多位君主都有賴一場軍事上的成功來取得權勢：腓特烈二世憑藉腓力・奧古斯都（Philippe Auguste）在布汶（Bouvines）的勝仗，使他得以擺脫掉自己的對手鄂圖四世（Otton IV）；哈布斯堡的亞伯特（Albert de Habsbourg）於一二九八年在格爾海姆（Göllheim）用計排除了拿騷的阿道夫（Adolphe de Nassau）；維特爾斯巴赫家族出身的巴伐利亞的路易於一三二二年在米爾多夫（Mühldorf）一役的戰場上，擺脫掉哈布斯堡家族的奧地利的腓特烈（Frédéric d'Autriche）。

雖說日耳曼帝國（Empire germanique）自承為羅馬帝國繼承者，然則事實並非如此：鄂圖三世遭逢羅馬人反抗，而且紅鬍子與腓特烈二世都無法集結起羅馬貴族。羅馬貴族僅單單在稍縱即逝的時刻，方感受到帝國的權勢：一一四九年，羅馬貴族撰寫了一封意味至為明顯的信函給康拉德三世（Conrad III）：「致優秀且出色至極之羅馬暨世界主宰康拉德（Conrad），出於神恩典之羅馬人國王（……）。吾等意欲重振、擴張神囑託於閣下領導之羅馬帝國，再復其於君士坦丁與查士丁尼時期之勢。」這是一種一時搶眼、但並不持久的舉動。

德意志帝國也被視為是查理曼帝國的一場復興。查理曼帝國提供了一個受《聖經》威望增輝的帝國形象。查理曼本人表現出一位新約西亞（Josias），或是新大衛（David）的形象，而他的帝國還帶來了一項帝國並非轉移自羅馬人、而是法蘭克人的新元素，所以鄂圖薩克森人（Ottoniens saxons）僅需自承與法蘭克民族有所連結即可。幾個世紀以來，與查理曼有關的傳說與崇拜便穿透在德意志君主和人民身上。鄂圖三世在西元一千年撬開了查理曼的墓穴。衛波（Wipo）這位帝國司鐸（chapelain impérial）則於一〇四六年撰寫了康拉德二世的生平傳記，他使用了日後將變得著名的格式表彰其主人公的榮耀：「在康拉德的鞍上掛著查理的馬鐙。」[12]一一六五年，紅鬍子封查理曼為大帝，並且組織起具紀念性質的排場，以充作他頌揚他本人之用。在十四、十五世紀，又強加「傳承帝國之人為查理曼、而非教宗」的概念。同時間，人們將加洛林王朝人士當成德意志人……此般對過往的雙重錨定，維繫了一股強烈的延續感；十二世紀的《諸帝紀年》（*Chronique des empereurs*）便是如此闡述自奧古斯都至康拉德三世之間未曾中斷過的統治時期。

一二五〇年後，羅馬的概念崩解了；德意志帝國自行拋捨了被迫要為一座無法控制的城邦投入戰事的古代模式，而且此模式還預設了若想重返古代的邊界，可得控制住「整個」義大利才行。重返羅馬帝國從來就不是一件其真心打算完全實現的事情。德意志皇帝表明要重建羅馬帝國，或是重建沒有高盧的查理曼帝國。鄂圖一世固然以仲裁者之姿介入西法蘭克王國的事務，但是人們在此卻還是侷限於傳承自加洛林世界的政治博弈：沒有任何一位君主想過兼併日後變成法蘭西王國的西法蘭克王國，他們也沒想過併吞英格蘭諸王國（les royaumes d'Angleterre）或伊比利半島呢！所以某些像是亨利六世（Henri VI）這種懷有成為拜占庭帝國皇帝夢想的君主，便值得關注了。總歸來說，德意志帝國（Empire allemand）轉向了西方。凡爾登瓜分則造成了一個無可逆轉的局面。

普世陷阱

德意志帝國啟發自羅馬神話，展現出強化其捍衛教會使命的一種普世野心。但是如此企圖還是維持在理論層面，而沒被理解成是一件必得實行的事情。的確，某些國王是在皇帝面前低頭的。一一五七年，英格蘭的亨利二世（Henri II d'Angleterre）寫信給紅鬍子：「吾等將王國供爾差遣；為使諸事皆於尊長名下圓滿，而將所有臣服於余等監管之事務，復歸於汝權勢之下。」但上述事件，倒也未超出意向宣告一類的格局。十四及十五世紀的皇帝奔忙於結盟的博弈，他們並未實行任何霸權，更何況諸位歐洲君主都執掌著幾個越來越穩固的政權（État）。

然而，普世主義卻引導了幾位君主的行動：腓特烈二世在取得耶路撒冷王國（royaume de

Jérusalem）之後開展了他的權勢。巴伐利亞的路易展現驚人的野心，他在一三二八年一月十七日於卡比托利歐山（Capitole）宣告帝國成立，且排除教宗在場，當日便表明：「在此城，經天意厚待，吾等合法領受余等羅馬人民的帝國冠冕與權杖，承蒙神的無敵權勢及余之權勢，『吾等領導羅馬城與世界』。」不過，巴伐利亞的路易立刻就得離開羅馬。他是在德意志施行統治的，而且與他的野心正好相反，其人的統治「日耳曼化」了帝國概念。總之，帝國致力其中的普世使命將其推往高處，同時卻也束縛住了帝國。

帝國式的救世主思想（messianisme）是一項重複出現的背景主題。帝國扮演著離苦得救（salut）始末中的一個角色。此概念原本出自《聖經》，但也出現在晦澀的神諭中；這些神諭傳佈著皇帝在最後的日子中呼籲征服耶路撒冷，而且還在最後審判的前一日將他的皇冠置於耶城。某些皇帝的人格，便同此政治背景一般，偶爾會強調這個救世層面。該特色先在亨利四世的貼身人士、接著在紅鬍子的親信身上強化起來。〈敵基督花招〉（Jeu de l'Antéchrist）一文約作於一一六〇年至一一六二年，該文以德意志人的特徵來呈現在最後時刻的皇帝。人們渴望亨利六世作為一位集結希臘人與羅馬人的君主，他出兵摧毀了歌格與瑪各（Gog et Magog），然後讓猶太人改宗。腓特烈二世身邊則圍繞著幾位先知，他們認為腓特烈二世出生的城市耶西（Iesi）為「吾等之伯利恆（Bethléem）」。接續著康士坦斯大公會議（le concile de Constance）的後幾年，於一四一八年之後，出現了一段名為「珈馬里昂」（Gamalion）的怪異預言。此預言聲稱一位由德意志人所選出的皇帝將會在美因茲策立一位新教宗，而羅馬帝國則會成為一個日耳曼的帝國（empire germanique）。

救世主思想便是如此飄散在帝國周邊的。中古末期則發展出關於皇帝本人的傳說，其中提到皇帝在一座山洞裡沉睡著，而他的甦醒則促成了一段正義、和平統治時期。此段時期亦成為盛世末期的前奏。該傳說使君主（在紅鬍子的形象強加進來以前，早先是腓特烈二世的形象）身處圖林根屈夫霍伊澤（Thuringe Kyffhäuser）的丘陵之中。此傳說延續到了二十世紀初威瑪共和（république de Weimar）時期，當受辱的德意志嚮往權勢時，便重新復甦。

一個難以掌控的空間

中古神聖羅馬帝國實際上乃是由三個王國所組成。此三個王國呈現錯置之態，大於聯合之勢。對於一個號稱再生羅馬的政權來說，是個相當奇怪的狀況。神聖羅馬帝國涵蓋了一個難以掌握的空間，由於其規模和物理上的限制（從呂北克〔Lübeck〕到羅馬歷時兩個月、梅茲〔Metz〕與布拉格〔Prague〕之間則需三到四星期的往來時間），以及欠缺真正的行政系統，而造成如此現象。鄂圖的帝國僅包括了日耳曼王國（royaume de Germanie）與承襲自加洛林王朝的義大利北方王國。亞爾—勃艮第王國（royaume d'Arles-Bourgogne），即現今的普羅旺斯、隆河河谷（vallée du Rhône）與弗朗什—孔泰（Franche-Comté）則是於康拉德二世時兼併的。從此以後，神聖羅馬帝國控制住阿爾卑斯山口，建構起拉丁世界最廣闊的政治體。

三個王國的族群組成相當歧異，反映出長久持續下來的語言多元性（即日耳曼語系、義大利拉丁語系、斯拉夫語系、非日耳曼語系〔welche〕等語系共存的現象）是難以消除的；三個王國永遠無法合併的狀況，使我們得以設問此三個王國在「帝國一體」方面所建構出來的，究竟是屬於「區別」（distinction），亦或是「分裂」（division）呢？三個王國的王冠皆由同一位君主所有；神聖羅馬帝國是一種個人式的聯盟，而非政治層面上的聯盟。如此的民族拼貼體，是無法產生任何國家（nation）的。

這種三重式的分配並非均等；日耳曼王國持有最主要的一部分領土。該王國留有東法蘭克王國的邊界。日耳曼王國西部則是依據八四三年〈凡爾登條約〉（Traités de Verdun）與八七〇年〈梅爾森條約〉（Traité de Meers）所定下的邊界，沿著「四河」與法蘭西王國（royaume de France）區隔而成；北部順著丹麥的輪廓延展；南邊則止與阿爾卑斯山脈。日耳曼王國的東部介於易北河（Elbe）與奧得河（Oder）之間，有一大片延伸至波蘭的前鋒地帶。波蘭不在帝國之內，但是與帝國的連結往來是如此密切，以至於波蘭形成了其中的衛星勢力。康拉德二世、亨利三世、紅鬍子使波蘭如同波希米亞（Bohême）與匈牙利一般，永久持續地作為附庸勢力。日耳曼王國在十世紀總共有四十七萬平方公里左右的領土，以及約四、五百萬的

十世紀末至十一世紀初的日耳曼帝國

十三世紀中的日耳曼帝國

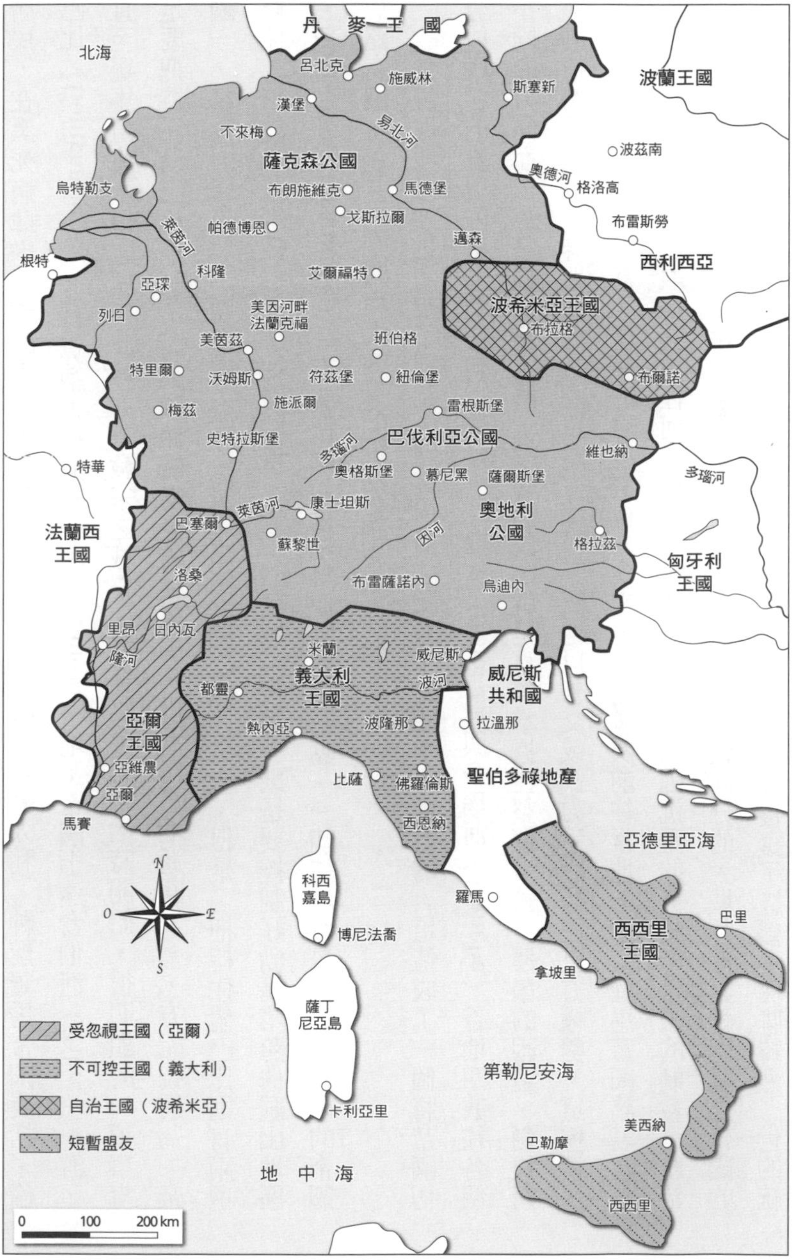

居民，在黑死病肆虐以前的居民則達到一千兩百萬之譜。在義大利，神聖羅馬帝國囊括了倫巴比（Lombardie），並打算納入托斯卡尼（Toscane）一地；帝國上達台伯河（Tibre）上游，直至羅馬這座永恆之城，此城亦為教宗之城……從鄂圖王朝統治時開始，很明顯的一項事實是要把持住倫巴比地區，而且確保能安全前往羅馬（以及自當地返回！），方能號稱為「帝國」。掌控阿爾卑斯山區地帶，成了取得帝國冠冕的條件之一。但是，把持住倫巴比則有兩項條件。首先是要掌控倫巴比地區驕縱、抗拒的諸城。接著，則是要控制好勃艮第跨侏羅山地區（Bourgogne transjurane），而康拉德二世早早便明白這一點。一切情境背景都與一連串的帝國思路有關，且其中空間與人的支配統治是相互牽扯的。

實體地理條件也造成了限制。阿爾卑斯山脈並不是四季可通行的，這造成了一個將帝國切分成兩半的實質障礙。萊茵河（Rhin）、隆河（Rhône）與多瑙河（Danube）谷地四散往各個不同的方向而去。掌控三座王國，換句話說，就是實際掌握住整個帝國一連串的困境、劍拔弩張的情勢與戰爭。神聖羅馬帝國眾君主都得不斷地以外交或武力手段穩住己方權勢。這種情況在義大利北部地區尤甚，所有的君主都得一次次、或是多次前往當地。神聖羅馬帝國諸君為該地帶來衝突，亦無法取得其中任何一場勝利，偶爾還會受到因沉重的失利所帶來的制裁。統治義大利是一件類似薛西弗斯（Sisyphe）任務一般的工作。大部分的大城邦都對神聖羅馬帝國的統治反應執拗，而抵制倫巴比陣線（Ligue lombarde）的戰爭則侵擾了紅鬍子與腓特烈二世的統治；倫巴比陣線乃是由米蘭當局所發起的，背後亦有教宗支持。亨利七世敗北之後，他的後繼者都放棄統治義大利了。查理四世（Charles IV）只不過在羅馬短暫停留；麥西米蘭則是首度在羅馬這座永恆之城以外的地方加冕。神聖羅馬帝國自行縮減了。這三座王國的組合從來都不是相當堅固的，一時鬆脫起來，接著便自行消逝了。

神聖羅馬帝國的君主漸漸失去了對亞爾王國（royaume d'Arles）的掌控，以至於神聖羅馬帝國竟和德意志王國（royaume d'Allemagne）開始相互混淆；此外，德意志王國的東翼還因為法蘭西於洛林地區（Lorraine）進逼，而有了破口。隆河一樣也承受著卡佩王朝（Capétien）的威脅：一二九二年，里昂（Lyon）便自行納入了卡佩王朝的護衛之下。十四世紀末，「醉漢」溫塞斯拉斯（Wenceslas « l'Ivrogne »）無力掃蕩歷任勃艮第公爵（duc de Bourgogne）在法蘭德斯（Flandre）與布拉班特（Brabant）兩地的進逼行動；就算是具備真實才幹的西吉斯蒙德，同樣也無法阻止盧森堡落入好人菲利浦（Philippe le Bon）之手。一三七八年，舊有從勃艮第伯國（comté de Bourgogne）所分出的亞爾王國落到法國手上。「三重統治」（tria regna）的結合消逝殆盡，各王國從此各走各的陽關道。查理四世治下的神聖羅馬帝國僅限於德意志與波希米亞兩地。對某些人、好比佩脫拉克（Pétrarque）而言，查理四世為「波希米亞之父」、「帝國的一位繼父」（parâtre de l'empire）。西吉斯蒙德則將匈牙利併入帝國之中，他不僅以如此手段改變了帝國規模，且亦隨著國王的選舉結果改變了帝國本身的性質。

對神聖羅馬帝國的歸屬感沒有形成任何幫助，或幾近於無。這項歸屬感進入了勃艮第跨侏羅山地區，但在亞爾王國幾乎不存在。當此項歸屬感在義大利城邦之間自行增強起來時，則成了反目不和與戰爭的原由；除了例如但丁（Dante）或是帕多瓦的馬西勒（Marsile de Padoue）這類的文人以外，對神聖羅馬帝國的歸屬感頂多權充一種「黨派標記」[13]。

十五世紀末，此時與鄂圖王朝或是斯陶芬王朝的政策可說是相距甚遠。神聖羅馬帝國承羅伯・福爾茲（Robert Folz）所言，不過是個「脫臼的大型身軀」、「一座老舊的建物」。持有這個帝國會被賦予些微的威望，但是卻少於一位國王在王國中所享有的份量。帝國與皇帝亦成了兩件日益遙遠的現實事物。

一個太過廣闊的帝國

距離、通訊方式緩慢、多個在地方紮根極深的勢力、缺乏機構組織和有效率的行政人員，都讓掌控帝國內部空間成了一件不可能的難事。單就控制住德意志王國便處於不完善狀態。彼得・莫勞（Peter Moraw）就指出了德意志王國被分成了三種空間，而國王的權勢則在這三種空間「日漸趨弱」（decrescendo）。「家產」（Hausmacht）與嚴格定義上的「國王領地」（Krongut）都在君主手上，即所謂的「國王近身地區」（Königsnah）；我們可以在下列區域中找到上述這類土地：亞爾薩斯（Alsace）、法蘭克尼亞（Franconie）、施瓦本（Souabe）、萊茵河谷中段的施派爾（Spire）和沃姆斯（Worms）附近、美因河（Main）沿岸，在薩勒河（Saale）與易北河之間的區域，於下薩克森（Basse-Saxe）的戈斯拉爾（Goslar）、哈爾伯施塔特（Halberstadt）。

第二類空間則是由中部、中西部，即薩克森、圖林根、萊茵河上游一直到科隆，最遠到巴伐利亞的地帶，當地國王的影響力呈分散狀態，該地被稱為「對國王開放的地區」（Königsoffen）。最後，則是跳脫國王威勢的王國東部與北部「遠離國王地區」（Königsfern），這些地帶則處於地方王侯的掌控之中，諸如梅克倫堡（Mecklembourg）、布蘭登堡（Brandebourg）等地……。

如此的分布只稍稍透過巡迴走訪來平衡。王權缺乏實質的首都（國王在法蘭克福選出、亞琛加冕，於此處或他處遊蕩），或是一座中央式的宮殿，所以經常處於移動狀態：國王需要現身露臉以使人們順從於他。但是巡迴走訪卻並不意味著到處移動：皇帝就極少前往亞爾王國。巡迴走訪連帶造訪了一連串屬於領地或家產的宮殿。腓特烈一世偏好阿格諾（Haguenau）、巴伐利亞的路易是慕尼黑、查理四世為布拉格，而腓特烈三世則是維也納。王國並未備有如同卡佩王朝的聖德尼（Saint-Denis）皇家集體墓地：施派爾一地只有在薩利與斯陶芬王朝時期扮演如此的功能；皇家陵墓散佈在慕尼黑、法蘭克福、班伯格（Bamberg）、馬德堡

（Magdebourg）、梅澤堡（Merseburg）等地。最後，巡迴走訪造成了惱人的缺席情況：腓特烈二世待在西西里（Sicile）的時間遠比在德意志還久；腓特烈三世自一四四四年至一四七一年則偏重在奧地利一地。皇帝的權勢因此削弱了，而且宮廷也失去了整合的能力。

眾君主一般都會努力控制好家產與王位之領地。隨著時間過去，他們則偏重於價值穩固、並且可以傳承的「家產」（Hausmacht）；國王領地則與之相反，一場選舉失利便能夠使其喪失殆盡。哈布斯堡的魯道夫（Rodolphe de Habsbourg）在一二七八年戰勝波希米亞國王之後，未將奧地利和施蒂里亞（Styrie）納入「國王領地」（Krongut）之中，而將其作為封地授予自己的兒子，就是個精明的舉動。哈布斯堡的魯道夫將此兩地納入本身名下財產的作法，正是選擇以個人的家族來與「國家」抗衡；這也正是哈布斯堡權勢的起源。

皇帝無法發展出一套土地直接由其管轄、超脫王侯司法權限的行政系統。這套行政系統出現在斯陶芬治期，於腓特烈二世與哈布斯堡的魯道夫統治時具備相當規模：君主嘗試在幾個地區（施瓦本、哈茨〔Harz〕、亞爾薩斯）自行建立起一個勢力範圍，但是他們卻永遠無法拓展領土網絡連結達王國規模。在義大利北部，這種連結網絡又更加微弱。此外，國王領地則隨著時間、隨著以典押來接濟皇家財庫的速度，或是隨著典押來確保忠誠度的步調而裂解。地產轉型為一種權利：持有土地財產的人成為財政標的。君主則自囿於其家產領土之上。一二七三年至一三四六年的帝國弱勢，便呈現了這一點：使君主的「家產」富足、豪闊、得以控管，成了較受偏愛的解決方式。這也解釋了查理四世——相形之下——的成就，乃是仰賴波希米亞一地的權勢而來，以及西吉斯蒙德這位匈牙利主人翁相對的功業，還有長駐於奧地利的腓特烈三世日益增長的孤立狀態。

缺乏資源的君主

皇帝乃由加冕的許諾所維繫著：他得保障權利、令人遵守風俗、確保和平與正義。凡他所到之處，處處都可看見他手持羊皮紙以取得特權更新或延展。最後，皇帝主管著「帝國的榮耀」：保管著王位財產、權利與收入。

這些資源勉強足以支持大任。畢竟帝國遠遠不及現代國家，並沒有所謂的「政府」：皇帝以秘書處中的教士、朝廷成員來領導帝國；任何重大決定，皇帝都得與最高層級的王侯商討。帝國沒有任何一位部長，也沒有任何專門部門；國王諮議會（Hofrat）只在麥西米蘭治下才制定出來。

帝國（Reich）缺乏機關架構。由皇帝召集的神聖羅馬帝國議會（diète）從來就不是一個常設性機構，甚至也不是固定組織：人們認為王國與帝國統治是隨著管理貴族財產的方針而定的。唯一真正穩固的結構是鄂圖式（ottonien）的「帝國教會系統」，該教會系統套用教會結構，同時也賦予主教極大的權力：伯爵等級的權力與豁免權等。在敘任權之爭與一一二二年的沃姆斯協定（concordat de Worms）過後，此系統便萎縮了：教會不再作為國王的統治工具；即便主教通常是支持皇帝的，他們卻是以世俗性、而且總是更形擴張的權力來作為交換籌碼……

法律不具任何形式上的統一，國王的法律則相當分散。在幾個世紀的時間當中，君主更新了禁止或限制私戰（Fehden）的措施，卻一無所成；私戰侵蝕著社會、讓有效的司法機制長期缺席。若姑且相信十一世紀編年史家「布拉格的葛斯默」（Cosmas de Prague）所援引的亨利三世之語；儘管亨利三世說過「法律有個蠟做的鼻子，而國王則有鐵一般的手臂，他能將這條手臂伸展到任何他中意的地方」，君主的權力實際上還是受到諸王侯抗拒而有所限制、抵銷。除了些許關於封地傳承的敕令，以及幾次欲建立一體和平的企圖（最後一次發生在一四九五年）之外，並沒有一套施行於整個王國的法令，更別說施行於整個帝國的法令。我們與卡佩王朝或是卡斯提爾（Castille）眾國王之成命施行於整個王國的情況相去甚遠。十三世紀時，習慣法書寫工作（《薩克森人之鏡》〔*Miroir des Saxons*〕、《施瓦本人之鏡》〔*Miroir des Souabes*〕……）處於逐步進行且未完成的狀態，導致了封建法規與領土法規僅施行於地方層級。國王受習俗法則規範，只限於釋出特權而已，也就是釋出針對一人、一城或某類別個體的特殊待遇。自十三世紀後半起，越來越少人訴諸於可供上訴的國王層級司法，而且在這段時期以前，國王層級的司法也並未組織得足夠完善……儘管腓特烈二世於一二三五年設置了「國王法庭」

（Hofgericht），該法庭的工作還是受到眾王侯的阻礙：這些王侯禁止了對己身裁判權的上訴程序。至於一四一五年所設立的「司法院」（Kammergericht），則僅止於處理直接取決於國王的事務。西吉斯蒙德或腓特烈三世的改革企圖都失敗了，或是僅限於局部重整而已。這些改革企圖衝擊到國王、王侯與城市間的利益分歧，所以是不可能將它以一個共同性的計劃集結起來的。

最後一點則是金錢短缺。在麥西米蘭之前，沒有任何的普遍性稅捐存在。國王的財源來自他本身的財產與國王領地：人頭稅（Bede）、礦地與造幣工坊的收益、司法權利；再加上對猶太人與國王轄下諸城內資產階級所課徵的特別稅。幾乎是持續性的負債使收入消耗殆盡，還被迫吃下毀滅性的債務。

政治失靈、財務困境再加上軍事孱弱。軍事力量，即戰場得勝的能力，為帝國的基礎，然而，該層面的缺陷情況卻非常明顯。戰事相當多：有與幾位對立王（antiroi）、王侯或反叛城市與打劫騎士（chevaliers-brigands）對抗的內部衝突；外部行動則主要發生在義大利，以及雖然次數不多、過程卻十分艱辛的反制胡斯教派人士（hussite）行動，還有與土耳其人的爭戰。沒有任何一位皇帝擁有常備軍，常備軍出現於百年戰爭，英格蘭與法蘭西君主皆受益於此類軍隊。皇帝則老是使用相同的權宜之計：他訴諸三種力量：即個人軍隊、由藩屬（貴族、教長、城市）所提供的部隊（contingent），還有越來越常用到的傭兵。軍隊兵員罕有充足，他們既不長久待命，亦不出現在全部的戰區現場，其員額亦非隨心所欲就能取得。九八一年的一份文件，讓人得以估量曾有多達六千名騎士隨鄂圖二世（Otton II）前往羅馬。義大利也提供了自城市與鄉村貴族內部所招募到的部隊。有一萬五千至兩萬人聽令於紅鬍子；腓特烈二世則為了十字軍東征，集結了一萬一千人至一萬兩千人左右，再沒有比這更多的人數。

皇帝作為高效率戰略家，才會是出色的戰士，但在許多戰役中，皇帝卻都難以取勝——至少就一些最重要的戰事來說是如此。就算腓特烈二世在科爾泰諾瓦（Cortenuova）打贏了米蘭及其聯軍，取得一場漂亮的勝仗，他還是得承認以下的事實：幾年之後，戰事還會自行再起。在某些情況下，君主承受了災難性的失利打擊：九八二年，鄂圖二世被穆斯林打敗；紅鬍子於一一六七年變裝逃離羅馬，且在一一七六年於萊尼亞諾（Legnano）被肅清；腓特烈三世無力面對來自法蘭西的剝皮傭兵（Écorcheurs），而他對陣匈牙利人馬家什・科爾溫（Matthias Corvin）也同樣失利；科爾溫奪下了克恩頓（Carinthie）、施蒂里亞，接著在一四八五年拿下維也納：這對腓特烈三世這位創造出「AEIOU格言」的人來說，實在是件苦澀沮喪之事！[14]

中世紀末，依法蘭西斯・拉普（Francis Rapp）所言，帝國（Reich）不過是個「防禦與應對性的組織」。過於羸弱的武力、太過強大的敵人，如此情況概括了帝國的軍事史。總之，皇帝所持的資源貧瘠、權力稀釋於王侯之手，這兩個狀況解釋了德意志為何沒循著大部分歐洲君主的道路發展。

儘管如此，帝國可是延續了一段時間呢！儘管有上述的這些狀況，日耳曼王權（royauté germanique）很早便演進出「超越人身」的權力。權力超越了其主管人員。康拉德二世早就看到這點，並以一種令人印象深刻的說法加以詮釋：「國王若逝去，王國則留存，就如同船隻失去了舵手一般」，如此的形象，具有驚人的現代性……

無可擊潰的教宗障礙

教廷自李奧三世（Léon III）加冕查理曼以來便把持著帝國，而且尤其從斯德望四世（Étienne IV）「祝聖加冕」虔誠者路易以來就是如此。教廷作為東家；皇帝由聖座（Saint Siège）授職，其人成為教宗下屬；皇帝得為教會服務。一如十三世紀初英諾森三世所寫到的，帝國與教廷是神所設下的兩道光體，不過帝國則仰賴著教廷的光亮，好比月球的光亮仰賴太陽一般。

帝國的命運只會與宗座增長的野心相互牴觸。多少皇帝，諸如紅鬍子與巴伐利亞的路易都被逐出教門（excommurié），這樣的制裁有時還伴隨著罷黜行動，如亨利四世與腓特烈二世所遭遇到的情況，但這卻還是無法阻礙皇帝施行權力……其中有多少位皇帝發動了歷時數十年、對抗聖座的戰爭，而且這些戰事偶爾還惡化成德意志內戰；此為亨利四世與腓特烈二世治期所發生的狀況。亨利四世與紅鬍子還大膽任命幾位「對立教宗」（antipape）。簡而言之，宗教職權（sacerdoce）與皇帝之間的衝突浪費了皇帝的精力，並且削弱了帝國，以至於成為十九世紀德意志政治、歷史科學的一門重大主題。

皇帝在某些時期占了上風。鄂圖大帝將其律法加諸於教宗選舉中：教宗立誓後，要有皇帝在場才可以祝聖任職。一〇四六年，又是亨利三世這位皇帝，他可以罷黜掉三位敵對的教宗，還提名一位和自己親近的主教登上羅馬宗座，而這一切為的便是要完成教會改革。但如此的皇帝支配狀態，不過是一時而已。

教廷權勢上漲，並且漸漸穩固起來，人們可以將之視為羅馬神權政治（théocratie romaine）；這股勢力則憑藉著其他文獻，尤其是偽造的《君士坦丁獻土》（*fausse donation de Constantin*）這部重新將全體「西部省分」以及帝國象徵標誌歸還給教宗的偽造文獻。教宗身為伯多祿的繼承者，他們在十三世紀自認為是「基督的代理人」（vicaires du Christ）、普世之王（roi de l'Univers）。教宗透過國王治理著世界。帝國因此僅有教宗授予的職能而已，是為教宗轄下的「采邑」（bénéfice）。[15]自一〇七五年起，格列哥里七世（Grégoire VII）在其《教宗訓令》（*Dictatus papae*）當中就表明：「只有教宗能夠持有皇帝的象徵標誌。」格列哥里七世竊取了皇帝持有的權力，英諾森四世也以如此做法來對抗腓特烈二世。一二九八年，波尼法爵八世（Boniface VIII）接見了哈布斯堡的亞伯特（Albert de Habsbourg）的大使，他大膽說道：

「我難道沒關心照看著帝國的權利嗎？凱撒是我才對，我才是皇帝呢！」

教宗沒推翻掉王侯選舉，諸王侯也每每於教廷稍有這個方向的舉動時便大肆抗議。王侯選舉符合他們的利益，因為這阻礙了創建出一套世襲君主制度，也就是一個世襲的帝國。英諾森三世以生動的字眼說出了這一點：他絕不會受到誘導，「去幫一個瘋子或一位異端加冕」。從此以後，羅馬加冕依舊是個建制行為，符合意欲將帝國經教宗從羅馬人傳給法蘭克人，然後再傳給德意志人（Allemands）的移轉理論。

皇帝疲於這些無止息的衝突，並眼見其權勢為一名教士所限而受辱；有文人近身環繞的皇帝，則發展出一些新概念。自敘任權之爭起，為了要宣稱世俗那把寶劍對心靈寶劍的霸權優勢，人們便迴避了被稱為「雙劍」的教宗派理論。亨利四世的近身人士聲稱神是想要有帝國出現的，而國王則是直接出於神而有了權勢。腓特烈二世於《奧古斯都之書》這部一二三一年為西西里所頒布的法典中，就以此破題，而點出處於一切造物之上的首位男人亞當替所有創造物命名的事實；亞當具體呈現了皇帝的第一項職權。這項職權因此先於原罪，所以是清白的！該職權自創世以來神便委託給人類，所以不會是屬於教宗的。

天主教會大分裂（Le Grand Schisme）與教廷的衰弱，減緩了衝突的力道。皇帝保留著教會下屬的角色：西吉斯蒙德雖僅身為匈牙利的國王，卻如此主持起一四一四年康士坦斯大公會議的開幕議程。一四五二年，腓特烈三世於羅馬祝聖加冕，而這也是最後一次。總之，教廷是皇帝權勢的一大阻礙：教廷抹滅掉帝國權勢的行動餘地，並強加施行某些優先事項。這些所謂的優先事項，使皇帝偏離其他更有用處的事務。

帝國抑或國家？

帝國本質上為多民族的，不利於國家概念萌芽爆發。德意志國家情感上昇速度緩慢。九、十世紀時，民族、語言多元性在王國中相當明顯。人們可以遇見不說同一種社群語言（idiome）的巴伐利亞人（Bavarois）、薩克森人（Saxons）、法蘭克尼亞人（Franconiens），他們也不自認為是德意志人；但是對他人來說，他們就是德意志人。由於不斷地被認為是「德意志人」（tedeschi、teutonici），他們便自認為是如此了，但同時卻仍以複數形式提及他們的國土（Deutsche Länder）。十三世紀初，國家情感現形了：艾克．馮．萊普哥夫（Eike von Repgow）這位《薩克森人之鏡》的撰寫人，以非德意志人這項理由，將波希米亞國王排除在選帝侯名單之外。同一時期，詩人瓦爾特．馮．德．福格爾衛德（Walther von der Vogelweide）頌揚著德意志：「我遊歷過世界，德意志的男人和女人是我所遇過全世界最好的人。」十六世紀初，化名為「上萊茵之革命家」（Révolutionnaire de l'Oberrhein）的《百章》（*Cent Chapitres*）一書作者進一步寫道：「最初的人類乃是德意志人；基督前來地上贖清『其他』人的罪……」

至於帝國的日耳曼化，就是指帝國為德意志人所挪用，排除掉其他所有民族；這場運動似乎始於十三世紀末，例如在羅斯的亞歷山大（Alexandre de Roes）的政治著作中情況已然如此，而彼時也正是「阿勒曼尼亞」（Alemannia）＊一詞於官方文件上擴散開來的時候。同時間，亦有某種依戀帝制的真實情感正在廣傳。人們蘊養往日榮光的記憶，以石材雕起皇帝肖像，或讓皇帝形象在花窗玻璃中長存。借法蘭西斯・拉普所言，帝國成了一塊「共同故土」（patrie commune），而與「固有領土」（patria propria）這塊日常生活的領域範圍有別。帝國領土退縮，以及地理上的「日耳曼化」這兩個事實，加強了這股愛國情懷。國家乃是一種日常生存所採用的地理、司法與政治上的表達形式框架。國家乃鑄造於一個大型尺度之下，該尺度則在一股帶有共同過往的驕傲感以及捍衛帝國威望的情懷上打轉。帝國威望則與國家本身在離苦得救故事中的特許位置有關。神話層面占了上風，在此引彼得・莫勞之語：「帝國是『德意志人』的事情，也是他們的驕傲。」最後一點，也是至少就表面上來看相當矛盾的一點，那就是：帝國竟然創建出國家。

「帝國！你們難道看不到這隻怪獸是什麼嗎！」查理四世回應佩脫拉克的批評，如此呼喊

＊ 日耳曼部族阿勒曼尼人（Alamanni）所居住的地方。

著。查理四世早就明白帝國作為普世執政形式是個致命的烏托邦，因為受到教廷的鐵腕約束，所以其力量只會被削弱，而且神聖羅馬帝國身為三個王國的聯合體，自成了無可解決的難處根源所在。實際上，神聖羅馬帝國從來就不是一個政權。一三五〇年以後，神聖羅馬帝國只不過是一種概念與彌賽亞式的希望，但卻見證了對大一統的憧憬強度，我們可在其中找到一神信仰的淵源。腓特烈三世統治期間則自行催生出一個新的轉換：從羅馬人到法蘭克人，接著則是從此轉換到德意志人。神聖羅馬帝國成了哈布斯堡這個家族的私產。不過，這亦是該帝國遠離德意志、在奧地利生根的時期。

結構性的因素解釋了這個讓人失望的成果。神聖羅馬帝國首要的問題在其潛能：促成內部潰散的勢力，以及仰賴諸王侯的皇家權威這項缺陷，將這份潛能侵蝕、削弱了。這個帝國不像是個君主政權，比較像一個貴族政體，其中的國王或許是位「總統」（président）[16]；一位經常在由王侯所構成的人脈博弈中被挾持的總統，而且若沒有最有力的王侯同意，他什麼事都不能做。從這個角度來看，敘任權之爭形成了一場決裂。從中獲勝的不是教宗，而是帝國的王侯階層：他們摒棄了亨利四世，展現出帝國與皇帝從此分離的情勢。儘管有紅鬍子、甚至是腓特烈二世的耀眼統治，皇帝的個人魅力層面依然被無情地分解。

為了要讓這個潛能轉換、增值，除了毅力以外，還需要武力及金錢，而皇帝們是有這份野心的。可是錢財卻成了弱點：神聖羅馬帝國不缺資源，但是皇帝無法吸收到這些資源，所以軍事力量不足。最後，此帝國也是政治反省不足之下的犧牲者：人們不會設想這個帝國可以是什麼樣子。帝國政策與太過強大的敵手、無法掌控的空間這兩件事實有所扞格，還留下一個令人感到「未竟」的印象。在一個集權中央、官僚作風的君主制度勝出的時期，帝國政策是個烏托邦。人作為政治性動物，其天性成了政權存在的理由，並遠離了建構神之城邦的理想。

數個世紀間，皇帝遵循著因羅馬式雄心、普世性理想而搖擺不定的路線。如此路線，正好收割了日耳曼王國（royaume de Germanie）的領土裂解現象。因王侯政權的分隔現象，以及王侯、城市的領土策略分歧所造成的左右為難，便與普世性的視野背道而馳。神聖羅馬帝國為其理念而陷入癱瘓。普世主義這個不合時宜的假想，消失於十三世紀末。人們甚至不再想到要合併三座王國了。此後，我們能感受到，德意志國（Nation allemande）是被神聖羅馬帝國忽視，或者相反，也就是：德意志國也嚮往能夠體現神聖羅馬帝國的精神。

套用地緣政治學家愛用的說法，神聖羅馬帝國缺少「金權力量」（gold power），其「硬實力」（hard power）的力道隨機不定，「軟實力」（pouvoir feutré）則都只是表面性的：這道難以否認的帝國光環，其所激起的反對或漠視，以及服膺或歸附都是同等的。神聖羅馬帝國留下了一份從理想化榮耀復古情懷而來的希望，成為集體自豪元素，以及國家概念的起因。一五一九年查理五世（Charles Quint）的選舉一下子就變成「帝國式」、而非「國王式」的：神聖羅馬帝國是屬於德意志人的，而人們也步出了中世紀時期。

第十三章 諾曼第、諾曼人的帝國

皮耶・包段（Pierre Bauduin）

與其他帝國不同，在其命名或是領導人的稱號中，是沒有「諾曼帝國」（empire normand）這種宣稱的；也沒有任何一個出身某個諾曼王朝的君主（prince），聲稱對所有定居在公國（duché）之中及其邊界以外、歐洲大陸上、不列顛（Britannique），或是地中海島嶼上的諾曼人行使權力。「諾曼帝國」是一個新進的表達詞彙，首見於一九一五年美國史學家查爾斯・霍默・哈斯金斯（Charles Homer Haskins）的《歐洲史上的諾曼人》（*The Normans in European History*）一書。「諾曼帝國」（The Norman Empire）在書中占了一個章節的篇幅，作者在其中承認了將「帝國」一詞運用於「金雀花統治」（dominions plantagenêt）是一個很廣泛的定義。[1]根據哈斯金斯所言，帝國是十二世紀諾曼人歷史的一項重大事實。哈斯金斯認可了諾曼帝國是座廣闊的帝國，其由多元的區域所組成；他尤其更加認同此帝國統治者建立起一個現代國家（État）與有效率政府的能力，以亨利二世（Henri II，一一五四—一一八九）尤甚；另外還有組成帝國的各個地區，尤其是諾曼第（Normandie）與英格蘭（Angleterre）的個別影響，哈斯金斯強調了某些制度與司法上的合流。稍後，皮耶・安德里厄—基坦庫（Pierre Andrieu-Guitrancourt）這位教會法學家，在某本語帶誇大的著作中用上了「諾曼帝國」一詞來指稱從維京人（viking）以來，在諾曼人統治下的一切過往領土，安德里厄—基坦庫在其中讚揚了一個「如此新穎、如此現代的方法」。帝國由「接連躍進」構成，其創建、維繫乃是良好判斷力以及歷練之下的成果：「他們（指諾曼人）利用、改善帝國體制、與居民結為同盟：他們不作摧毀行動，亦不同化居民」[2]

「諾曼帝國」的史學方法論資產歸功於澤西（jersiais）出身的史家約翰・勒帕圖爾（John Le Patourel）與他於一九七六年出版的同名著作所激起的論辯。[3]《諾曼帝國》一書受到當代帝國主義與殖民反省的影響，對政治整體統一多所著墨；這個統一狀態是由征服者威廉（Guillaume le Conquérant，一〇六六—一〇八七）所建立、亨利一世（Henri Ier Beauclerc，一一〇〇—一一三五）將之維繫下去，而且不僅有王朝捍衛著這個狀態，也有在其中受惠的世俗、教會菁英加以捍衛。這股一體性的凝聚力，則是以巡迴政府、國王貼身人員與國王宮廷（curia）的獨特性鞏固下來的。此股合一的動力產生同化，而促進諾曼第與英格蘭兩地的體制、司法靠攏親近。諾曼帝國可以透過下列這些事物，從現代字面上的意義來理解：英格蘭這塊殖民領土、城堡、城鎮、修道院等有助於此般統治的設施、施行於英格蘭—諾曼王國

（royaume anglo-normand）界線以外的霸權，以及一批帝國主義菁英。國王近身人員以及貴族，在此過程中，於英吉利海峽（la Manche）兩側機關扮演重要功能，而得以創建出一個因政治、領土利益而結合的均質「貴族社群」。查爾斯・華倫・霍利斯特（Charles Warren Hollister）也以「英格蘭—諾曼『王權』」（regnum anglo-normand）來擁護此模式[4]，開啟了一條殖民式解讀的蹊徑，以解讀在英格蘭的諾曼統治；同時加強了某些建物、語言、法律的領域分析。[5]這場殖民經驗的獨特性被點了出來，譬如，「此兩地同享一種文化」的這項事實[6]，可是帝國概念卻也讓我們得以擴大分析超出英格蘭以外、在不列顛諸島以及法國北部的征服影響。[7]

一九八〇年晚期，大衛・貝茲（David Bates）與茱蒂・葛林（Judith Green）對約翰・勒帕圖爾的「帝國式」解讀提出異議。[8]相關評論惋惜道，這種分析對其他除了菁英以外的團體少有認可，且指出英格蘭與諾曼第於建制層面上的分歧是持續存在的，並呈現出地方與區域利益之重要性，以資平衡一批帝國菁英轉往維繫統一方向的概念。法蘭西斯・衛斯特（Francis West）指出為了要詮釋、理解諾曼人在英格蘭立足的現象，而牽扯到殖民或帝國式類比的情形，以及運用這些類比的風險。[9]在帝國議題重新表述的前夕，馬喬麗・齊伯諾（Marjorie Chibnall）於一九九九年出版的《諾曼征服論辯》（*The Debate on the Norman Conquest*）一書中，以及二〇〇一年在瑟里西—拉—薩勒（Cerisy-la-Salle）所舉辦的「中世紀的諾曼第與英格蘭」研討會中，對身處「諾曼帝國」這個史學方法定位的史學家評價，皆相當勉強。[10]

此項議題重新表述的工作，舉例來說，大衛・貝慈或芬妮・瑪德琳（Fanny Madeline）的新近著作扮演了如此功能[11]，我們在此就不進入這項重整的細節。透過減輕避諱使用帝國詞彙的態度，從殖民主義或帝國主義的負面意涵中解放出來，重新將議題表述出來。這項重組工作亦投入、或是再次投入一連串的特色中，因其並未完全忽視以下特點：政治組織形式的靈活度、調動政治假想事物的強烈傾向、使帝國形式合法的功能、讓異質性人口共同居住在一起與管理多元文化的才能、對政府與行政系統形式的創造力和發明力……對帝國的新解讀也可以用多種手法加以證明，這些手法可以採更全面的角度、更廣泛地使用社會科學或認知科學，並且運用新工具，好比將「硬實力」（hard power）與「軟實力」（soft power）的概念應用於諾曼統治建構分析中。本進程亦包含一項獨特之處，便是在團體層級中的定位；不過倒也同時考慮了男人、女人的個體生活，而得以自問，在帝國內生活、參與其中，究竟意味著什麼。為了解釋帝國與帝國認同這兩者之間的關係，人脈網絡之建立、特別是其抵抗政治風險的力道，也被提出來討論。更近期者，「帝國性」（impérialité）的概念也進入辯論之中，以指出「帝國形式化對非帝國式政治性建構的決定性影響」，而英格蘭—諾曼王國與西西里（Sicile）便是這些非帝國式政治性建構當中的一分子。[12]

這場史學方法論的曲折提醒了一件事情，那便是「諾曼帝國」並非是自行生成的。因此在接下來的探討中，就必須先行考量「諾曼帝國」這項指稱，然後要自問「諾曼帝國」的起始，之後才觸及運作機能與帝國活力這兩項使其維繫不墜的面向，以及帝國於其中獲得啟發或激發的假想與代表性事物。

指陳帝國

一如我們在前文所提，「諾曼帝國」不是其本身所使用的稱號，而是二十世紀初的歷史學家所給的稱呼。這並不意味十一世紀至十二世紀的人沒使用過帝國式的詞彙與象徵，但是這種使用情境比較像某些代表權力的形式。就這點來看，「諾曼帝國」是與「帝國君主制」聯繫在一起的。若沿用「類帝國研究計畫」（programme Imperialiter）的詞彙，「諾曼帝國」則屬於「次級類帝國」（l'impérialité seconde）的範疇。*

上文簡短回顧的史學方法途徑提示了幾件事，那便是將英格蘭─諾曼──即稍晚的金雀花王朝──君主所建構出來的整體領土視為「帝國」的諸多遲疑、摸索。[13]查爾斯．霍默．哈

＊ 意指未採用，或是僅僅附帶皇帝、帝國之名，但其君主與政治建構卻不斷重新詮釋本身對帝國體制理解的一種帝國形式。

斯金斯將他拒絕以「安茹帝國」（empire angevin）之名來指稱的對象稱為「諾曼帝國」，他同時還聲稱此帝國的建基者為諾曼人，可是哈斯金斯本人所撰寫的篇章，題旨卻與金雀花王朝時期有關。約翰．勒帕圖爾則建立起諾曼帝國與金雀花帝國的清楚分野。勒帕圖爾簡單地在自己的研究著作結尾，將他以「諾曼土地與領主權整體」（the whole of the Norman lands and lordships）這種迂迴說法來代稱的對象視為「帝國」。此稱呼乃是用以褒揚這個分量俱足的演繹陳述，並簡述當中的論証：諾曼人所表現出的征服精神在其他的場合、或其他的時代，乃是帝國主義式想法概念的基礎。[14]「諾曼帝國」一詞從來沒被一致承認過，該詞亦可被其他用語所挑戰，尤其是「（諸）諾曼（諸）世界」或是「英格蘭—諾曼王國、『王權』」（royaume/regnum anglo-normand），甚至是「共同體」（commonwealth）[15]：這些用語不必然與帝國的概念兩相矛盾，但卻並未涵蓋到這個概念。

在「諾曼帝國」（empire normand）一詞中，這兩個字都有問題。「empire」是固有作為帝國定義的字詞，帝國定義的可塑性矛盾地解釋了該詞價值所在。[16]此處並非針對帝國概念展開理論性討論的場合，但是將某些在諸「諾曼世界」背景下所使用的元素擷取出來，或許有些用處。為了對帝國下定義，人們偶爾會使用一個具規範性或列舉其特質的名單作為輔助。這是為了表達帝國概念的細微差異，並指出「沒有任何一個中古西方帝國符合這項定義」[17]的事實。帝國通常涉及對一個民族的支配，或是一個政權對另一個政權的支配，而且通常這種控制至少在一開始時都是強迫性的，而且從沒取得屈從方之同意。帝國在其直接掌控的領土內外，結合了軍事、文化力量。無論是哪種帝國定義，或是考慮到何種標準，如今多被承認為帝國勢力的諸多形式、象徵或現象，為證明該政權屬於帝國的重要線索：在政治建構的實作與意識形態中，最好還是多加注意各種現象，或是與帝國有關的特徵展現，而非字詞[18]。

「諾曼」一詞則又引發了其他問題；該詞反映出一種族群稱呼，而這種稱呼在今日已大致被駁斥；該詞所反映出的另外一點則是領導帝國的優勢菁英與統治者出身背景。此詞帶有「諾曼神話」的色彩，並涉及「諾曼世族」（gens Normannorum）爭議。從這個角度來看，有件事實很有意思：約翰．勒帕圖爾的書與勞夫．戴維斯（Ralph Davis）那本同樣備受議論的著作，正巧都是在同一個時代出版的。[19]「英格蘭—諾曼」一詞的優點不再：這個用詞在針對帝國的設問之餘，亦成了論辯的主題。由於太過簡化，以其來稱呼帝國菁英的作法被否定了。[20]大衛．貝慈因此寧願提出「諾曼人的帝國」一詞，以這樣的表達方式將帝國現象與統治「世族」（gens）連在一起，而不將族群性（ethnicité）與帝國作同等程度的連結。不過，大衛．貝慈倒是更常使用「跨海峽帝國」（empire transmanche）這個更加中性、排除所有族群意涵的稱呼，該稱呼亦具備了指出「英吉利海峽從來不構成一條界線」的優點。帝國指稱還帶有其他衍生問題，好比諾曼人與諾曼第在征服者威廉所建立的政治體當中的定位，以及如羅伯．里斯．戴韋斯（R. R. Davies）使用「首座英格蘭帝國」（First English Empire）[21]來提及「英格蘭人」

諾曼人帝國

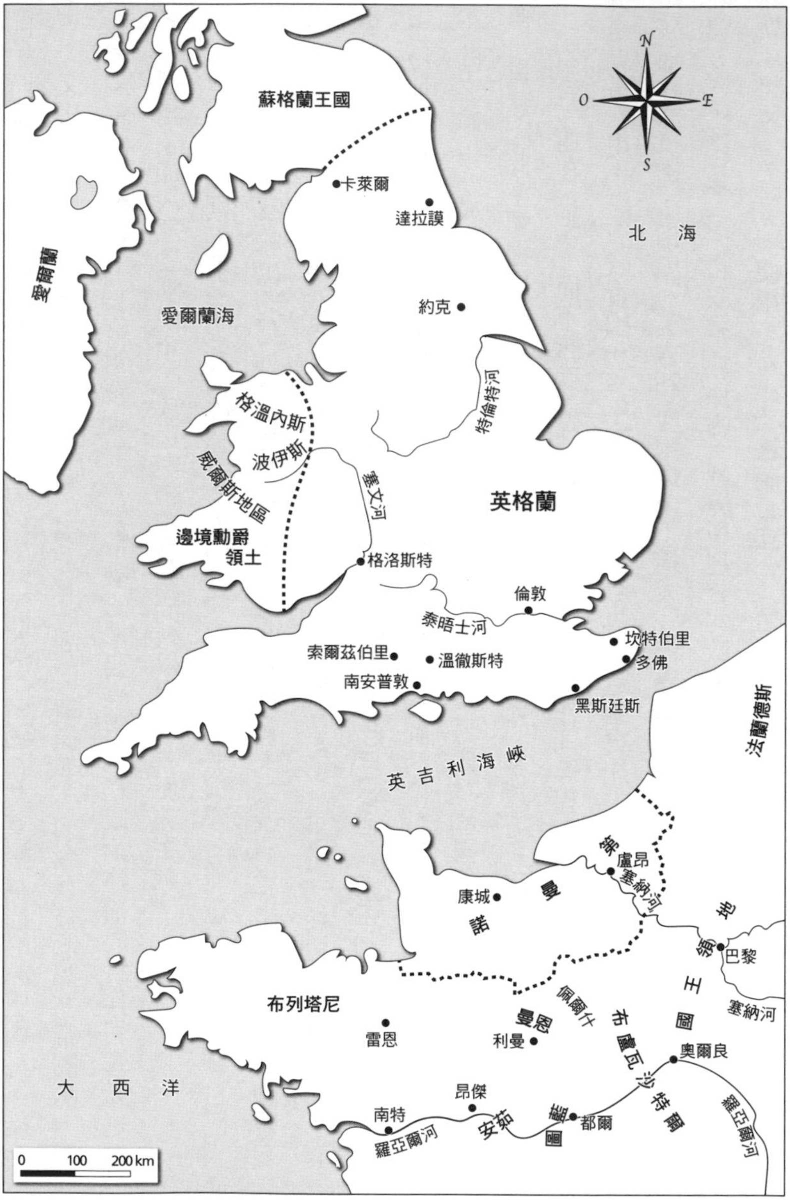

N
O
E
S
蘇格蘭王國
卡萊爾
達拉謨
北 海
愛爾蘭
愛爾蘭海
約克
特倫特河
格溫內斯
波伊斯
威爾斯地區
塞文河
英格蘭
邊境勳爵
領土
格洛斯特
倫敦
泰晤士河
坎特伯里
多佛
索爾茲伯里
溫徹斯特
南安普敦
黑斯廷斯
法蘭德斯
英吉利海峽
盧昂
塞納河
康城
諾 曼 第
地
領
巴黎
王
國
塞納河
布列塔尼
雷恩
曼恩
佩爾什
利曼
布 盧 瓦 沙 特 爾
奧爾良
大 西 洋
昂傑
南特
安 茹
圖 蘭
都爾
羅亞爾河
羅亞爾河
0 100 200 km

（anglaises）對不列顛諸島之征服與統治的合宜程度。

開始與結束

帝國誕生，特別是帝國衰亡，都是研究帝國現象反覆出現的主題。此類主題，偶爾亦以某種本體論的觀點，而與其他政治組織形式——譬如民族國家（État-nation）——作為對照出現。此外，帝國這個概念常常使人聯想到紀年悠遠的政治統治。況且，此等時間層面，時常與記憶效應現象結合，於適當時機支撐了以璀璨過往為範的新政治抱負，使其合理化，而取得了某種深度。

諾曼人帝國的誕生，又回歸到關於諾曼人與維京人兩者擴張行動之間的延續性問題。諾曼人的擴張行動發生在十一世紀，而維京人的擴張行動則是於八世紀、在法國北部諾曼第公國（duché de Normandie）的基礎上發軔並開展。將一〇六六年呈現為維京征服運動的象徵性終點，然後就此以牽強的方式，將這一年與英格蘭征服連結起來的狀況，其實並不少見。這種對斯堪地那維亞征服與諾曼征服建立出前後承襲關係的觀點，其實早就被提出多次。哈斯金斯提及「諾曼帝國」為十二世紀最重要的一起事件，不過他卻將這起事件匯入歐洲觀點中，而上溯至維京人；他誇耀這些維京人的企業精神、果敢、領導力，以及「在家鄉與海外皆然的政權打造者」[22]才能。法蘭克・史坦頓（Frank Stenton）將此種承襲關係表達得更加明顯：「擷取英格蘭遺緒的諾曼人是一支嚴酷、暴虐的民族；他們是所有西方民族中最接近野蠻傾向的。諾曼人在藝術、知識領域產出甚少，在文學領域中則無可與英格蘭人的作品一較高下。但是他們在政治上是世界的主宰。」[23]約翰・勒帕圖爾則為一個延續性的過程概念辯護：從十世紀初到一〇六六年，甚至是跨越了這一年的征服、統治、殖民行動，皆處於此延續過程之中[24]。他同時亦聲稱亨利一世身上的土地與法令情結，應該是來自兩個世紀以前，一群在塞納河（Seine）河谷定居下來的北方人。這項親屬關係的認定是有爭議的，因為十一世紀融入法蘭克世界的諾曼人，與一個半世紀前定居下來的維京人，已經沒有什麼共同點，而且公國政權基礎主要仿效的對象乃是加洛林世界的傳統。對其他歷史學家而言，帝國首先是征服者威廉這位「帝國製造者」的行動成果[25]。該項成果的背景，乃是自理查二世（Richard II，九九六－一〇二六）治下的時期以來，公國與其本身的政治處境都出現了深層轉變。倘若要尋找關於該「帝國」更久遠的先例，在加洛林遺緒中可以找到許多元素。就這點來說，諾曼第以及英格蘭都是相同的情況。但是最驚人的一件事實，絕對是打從一開始便在現場部署帝國權勢的速度與能量。[26]有幾件事格外顯露了帝國權勢，比如使用暴力與威嚇的程度皆經過一番算計，而逼近當時社會所能承受的極限，還有自征服過後的翌日起，便建立了具備多項分支的跨海峽人脈網絡。當局急切地、甚至狂熱地建立征服行動的合理性（légitimité）與合法性（légalité），甚或以宏偉建物來為空間、景色留下標記，好表現出征服者影響力與權勢的才能。

各種不同的評價也涉及帝國終結一事。勒帕圖爾將帝國終結的時間點設定在一一四四年安茹征服諾曼第行動的尾聲：「人們經常稱之為安茹帝國的對象，並不是諾曼綜合體之延續，而是一個新的建構物，其部分建基於諾曼綜合體的遺跡上，而且僅僅只有一部分而已。」[27]根據勒帕圖爾這位澤西史學家的看法，如果諾曼第與英格蘭之間的連結還維持著、或說重建起來的話，那麼帝國重心，特別在領土框架顯著擴大的時候，便開始遠離英吉利海峽沿岸。此後占了上風的概念，乃是另一種後來成為金雀花帝國的其他各個不同實體之間關係的概念：諾曼君主試圖統一過統治系統，其安茹繼任者則任由統治領土之間的特點延續下去。各元素間的同化程度不若以往之高，部分是由於金雀花王朝領域廣闊這個實務理由所造成的。論辯也涉及英格蘭—諾曼關係，即這兩個帝國的主要組成分子各自的地位。路西安・穆塞（Lucien Musset）認為此兩個區域間的政治、社會平衡被打破，而轉為有利英格蘭一方，並促使「英格蘭—諾曼概念」在公國當中衰弱下去。[28]二十世紀末與二〇〇〇年間的研究則強調區隔英格蘭與諾曼第兩者的重要性。因此，我們也可以用三階段為區別，提出一個兩者共同歷史的新年表：歐洲大陸對英格蘭的統治持續到一〇九〇年左右，並且也延續到一一二五年前後，但其中的往來與活動反倒加劇，接著則是一一二五年以後，英格蘭—諾曼之間的連結鬆脫下來的時期。[29]金雀花王朝的征服行動或許加劇了這層分化。

以帝國角度來考量，這場一一四四年的決裂（或說一一五四年，倘若我們考慮到亨利二世登基英格蘭王位時間點的話），從此便越來越不符合實際狀況。在此不深入關於金雀花王朝時期的細節討論，這會在本書的另外一章中處理；近來的研究則指出了多個具延續性的元素、英吉利海峽兩端延續下去的關係，以及人脈網絡的抵抗力，即「韌性」；將帝國建構完成的乃是上述這些背景事物。大衛・貝慈因此概述了《諾曼人與帝國》（*The Normans and Empire*）一書中所辯護的其中一個核心論點，他提到：「（前略）如果依據系統化、密集式群體傳記研究（人物志？）（étude prosopographique）的最終結果，跨海峽帝國的人脈網絡到最後都還是保有韌性，而一一五四年之後最明顯的改變，應該是跨海峽帝國菁英掌控本身際遇的程度，再也不如以往了。」[30]帝國的終結因此並非出於英吉利海峽兩岸間的疏離漸增，以及「英格蘭人」與「諾曼人」之間展露出的清楚認同所造成的一個無可避免的結果，而是一個出乎大部分人意料之外、突然發生的現象，延續帝國反而才是對大多數人有利的。

帝國運作與帝國動力

縱使關於諾曼帝國的辯論跳脫了受殖民爭議所影響的帝國主義式視野，卻不可忽略帝國概念固有的一股張力。這股張力介於兩者之間，其一屬於支配模式範疇，另一方則有賴制度與歷史上的結構說明。

「殖民式」或是「帝國主義式」的色彩消退，並未留給有益於消弭歧見的研究角度同等的空間。諾曼人對英格蘭以及威爾斯地區（pays de Galles）邊境的統治，都是以前所未聞的暴力建立起來的，而且這番前所未聞的暴力程度還是其同代人的感受。關於諾曼人的第一個事實就是「硬實力」，而表現出這道「硬實力」的方式便是殲滅掉將近全數的盎格魯－薩克遜（anglo-saxonne）領導菁英，再以歐洲大陸的世俗、教會菁英取而代之。如此運用暴力的方式非屬意外性質，好比征服行動中難以預料的狀況一般，是經過深思熟慮的，就如同一〇六六年諾曼人摧毀黑斯廷斯（Hastings）周邊予人的觀感一樣，或是一〇七〇年，以「北方大浩劫」（Harrying of the North）之名留存在集體記憶中的蹂躪英格蘭北方事件，也是一樣的情形。[31]諾曼人建造最初幾座城堡控制國土的速度之快、沒收極大部分盎格魯－薩克遜領袖所持有的財產、對威爾斯與蘇格蘭鄰境使用暴力和威嚇手段，上述這些手法在征服行動後的幾年時光裡展現了這項「硬實力」。然而，偶爾使用相當極端的暴力手段之餘，征服者很快便開始運用「軟實力」。這股力量通常意在為諾曼征服行動辯解，以及將這個甫安頓下來的新政體合理化。軟實力的手法為推導諾曼人抱負的正當性、合法性，並自行嵌入到盎格魯－薩克遜的傳統中，以便自居為名正言順的繼承者。[32]在社會階層中較盎格魯－薩克遜貴族低階的一大部分英格蘭居民，很有可能就接納了這個話術，或者至少自行抓牢這點，以融入征服者所加諸的秩序之中。

超出這個範圍以外，形容諾曼人的權勢為「霸權」是很貼切的。霸權這個字眼的優點乃是其涵蓋了帝國所創造出來，或是其支持的表現方式、互動模式之多元性，並且將支脈增生的方式投射到諾曼君主直轄領土以外的地區，直達威爾斯地區與蘇格蘭。

帝國運作無可避免地提出了以體制與行政系統結構充作帝國組成分子融合要素的相關問題，這些都是已多次探討過的層面。這些研究一下子強調英格蘭與諾曼第之間的合流，一下子則論證區辨此兩個實體的必要性。英格蘭在一一一〇年左右首次提及財政審理院（Échiquier），諾曼第則稍晚一些；但是兩區之間從來沒有一個共同的機關，且兩地的財務官與「財稅卷宗」（pipes rolls）也是分開的。[33]「令狀」（writ）在英格蘭廣為人知，也在諾曼第傳播開來，這呈現了某些相通與相異之處。有一個融合的要素就英格蘭—諾曼「王權」（regnum）統一而言功勞甚大，那便是這種種革新；這些創舉在第一時間表明了在一個擴及英吉利海峽兩岸的政治體中，改善行政系統運作、效率的意願。這些革新都是因應統治拓展時所造成的限制而產生，更甚於一種「帝國式」調和行政管理的企圖；從這個方向來看，這些革新都是帝國的產物。帝國鼓舞了這份創造力，而且由於人員、想法流動，也使這份創造力更容易散佈出去。但這股力量卻沒有介入到蓄意統一行政措施規格的事務之中，也沒消除掉保持英格蘭—諾曼世界中各個實體特質的狀態。類似的傾向在其他層面上也觀察得到。如此一來便難以論及英格蘭—諾曼主教外交。一般鮮少論及此事，一方面也是出於諾曼第與英格蘭之間的對立；此兩個實體內部，特別是在公國內部，長久以來就維持著各自不同的主教職位，所以才有如此的對立。同質化的傾向是漸進式的，尤其自一一七〇年至一一八〇年間開始增強，這特別是受到教宗外交措施影響之故，卻無法稱之為「完全的諧和一致」。[34]近來一項針對十二世紀的諾曼契據（chartes）的研究，也朝此方向發展。該研究闡述英吉利海峽兩岸之間的文件製作方式無疑具有互相靠攏的跡象，但這樣的現象卻不完全意味著諾曼文件製作是朝向一個共同標準看齊的，而是見證了保有獨創性的公國行政系統之活力與創造力。應該牢記的一點：區域多元性依舊相當重要，而這當中也包含每個整體內部的多元性，誠如茱蒂・葛林所提出的關於英格蘭「王國拼接」（patchwork kingdom）的概念。最後一點，則是兩者相互靠攏的傾向，但是在此所指的是單純不屬於政府的領土；該傾向不必然有賴征服行動，也不盡然是共存於同一個政治空間的成果，而是更具普遍性、且可以觀察到的，眾多歐洲規模的匯集合流。[35]

國王依然是一個中心要素，而且也要先從王室層級開始，才有可能論及中央集權化。矛盾的是，中央集權化也透過君主巡遊表現出來，君主得以人身來展現他的威勢。另外一個要點則是，當國王不在諾曼第或英格蘭的時候，會將大權委託到某些人士身上，例如委託給征服者威廉的配偶：法蘭德斯的瑪蒂爾達（Mathilde de Flandre），或委交給幾位官員。亨利一世治下，索爾茲伯里（Salisbury）主教羅傑（Roger）的地位堪比副王（vice-roi）[36]，但是近來馬克・哈格（Mark Hagger）的研究卻反駁諾曼第有某種副王權（vice-royauté）存在，因為該地授予利雪

（Lisieux）主教讓（Jean）的權勢似乎較沒如此廣泛。最重大的統治責任與執行性的決策可都沒委由他人，而是維持在公爵國王（roi-duc）手上，所以對臣民而言，君主展開時而十分漫長的旅行便有其必要，因為這是為了探查君主的意向究竟為何。[37]

諾曼君主的特點之一在於他牽涉其中的地位，特別是其人面對法蘭西國王、諾曼第公國與英格蘭王國政府的地位。英吉利海峽兩側有一個已安頓的共同統治權的事實，並未創造出一個基於其在歐洲大陸的統治，而被視為單獨且獨一無二、獨立於法蘭西王國之外的英格蘭—諾曼「王權」政治實體。即使諾曼君主在某些諾曼法律文書（acte）中可以單獨使用皇家稱號，征服者威廉與亨利一世卻是以公爵、而非國王身分統治諾曼第。在公國之中，諾曼君主是一位「王家公爵」（duc royal）。由此看來，國王人身的聖性（sacralité）並非不可分割，而且這股聖性將公爵職權置於王家位階上；但他不是國王，更不是一位「公國內的皇帝」，因為這會讓他僭越了對法蘭西國王的忠誠與尊重。公爵當然傾向減弱這層從屬關係的影響力，甚至在英格蘭征服之前便已如此；一〇六六年以後，他更是加大了這方面的力道，但卻從來沒成功地讓人忘卻這層關係。英格蘭和諾曼第維持著兩個分開的實體狀態，多次透過同一位領導人結合在一起。這位領導人動員了帝國式象徵與想像事物等方面的資源，卻沒讓這些事物與其政權結構相互產生矛盾。

帝國是一種基於多元性而調整的概念，而且不必然涉及一場同質化的行動。帝國的活力不單出自王朝本身或定居英吉利海峽兩端的菁英身上。有一批為數眾多的人員干預著帝國，但他們卻不必然得穿越英吉利海峽，而且還知道如何從中牟利，好比康城（Caen）的石材開採，就是引人作此聯想的例子。涉及跨英吉利海峽海上貿易的維圖力（Vituli）家族，又作勒衛勒家族（le Veel），出現在一個帝國歷史上特別關鍵的時刻，即布盧瓦的艾蒂安（Étienne de Blois）這位國王、金雀花若弗魯瓦（Geoffroy Plantagenêt），及其配偶瑪蒂爾達（Mathilde），後兩者聯合起來與布盧瓦的艾蒂安兩相對抗的時期。維圖力家族成功介入這場對抗，改變了格洛斯特的羅伯（Robert de Gloucester）這位瑪蒂爾達的半血緣兄弟與同盟打算在一一四二年奪下南安普敦（Southampton）的決定。攻占南安普敦會威脅到維圖力家族的利益，而他們的事業顯然已經在海峽兩端穩定建立。[38]維圖力家族是格洛斯特的羅伯的「庇客」，所以他放過了南安普敦。這起事件提醒我們人脈網絡的重要性，還有其分枝散葉的狀態不僅涵蓋到下級男爵階層，亦有跨越危機的能耐。

在英吉利海峽兩側安頓下來的菁英所扮演的角色經常被提及，目的是推展或駁斥以下論點，那便是：有一個在海峽兩側皆擁物產的均質貴族社群，扮演了激發一體化的功能角色，並以如此方式支持著帝國。這些分析特別強調政權持有的所有領地的建構與傳承，以及這些建構、傳承行為的年代順序，或是持有這些物業的一方維護英格蘭與諾曼第結合態勢的共同利益。如果這些疑問持續存在，就可以確定這些質疑只不過反映了帝國活力的其中一個面向而已；而帝國活力，從此便經常透過人脈網絡的角度來檢視。檢視這些人脈，乃是將一個具備多種人際關係（婚姻、協助喬事、忠誠度、宮廷與國王貼身人士的晉升，以及於行政系統或教會系統中的事業發展所扮演的功能角色，還有文化、知識層面的聯盟……），或是建立起人脈運作系統記憶手段的集合體呈現出來。如此一來，便能讓這些人脈長存，且於不同層級上將其接合起來、延伸至諸位諾曼國王政治直轄領土以外的能力，此解釋了帝國之所以強健的原因。近來就有一項關於索爾斯家族（Soules）、烏弗雷維爾家族（Umfraville）以及維約蓬家族（Vieuxpont）這三個在蘇格蘭西部定居的諾曼出身家族研究。他們分別來自庫唐斯（Coutances）附近的蘇萊（Soulles）、近第厄普（Dieppe）的奧弗朗維勒（Offranville），還有離迪沃河畔聖皮埃爾（Saint-Pierre-sur-Dives）不遠的歐日地區維約蓬（Vieux-Pont-en-Auge）。此研究顯示出這些人脈是穩固且長久的，他們維持著與公國之間的關係。這些人脈也涉及帝國周邊地帶，儘管有某些外圍地區，例如曼恩（Maine），則是被蓄意排擠的。[39]

想像與表象

諾曼擴張是一項衝擊到同代人的現象，自十一世紀末開始，就有多位不同背景出身的作者以串聯各種不同征服行動的方式來關注這項擴張運動。不來梅的亞當（Adam de Brême）是最初幾位將維京人在諾曼第定居一事，與其後裔在義大利南方定居一事串聯起來的作者，他寫到：「生活在丹麥以外的諾曼人（挪威人）來自於留在法蘭西的諾曼人。而且阿普利亞（Apulie）最近就迎來了第三批諾曼人。」[40]作於十一世紀末的〈僧侶引言〉（Introductio monachorum）便清楚地以下列字句表達出諸多諾曼征服行動之間的關聯：「次盧格杜納茲省（Seconde Lugdunaise），今日稱諾曼第，該地就此名正言順地在高盧領土所涵蓋的其他省分之中，占據一流的地位[……]。這群男丁相當出色，騎士亦十分果斷，一如在各時期執行的軍事征服行動中所見證到的一樣；這些軍事征服行動發生在曼恩地區（pays du Maine）、英格蘭、坎帕尼亞（Campanie）、阿普利亞、西西里以及其他多個地區的眾王國；最終，其他一切優勢都有利於這些優勢建構者的生活，這是一項公認的事實，是一種諾曼第對所有鄰近省分所展現出來的優越性。」[41]這樣的過程見證了某種形式的自負態度，或至少清楚表達出一種（基於征服行動的）優越想法，而這種想法利於培養出某種帝國式措辭。

可以確定的一點是，諾曼或英格蘭的君主（prince）、菁英，甚至在十一世紀後半的征服行動之前，已經有機會熟悉帝國式的傳統與概念。據班傑明．波爾（Benjamin Pohl）的看法，「帝權轉移與仿效」（translatio et imitatio imperii）這個主題，是其中一種潛在解讀《諾曼人史》（*Historia Normannorum*）的關鍵；此書於一〇一五年左右由聖康坦的杜多（Dudon de Saint-Quentin）於理查二世的宮廷上寫成。[42]「帝權仿效」（imitatio imperii）不只透過歷史專題著作來表達，也藉由外交或建築表現出來；這乃是一個精心思考過的程序，屬於一種合理化公爵權力，且特別向公國外部流傳的策略。理查一世（Richard Ier）及其繼位者便是以如此方式，蓄意自承為羅馬暨加洛林帝國傳統的繼承者。盧昂（Rouen）在此類話術中則以第二座羅馬城之姿被呈現出來，這也是稍後在十二世紀其他諾曼作者中又能再度見到的主題。[43]在盎格魯—薩克遜的英格蘭也證明了存在著帝國式的術語與意識形態運用，該地的君主就使用了好幾次這些術語和意識形態，以呈現他們的稱號，以及宣稱在大不列顛（Grande-Bretagne）的霸權。[44]羅馬帝國歷史的記憶似乎較少出現在國土上，而來自神聖羅馬帝國的影響則遠較諾曼第方面的影響為大，而且已經固著在盎格魯—薩克遜末期的建築上。[45]據提摩太．波頓（Timothy Bolton）的研究，克努特大帝（Cnut le Grand，一〇一六—一〇三五）統治的最後幾年，從一〇二六年至一〇二七年起，或許正見識了一場直接與諸位英格蘭—丹麥（anglo-danois）國王和康拉德二世（Conrad II）、羅馬之間的羈絆相關的帝國意識形態發展。這些概念想法有可能影響了一〇二八年征服挪威的行動，以及克努特在國內鞏固權威一事，還有某些出現在英格蘭的權力象徵；後者可見的例子有著名的溫徹斯特（Winchester）之新敏寺修道院（New Minster）的〈同修名錄抄本〉（Liber Vitae）插圖（miniature），上頭就出現了愛瑪王后（reine Emma）。[46]

諾曼國王除特殊情況外，是不使用帝國頭銜的[47]；帝國意識形態倒是以其他方式展現出來。在一〇六六年征服者威廉的加冕儀式當中，深植人心的帝國參照事物就此出現。他即位後不久就命人刻了一枚新的章印；此印信一面讓他以武裝騎士的樣貌出現，另一面則是其本人身為國王的莊嚴坐像。兩面延伸的說明文字則引介威廉為「諾曼人的庇護主」（Normannorum patronum）與「英格蘭人的國王」（Anglorum regem）。從該章印裝飾能辨識出教宗與拜占庭的多種影響（拜占庭的影響透過宣信者愛德華〔Édouard le Confesseur〕一枚仿製其中一面的章印表現出來）；然而「國王」（rex）與此處「保護者」（patronus）的這個雙重參照，卻表明了威廉的權力範疇與重大責任，這都遠遠超出了一般所認可賦予領導者的程度。[48]

〈論威廉王之死〉（De obitu Willelmi）這份記錄威廉死亡事件的文件，便依循著加洛林帝國的傳記模式，而其最先仿效的對象正是艾因哈德（Éginhard）的《查理曼大帝傳》（*Vita Karoli*）。亨廷登的亨利（Henri de Huntingdon）稍後也證實了這番對查理曼的比擬，意在認可威廉乃諸位君主之列最為偉大的君王。[49]根據溫蒂・瑪莉・霍夫納格（Wendy Marie Hoofnagle）的說法，查理曼或許因而成了一個特別適合英格蘭—諾曼王權的模範。[50]帝國的表現方式在十二世紀諾曼作者之間的評價亦出現分歧，這點尤其顯現在解讀加洛林於西元八百年的「復興」（renovatio）之上。對於某些作者，例如弗勒里的育格（Hugues de Fleury）以及奧德里克・維達爾（Orderic Vital）而言，有個帝國於西方再興，似乎也不會就此推翻拜占庭「帝權」的統治正當性；至於托里尼的羅伯（Robert de Torigni）則從中觀察到帝國榮耀重返西方，並將君士坦丁堡「降級到與其他王國並駕齊驅」的現象。[51]在將英格蘭和諾曼人歷史上一些值得關注的文件集結起來的這項事工上，托里尼的羅伯這位未來的聖米歇爾山修道院院長（abbé du Mont-Saint-Michel），可能便是其中活躍的參與者。在貝克（Bec）展開、直至阿普利亞的這項文件集結工作，或許就具備了帝國式的視野。[52]

帝國意識形態明顯可見於建築領域中，無論是從建物規模，亦或除了別種影響以外，沿用某些如施派爾（Spire）、美因茲（Mayence）等此類來自帝國體制的建築傳統，一〇七九年開工的溫徹斯特主教座堂（cathédrale de Winchester）即為一例。對艾瑞克・費尼（Eric Fernie）而言，這些建築物便極有可能表現出威廉自比為皇帝的意圖。[53]這不單只體現於建物的宏大雄偉風格，畢竟這種風格在諾曼第是找不到的，還有建築計畫的規模，以及其如此驚人的興建速度：在諾曼征服之後的半世紀之間，幾近全數的主教座堂（cathédrale）與主要的修道教堂（églises monastique）都重建起來了，同時征服者亦建造為數眾多的城堡，經常重新塑造了空間。這些建築工地在空間與景致中留下了新諾曼統治的象徵烙印。芬妮・瑪德琳（Fanny Madeline）近來就指出這些建築工地的多項特徵，以解讀帝國式元素：「雄偉風格、景觀性、施工迅速、代替信仰場所、進口材料、技術與形式，還同時融合多種元素於一體，並重新使用了某些素材。這些素材都投入了一個反映羅馬式、君士坦丁式、加洛林式等歷史上的帝國形態假想之中。」[54]

我們由建築層面拐彎抹角地導向與其他情境的對照，特以西西里王國（royaume de Sicile）

作為比較，就此權充本章結論。安莉斯・那夫（Annliese Nef）主要透過阿拉伯文獻資料，以及西西里君主的建築計畫間接透露出來的訊息，指出西西里王國一地所「賦予奧特維耶家族（Hauteville）權力的帝國層面」。[55]這些文獻展現出國王安排自然世界、掌握時間的能力，以及對普世性（universalité）的憧憬。如此憧憬將奧特維耶家族人士比擬為凱撒，具體來說就是拜占庭皇帝；不過這種比擬，卻是為了展現出他們可是比拜占庭皇帝還要來得高階的事實。該例亦指出在某個情境中適應該帝國式主題的能力；此處所談論的為西西里式的背景。對於自我「宣稱為帝國」一事，奧特維耶家族或許少以其統治範圍廣闊為憑藉，而是依靠他們在伊斯蘭領土（dār al-islām）、拜占庭世界，以及拉丁基督徒的故土上施行權勢，還有選擇阿拉伯文與伊斯蘭象徵來流傳普世性抱負。選擇阿拉伯文與伊斯蘭象徵為媒介，可能也有利於這些普世性抱負在基督教世界表現出來，畢竟當地就有拜占庭、日耳曼此兩個帝國體現出這種抱負。史特芬・布克哈特（Stefan Burkhardt）點出了重複使用、調整來自各地帝國傳統的能力，將西西里展現為「注定融入帝國秩序的空間」。[56]

第十四章 金雀花帝國

瑪伊特・比奧蕾（Maïté Billoré）

十二世紀後半，源自安茹（Anjou）、曼恩（Maine）伯爵的金雀花王朝君主政體雄心勃勃。經由繼承、聯姻結盟、軍事征服，亨利二世（Henri II）和他幾位兒子成功地控制了一個幅員自愛爾蘭延伸到庇里牛斯山脈（Pyrénées）的龐大空間。英格蘭—諾曼王國（anglo-normand）納入安茹繼承土地、廣闊的亞奎丹公國（duché d'Aquitaine）與英吉利海峽以外一部分的蘇格蘭王國，以及威爾斯、愛爾蘭地區（見三二八頁地圖）。無庸置疑，倫敦主教理查・費茲・奈吉爾（Richard Fitz Nigel）這位冠冕司庫大臣（trésorier de la Couronne）參照了羅馬帝國、還追隨了加洛林朝作家們讚嘆「帝國擴張」（dilatatio imperii）的前例；他毫不遲疑地誇耀自己主人公的成功，寫道：「主人公出於其輝煌的勝利，自遠方拓展了其帝國規模，並且以他旺盛的行動力來增長自身非凡的聲譽。」[1]這種情況通常比較少見：「帝國」（imperium）一詞在當時極少被用來指涉金雀花王朝的領土，而且他們本身也不在這個地域中有什麼冒進的行為。亨利二世儘管擁有權勢，卻不尋求從「皇后之子」（Fitz Empress）[2]的身分上獲取什麼利益，而理查（Richard）雖以祖母的帝國冠冕受到加冕，他也懷抱同樣的態度。「皇帝」（imperator）一詞依舊沒出現在金雀花君主的稱號之中，其稱號偏向強調本身權威施行空間的拼湊樣貌。亨利二世是英格蘭國王（Rex Anglorum）、諾曼暨亞奎丹公爵（Dux Normannorum et Aquitanorum）與安茹伯爵（comes Andegavorum）。如此挪用一個帝國式的頭銜確實會有多個重大障礙，例如幾個意識形態上的理由，還有對歷史傳統的崇敬心態，但也有現實政治因素。金雀花王朝儘管有其權勢，實際上卻有一大半的土地是法蘭西國王的附庸，而且這層附庸關係代表一項重大的拘束。至少在歐洲大陸上，英格蘭國王並不是自身土地全然的主人公。

歷史學家因此舉出了一項難題，那便是「如何界定這塊無名土地聚集體」；這塊聚集體統治西歐五十餘年，而且我們也見識到，它可是超出了臨時性的自治王侯國聯盟規模。「安茹帝國」或是「金雀花帝國」[3]這種組合都還處在一場今日依然敏感的史學方法論辯核心之中。[4]這場論辯可以上溯至一九六〇、七〇年代，當時出現一些批評，針對十九世紀以來，利用鮮明的殖民背景建立古英格蘭雄偉氣勢的英格蘭史家。新世代的研究者指出了這個措辭不合時宜之處，而且也懷疑一個領土集合體維持著如此的分化區別，是否仍可名正言順地被視為一座帝國。新一代的研究者指出了這個政權欠缺中央集權化的行政系統、殖民行動，或是有讓居民屈從於一支具主導性的征服民族的企圖；他們提出了其他形式來指稱這個政權體制，好比詹姆斯・克拉克・霍爾特（J. C. Holt）與約翰・勒帕圖爾（J. Le Patourel）所提出的「金雀花領地」（Plantagenet dominions）、威弗德・路易斯・華倫（W. L. Warren）所指的「聯邦」（fédération），或是羅伯—亨利・鮑提爾（R.-H. Bautier）言下的「空間」（espace）。[5]約翰・及林漢（John Gillingham）在一九八四年卻反倒毫不遲疑地重新引進「帝國」一詞，而馬丁・奧雷爾（Martin Aurell）或芬妮・瑪德琳（Fanny Madeline）則隨著其人的腳步，排除掉最狹義的帝國概念。[6]在那些緊抓帝國嚴格定義的一派人士，以及接受較廣泛、「可調整」概念觀點的人士之間，雙方的論辯當然離定論尚遠。在缺少共識的導向下，這場史學方法論的對立，卻透過探索一批可謂「非比尋常」的史料，而對金雀花帝國的認知進展有所貢獻。這造就了金雀花當局從一開始就意圖訴諸書寫文字，並將頒定過的法令延續下去的舉動。這也是其行政系統發展，以及宮廷，還有和宮廷有所聯繫的修道院，兩者文風皆稱鼎盛的背景效應。此項背景刺激了上乘的歷史、文學及混合了道德觀的政治創作。

一個源自安茹帝國的征服王朝

金雀花帝國的出身背景議題，確實不會自限於單單研究亨利二世的政策和意圖而已。亨利二世讓自己的統治列入一股征服動力之中，此項動力則歸功於他自己安茹人、或是諾曼人的眾

十二世紀末的安茹帝國

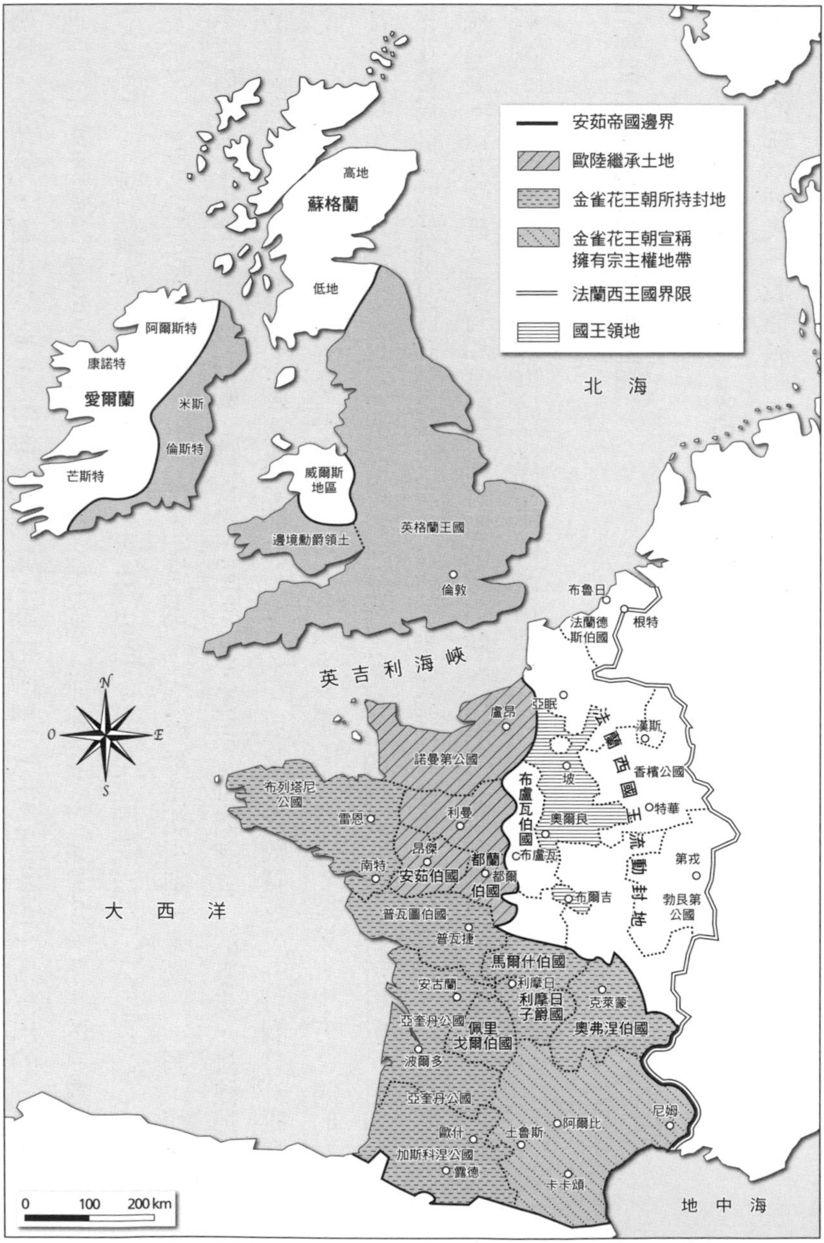

安茹帝國邊界
歐陸繼承土地
金雀花王朝所持封地
金雀花王朝宣稱擁有宗主權地帶
法蘭西王國界限
國王領地
高地
蘇格蘭
低地
阿爾斯特
康諾特
愛爾蘭
米斯
倫斯特
芒斯特
威爾斯地區
邊境勳爵領土
英格蘭王國
倫敦
北 海
英吉利海峽
布魯日
根特
法蘭德斯伯國
亞眠
盧昂
漢斯
法蘭西國王流動封地
香檳公國
諾曼第公國
坡
特華
布盧瓦伯國
奧爾良
布列塔尼公國
雷恩
利曼
昂傑
布盧瓦
第戎
都蘭伯國
都爾
南特
安茹伯國
布爾吉
勃艮第公國
大 西 洋
普瓦圖伯國
普瓦捷
馬爾什伯國
安古蘭
利摩日
利摩日子爵國
克萊蒙
亞奎丹公國
佩里戈爾伯國
奧弗涅伯國
波爾多
亞奎丹公國
尼姆
歐什
土魯斯
阿爾比
加斯科涅公國
露德
卡卡頌
地 中 海
0 100 200 km

先輩身上。

安茹伯爵與諾曼第公爵的擴張主義

《聖麥克桑斷代史》（*Chronique de Saint-Maixent*）揭示了安茹王朝一時興起的擴張主義，該王朝自富爾克三世（Foulques III Nerra，卒於一〇四〇年）以來，便開始擴張領土，因而損及普瓦圖（Poitou）與布盧瓦伯國（comté de Blois）。索穆瓦地區（Saumurois）於一〇二五年被兼併，而圖藍（Touraine）一地的兼併則發生在一〇四四年。從此以後，在法國北部的地方王侯國當中，安茹成了一股上升中的勢力，且激起鄰國與法蘭西國王的猜忌。安茹人也正是透過算計好的聯盟政策來擴大他們的領土：富爾克五世（Foulques V，卒於一一四三年）以他本人於一一〇九年的首次婚姻來實現與曼恩、安茹兩地之結盟；其與耶路撒冷國王鮑督因二世（Baudouin II）之女的二婚，則讓他得以於一一三一年取得一項國王頭銜。若弗魯瓦（Geoffroy）則取得其父的地方王侯政權，開始享受己方世系上升的影響力。

在諾曼人這方，私生子威廉（Guillaume le Bâtard）於一〇五一年至一〇五二年間，折服了公國的貴族（尤其始於一〇四七年瓦爾斯沙丘〔Val-ès-Dunes〕的勝仗）。這場戰役在法蘭西亨利一世（Henri Ier de France）的支援之下，憑藉一支由諸多地位低微的諾曼男爵與眾諾曼子爵所組成的聯軍取得勝利。私生子威廉也在北部邊境封地取得了軍事成功，他併吞了棟弗龍（Domfront）暨帕賽（Passais）地區。這些戰事成就加深了安茹人舊有的敵意，且引發了兩場由安茹伯爵鐵鎚若弗魯瓦（Geoffroy Martel），以及亨利一世這位國王所一同主導的戰事。諾曼第公爵便從中坐大。他因此強大到足以對其他空間（也就是英格蘭）表示興趣。宣信者愛德華（Édouard le Confesseur）死後無繼位者，則給了諾曼第公爵機會。一〇六六年九月二十八、二十九日兩日於黑斯廷斯一地的勝利，讓諾曼人得以在英吉利海峽外長久安頓下來。威廉（Guillaume）將自盎格魯—薩克遜貴族身上沒收的土地分配給自己的藩屬。他以如此的方式，凝聚起英格蘭與諾曼第兩地的命運。在行政系統、語言、宗教和文化領域上，雙方交互的影響力都建立起來了。

在下個世代，王國被短襪羅伯特（Robert Courteheuse，卒於一一〇六年）與紅髮威廉（Guillaume le Roux，卒於一一〇〇年）毀滅性瓜分之後，征服者威廉所掌控的全部土地，最終都落入了亨利一世（Henri Ier Beauclerc，卒於一一三五年）之手。在將眾多土地融為一個共同體的過程中，亨利一世扮演了重要角色，而人們從此則稱此共同體為「英格蘭—諾曼王國」[7]。亨利一世統治期間，有親近安茹當局的計畫：他讓自己的兒子威廉・艾德林（Guillaume Adelin）與富爾克五世的其中一位女兒成婚，然後在威廉・艾德林於白船海難（le naufrage de la Blanche-Nef）過世後，又將他的女兒瑪蒂爾達（Mathilde）這位亨利五世（Henri V，卒於一一二五年）皇帝的寡妻，嫁給美男子若弗魯瓦（Geoffroy le Bel）。透過這層聯盟關係，英格蘭—諾曼王國便與安茹結合在一起。但是政治情勢卻阻礙了配偶一同統治領土。一直要到由瑪蒂爾達主導的漫長內戰結束以後，雙邊的繼承關係才永久結合起來。這場內戰在英格蘭與諾曼第兩地，分別對抗著布盧瓦的艾蒂安（Étienne de Blois），以及由若弗魯瓦帶頭反叛的貴族。亨利二世在他父親於一一五一年過世的時候，罷黜了他的兄弟若弗魯瓦[8]，而成為安茹伯爵（comte d'Anjou）。一一五四年十二月十九日，艾蒂安過世，亨利二世加冕成為英格蘭國王。

金雀花王朝征服

此時，亨利二世也持有亞奎丹一地。該地是他透過於一一五二年五月十八日所迎娶的夫人艾莉諾（Aliénor）而取得的土地，艾莉諾在當時才剛被法蘭西國王路易七世（Louis VII）休掉。這個廣大的王侯國是由加斯科涅公國（duché de Gascogne）、普瓦圖與奧弗涅（Auvergne）兩座伯國、安古穆瓦（Angoumois）與利穆贊（Limousin）兩個子爵國，以及土魯斯（Toulouse）伯國這塊公爵費盡艱辛方能掌握在手的領土。

在奪取布列塔尼（Bretagne）事權這件事上，亨利也一樣沒拖延太久。[9]南特伯國（comté de Nantes）先是被南特人自行交付給亨利的兄弟若弗魯瓦，但亨利則在若弗魯瓦於一一五八年過世以後，取得這塊領地。接著是一一六六年，柯南四世公爵（duc Conan IV）正面臨著一場次數不知從何算起的貴族反抗。他為了獲得金雀花方面的軍事支援，而自行放棄大權。柯南四世公爵勢衰，因此只得接受自己時年四歲的女兒康斯坦絲（Constance）與亨利二世其中一位七歲大的兒子若弗魯瓦（Geoffroy）訂婚。康斯坦絲以布列塔尼公國作為嫁妝，英格蘭國王就此成了未來夫妻二人直到成年前的「監護人」。

在英吉利海峽以外，自私生子威廉時期以來所展開的征服思路，將諾曼人推出了英格蘭邊界，直至塞爾特地區（pays celtique）。亨利二世延續了這個進程，並且力求鞏固或建立自己的權威。[10]他先是介入了蘇格蘭事務，而將之前趁著連年內戰逃脫的蘇格蘭重置於君主的監管範圍之中。大衛一世（roi David Ier）這位國王，利用了布盧瓦的艾蒂安勢衰，實質終結了四十年的封建附庸關係，成功地於一一三五年至一一三八年間，順著有利情勢，征服了諾森布里亞（Northumbrie）與坎伯蘭（Cumberland）。亨利二世讓他的軍隊介入其中，接著馬爾科姆四世（Malcom IV，卒於一一六五年）於一一五七年被迫向亨利二世宣誓附庸效忠。歷經一場失敗的反抗行動後，一一七四年，馬爾科姆四世的繼位者獅子威廉（Guillaume le Lion，卒於一二一四年）再度重申了這層宣示效忠關係。儘管嘗試過多次調停和解，眾位英格蘭—諾曼男爵與其藩屬所把持的蘇格蘭邊境封地，在這整段時期中依然相當不穩定，尤其在「無土約翰」（Jean sans Terre）治期特別危險。

威爾斯地區的情況也沒有比較好。亨利二世不得不在一一五七年、一一六四年、一一六五年派軍前往當地。這些自一〇九三年以來就征服的邊境封地，諸位定居此地的諾曼領主，面臨地方省分北方威爾斯領主（gallois）一再攻擊，難以保住土地。威爾斯地區像蘇格蘭一樣被分成兩半，一半由諾曼邊境勳爵（Marcher lords normands）占領著海岸與低地區，另一半高地區則留在威爾斯人手中。這些威爾斯人和蘇格蘭人正好相反，他們沒有一個單獨的君主政權，這讓任何的對話變得更複雜。亨利二世反倒接納了地方王侯，條件是他們得承認亨利二世至高無上的地位。幾道和約簽署下來，引起斤斤計較可在邊界隨心所欲的「邊境勳爵」（Marcher lords）不快。這些邊境勳爵與安茹當局的緊張態勢，有時相當敏感。

亨利二世亦介入了愛爾蘭一地。氏族紛爭撕裂了愛爾蘭，而且該地原生國王無力維持和平。[11]亨利二世有教宗以「褒揚令」（bulle Laudabiliter）表達支持。這場軍事行動委由多數來自威爾斯地區的英格蘭大男爵執行，打破了疆界限制。這些人取得了愛爾蘭南部與東部的土地所有權，並將莊園制引進這些地區。依據一一七七年的溫莎協約（traité de Windsor），愛爾蘭國王被保留了下來，但是其人卻得服從「愛爾蘭領主」（dominus Hiberniae）*。愛爾蘭國王接

* 即英格蘭國王。

受這項封建制約，因為這並未推翻他們在地方上的權勢。反之，當無土約翰於一一八五年展開自立為愛爾蘭國王的行動時，全體一致的反抗示威行動，使他的軍事征討失敗。

馬賽克拼湊式的王國與王侯國，以或多或少的穩定形式聚集在中樞周邊。此中樞為英格蘭、諾曼第與安茹。金雀花帝國有著多重、可分割的特性。亨利二世或許從來沒有確實要將此領土集合統一為單一國家的意圖，也沒有要使其均質劃一的意願。封建式的權力概念，使人完美地接受了這個不一致的聚合體。儘管如此，亨利二世的遺囑配置卻顯示，這種帝國觀感已有所變革；他自己也意識到維持凝聚力的重要性。一一六〇年代初期，亨利打算分派領地給諸子。一一六七年無土約翰出生時，這些領地分派又重新協商過，不過基本上沒有修正。反之，亨利歷經幾個兒子的大型反叛行動之後，於一一八三年打算找出辦法以避免自己的帝國分裂。亨利想要強加施行幼子地產為兄長封地（parage）的諾曼慣例。但是理查（Richard）卻為了亞奎丹一地，而拒絕向幼王亨利（Henri le Jeune）宣誓附庸；理查想要維持自己作為法蘭西國王直接藩屬的身分。因此，長兄傳承封地責任的這個選項就被放棄了，不過這種作法可是一種既能讓金雀花王朝權勢長長久久，又可避免兄弟相殘戰爭效應的穩定要素。最後接連幾場偶發的死亡事件，使金雀花帝國於一一八九年國王駕崩之後，還得以保存下來。帝國先是落在獅心理查（Richard Cœur de Lion）手上，接著在他於一一九九年意外過世以後，落到了無土約翰之手。

權力在地化

對這三位繼承安茹帝國大位的國王而言，管理如此廣闊又分散的空間，從來不是一件易事。安茹國王不但要對一批渴求自治權、而且老是伺機而動的貴族時時維持壓制，還得防範外部敵人、保護邊境封地。自一一五〇年代至一一六〇年代開始，亨利二世發展出一些策略，目的是展現出本身權威，讓自己的消息保持靈通。亨利二世不懈地在領土上來來去去，顯現出他迅速與出色的干預能力，並以民用、宗教建物象徵性地展示他的存在。

金雀花王朝的機動性

亨利二世人總是在馬上，甚至連在和平時期也一樣；他「既不允許安穩，也不允許自己暫歇一會兒」[12]。長久身在馬背上的亨利二世，不時從這方土地被帶往另一方的領土。亨利二世在統治期間穿越英吉利海峽二十八回合、兩次渡過愛爾蘭海（mer d'Irlande）。[13]眾廷臣都難以忍受這個瘋狂的差旅路線。他們追隨著亨利二世、聲稱承受著「一場苦差事和疲累，還有眾多夜班、重大危險（……）經常面臨死亡，且身軀遭受打擊、耗損」[14]。幾場烙印在集體記憶中的災難事故，例如一一二〇年的「白船海難」，讓這些差旅往往成了一件令人極度焦慮的事情。出於這些理由，諸位作家主動將這些差旅比擬為某種詛咒，而且還把金雀花宮廷喻為傳說中被迫永遠流浪的「狂獵隊伍」（mesnie Hellequin）[15]。沃特・馬普（Gautier Map）便寫道：「只有我們的朝廷是長這個樣子」；而希律王（roi Herla）*的朝廷「為了得到休養，中止了先前在吾等王國內頻繁的參訪行程（……）似乎他們將『流浪』這檔事交給我們了」[16]。

事實上，亨利二世別無選擇；因為將一片廣大的空間占為己有，且置於其人的權威之下加以控管，勢必得透過機動性管理。這是一種無法迴避的統治模式。流傳到我們手上的會計文件，顯示了亨利二世的差旅行程，都是經過精心規劃的；這尤其因為後勤問題的緣故。此外，關於差旅停留地點，亦隨著軍事、策略或政治目標而選出。周遊出巡讓金雀花王朝亨利二世得以好好認識他轄下的領土，並且接觸人民。面對隱約渴望自治權的外省勢力，周遊出巡形成一種有效的嚇阻措施；因為貴族感受到自己是被監視的，陰謀也就隨之被破壞殆盡。領主親自現身加強了忠誠度，因為其人與藩屬的個人連結建立了起來。在危機時刻，周遊出巡讓秩序回歸更加簡單；畢竟許多貴族是不敢直接違抗其領主的。最後，周遊出巡也拉近了與地方社群王侯的距離，讓亨利二世有機會授予他們某些特權，比如經濟或是司法特權。周遊出巡因而也是一種有所承擔的政治選擇、一項不可缺少的領土控制工具。

堡壘政策與教會庇護

金雀花王朝和空間的關係不僅限於動能而已。透過一系列在外貌以及功能上最為多元的建物，金雀花王朝占據、掌控了領土。這些建物乃是其所建構出來的空間核心。英格蘭和諾曼第財政審理院的財稅卷宗（Les pipe rolls des Échiquiers），保留了修復、改建，或是起造城堡、都市壁壘、教會、修道院的支出帳面紀錄。這些紀錄顯示出用以控制戰略地點（道路、橋梁、港口），以及防守有風險區域的防衛工事，乃是不折不扣的優先支出事項。整個帝國情形皆如此，雖然在金雀花王朝部署進攻策略的領土上，例如蘇格蘭，或是愛爾蘭，城堡的密度是少了一些。

中古建物專家指出了這些建物的技術品質與戰略利益，但是他們也特別強調這些建物所代表的嚇阻或象徵性的力量。[17]所有這些安茹的建築革新，例如環狀堡壘（shell keep），即環狀城堡主塔（donjons annulaires），乃由位於小土丘上的環狀或橢圓形壁壘所組成，還有凸角塔（tour à éperon）、安茹式斜面（talus angevin）等新創的建築風格，都是拿來展現權勢的，

---

* 希律王為傳說中狂獵隊伍的首領。

因為這些新創設計在遭受攻擊時，並無戰略優勢可言。這些建築上的創新風格構成了「一個真正的權力語言，而讓建築成了王侯政治的溝通媒介」。[18]凸顯景觀的軍事建物代表著當局的權力，其寓所則表現出當權之華麗宏偉。舉例來說，在雷安德利（Les Andelys）一地，該處寓所就被法方敵手視為「具備皇家氣派，而且有讓最高層級大王侯居住的格局」[19]。在盧昂（Rouen）、康城（Caen）、奧希瓦（Orival），抑或穆利諾（Moulineaux）的大型接待廳（salles d'apparat），其中的奢華布置讓這些地方得以出名，也令人發出讚嘆。作為統治象徵的道具，這都是一些賣弄排場的場所。甚至連由亨利二世所庇護贊助的，抑或他轉為自己所庇護贊助的宗教建物也是如此。這些宗教建物代表了某些威望籌碼。在歐洲大陸上，亨利特別在利曼（Le Mans）金援一座建於他父親墳上的禮拜堂，還重建了收納瑪蒂爾達（Mathilde）皇后遺骨的貝克修道院（abbaye du Bec）教堂。倘若採信托里尼的羅伯（Robert de Torigny）之說詞，貝克修道院的教堂可是一座相當美麗的建物。[20]還有諾曼第的莫特梅爾修道院（Mortemer）、利穆贊的格蘭盟修道院（Grandmont），以及安茹的豐特夫羅修道院（Fontevraud），這幾間修道院都享有亨利的庇護。建築贊助作為大王侯的標記，而且金雀花家族也不單是以虔誠信仰，或（在托瑪斯．貝克特〔Thomas Becket〕過世以後）以懺悔贖罪的心態來做這些事。君王贊助行為讓這些宗教建物為人所傾慕，還與君王的名號牢牢地綁在一塊兒，而恰好成了增長其人榮耀之所。在艾莉諾的推動之下，豐特夫羅修道院迎來亨利二世以及獅心理查的遺體，接著則是她本人的遺體。稍晚，安古蘭的伊莎貝拉（Isabelle d'Angoulême）於一二四九年亦下葬此處。修道院和金雀花王朝的關係，就好比聖德尼聖殿（Saint-Denis）與卡佩王朝一樣，乃是一座貨真價實的皇家墓地。

統治帝國

掌控領土一事，亦經由行政系統革新來進行。雖然對所有帝國省分加諸共同機關的意圖並不存在，各地卻都是以相同的手法進行統治。金雀花王朝於遵守各地慣例的情況下，讓標準框架有所革新。金雀花王朝特別派出數量眾多的官員，作為地方與其權力間的中介。

安茹人的規範行動

對亨利二世而言，地區風俗習慣多元是項難處。但是，為了不要激起地方的敵意，順著其父若弗魯瓦的好建議，就得作出保留各省特色這項政治選擇。根據馬爾穆蒂耶的讓（Jean de Marmoutiers）的說法，若弗魯瓦有可能禁止過亨利二世引進諾曼或英格蘭的慣例到安茹去，「反之亦然」。[21]我們光指出兩個「帝國式」的立法事例就好：一一七七年的維爾納伊詔令（édit de Verneuil），以及一一八一年的軍事武裝令（assise des armes），這兩個法令咸認是適用於整個領土的。[22]但是在各個省分，亨利二世與他的兒子卻自己找出方法，強加施行能夠在超出本身領地以外的地方實行的法律，而這個現象可謂前所未見。在一一九五年於布列塔尼頒定的若弗魯瓦伯爵規（assise du comte Geoffroy）以及一一九八年的波爾多地區和約（paix du Bordelais）中，都可以觀察到這個現象。[23] 到處都樹立了由王侯頒定或認可的規則，甚至連針對這種行為的想法都再也不能無視。基於此，居民自行展開了懇求王侯立法的行動，以保障他們的慣例規則。居民們反對承認王侯有權插手他們所管轄的全部領域，但卻接受王侯能夠以和平、正義、保護弱小之名來廢除被認定為不良亦或不公的慣例。誠如約翰．及林漢所指出的，王侯這種判斷何者為公正、何者則否的干預能力，構成了一個打磨帝國各地習俗的元素。[24]

很重要的一點是，認可慣例就像金雀花王朝大量授予出去的特權一樣，都加強了當權與地方居民之間的連結。城鎮與都市也都受惠於此，而成了當權征服行動（或是再征服行動）的一個又一個標竿，也成了其面對偶有敵意、也許不甚可靠的貴族之立足點。金雀花王朝如此建立起一個與地方社群的特權連結，贏得他們的支持。以一一七五年在加斯科涅（Gascogne）的暴動為例，便可觀察到此現象。當達克斯（Dax）這座城邦的居民起身反抗他們的子爵皮耶二世（Pierre II）與比戈爾的森圖勒三世伯爵（comte Centulle III de Bigorre）時，便向理查公爵（duc Richard）出賣了此兩人。當地居民所得到的回報則是：亨利二世先前授予他們的特權，皆獲得認可與展延。[25]

在安茹當局全數的土地上，他們是很注重回應屬民請願的。安茹人制定規範的行動通常便是回應陳情訴求，這也造就了事前訪調的機會。[26]當亨利二世在一一六〇年代展開首場訪調的時候，他就自列於《末日審判書》（*Domesday book*）所描繪的一場漫長的英格蘭—諾曼傳統裡。這樣的方法，倒也立即自行認證為安茹當權統治的「那個」典型模式。這些調查可以是大型總檢查的型態（在英格蘭的「眼線」），或是採取更精準的調查主題：封地、莊園、兵役……此類調查乃是當權的重大籌碼，因為其功用不僅僅是告知情報而已。一如瑪莉．德諸（Marie Dejoux）的研究所指出的，這些調查讓君王得以展現出其人對屬民的用處，並且促成一股重要的情感力量，來確認他們的一片忠誠。訪調也使人安心，因為「透過司法行動與公共的物質補償，（君王展現出）他本人駕馭著（自身的行政系統），並監控其踰矩的行徑。」[27]這些訪調由在領土上往來的官員所主導，意在蒐集見證；訪調讓當權者生出了面貌，使其變得具體。在一個如同金雀花帝國這般占地廣闊的帝國，訪調因此參與了從屬地位的建構，但卻沒抹煞掉地方階層與勢力。反之，訪調倒是明確地將此兩者突顯了出來。

全帝國的官員配置

亨利二世展開了司法、稅務改革，而這些改革都得有地方基礎組織相伴才行。亨利二世不得不將他的權柄委託給大量的人員。當局提任了裁判長（justicier）、首長、總管

（sénéchal）、執達吏（bailli）、治安官（shérif），以在地、常駐的方式作為亨利二世的代理人。這些人員並非以管轄封地的方式來行使自身職權，而且還可以被輕易地免職。當時的知識分子強調這些人員的功能角色，對良好的司法、財務運作，以及維持和平與公共秩序是不可或缺的。索爾茲伯里的約翰（Jean de Salisbury）則將之比擬為「國王的耳目與喉舌」[28]。

在英格蘭就像在諾曼第一樣，（大）裁判長處於地方層級的最頂端。裁判長有權在君主缺席時下決策。作為貨真價實的副王或副公爵，則分別有：在海峽對岸，呂塞的理查（Richard de Lucé）與格朗維爾的拉努夫（Renoulf de Glanville）先後皆為副王；公國內之副公爵則先有伊爾切斯特的理查（Richard d'Ilchester），接著則由居庸．菲斯—拉烏爾（Guillaume Fils-Raoul）接手。此外，總管一開始只限於王侯領地內的委任權，而且在這個領域外也只能不定期才有所作為。他們在一一七〇年代取得了永久代表權與擴大的權限。我們在安茹清楚觀察到這個現象，當地與伯爵人身有關的職權成了在地領土的職權。如同銜稱演進所勾勒出來的跡象一樣，「治事總管」（senescallus regis）讓位給「安茹總管」（senescallus andegavensis）這個稱號。在這些大首長的掌控之下，行政系統的下級框架被改變了。王侯領地的舊官員，如區域長官（prévôt）、地方長官（viguier）等官員並未消失，但是這些官員卻失去了自主權。地方官員的人脈網絡壯大起來，他們的行動空間則在轄區內部擴大。執達吏、行政官（bayle）、地方長官、路政官（voyer）、治安官……等人員確保了日常關於治安（警察、守衛）、司法、領收罰款，或是稅收的運作。

這些官員的背景多元，不過貴族在其中扮演著主要角色；儘管勞夫・特納（Ralph Turner）亦能在行政系統當中（好比君王身邊）指認出一批「貧寒」[29]與文人出身的新人。如果在任用的時候考量到才能的話，金雀花王朝也偏好某些他們認為可靠的領主，甚至更適合成為金雀花當局有效率的中繼人員。金雀花王朝大量倚重對地方現場有極佳認識的諸堡主世系（lignées de châtelains）。這種在地經營融合讓他們得以運用本身的人情與團結網絡，使王侯政策更容易被接受。然而我們卻還是注意到這種普遍模式有兩個例外：英格蘭當地的英格蘭治安官很少是牽涉強烈地方利益的領主，這是為了管控舞弊的風險；還有在敏感地區，如邊境封地這種傳統上屬於組織內部批評者的地區，金雀花王朝則偏好派遣可信任的人員前往當地，換句話說通常是英格蘭—諾曼人（Anglo-Norman）以制衡領主在當地的份量。這些領主在地的影響力，可是長久以來代代相傳的公眾職權。

精心選出的官員也被嚴密地控管著，尤其是在英格蘭與諾曼第此兩地中央的領土上。眾執達吏為了交付帳目，並且證明皇家樞秘處（chancellerie royale）所下達的指令都執行得很好，便得一年兩度造訪位在康城或西敏（Westminster）的財政審理院。執達吏若有過失，現場就會被審判；缺席的執達吏則是受到不在場審判。他們亦可提交「陳情」（per visum）程序，而得以透過證人來上訴自身已確實執行當局指令，並且是合理安排支出。在帝國其他地區，則是由巡迴法官與固定查訪來就地管控官員的行動。

這些措施確保了行政政策的效率，也是為了讓金雀花權勢有所進展，不過卻是地方性的規模。亨利二世明白其藩屬的中繼力量無法迴避，但是在他們身上卻不太容易見到忠誠與光明磊落的行徑。

以「恩威並行」[30]的方式壓制貴族

貴族與王侯之間儘管有著封建合約，他們的關係卻也可以是動盪不安的。舉例而言，在加斯科涅，比戈爾與阿馬尼亞克的眾伯爵（comtes de Bigorre et d'Armagnac）、達克斯、貝雲、洛馬涅眾子爵（vicomtes de Dax, Bayonne, Lomagne）這些人士會週期性地反抗當局，迫使金雀花當局以軍事力量加以干預。即便在一些以服從、平靜著稱的省分，如諾曼第，當局還是會面臨一些一時興起的獨立企圖，以及邊境封地領主的倒戈本色。這些領主為了保住本身家產的利益，向來習慣在不同的領主間扮演首鼠兩端的角色。帝國全境中老是喜歡批評自己人的家系，在當權稍有衰弱之跡時，便伺機得利；金雀花王朝首要弱點就是家族間的敵意，這些敵意乃是由迫不及待想要施行統治的青壯人士（juvenes）的個人野心所養成的。一大部分的貴族支持著幼王亨利與理查（Richard）的反叛行動，好比在一一七三年至一一七四年間，危機已相當嚴重。布盧瓦的皮耶（Pierre de Blois）在他與博納瓦修道院院長（abbé de Bonneval）和亨利二世國王的對談中，透露出國王苦澀的告白：「我養育我的兒子、教育他們，但他們卻離我而去。我的朋友、親人都起身反抗我，而且我發現家僕、熟人都對我懷有冷酷無情的敵意，謀劃大逆不道的變節行為。」這種「主動」的不服行為，再加上某種形式上的「消極」不服，譬如對行政系統內部合作的遲疑態度，或是一一七七年拒絕讓渡丹尼斯（Denise）這位代奧勒（Déols）與夏托魯（Châteauroux）兩地繼承人的監護權給亨利二世；還有拒絕讓出利摩日（Limoges）的艾馬五世子爵（vicomte Aimar V）的監護權，皆為這方面的實例。

安茹當權的專制偏差

為了解釋這些行徑，就一定得提起一件事，那便是亨利二世的政治手腕從他上位當權開始就很強硬，有可能引起諸多不滿。亨利二世這位金雀花王朝君主，但凡他的藩屬有一丁點的不從，就展開追查，並組織起具懲罰性的征討行動。這種征討行動以沒收封地、被迫交出城堡，甚至是拆毀這些地方來算總帳，以及對「叛徒」下毒或放逐他們等手段。舉例來說，歐馬勒的威廉（Guillaume d'Aumale）與赫里福德的羅傑（Roger de Hereford）；前者拒絕交出斯卡布羅（Scarborough）的城堡，後者則是不願交出格洛斯特（Gloucester）與赫里福德（Hereford）兩地的城堡，而莫特梅爾的育格（Hugues de Mortemer）則是拒不上交克里歐貝瑞（Cleobury）、衛格摩（Wigmore）與布里奇諾斯（Bridgnorth）此三地的城堡，上述這些人都成了國王「震怒」發洩的對象。更粗暴的手法還有那種表明武力乃由君主所寡占的態度，這正面迎擊了騎士這些專業作戰者隨興慣了、且憑自身利益投入敵對狀態的作風。這點也是使用法蘭德斯（flamand）、布拉班特（brabançon）或威爾斯（gallois）傭兵所引起的問題。此外，貴族對於伴隨財政壓力增長以及司法領域競爭的行政改革也不表歡迎。君王司法實際上成了領主司法的上訴法庭。君王司法也收回了某些「案件」（「王室案件」，也就是專門留待皇家裁判權審理的訴訟案件，這便損及了領主裁判權；或是「寶劍審判院」〔plaids de l'épée〕，即從高等法院承審的罪狀），並對某些事件建立起防範原則，如此作法亦剝奪了世系家族的重要利潤來源。貴族的不滿還聚焦在安茹當局行使權力的各種「非壓迫性」限制：審查優勢世系的婚配權力、掌控受監管的年輕孤兒、孤女的聯姻[31]，以及控管最有權勢、最受覬覦的寡婦的際遇，最後還有將繼承轉讓權利金予以提高的措施。一如財稅卷宗顯示出來的狀況，繼承轉讓權利金已達到了天文數字（尤其在約翰的治期中），而讓世系家族負債累累。幾年之後，不滿情緒已蔓延到整座帝國。

和誘政策

亨利二世為了補償這種鎮壓政策的影響，運用了拉近個人與藩屬連結的手法。這種細膩的政治手法意味著他相當明白，統治不是只有懲罰與臣服，也要有能力不訴諸強迫手段而取得人心歸附。這些懷柔與象徵性的行動，是以「讓和平與忠誠佔據人心首要位置」[32]的訴求而展開的。

亨利二世對最為忠貞的藩屬賞賜方式是賜給他們土地、城堡、地產收益、高級職稱。他對於那些背叛過自己的人，也展現出寬宏大度。《財政審理院對話錄》（*Dialogue de l'Échiquier*）承認了國王這項優點乃是一種政治策略：「接納敵人，並且以前所未見的包容讓諸位教唆者免於如此嚴重的罪行，以至於他們其中的一小部分人士容忍財產上的損失，但卻無一喪失身分，或是任何一位成員。」[33]寬宏大度的手腕是伺機使用的，以促成貴族回歸時更加忠心耿耿。

所有發展出來的政治性溝通手法也用來擴大與君主之間的依附關係，以及君主本身的世系；發展這種政治性溝通手法是用以修正人員對其人身作為的感受，坐實王朝的統治正當性。十二世紀後半葉所產出的主要作品（歷史、紀年、虛擬小說、道德與政治性論著）都是為當權宣傳服務的。金雀花君王不需下訂製作這些作品，他們鼓勵這些作品產出。某些作品直接就是針對貴族而來的，力圖要影響他們的舉止：在諾曼第，《諾曼第公爵傳奇》（*Roman de*

Rou），即「布列塔尼素材」，流傳著一種效忠君主、有紀律、品德的話術。[34]其他作品則多針對君主的形象及其王朝。舉例來說，歷史記述便用於榮耀金雀花王朝君王的安茹或是諾曼祖先。歷史記述為其發明了一位傳奇性的先人、查理曼的「另一個我」（alter ego），即布列塔尼的亞瑟（Arthur de Bretagne）。其他歷史作品還以講述古代征服行動的方式，陳述金雀花王朝的征服行動、強調其軍事榮耀，特別是屬於理查的那部份事蹟。至於司法協議，諸如《財政審理院對話錄》或《英格蘭王國法律與風俗習慣》（*Lois et coutumes du royaume d'Angleterre*），則誇耀了亨利二世的立法行動，將之與過往的大君媲美。某些書信集，好比布盧瓦的皮耶的書信集就吹捧了亨利的統治。布盧瓦的皮耶在巴黎受法律與神學訓練，是神學家暨政治思想家索爾茲伯里的約翰的門生。其他的書信集，如倫敦主教吉爾伯特・福里奧（Gilbert Foliot）的書信集，則在坎特伯里大主教（archevêque de Canterbury）托瑪斯・貝克特與亨利的衝突中成為支持大主教的力量。（托瑪斯・貝克特於一一七〇年十二月二十九日被四位英格蘭—諾曼騎士刺殺在自己的主教座堂裡。這四位騎士皆自認是皇家意向的代言人。）

這套「金雀花意識形態」[35]傳布到整個帝國去，其主要的目標對象為貴族群體。但是，此套意識形態不只單純地促進貴族的忠誠度與支持度而已。這個精心規劃出來的計畫，也力求讓帝國內部浮現出一個文化社群。

結論

十二世紀後半葉，金雀花帝國是一個封建式的建構，其中的文化影響與威望相當可觀。君主尊重在地制度，在其中發展出「某些有效的方法，使他的權勢占上風，而且讓其統治得以長久」[36]。這些手法便是一套有效率且能夠彌補缺席的行政機關、有效率地讓權力在地化的程序，以及一套聯邦式的政治溝通手法。在這塊領土上，本質要素處於君主及其人員建立起來的個人連結之中。君主的藩屬一如其官員，他們並不致力於政治上鞏固一個抽象個體，而是出於赤誠與忠心對一個個人服務，但也並非因此就不顧自身利益。這種個人式的連結成就了帝國的力量，也製造了其弱點。就像無土約翰統治期間呈現的狀況一樣，被排擠的君王無力維持其所繼承的領土統一。

第十五章　亞得里亞海帝國軌跡：以中世紀威尼斯為例

伯納・杜梅克（Bernard Doumerc）

當歷史學家提到「威尼斯帝國」，他們是藉由多種迴響（résonance）來組織這個概念的。確認領土征服行動開始進入帝國式的邏輯當中，實不足以解釋適合某項長期事業的實務與政治哲學。[1]自十一世紀初開始，接連幾個威尼斯政府就近往伊斯特里亞半島（Istrie）擴張的初期，都沒有明確表達出帝權（imperium）的概念。但是，這項概念卻鮮明地留存在羅馬帝國統治者的記憶中。一位對威尼斯以及其文化與文明氛圍知之甚深的法蘭西旅人，在十四世紀末期便發現一項刻劃甚深的特點：「（在亞得里亞海）四處的居民都說著和威尼斯一樣的方言。例如在史賓尼克（Sebenico）這個地方，一切都讓人想起威尼斯，而到了位在科托爾灣出口（bouches de Kotor）的博卡利（Boccali），其語言尤令人想起威尼斯。在拉古薩（Raguse），

亞德里亞海暨威尼斯灣區掌控之勢：十三到十五世紀

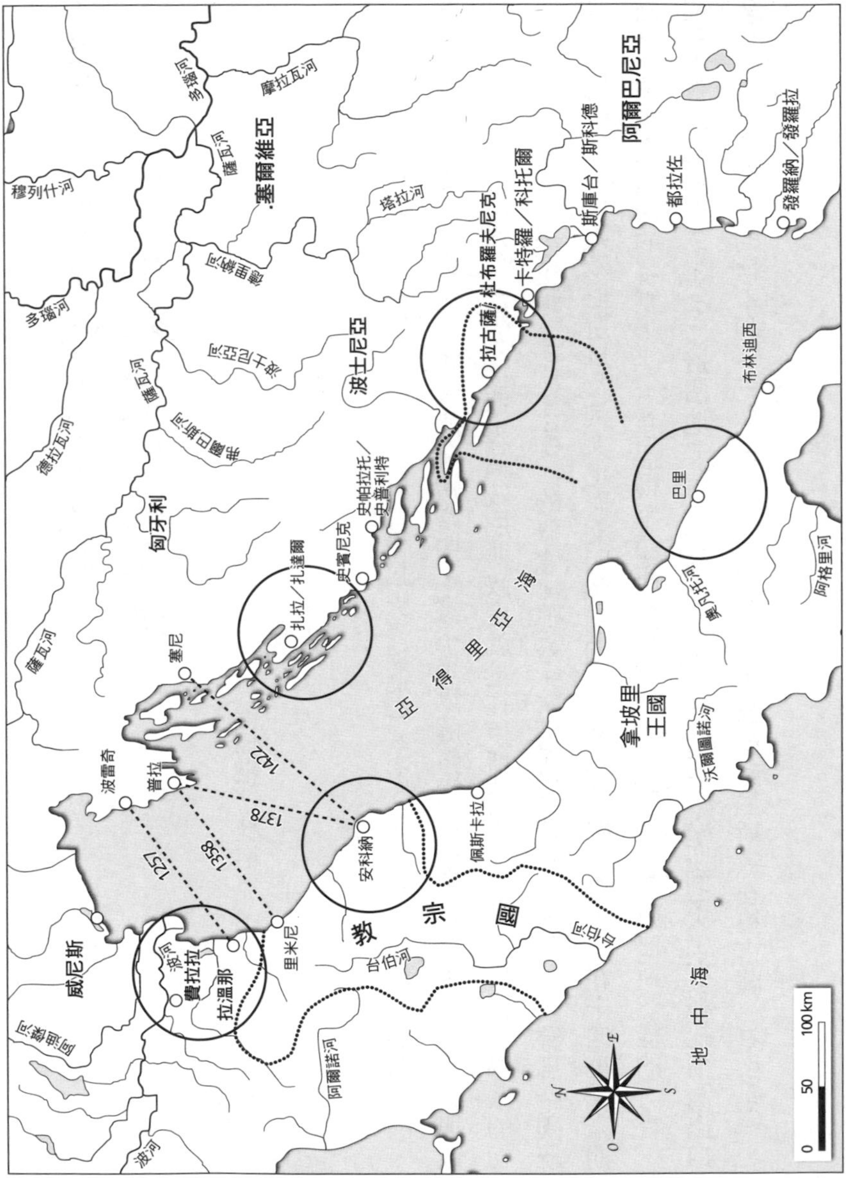

人們說著一種叫作拉古薩語（lingua raugia）的方言，該方言是一種羅馬系語言，不過再加上了一些斯拉夫語的技巧。」[2]

有一位細心的現代作者留意到這些共存因素的性質，並在多部作品裡突顯了這些受威尼斯影響的區域矛盾，他指出「斯拉夫世界與達爾馬提亞（Dalmatie）的義大利特性是相扞格的」。[3]另外一位作者，則指出了一種「巴爾幹措辭」（discours balkanique），讓這個如此特殊的地理空間得以成形。[4]就此方面而言，法國史學界除了幾項成功的嘗試以外，根本長久忽視亞得里亞海世界。[5]本帝國的特殊之處，即在於其統治領土零碎、距離遙遠，卻又受到眾多有決心的敵人覬覦。關於該主題所激起的其他反省，則類似於參與在帝國概念定義上的複雜論辯：珍・伯班克（Jane Burbank）與菲德列克・庫柏（Frederick Cooper）的作品是對費爾南・布勞岱爾（Fernand Braudel）的迴響，亦為針對尼可拉斯・普塞爾（Nicholas Purcell）與裴洛格林・霍登（Peregrine Horden）所作出的回應。[6]在威尼斯政府最初幾項權勢展現的行動當中，其帝國意識形態概念可資懷疑。傳承自羅馬人的共和精神，乃是用來替一項計畫作出極富原創性的政治定義基礎。該項計畫聯合所有「人民」（natio），排除掉不論其神聖化與否的某個內在權威參照標準，即君主權的參照標準。「帝權」的價值沒什麼爭議，不過該價值卻也沒能吸引到領導城邦的貴族；貴族以針對「公共事務」（res publica）的「輿論」（doxa）來表達意見，他們本身倒是更為偏好統治技藝實務。[7]

威尼斯人先是將他們的政權（État）定位為一座公國（duché），接下來在一一四三年則是等同於一座布政司（commune），最後在一四二三年，則自我定位為義大利半島史上的一個領主政權（seigneurie）。但是在西元一千年以後，往巴爾幹地區的冒險投機行動，倒也十分快速地成為了優先事項。自此時起，一直到十三世紀，威尼斯以增加和約與商業協定的方式，大大擴張其政治、經濟、文化影響領域，同時還維持著常態的軍事壓制力。征服行動過程如此複雜與多元，乃是多個階段接續試驗的成果。此征服過程由於是在經驗論中自行建構出來的，所以便跳脫出某種明確的原則。總該注意到的事實是，威尼斯政治地理固有的分散狀況，以及在一片廣大、欲求強烈且分散的領土上非凡的文化影響積累。從波河平原（plaine du Pô）一直到愛琴海，即「此處有獅」地帶（hinc sunt leones），聖馬可飛獅（lions ailés de Saint-Marc）身兼保護者與好鬥者；牠們樹立起一塊可資辨識的政治空間。維托雷・卡帕齊奧（Vittore Carpaccio）一五一六年的作品乃是至為顯著的威信象徵，此乃一幅由共和國財務行政人員（camerlenghi）所訂製的大型畫作。該作展現了吼叫飛獅的力量，牠前爪在陸地上，後爪則在水中，象徵了統治上的兩個元素。

威尼斯政權歷史研究以充實論戰本身內涵的方式搶占論辯先機。[8]其中一派指出一股以中央化行政的政權機關為基礎的全權組織力量，它以組織一個建立於對抗衝突之上的均質統治結構為志向。另一派則強調有利於大都會的人力資源與原料開發，即某種形式的共同體

（Commonwealth）先聲。[9]事實則是這樣的：帝國或許是某種形式的永續性政權，但並不是一種靜態統治的模式。[10]那麼究竟該如何斟酌此兩種概念呢？

從陸地到海洋世界

適足以稱之為威尼斯帝國的，不單單只涉及由顯貴貴族（aristocratie patricienne）所治理的海外領土，及其就此所定義的威尼斯共和國（la Dominante）意識形態內容。有兩個集合體構成威尼斯帝國這個政治空間，而且在這兩者間厚此薄彼也是一種錯誤的想法。威尼斯首先為一方「陸上政權領土」（stato da terra ferma），即義大利半島北方的領土，此部分領土所扮演的角色與「海洋政權領土」（stato da mar）相當。「海洋政權領土」指的則是港口城市，以及在亞得里亞海峽（Manche adriatique）、伯羅奔尼薩和愛琴海上所占領的島嶼。馬可孛羅與來勢洶洶的艦隊對抗、穿越危險沙漠這種近似神話的形象，卻不該掩蔽掉出力甚多的馬伕與木筏船伕的角色。因為有了他們日復一日填滿里亞爾托（Rialto）的倉庫，才讓其合作夥伴沿岸航海家的生意得以成功。同樣地，也不能忽視飽受內戰動盪的城市居民聲請首席仲裁官（podestat）與行政人員來當地定居的階段。實際上，這些統治者早先是透過選舉產生的，後來則由公國政府選派。他們替威尼斯共和國服務，提供本身的管理才能，並且為謀求貴族企業家最大的福祉而付出。

更好的是，面對某些地方巨頭家族，威尼斯首席仲裁官具備保障社會安定的請願功能。慢慢地，由這些行政人員所織就的連結強化了對威尼斯人脈的依靠，且自然而然地促成了外交庇護協定（pacte venete），一如一一四一年與法諾（Fano），以及一二六一年與安科納（Ancône）的這類協定。「陸上政權領土」的定義相當符合威尼斯行政人員定居在帕達尼亞谷地（vallée padane）城市的現象。一二〇〇年及一三五〇年間，有四十四位首席仲裁官住在帕多瓦（Padoue），在特雷維索（Trévise）則有二十三位，而在維諾那（Vérone）亦有十五位。其中幾位首席仲裁官在當地開枝散葉，其家族成員活躍於商務與工藝生意領域。這是一種有組織、有計畫的緩慢併吞，以經濟政策來扼殺當地的可能性。[11]

一項難以否認的歷史事實是：在人丁稀少的幾個世紀中，甚至是在致命的黑死病肆虐以前，為了確保義大利城邦存活下去，巴爾幹地區的人丁儲備就變得相當重要。出身希臘、阿爾巴尼亞、達爾馬提亞與斯拉夫的居民陸續到來，讓威尼斯霸權得以在海灣中確立下來，成就一個可靠與保護者的「神話」（mito）模式，但其本身也是一個「反神話」（antimito）的沉重統治束縛。[12]無論如何，我們在此無法省略深具啟迪意義的著名拉古薩（ragusain）商人本科・科特魯列維奇（Benko Kotruljević，又作Benedetto Cotrugli）之見證。他身為十五世紀一本商業實務教材的作者，以下列這些說詞來對巴塞隆納法官做出抗辯：「我們相信拉古薩人既非義大利人，也非義大利屬民，此為一件眾所皆知且千真萬確的事實，不光只有閣下，全世界都對這點知之甚深。這項事實不單是基於他們的語言，也基於他們所占領的地方。他們可是達爾馬提亞人以及達爾馬提亞省（la province de Dalmatie）的屬民呢！」[13]因為威尼斯的影響持續了幾個世紀，所以多種研究與論辯都還是無法真正澄清這種情況。難道辨認出一個強制性模式的存在就是某種帝國主義的表現嗎？

威尼斯透過與拜占庭、伊斯蘭世界大量接觸，而決心展開超越脆弱海岸線的擴張行動。最驚人的階段在與倫巴比（Lombard）、加洛林和鄂圖（Ottonien）方面簽署和約之後才開始。這批和約簽署促成了來自東、西兩方商品都必經的一段中停。早在十字軍定居敘利亞地中海東岸（Levant syrien）以前，威尼斯、君士坦丁堡和亞歷山大的三角貿易在法蒂瑪王朝於十世紀末來到尼羅河三角洲後，就取得一定規模。[14]因此，確保亞得里亞海的自由通行，便成了必要之事，再加上西元一千年威尼斯總督皮耶托二世奧賽歐羅（doge Pietro II Orseolo）成功指揮了一場軍事遠征行動。這項勝利使拜占庭皇帝將其封為「威尼斯暨達爾馬提亞的將領」（dux veneticorum et dalmaticorum），並指派他來指揮一場軍事行動，以對抗躁動不安的斯拉夫人與具侵略性的阿拉伯人。在世紀之末，即一〇八一年，威尼斯援軍堵住了奧特蘭托海峽（canal d'Otrante）通行，而澆熄了西西里島諾曼國王取得拜占庭領土與奪占君士坦丁堡的希望。為獎賞威尼斯當局，拜占庭皇帝提供了財稅、商業特權給所有來自威尼斯潟湖的批發商。一二〇四年，成果有時被高估的第四次十字軍東征，造就了威尼斯總督的勝利。威尼斯總督趁著一次破壞性內戰的機會，親自率領艦隊突襲君士坦丁堡，並強化了在主要貿易地點的安排。但無論如何，這都不是帝國鼎勢的開端；我們倒是可將其認定為第一階段擴張行動的結局。基克拉澤斯群島（archipel des Cyclades）二十四座島嶼被壓榨，其中大部分都讓渡給某些諸侯（feudataire）。奈克索斯島（Naxos）被分配給薩努多家族（Sanudo）、安德羅斯島（Andros）分給了唐多羅家族（Dandolo）、塞里福斯島（Serifos）與希俄斯島（Chios）都被分給吉希家族（Ghisi）、斯坦帕利亞島（Stampalia）分給奎里尼家族（Querini）、基西拉島（Cerigo）被分給威尼耶家族（Venier）、聖托里尼島（Santorin）則被分給了巴羅齊家族（Barozzi）。如此情景，讓大家熱切衝動考慮移民。但是主要目標還是維持在掌控成為威尼斯海灣的亞得里亞海，以及伯羅奔尼薩與愛琴海主要港口的海灣，以確保一條不論出口或進口都無可匹敵的工藝、農業產品通路。每任威尼斯總督在被選出來之後都會表明：「我們委身於你，噢，大海啊，這個代表我們永恆統治的象徵。」自一一七七年起，在六個世紀的時間裡，每年在遊行儀式隊伍中，首席法官（premier magistrat）都會將一枚金戒指擲入海中。這是一種公然表達「海洋統治權」（dominium di mare）的形式。

威尼斯當權貴族的目的與籌碼，便是鞏固好「早先取得」（di vecchio acquisto）所占據的地點。屈服城市的法令逐漸借鑑於威尼斯模式，而以義大利文撰寫，且受到義大利法學學派的啟發：一三二二年在史賓尼克（Sebenico，即Šibenic），一如一三二二年在特羅吉爾（Traù，即Trogir）、一三二七年在史帕拉托（Spalato，即史普利特〔Split〕），然後是在寧城（Nona，即Nin）一地。一本近來針對普羅大眾所出版的觀光指南堅稱：「在威尼斯統治期間，杜布羅夫尼克（Dubrovnik，即拉古薩城）停滯不前！」[15]這可是隱瞞了六十七位威尼斯總監（recteur）透過賦予該城行政、社會與經濟結構的「現代性」推動力，而極為有效地管理此地直到一三五八年為止的事實。一三五八年則是扎達爾協約（traité de Zadar）簽署的年份，扎達爾，即扎拉（Zara）一地。此協約中確認了：不敵匈牙利人與熱內亞人的威尼斯潟湖人士撤退，給了拉古薩人萬般希求的自治權。

威尼斯政府投入一場聯合佛羅倫斯人以對抗米蘭人的激烈爭鬥之中，使得一四二〇年代的義大利半島北部出現了一場決定性的轉折。米蘭的眾公爵往義大利中部與亞得里亞海岸，即萊馬舍（les Marches）與五城（Pentapole）進逼。這再次威脅著威尼斯海峽的前途，於是再也不能任由如此令人畏懼的敵人闖關前進。

占領威尼斯海灣

同一時間，當匈牙利國王卡爾曼（Coloman）於一一〇二年至一一〇五年間包圍亞得里亞海的野心受限之時，該區的政治情勢也複雜了起來。巴爾幹的地勢逐漸清晰：同時代的作者群將陸上的「羅曼尼」（Romanie）*與威尼斯在威尼斯海灣的海上領土區分開來。[16]在義大利或巴爾幹地區，外交活動於十四世紀末期及下個世紀的開端熱切進行著。整個意識形態建構都接續了統治記憶不可或缺的撰寫工作，即一二九一年後，威尼斯大議會（Grand Conseil）的諸多「威尼斯外交庇護協定」（pacte venete）其中嚴格要求的「讓威尼斯得利與榮耀威尼斯」（ad proficuum et honorum veneciarum）事項；以及一三〇〇年後，為了擔保與外國勢力的外交關係，而由《國家文書集》（*Libri commemoriali*）以書面保留下來的事項；這也對這段統治記憶作出了補充。此項首發的歐洲擴張行動規模是威尼斯人蓄意而為的，但歷史學家卻總是沒能衡量其真正的價值。[17]

不過，在亞得里亞海東岸，即巴爾幹地區中心，威尼斯共和國決心面對為數眾多且致命的敵人，並利用結構性的弱勢、部族先祖之間與家族分裂的敵對背景來充當投機經濟，讓當地產品依賴威尼斯通路以奴役此地。一場大型的躍進發展始於一三五八年以後威尼斯在拉古薩南方的部署。威尼斯人在亞得里亞海中部被驅趕，他們趁著色薩利（Thessalie）、馬其頓與伊庇魯斯（Epire）這些巴爾幹地區發生動盪的機會，於一三八六年購回科孚島（l'île de Corfou），急著加強自己的地位，進而影響到占領法蘭克摩里亞（Morée）一地的拉丁君主，也對一直準備好要脅迫拜占庭帝國的保加利亞人不利。愛奧尼亞大島提供軍事征服行動不可或缺的後勤，是亞得里亞海主要且具前哨性質的基地。一三八八年，拿坡里暨匈牙利王后（reine consort）昂吉恩的瑪麗（Marie d'Enghien，一三六七—一四四六）在歷經一場可怕的繼承戰爭後，將阿爾戈斯城（Argos）售出。四年後，阿爾巴尼亞王子喬治・托匹亞（Georges Thopia）讓渡出都拉佐（Durazzo），而阿爾巴尼亞暨蒙地卡羅的邊界霸主喬治・巴爾希奇・史特拉茲米爾（Georges Balšić Strazimir）則先後出讓了斯庫台（Scutari）與德利瓦斯托（Drivasto）兩地。這三個商業十字路口構成了穿透內陸的網路。一四〇九年，聖入城節（Santa Intrada）大費周章地在扎拉（Zara）舉辦，慶祝威尼斯伯爵進城，而損及匈牙利人的勢力；往北方上行回攻則是場勝仗，因為被孤立的史賓尼克投降了，也連帶導致特羅吉爾、科爾丘拉島（Curzola）、布拉奇島（Brazza）、萊西納（Lesina）與帕島（Pago）投降。在向拿波里暨匈牙利國王拉斯洛（Ladislas）買下該區地權之後，整個廣大的島嶼地帶都成了威尼斯共和國的領土。

威尼斯人以三項方針決定其政治行動：首先是從來不參與對商業活動會形成不確定因素、且利益微薄的陸上軍事行動；接著則是在一四二六年，為了持續兼併義大利皮埃蒙特（Piémont）一帶的城市，而與匈牙利人達成了停戰協議，這讓匈牙利人有空檔在東部前線襲

＊　即拜占庭帝國，相關解釋可見本書第十一章。

擊鄂圖曼人；最後則是在達爾馬提亞、波士尼亞及伯羅奔尼薩限縮反鄂圖曼的叛亂行動，為的是不要觸發蘇丹迅速展開反制威尼斯商業的報復行動。這是一項不凡的策略，其目的在保留一個與鄂圖曼巴爾幹屬民維持商業交流的主要角色，同時在亞得里亞海岸市鎮維持強大的天主教與拉丁文化影響力。此外，儘管可畏對手的威脅與武力都很猛烈，卻意外地沒有任何對抗穆斯林的聯盟能夠聯合熱內亞人與威尼斯人，甚至造成了相反的局面。幾項事例解釋了這種情形。第一個例子便是喬治・巴爾希奇（Georges Balšić），他拒受威尼斯奴役，但是也不接受蘇丹向他提出的附庸方案。當喬治・巴爾希奇於一三八五年在斯庫台被打敗時，當地居民深感驚恐，因為他們未來的命運註定不是被奴役、就是死亡。這些居民離開該地區，並趁著有利的時機改寫自己的命運。這些暴虐領主的屬民被內部敵對狀態搞得筋疲力盡，毫不遲疑地選出自己的陣營。實際上，這樣的狀況正符合基奧賈（Chioggia）之戰後，一三八一年都靈和約（paix de Turin）所達成的潟湖周邊和緩的經濟復甦。自此以後，威尼斯共和國重新站了起來，聚集了來自海外領土的力量。運送移民的船隻在威尼斯的港口靠岸，於一三八六年，街區首長（capi di sestiere）盡其所能地將新住民安置於威尼斯的可居區域中。這些新住民每位皆付了成人要價六杜卡特（ducat）、小孩要價三杜卡特的通行費，倘若沒有錢來支付這些通行費的話，則以四年勞役為代價。

該年，科孚島居民（Corfiotes）利用拿坡里王國（royaume de Naples）繼位戰爭所造成的政治動盪，而自願向威尼斯政府提議成為附庸，因為他們正受到鄂圖曼人就近在巴爾幹半島前進的威脅。併吞莫奈姆瓦夏（Monemvasia，一三八四）與納夫普利翁（Nauplie，一三八八）兩地一事，則需採取一些緊急措施，以讓這個被劫走七千俘虜、圍繞著米斯特拉斯（Mistra）、科林斯（Corinthe）、帕特拉斯（Patras）一帶的地區重復生機。這幾座城市就近向阿爾巴尼亞發起號召，以重新充實人口。就史特芬（Stefan）而言，這位赫塞哥維納（Herzégovine）的王侯兼土耳其帕夏的甥姪，頑強地奪占了杜齊紐（Dulcigno，即烏爾齊尼〔Ulcinj〕）、布德瓦（Budva）與安提瓦里（Antibari）這三座簡樸的港口城市。此三地是古代經過森塔（Zenta）的通路出口；為了打破威尼斯人強行壟斷鹽場的局面，這幾處不斷受蒙地卡羅領主攻擊。威尼斯人只在阿爾巴尼亞與伊庇魯斯的河口灣，也就是「時令河」（fiumare）附近短暫定居。[18]一四二〇年以後，卡特羅（Cattaro）灣出口，即科托爾灣出口（bouches de Kotor）的聖尼古拉（Saint-Nicolas）、聖賽吉（Saint-Serge）這些修道院島嶼上所設立的幾座市集沒落，卻沒鼓舞威尼斯商人為此甘犯大險。這倒和拉古薩人與他們的托斯卡尼（toscans）客戶截然不同。此番景象使得受威尼斯影響的阿爾巴尼亞此項政治實情存在與否啟人疑竇。[19]當威尼斯大議會拒絕了森圖里奧尼．扎卡利亞（Centurione Zaccaria）這位阿哈伊亞（Achaïe）王侯不斷提出以協商本身領土的管理方式為代價，以維持自身特權時，我們還能論及帝國嗎？其他王侯則接受了威尼斯共和國的庇護。一三九二年，武克．布蘭科維奇（Vuk Branković）拋棄了斯可披業（Skopje）這個通往波士尼亞、森塔，還有一大部分阿爾巴尼亞領土的陸路十字路口，因為他本人已無力處理王朝繼承危機。這便成了威尼斯人先後染指發羅納（Valona）、都拉佐（Durazzo）與克羅亞（Croia）三座港口的好機會。威尼斯人聲稱有某些領土的所有權，即所謂的「我們的海灣、我們的地盤」（nostro colpho, nostri luoghi）等。他們也知道得仰賴一批法學家、財稅人員與軍人，才能在「早先取得」的領土上強施法治。這種協商確實總是比蠻橫統治手段占上風，與科爾丘拉島的協約條文就證明了這一點。[20]

巴爾幹聯盟的不確定博弈

一四三八年，威尼斯最高執政團（la Seigneurie）接見了兩位拜占庭帝國皇帝約翰八世（Jean VIII）的特使。這兩位特使要求派出三艘武裝船艦，以加強君士坦丁堡的防衛。威尼斯方面開出的條件則相當驚人：所有的支出費用都將由教廷與匈牙利王國均分，且船艦將由威尼斯人全權指揮，但是會掛上拜占庭旗幟，以免煽動土耳其人的怒火。一四五四年，當米斯特拉斯專制君（despote de Mistra）將領土交予威尼斯共和國，以換取對抗土耳其人的軍事保護時，這種情況又再度發生；維多．卡佩羅（Vettor Cappello）大使在宣布威尼斯政府的退托之前，已無法掩飾己方的尷尬！鄂圖曼人以其機巧的態度，向居民承諾捍衛被天主教會粗暴以待的東正教信仰，而允許重建敬拜場所、教堂與修道院。這種作法，便如同他們在十三世紀末的處理方式一樣。稍晚，蘇丹在征服塞爾維亞後，亦特許在每座清真寺旁建立一座教堂。

杜拉德·布蘭科維奇（Georges Branković）拒絕參加教宗尤金四世（Eugène IV）所公告的十字軍東征行動，並打算在匈雅提·亞諾什（Jean Hunyadi）與喬治·卡斯特里奧蒂·斯坎德培（Georges Kastriote Skanderbeg）兩人的引導之下解放巴爾幹；杜拉德·布蘭科維奇得到了於斯梅代雷沃（Smederovo）居住的權力，同時遠離了在瓦爾納（Varna）一地待命、且於一四四四年戰敗的十字軍。十字軍接著在一四四八年，又於科索沃波爾耶（Kosovo Polje）嘗到敗績。千萬不能忘記的一點是，這個地區有著令人相當覬覦的資源，那便是供給一大部分歐洲市場的塞爾維亞與波士尼亞珍稀金屬。[21]當史特芬·拉札列維奇（Stefan Lazarević，一三八九－一四二七）這位專制君決定要攔截一隊來自新布爾多（Novo Brdo）的騾伕商隊時，塞爾維亞與拉古薩之間的紛爭便在一四二〇年代爆發。史特芬·拉札列維奇需要礦場優渥的收益來資助一支有效率的軍隊。不過，既然礦層是分散、且幾乎露天開放的，一四一二年所頒定的礦場法便阻擋不了珍稀金屬的自由市場。卡布齊奇（Kabužić，義文作Caboga）兄弟的帳目本描述了與威尼斯人所達成的交易（viagio di Venexia），也幸虧偶爾有加泰隆尼亞船隻充作中介，提供了關於這些珍稀金屬數量可觀的通路情報。一四三〇年，波希米亞主宰特弗爾特科二世（Tvrtko II）派發一批為數眾多的鎔鑄金屬條、金屬錠貨物到拉古薩。這批貨物的價值相當於三萬枚金

後方礦產地區

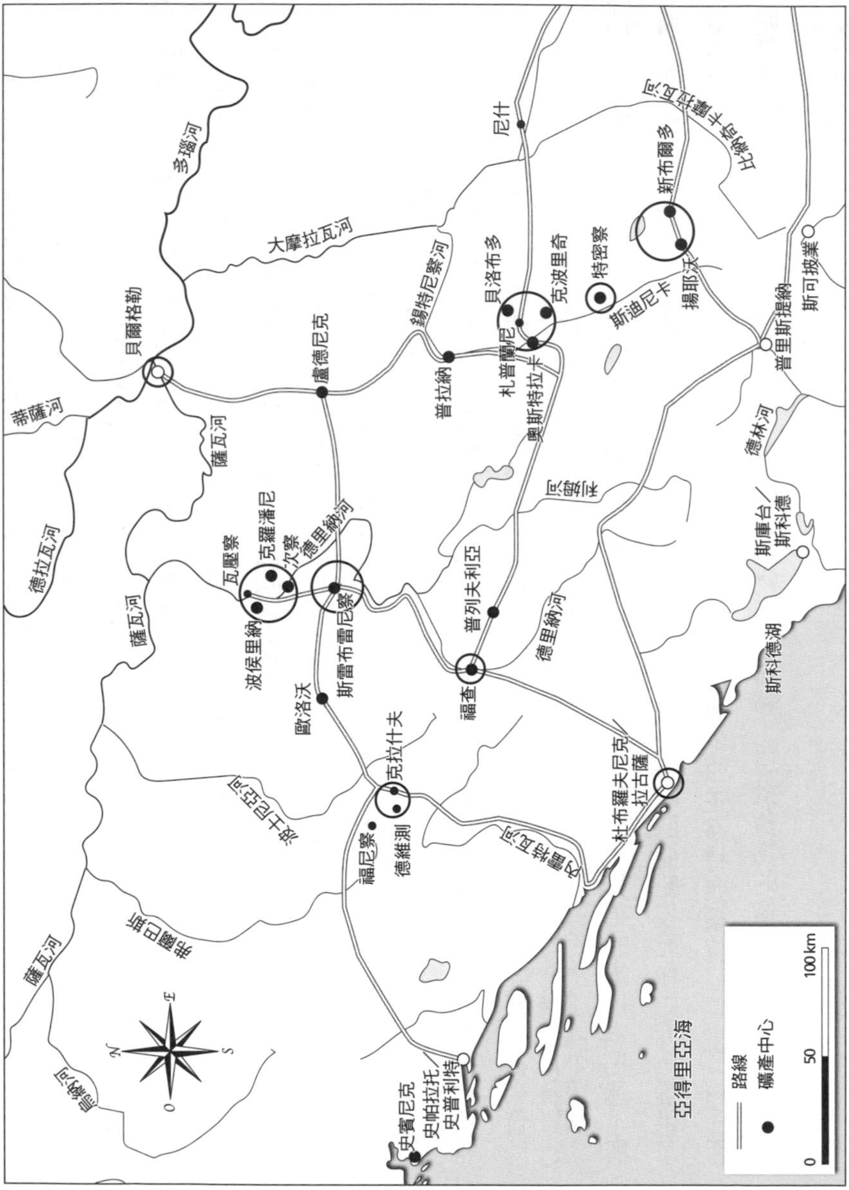
多瑙河
大摩拉瓦河
貝爾格勒
蒂薩河
薩瓦河
德拉瓦河
盧德尼克
錫特尼察河
普拉納
尼什
貝洛布多
克波里奇
札普蘭尼
奧斯特拉卡
斯迪尼卡
揚耶沃
新布爾多
普里斯提納
斯可披業
德林河
斯庫台／斯科德
斯科德湖
普列夫利亞
德里納河
福查
杜布羅夫尼克
拉古薩
瓦壓察
克羅潘尼
次察
德里納河
波侯里納
斯雷布雷尼察
歐洛沃
克拉什夫
福尼察
德維測
史賓尼克
史帕拉托
史普利特
亞得里亞海
路線
礦產中心
0
50
100 km

幣，預計送往威尼斯，其中的買賣則為支付土耳其人所要求的貢金之用。儘管有想要販售織品並帶走一些貨運量的巴塞隆納人激烈競爭，拉古薩依然成了這座主要轉往威尼斯潟湖的轉運平臺。不張揚的合作夥伴，組織起這些來自三十二座塞爾維亞與波士尼亞礦場的低調交易。這三十二座礦場是塞爾維亞與波士尼亞統計出來的五十餘座礦場中最多產的礦場。其中斯雷布雷尼察（Srebenica）與新布爾多這兩座礦場，經常落在拉古薩企業家的手中。礦場的發展讓一大部分的威尼斯人受惠，他們誘使巴爾幹地區的礦產持續成長。這些礦產接著在十五世紀末鄂圖曼統治時期，則進料給四十餘座鑄幣工坊。

一四三三年，盧森堡的西吉斯蒙德（Sigismond de Luxembourg）這位匈牙利國王成了皇帝。他盼望能和前人一般統治瓦拉幾亞（Valachie）、波士尼亞與阿爾巴尼亞，還想利用對土耳其人的恨意來取得對礦產中心的控制。某位見證者便將這種心態呈現出來；拉布洛奇耶的貝特蘭登（Bertrandon de La Broquière）在他的遊記（一四三二—一四三三）中不僅描寫了這些飽受威脅的居民尋求自由的過程，也描寫了他們的呼救。這些居民可是在王侯裁判下不安全的環境與專橫判決當中生活著。一四三五年，西吉斯蒙德派出保加利亞王侯富金（Froujine）與前往山區避難的阿爾巴尼亞反抗人士接觸。這些反抗人士可是不屈就任何勢力的，而西吉斯蒙德這麼做的用意，是要從拉古薩人身上尋求對抗威尼斯人的支援力量。然而，情勢與封建制度下的衝突，卻讓能擋下鄂圖曼人的聯盟就此卡關；在生存本能反應下，某些領主選擇了威尼斯陣營，

「因為眾領主正準備互相鬥得筋疲力竭」。難道得要大肆宣揚史特芬・拉札列維奇與武克・布蘭科維奇（Vuck Branković）這兩位塞爾維亞王侯，於一三九六年尼可波里斯（Nicopolis）之役與一四〇二年安卡拉之役這兩場戰事中皆為蘇丹效力，才能理解政治情勢的複雜程度嗎？威尼斯元老院（Sénat）則耐心等待瓜熟蒂落。自是沒必要提起阿爾巴尼亞對抗鄂圖曼勝利無望、而動盪不安的狀況。只有城市與海岸地帶居民漸漸接受了以和平、漸進的方式，併入威尼斯的「海洋政權領土」。十五世紀初，一座達爾馬提亞城市的都市社會史，便展現出威尼斯統治的形式了，即便其都市化的過程進行得相當緩慢。

在威尼斯神話中，人人皆知唯有和平情勢才得以接近繁榮，即「馬可，和平與你同在」（pax tibi Marce）*此句箴言，而所有能達到這個境界的手段都應該拿出來使用。以史賓尼克區為例；經過與匈牙利國王在一四〇九年所達成的協議，威尼斯以付出十萬杜卡特的代價，讓扎拉受聖馬可，即威尼斯當局支配。扎拉一地和諾維格勒（Novigrad）、孚拉那（Vrana）、帕島、阿爾布（Arb）與奧賽羅（Ossero）這些城市，都一同加入這個行列。三年後，史賓尼克、斯克拉丁（Skradin）與奧斯特羅維扎（Ostroviza）這些城的領事則提供己方城邦的要害之地給威尼斯人指揮。如此情形接著延伸到特羅吉爾、科爾丘拉島、布拉奇島及萊西納的偏遠市鎮。領土進展對鞏固整體海岸地帶的「海洋政權領土」極其關鍵，這便是所謂的「斯庫台沿岸地帶守住了我們的統治」（ad ripam scutarum remaneat nostro dominio）。首要事項便是阻擋拿坡里國王拉斯洛以及匈牙利國王西吉斯蒙德在亞得里亞海東岸的進逼。威尼斯共和國在海灣上明確地樹立了威勢，一場殖民計畫刻正進行著：某些高官將自己的姓氏義大利化，好比庫布蘭諾維奇（Cubranović）變成了西普里亞尼（Cipriani）；地方諮議會則將物品捐贈給有聲望的修道院，例如維斯（Vis）的居民以貂皮提供燈油給普拉（Pola）主教座堂，拉布島（Arbe）的居民則送上了幾塊生絲布。[22]在這場值得紀念的人民戰役中，尤其在一四四四年瓦爾納的十字軍東征失敗後所展開的冗長軍事行動中，威尼斯共和國都扮演著首要角色。全體總動員以對抗正值擴張中的鄂圖曼帝國，並未帶來任何預期成效，因為蘇丹懂得在基督王侯間玩起分化手段，破壞天主教勢力聯盟。這些勢力都期盼能倚靠威尼斯人，但是威尼斯方面所提出的條件卻顯得難以實行。正如土耳其編年史家加薩瓦特（Gazavat）所表明的事例；杜拉德・布蘭科維奇揭發了十字軍軍事首領的消極與無能，而在他之前，史特芬・切諾維奇（Stefan Tchenović）這位蒙特內哥羅人（Monténégrin）的領袖就滿腹辛酸地後悔過此事。

更往南，威尼斯自滿於持有設在巴爾幹半島海岸地帶的要塞之地；好比斯庫台、梅東尼（Modon）、科羅尼（Coron）與納夫普利翁（Nauplie），並避免往敵對領土的核心地帶邁

＊此為聖馬可到達威尼斯潟湖時，天使對他所說的話。

進。確保普里茲倫（Prizren）與阿列修（Alessio），也就是萊什（Lezhë）之間的陸路連結，也是相同的案例。這條陸路位於杜齊紐（Dulcigno）與德紐（Degno）這兩座威尼斯港口邊緣。確保該條陸路乃是為了設置由培拉特（Berat）、艾巴申（Elbasan）、克羅亞與斯庫台這幾座阿爾巴尼亞前線防禦工事所保衛的海關站點。文獻中提到了數量可觀的商隊；自一四三〇年代起，有超過一千頭滿載的騾子（每頭騾子可載重約一百七十公斤）從都拉佐出發前往後方內陸。從十二世紀開始，伯羅奔尼薩成為約五十座城邦的居民遮風避雨的地方。地理學家伊德里西（al-Idrisi）認為其中有十六座重要的城邦。可是，這項情勢的改善也只是短期而已。君士坦丁堡被蘇丹征服以後，居民群起反抗眾托馬斯專制君（despotes Thomas）與巴利奧略家族的德米特里（Demetrios Paléologue）。上述這些主人公持有一部分的伯羅奔尼薩地區，且被懷疑有意與蘇丹達成協議。反之，才剛在該區定居下來的阿爾巴尼亞人選擇了曼尼地區（Magne）地方長官曼努埃・康塔庫辛諾斯（Manuel Cantacuzène）的陣營，後者向土耳其人要求援助以保住他的領土。不論面對哪位主人公，曼努埃・康塔庫辛諾斯都寧願成為附庸，以守住他的物質生活處境。土耳其地方首長，渴望控制帕特拉斯港（port de Patras）這座監控著具戰略價值海峽的港口，於是便接受了「尊重原住民待遇」一事，並以此換得對方屈服。期盼中的教宗與威尼斯共和國救兵卻未到來，從此逃亡便成了唯一的出路。科孚島在一四六〇年接納了好幾百位中停此地前往羅馬的難民。這些人前往羅馬，是為了將使徒安得烈（apôtre André）的遺骨置於教宗庇護二世（Pie II）腳邊。威尼斯共和國則緊守科羅尼、梅東尼、皮洛斯（Pylos）、納瓦林（Navarin）、納夫帕克托斯（Naupacte）與勒班陀（Lépante）這幾處，並於一四六三年經由自尼古拉・巴利奧略（Nicolas Paléologue）手上買來的莫奈姆瓦夏（Monemvasia）一地定居。至於再度否定與教廷之協議的尼古拉・巴利奧略，對這場買賣可是頗有異議的。

政治、文化、族群與宗教分化，使得每個社群各有其法律、社會結構上的定義，但卻沒避開由於多場浩劫與人口一再減少而漸增的經濟層面交相依賴情況。威尼斯或達爾馬提亞建築師，以新型標準化的規劃來打造都市中心：鐘樓、商業交易所和其中的總監（recteur）宮殿圍繞著廣場（campo），有座飛獅像尤其使人印象深刻。來到沿著特羅吉爾、史賓尼克、扎拉或卡特羅小巷而建的貴族宅邸，似乎就像誤闖了威尼斯的小巷街區。與地方當局所維持的複雜關係，保障了常態的磋商空間。討論特權（privilegi）、轉讓（concessio）、協議（pacta）或是放棄權利、財產（deditio）這些法規的協約，正是這方面的實例。就如同當首席仲裁官尊重某種由諮議會所同意的限制性自治權時，伊斯特里亞半島諸城決議的情形。諸篇「章程」（capitoli）通常都會考慮地方議會成員所表達的訴求。一三九四年，元老院成員的一番斷言則顯現出此項任務的難度。那段話如下：「既然統治一座城邦與變換習慣（特別是關於法規〔statut〕的部分）是件難事，那就得討忠貞的屬民歡心，才能產生融洽的關係，所以我們下令諸位總監以恪守舊法規的方式來施行統治。」[23]三年後，新編撰的德利瓦斯托

（Drivasto）*法規，確認了舊慣例的滲透現象：「它是公正、合理的，因為居民感受到了政府所提供的好處，且排除了任何的爭端起因。」反之，關於匈牙利人所允許的幾項優惠之事，則態度堅決：法令宣告回歸舊慣例是合宜的，同時也力圖抹滅匈牙利在某幾處（好比在史賓尼克、特羅吉爾、史帕拉托三地）所施行的創舉。元老院亦宣告匈牙利人在史帕拉托所許可的選舉系統與威尼斯法規並不相容。

整體而言，威尼斯人渴望讓己方在巴爾幹地區定居成為易事，便以與地方貴族諮議會共享權力的方式來接受眾多讓步，畢竟維持與海洋領土核心的良好關係，依舊是優先事項。既不是幾個意在統一度量衡系統的立法決策，也不是財政調節，或是由威尼斯人所訂立的定價政策等因素，就會減緩東岸城與港口的經濟擴張現象；情況恰好相反，所有的文獻都見證了一股顯著的生產與商業活力。

所有這些因素，都無法掩飾以迂迴、具爭議性的外交手法來管理這座「帝國」領土之難處。移民潮成了唯一照亮這個概念的事例。[24]不管是單獨移居，或是群體移民，帝國都會的吸引力依舊無庸置疑。十四世紀中的黑死病大流行，確實引發經濟移民潮前來尋找歡迎他們的一番新天地。那個時期，乃是人丁稀少，群眾運動四處在義大利、達爾馬提亞與伯羅奔尼薩蓬勃發展的世紀。上述景況因巴爾幹地區多次、殘酷的繼承戰爭而有擴張之勢。在阿爾巴尼亞與伊庇魯斯地區，當地遠離所有勢力、反抗不屈的情形，以及缺少主導政治勢力的現象，皆助長握有全權的領主虐待屬民、施展常態性的暴力行為。在土耳其征服進逼之前的一三八〇年代，這波另尋天地的移民潮倍增。威尼斯暨克里特島所購買的保加利亞俘虜，和來自塞爾維亞、波士尼亞、瓦拉幾亞與摩爾多瓦的俘虜一樣，都來到了甘地亞（Candie）。東、西方旅者的見證都證實了這個人口販運、大量向東方遣送人員的網絡。該人口流動實際上乃是由於鄂圖曼人獲勝、情勢所逼之下產生的移民。多山地帶高懸著某些反抗壁壘。這些反抗壁壘有時是簡陋的臨時駐營，集結著「寧願與野獸共生，也不願與土耳其人一同生活」的戰士。克拉達斯家族（famille Kladas）所主導的曼尼地區暴動，正是如此的案例。

一四八〇年代末期，科洛克德拉斯・克拉達斯（Krokondelos Kladas）這位地方霸主，作為曼尼地區主人公，訓練出一批名為克拉迪歐斯（les Kladiotes）的反抗軍。位處伯羅奔尼薩南端的曼尼地區，離斯巴達平原（plaine de Sparte）不遠，是一個不甚好客的地區。克拉迪歐斯的反抗軍對威尼斯的觀望政策提出異議，並要求採取有力的軍事行動來對抗土耳其人的進攻。為數眾多的戰士屬於希臘輕騎兵（stradiote），是威尼斯共和國給薪擔綱領土防衛的補充軍。此等背景不得不提，方能理解這項威尼斯統治於希臘陸上含糊不清的情況。

---

* 即錫利斯特拉（Dristra）的義大利語名稱。

十五世紀末有一段決定性的插曲，牽涉到威尼斯殖民帝國的未來：人們見證了阿爾巴尼亞人喬治・卡斯特里奧蒂・斯坎德培（Georges Kastriote Skanderbeg，一四六三—一四六八）先行合作、再作抗爭的過程。渴望保有權勢的斯坎德培，努力消滅他的阿爾巴尼亞對手，也就是諸位好戰的軍閥。他試圖以尋求教宗與亞拉岡國王（roi d'Aragon）支持的方式，來挽救自己的地位。斯坎德培受惠於他在克羅亞一地對抗穆罕默德二世（Mehmed II）獲勝後的十字軍「什一稅」（dîme）；他前往羅馬與拿坡里動員十字軍，並取得了一道十字軍教宗諭旨（bulle de croisade）。但是威尼斯元老院也沒對這項政治計畫放下戒心：眾阿爾巴尼亞人以十字軍為掩護，在卡斯特里奧蒂（Kastriote）這位被教宗稱為「基督捍衛者」的率領下，打算擺脫來自威尼斯的桎梏。此外，天主教徒與東正教徒激烈的對抗，一向都是鄂圖曼和誘手段現成的籌碼。教宗保祿二世（Paul II，一四六四—一四七一）宣稱：「威尼斯人面對全世界想作出基督徒的樣子，但實際上他們是未曾想到過神的。除了他們的政權被認定為神聖的以外，他們本身可是暨不神聖、也不是什麼聖人。對威尼斯人而言，這麼做就只是對他們的政權有好處，還能擴張自己的帝國罷了。」當本身也是威尼斯人的教宗說出這番話，所有事情都複雜了起來。當然，若聽見威尼斯人招搖著飛獅旗、而非基督的十字架，並吶喊著「馬可！馬可！」這個他們自己的戰鬥口號，確實會讓人感到意外。

一四六八年至一四七九年在摩里亞、阿爾巴尼亞的爭戰，延續了一四六三年至一四六九年可怕的戰役。這些插曲最終皆以失敗告終，無法鼓舞忠心的臣屬持續抱著「救星會突然出現」的無謂希望。這些臣屬都被落實威尼斯撤軍的一道羞辱性協約壓垮。巴爾幹半島烽火連天且遭受蹂躪；克拉達斯家族及其盟友都拒不歸順，就像他們先前對法蘭克人與希臘人統治的態度一樣。這便關係到是要對打算占領整個伯羅奔尼薩的蘇丹低頭，還是要支解掉威尼斯帝國了。該部族便分成了「合作」或是「抵抗」兩派陣營，不過最重要的那派團體，可盼望著威尼斯援軍前來捍衛受盡威脅的基督徒地位。這些孤立社群的絕望程度，透過出於軍餉遲發或欠缺補給所造成的反威尼斯暴動次數，便可估量出來。儘管有為數可觀的示警報告曾昭告在元老院，「看誰出價高而辦事」的「流浪兵員」（soldati vaguanti）數量卻讓情勢更加混亂，更何況阿爾巴尼亞部族還趁機侵犯伯羅奔尼薩與伊庇魯斯的廣大區域。這造成了一場政治危機，而元老院則派出維多・卡佩羅向諸位土耳其敵手擔保其可疑的中立立場。克拉迪歐斯反抗軍使得海外帝國開始動搖，因為外交協定都不被當成一回事：威尼斯政府失去了對「其屬民」的控制，而讓鄂圖曼人自由地進行報復行動。在威尼斯，人們不再說阿爾巴尼亞人是一批忠誠的基督戰士，而是一群反抗分子與盜匪！為了爭取時間，外交官及其翻譯人員進行低調的討論，因為土耳其人堅持要求一道對克拉迪歐斯反抗軍有利的仲裁協議；蘇丹希望留住這道現場可增援、一旦情勢恢復平靜就為其所用的武力。科洛克德拉斯・克拉德斯在戰事失利後，便和幾位「不計心血、勇敢付出」的軍中夥伴，一同避居在義大利拿坡里國王身邊。在一四九〇年代，威尼斯海外帝國的命運便已然定下，因為克拉迪歐斯反抗軍的行動所突顯的轉折不但是軍事上的、也是政治上的。帝國領土內中樞機關與外圍地帶的忠誠連結消散，使這個轉捩點具體成形。

這個不可思議且目光遠大、長時間支配中古時期的帝國計畫，便如此在十六世紀初告終，而且威尼斯歷經征服階段以後，只得於亞得里亞海幾座港口城邦展開防衛性撤退，因為他們得到了「土耳其人不想在這片海洋區域作出干預行為」的諾言。

第十六章　馬來海權室利佛逝

莽干（Pierre-Yves Manguin）

室利佛逝的史學方法論

室利佛逝是一個負有海事使命的政權，其歷史仍有許多層面難以捉模。在七至十三世紀間，室利佛逝的範圍包含了今日屬於三個東南亞現代國家的區域：印尼、馬來西亞與泰國。如此一來，自非常久以前，室利佛逝就是印尼歷史重要的一部分，以至於室利佛逝融入了印尼國族主義運動的認同說法中。在印尼取得獨立時，室利佛逝和爪哇帝國滿者伯夷（Majapahit）一樣，作為現代印尼共和國根源的兩個「國家型政權」（États nationaux），一同出現在憲法前言中。然而，在偶顯學養深厚或大多為民族主義式的論點基礎上，許多作者也表明泰國或馬來西亞這兩個切分馬來半島的國家領土，有可能便構成了室利佛逝的核心。然而，南亞歷史學家與考古學家的主流意見卻依舊支持室利佛逝就誕生於西元七世紀末的現代南蘇門答臘省（Sumatra

Sud）首府巨港（Palembang）。此地位於上行穆西河（Musi）八十公里之處，而室利佛逝的政治中心直至七個世紀後覆滅之刻，一直都在蘇門答臘東南部。這卻未能排除一段與周邊地區間相當複雜、且人們依然所知不多的關係（不論是統治或是單純的城邦政權聯邦形式）。所謂的周邊地區乃是由馬來半島、爪哇、婆羅洲的二級港口城市所組成的。這段與周邊地區的關係往往被稱為「海洋強權」（thalassocratie）。

此外，室利佛逝的研究集中在東南亞政權的起源、形成以及結構上。經過二十世紀中葉的東方學者詮釋以後，歷史學家走過了一段漫漫長路。[1]在這批二十世紀中葉的東方學者詮釋當中，最出色的作品為喬治·賽代斯（George Cœdès）最新一版的《印度支那暨印尼之印度化國家》（*États hindouisés d'Indochine et d'Indonésie*）。此書在其他各個層面依舊是一部不可錯過的參考著作。室利佛逝不外乎與其他「印度化」的東南亞政權一樣，今日咸認：它於西元四或五世紀，在歷經某個文化上更為先進的印度鄰國「文明化」之後，從一片史前的原始、甚少變動的基礎之中誕生。關於整個跨越西元前五世紀至西元後五世紀的一千年間歷史，考古學家最近在東南亞西部挖掘了幾個海岸地帶遺址。在這些遺址中有豐富的證物可證明其與印度之間常態的商業、文化交流。[2]這些初期的複雜政治系統，無論是酋長制或原型政權，以及與其有關的初步都市計畫形式，由此看來，都在本區的史前階段分配到一個相當活躍的角色。發現了這些早期事物，動搖了直至今日人們對該區進入信史時代的認知。我們藉此得知，這些初期的複雜政治系統選擇依循此類交流，而自願沿用印度這個大型鄰國的眾多現代化特徵，正如高盧人對羅馬所作的抉擇一樣。這個漫長的階段因此有了可稱為「印度化」的過程作為前奏：約在西元後第一個一千年中期，東南亞社會沿用、適應了常民文化，其中包含了印度字母、以梵文作為當權用語，還有一些政權與創新的都市計畫概念；最後則是兩大普世宗教信仰：佛教與婆羅門教，以及與此兩宗教相關的藝術表現事物，如廟宇和雕塑風格。

近三十年的考古研究，以及衡量這些新典範重新解讀同時期罕見的書寫文獻、使其變得清晰可懂，這些都滋養了於西元第一個一千年中，針對本區複雜的原初政治系統，以及其所謂的「古典」繼承者特徵的論辯；而室利佛逝便是這所謂的「古典」繼承者當中的先鋒。隨著時間進展，出現了許多解讀，而這些解讀的補充性質都大於其中的矛盾。新解讀出來的資訊有：這些初步的政治結構為呈「曼陀羅」形的同心型政權，是依據江河水系上下游的分支來運作的政治系統；或者是無明顯結構的政權，擁有幾個強而有力、但相當受限的中心，以及廣闊的社會空間。這些模式都在學術書寫中占有一席之地，且隨著文獻學家和考古學家所揭露的新發現，可能持續更動。[3]

室利佛逝的海洋統治

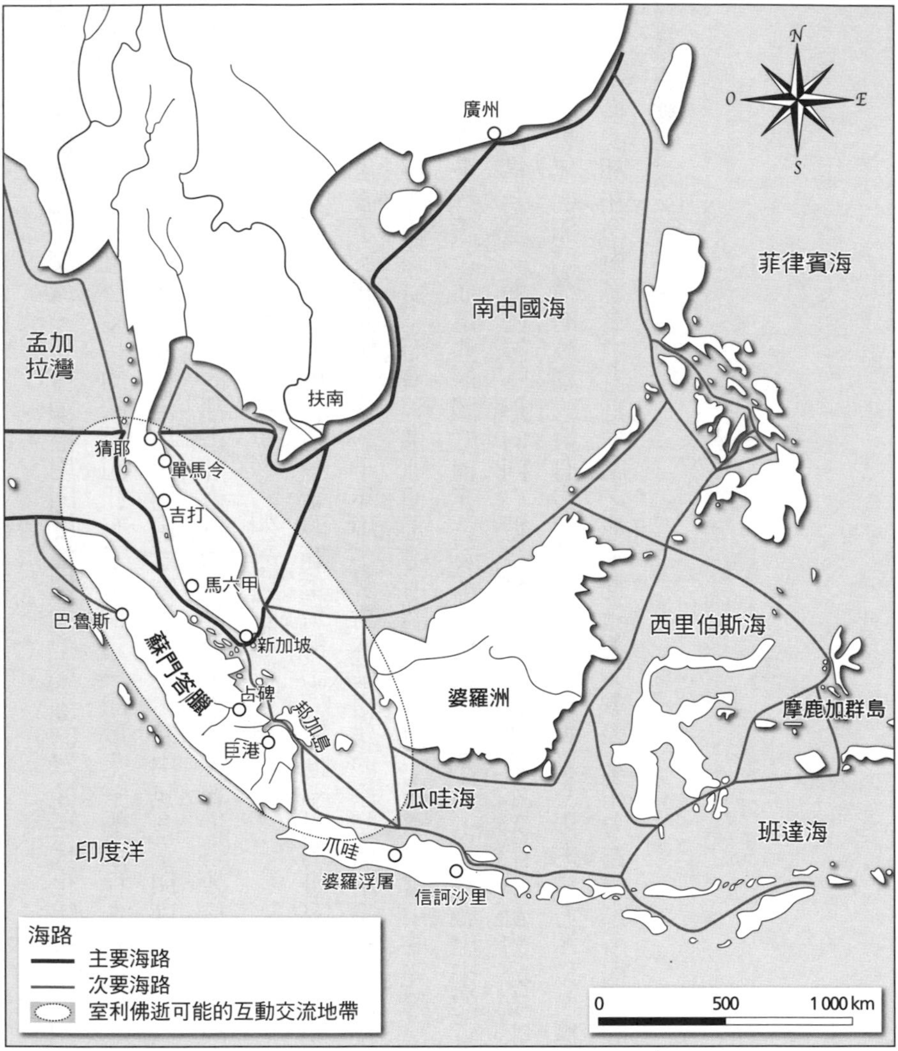
N
O
E
S
廣州
菲律賓海
南中國海
孟加拉灣
扶南
猜耶
單馬令
吉打
馬六甲
巴魯斯
新加坡
蘇門答臘
占碑
邦加島
巨港
婆羅洲
西里伯斯海
摩鹿加群島
瓜哇海
班達海
印度洋
爪哇
婆羅浮屠
信訶沙里
海路
主要海路
次要海路
室利佛逝可能的互動交流地帶
0
500
1 000 km

室利佛逝的起源

回到蘇門答臘東南部的土地以及室利佛逝一地，我們很早便知道在高地存在著一個名為「屬於帕塞瑪」（de Pasemah）的豐富巨石文明。不過近幾年最主要的考古突破，則是在巨港下游數十公里的潮濕河岸地帶、沿海地帶發掘出諸多居住遺址。巨港是現代的區域首府，我們已知，該城早就見證室利佛逝的誕生。在這個人們長期以來都認為已被淹沒的紅樹林與水淹林地區，印尼考古學家近幾年於卡朗阿貢（Karang Agung）與豐水（Air Sugihan）發掘了一系列令人驚豔的居住遺址。這些遺址建造在架空柱（pilotis）上，年代主要為西元最初幾個世紀。除了豐富的本地產陶製品以外，這幾個遺址還集合了許多被考古學家認為同時具有標示遠洋貿易網路的年代與文化功能的人工製品。此遠洋貿易網路乃是將東南亞的南中國海與印度洋連結，遺址發現了來自印度的陶製品、吊墜，以及可能來自湄公河三角洲扶南國（Etat du Funan）的錫製錢幣，還有出自多地的玻璃珠、石珠，或是鑲金珠子。這些遺址便如此在這個東南亞的海岸地帶遺跡群體中取得定位，證實了最早自西元前四世紀開始，其居民已經處於遠洋貿易的網路核心。這個貿易網路將當地居民與內陸後方地帶（arrière-pays）連結在一起，一如其將這些居民與整個區域以及亞洲串連起來一樣。這些穆西河三角洲遺址的廣闊、富庶以及影響範圍都證明了一點，那便是早在室利佛逝建成的時代之前，蘇門答臘東北部正發生著政權成形與都市化的過程，而遠洋貿易則是其中一項主要的促成因素。[4]

西元五至七世紀之間，一項新興的歷史背景導致亞洲海洋貿易開始發展，而損及了陸上的絲綢之路。中國於隋唐兩朝再度統一，以及波斯遠洋貿易停歇，這兩起事件，對與東南亞政權共存的發展造成很大衝擊。廣大的中國市場對東南亞商賈與貨物開放了。該區熱帶叢林的產品，特別是蘇門答臘與馬來半島的產品，取代了中國佛教儀式此前全部來自葉門與非洲之角（Corne de l'Afrique）的香；巴魯斯（Barus）的樟腦、安息香，以及其他來自蘇門答臘的樹脂，迅速成了高需求的商品，其餘的商品則有摩鹿加群島（Moluques）的香料，以及從中國到地中海已然很出名的東印度獨產荳蔻、丁香，還有珍稀木材，好比檀木。[5]近幾年海洋考古學的進步，使我們得以確認本區的海事木匠，早已是成熟技術傳統的繼承者。他們為船東與該區君主打造出縱橫中國海與印度洋之間的大型船艦。[6]

同樣也是在這個時代，瓜哇和蘇門答臘眾多小型王國出現在中國編年史中，因為他們開始遣派大批使團前來中國朝廷，而這無疑是其商業交流中的要素。在蘇門答臘東南部，這些小型且日益複雜的政治系統，出現在透過邦加海峽（détroit de Bangka）連接麻六甲海峽（détroits de Melaka）、新加坡至爪哇海（mer de Java）的必經沿岸地帶，此處正是一片「得天獨厚的海岸」（côte favorisée）。該詞是奧利佛．沃爾特斯（Oliver Wolters）這位史家在其關於室利佛逝起源的先驅研究中塑造出來的用語。沃爾特斯的研究尚以唯一的文本史料為主要立論，但考古學倒也確認了這些假說。這些小型王國的君主就此採納了印度信仰；在穆西河口對面邦加島（l'île de Bangka）上的科塔卡普爾（Kota Kapur）一地，毗濕奴派（vishnouisme）這個波羅門教的虔誠宗派便在此盛行起來。蘇門答臘大島上其他君主則採納佛教，如中文文獻稱之為「干陀利」（Ganduoli）的國家。該國或許便位於穆西河三角洲，因此有可能也就是近來所發現的「原史時代」最初幾處遺址的傳人。末羅瑜（Malayu）這個小國鄰近巴當哈里河（Batang Hari）沿岸的占碑（Jambi），在七世紀後半葉起成了佛教與梵文教學中心。為了尋求要翻譯成中文的正典文本而前往印度的中國僧侶，也經常出入末羅瑜。[7]

創建時期

博學的中國僧侶義淨在蘇門答臘東南部渡過十餘年時光，他讓我們得知一件事。那便是在六七〇年過後不久，末羅瑜「成了室利佛逝（Shilifoshi）」。該城「有超過千位佛教修士。這些佛教修士都心繫研究工作與慈善事業，其規章與儀式皆與印度相同」。從此以後，這座新國家派送使團到中國去，同時實質淘汰了該區的前人。中文文本不久就將其描繪為南海主要的商業操作人員之一。一九一八年，文獻學家喬治・賽代斯有了靈感，將提及這個室利佛逝王國的中文史料，與在蘇門答臘東南部所發現的一系列以舊馬來語（vieux malais）所撰寫的銘文交相比對。舊馬來語即馬來印尼語（malais-indonésien）的前身，而這些銘文也是該語言首次以書寫形式出現。這些銘文刻寫於西元六八三年至六八六年之間，提到了一個名為「室利佛逝」（Srivijaya）的新國家。此名在梵文中是「光榮勝利」的意思，「室利佛逝」（Shilifoshi）則為中文的固定轉譯。賽代斯也將這些方言銘文與從印度文、阿拉伯文文獻所收集到的資料，以及在蘇門答臘所出現的同代佛教、婆羅門教雕像互作比對。賽代斯某種程度上讓室利佛逝降生在世人眼前，畢竟該國的名號甚至在馬來世界稍晚的書寫與口述傳統中都沒能存活下來。賽代斯總結出一點：室利佛逝的政治中心就只能定位於現代的巨港城，而大部分銘文也都來自該地。[8]

然而，有很長一段時間，巨港一地未提供足夠的證據，以證實該遺址在東南亞史上扮演過重要的角色。這點也滋生出一種揣測，即：其他主要在馬來半島地峽上的同時代地點遺跡，亦能聲稱具有室利佛逝的首都地位。因此，便全得從歷史學家、文獻學家以及考古學家十幾年來所保存的口說語料當中抽取資訊。而且在蘇門答臘當地應該要打破「於一個空間內尋找某個政治與經濟強權所留下的高階層跡象」的作法。追尋此類常態型跡象近乎是種執迷，而讓考古學家對諸多不曾如巨大的吳哥城（Angkor）一般留下宏偉、豐富遺跡的都市聚集地視而不見。馬來港口城市全都非常富庶且強大，皆建構在架空柱上，位處流動的河岸邊。這些架空柱採用的是易朽的材料，因此在這個經常被淹沒的環境中，根本沒有（或極少）可輕易偵測到的跡象留存下來。[9]

巨港地區的生態研究，也闡明了一座大型港口城市之所以創建於此段穆西河流域的理由。該地位在三條主要溪流匯流至廣大的江河流域最初出現的陸地上。這些研究也證實了具如此規模城市的居民，在取得食物方面不會遇上任何困難。在這個稻米還不是馬來居民主要蛋白質來源的時代裡，居民從城市移動到潮濕地帶十分方便。該地產出許多西谷椰子（sagoutier），西谷米則有多種料理方式，是一項豐富的蛋白質來源。更何況該城就鄰近穆西河岸後方的淹沒區，很適合今日依舊施作著的「淹田」稻作。淹田稻作當然相當依賴氣候變換，但收成卻很豐富。安息香為室利佛逝其中一項主要的出口商品，亦出產於離新建成的首都不遠之處。[10]

在一座正迅速發展的現代城市中心做考古研究，有必然的難處。好比九世紀之前的遺址有其脆弱性，且又處於淺層。這使我們依舊無法從分散各處的考古證據中，取得室利佛逝最古老歷史階段的證據。七世紀新出土的銘文與同代的雕像，反倒是從一九九〇年代起所執行的探勘與挖掘中被發掘出來的。在一個由衛星數據所重建起來的前現代環境中，製圖技術讓整體已知遺跡清晰了起來，而得以建立一座可信的港口城邦影像。這座港口城邦業已呈現相當複雜的狀態，散布於穆西河左岸十幾公里的地區。許多磚構物浮出水面的地帶有一個政治中心，宗教活動亦在此處進行。居住、交流區則建在處於眾多小溪流與大型河流邊的架空柱之上。[11]

在此期間，巨港東部亦發現了一篇關鍵性的銘文。這篇銘文以「薩波京京」

（Sabokingking）的名號而為人所知。該銘文刻寫於六八〇年代，並且與我們所知的古馬來文銘文一樣，由同一位名叫傑伊那格（Jayanaga）的開基君主所撰。這篇銘文被發現不久後就被翻譯出來，並且在四十年後，由赫曼・庫克（Hermann Kulke）參考東南亞國家所形成的新典範，再度加以研究。[12] 這篇銘文從裝飾到內文，都建構出一個遠較其他五篇銘文更具深度的視野。其他五篇銘文分別在巨港、在蘇門達臘南端、在邦加島，以及上行占碑的巴當哈里斯河（Batang Harris）上游發現。「薩波京京」銘文所承載的訊息，無疑就是薩波京京中央的形象；而其他外圍地區的銘文，也提供給我們一個與此新建國家及其運作相稱的形象。「薩波京京」銘文中以一種馬來、方言用語來描寫其政治中心內的一片宮殿區，以及緊鄰宮殿區的都市地帶。該君主使用「達圖」，即「克達頓」（kadatuan）一詞的舊馬來文，以指稱自己新創的國家室利佛逝。「達圖」最初由幾位歷史學家翻譯為兩種意思，如賽代斯譯為「王國」，或者如卡斯帕里斯（Casparis）則將之譯為「帝國」。但是我們在今日得知該詞所指的，僅僅是宮殿與宮殿周邊的區域而已，即字面上「達圖之地」的意思。這個「達圖」所在的核心從此便處在「同等地位者之間居首」（primus inter pares）的位置，而與第二「圈」區域有所區別。第二圈包圍著一片蘇門答臘東南部的區域，還有兩個鄰近穆西河以及巴當哈里河的流域和島上的南方端點，即今日的楠榜省（Lampung）。在這一圈當中，聚集了先前為自治型態的政治實體，即「曼陀羅」體系國家（les mandala），還有這些國家本身的「達圖」。不過，這些國家自此受到一個家產縮減的行政系統庇護，並屈服於一個新的中央權勢之下。至於這第二「圈」區域，則代表一些來自印度且修改過的概念與術語，就此被運用於銘刻學中。最後，第三「圈」則建構出一片更為廣闊的外圍地區。該區隱約涵蓋到海外地區，因為該區涉及了船東與海上商賈，而且遣送船隊出航的目的，乃是將某些至今對這個新國家不「忠誠」的君主容納進來。這最後一「圈」構成了一個廣大的社會空間，透過一個經濟、宗教、外交或血緣間的複雜網路等多種形式來連結中央地帶。由此便出現了一個「初始國家」（État premier），英語世界的作者則將之稱為「早期國家」（early state）。該類型政權與先行與室利佛逝相牽連的「帝國型」典範相去甚遠。此種與室利佛逝牽連的「帝國型」典範，乃是基於其在該區無可否認的經濟掌控力而來。國家在此乃是由一個領土相當受限的中央權力中心作為象徵，先由具變動性的外部地區所包圍，沒有明確的邊界。這個國家的主軸單單只先建構出國內江河及其支流可航行的部分，接著才透過整體海外港口城邦而持續建構。這些外圍地區會隨著歷史情勢而有所波動。各種網絡將這些外圍地區與中央地帶（即權力核心）連結在一起，構成了室利佛逝型態不定的政治系統。如此一來，就和現代時期的馬來國家一樣，而室利佛逝則是其中的先驅。此類先驅亦有如麻六甲這個城邦國家，其相關文獻便豐富許多。我們在東南亞地區就此將「帝國式」這項性質，限定予展現重農及領土志向的明確政權結構，好比柬埔寨的吳哥王國或爪哇的滿者伯夷。這些政權都透過一套構思更深的行政系統，來控制一片定義明確的領土。[13]

穆西河與巴里哈當河兩河上游沿岸的考古研究，於主要水路交集或通往其他流域的路徑上，都挖掘出年代為七、八世紀的磚造廟宇與佛教神像。這些遺址證實了室利佛逝這個初始國家在巨港新落成的宮殿中心，自創建初期就開始致力於挪用這片後方腹地。這麼做的用意，肯定是為了要將出自高地的黃金與叢林商品之流向掌握得更好。這些商品乃其繁榮的起源，而所有這些事物亦與宗教傳布密切相關。傳教乃是佛教君主的其中一項義務。[14]

海洋貿易的媒介在巨港及其周邊地區，也同樣變得相當明顯。人們則在其中挖掘到屬於室利佛逝初期年代的大型船隻遺跡。這些船隻都是以今日可清楚辨識出的東南亞島嶼海事木匠技術所建造出來的：船肋骨架與邊飾則使用熱帶木材，並以糖棕纖維所製成的繩索連在一起。當代的中文史料描寫這些巨大船艦搭載了前往亞洲港口的中國佛教僧侶。[15]

夏連特拉王朝治下的室利佛逝

室利佛逝最初階段的歷史似乎在西元七四二年遣送完最後一個使團到中國時便結束。在一篇八世紀末以梵文刻就的銘文中，室利佛逝的名號又再度現跡，而此篇銘文所在的位置則接近泰國半島的猜耶（Chaiya）。這篇銘文指出，有多間佛教廟宇在某位室利佛逝國王的支持下於此地創建，如此開啟了室利佛逝王國的第二個歷史階段。在這段歷史時期中，室利佛逝君主以贊助遠方國家創辦宗教事業的方式，確立了本身的國際格局。九世紀時，在那爛陀（Nalanda）一片著名的佛教建物群中，建起了一間修院；那爛陀一地，即今日印度東北方的比哈爾（Bihar）。十一世紀初，在印度南部的納加帕蒂南（Nagapattinam）則建了一間佛寺，而廣州（Canton）是在十一世紀末左右，出現了一座道教廟宇。

這篇猜耶的銘文提到一位名叫巴拉跋特拉（Balaputra）的室利佛逝國王，他是夏連特拉家族的成員。夏連特拉是一個因其在爪哇歷史上的角色以及婆羅浮屠（Borobudur）的大型佛教建築工程而聞名的朝代。在一篇九世紀中的那爛陀銘文內，則再度出現了巴拉跋特拉的名號。該篇銘文提及巴拉跋特拉為一名爪哇國王的後裔，並提及他於那爛陀這個大型的印度佛教中心出資建造一座修院。銘文中亦詳述了巴拉跋特拉統治著速萬南維帕（Suvarnadvipa）這座「黃金島」。「黃金島」長久以來是印度用來稱呼蘇門答臘島的梵文名稱。夏連特拉王朝先後在爪哇與蘇門答臘取得大權，這揭示了一個長達兩世紀的階段開端。該時期乃是爪哇與室利佛逝之間的共生關係階段。

由於解讀這段時期的爪哇銘文有些難度，研究人員從數十年前就在探討這些銘文是否見證了一段爪哇歷史的蘇門答臘階段，抑或是一段蘇門答臘歷史的爪哇階段，但都沒成功取得結論。這段時期完全沒有任何室利佛逝的君主在蘇門答臘所發出的銘文，甚至也沒有顯示任何常民對其政權與內部運作看法的相關跡象。出現這個現象的原因，似乎是由於蘇門答臘東南部與

室利佛逝的水上宰制

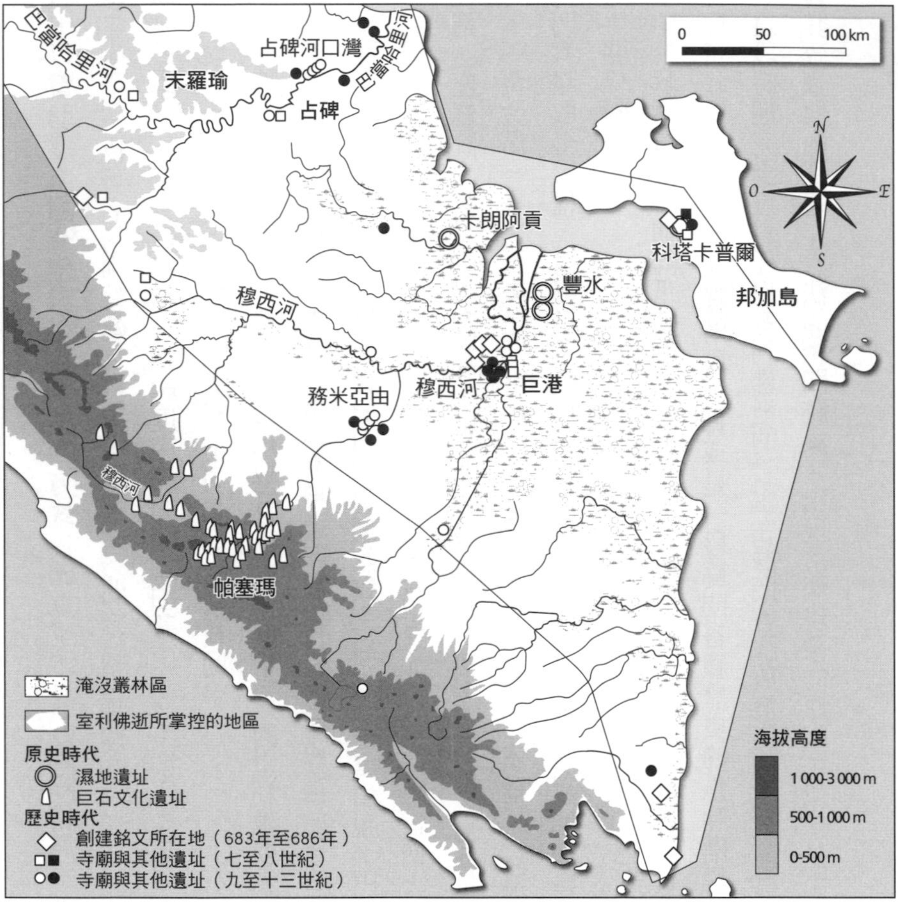
0 50 100 km
N
O
E
S
巴當哈里河
占碑河口灣
巴當哈里河
末羅瑜
占碑
卡朗阿貢
科塔卡普爾
邦加島
豐水
穆西河
穆西河
巨港
務米亞由
穆西河
帕塞瑪
淹沒叢林區
室利佛逝所掌控的地區
原史時代
濕地遺址
巨石文化遺址
歷史時代
創建銘文所在地（683年至686年）
寺廟與其他遺址（七至八世紀）
寺廟與其他遺址（九至十三世紀）
海拔高度
1 000-3 000 m
500-1 000 m
0-500 m

爪哇王國的環境大不相同。爪哇王國的灌溉稻作與地籍、財稅管理促進了該島產生一大部分的銘文。欠缺灌溉稻作的蘇門答臘東南部，沒有直接的中央力量干預，則由當地居民自主開發叢林；其稅務僅施行在其開墾地的物產買賣上，而沒在星羅棋布的領土上施行。[16]室利佛逝時代未有其他編年紀事或史詩之類的方言文本史料留存下來，而最初的馬來文本，則一直要到十四世紀才出現。因此，這個時期便只能就外國史料與考古數據來作考證。

不管在室利佛逝歷史上的第二個階段政權是如何運作的，於此便進入其最繁榮的時代，即室利佛逝眾君主的權勢與名聲達到頂點的時期。阿拉伯商賈與巴格達的地理學家，總是描繪這些「摩訶羅闍」（maharajas）為掌控當時最富庶航路的強勢君主。他們也證實了「摩訶羅闍」君主握有位在今日馬來半島西岸的港口城市吉打（Kedah）。該地為穿越孟加拉灣的主要靠岸點，自此時期開始，該地亦是往來整個印度洋的貨物中轉點。此處許多同時代的考古遺跡長久以來都被挖掘過，但是在這些考古遺址當中，卻沒能辨識出任何一個政治權力中心。更往北邊，在泰國半島兩旁有一系列其他的港口遺址見證著這場九、十世紀的交流盛況，並共享室利佛逝文化的多種層面。這導致了眾藝術史家都還在研究是要將此時代的佛教雕像風格稱之為「室利佛逝藝術」、「爪哇藝術」或是「夏連特拉王朝藝術」才對。[17]由於背景資料不可及的緣故，所以也就不可能以精準的詞語來描述這些聯合了蘇門答臘與吉打外圍港口城市的政治連結規模。

自九〇四年起，中國人再度開始接待眾多室利佛逝領導人的使者。他們從此使用「三佛齊」一詞來稱呼這座重組過的國家。「三佛齊」這個外名的首個音節，發音不再與「室利佛逝」相符。但是我們卻可將「三佛齊」意譯為「三場勝利」（Vijaya）。至於「佛齊」與室利佛逝中的「佛逝」，在聲調轉譯上，則不會有任何問題，因為在印度文化中，這是一個共同的地名。其中的釋義之一，相當符合一個更偏向聯邦型態的政府型態，而讓其他兩座港口城邦擁有更多自治權。此兩座港口城邦，則處於某種延續室利佛逝初始國家的城邦文化之中。[18]

一九九〇年代，一支法國、印尼共同組成的團隊在巨港的遺址上開始主導考古挖掘，反倒提供了自九世紀初開始的同時期密集商業活動證據。團隊人員在一座繁榮、正值發展的外省首府都會空隙間，艱辛地執行這些挖掘工作。此考古挖掘證實了這座建於七世紀的港口城市，其商業活動於相同的都會環境裡至九世紀還在持續發展。遠洋貿易的主體，從此便與先後再度統一的中國唐、宋兩朝往來。中華帝國為此生產大量的外銷釉陶。這些釉陶充斥東南亞市場，使當地燒製的器物型式消失大半，故而從此僅限以食具為主。在巨港的考古遺址中，這些中國陶器便占了約百分之二十的組件；其中大部分來自中國南方生產日常實用陶器的窯爐。中國北部的窯爐也出口陶器，但數量較為稀少，且屬於較高階的商品，大概是供應宮廷或富商使用。[19]考古學家在整個印度洋航線、斯里蘭卡、波斯灣、紅海以及非洲海岸，都挖掘出與中國出口陶器類似的組件。但這些陶器組件也隨著離東南亞距離越來越遠，而在比例上日益縮減。其中也有一大部分中國陶器組件，應是在室利佛逝港口轉運，或是藉由蘇門答臘船隻所運送。

海洋考古學在東南亞海域的發展，實際上在近幾年發掘了一些由大型船艦所運送，且數量有時可達上千件之多的中國陶器貨物；而這些大型船艦則是在東南亞或是印度洋所建造的。宋代以前，中國船艦不做遠洋航行，並且也沒出現在這批十三世紀以前的海底挖掘中。在爪哇海也挖出數量浩繁、似乎由船隻載運的貨物。載運這些貨物的船隻，在穿越爪哇港口以前，至少有部分貨物是經由巨港載運的。[20]

此期間，上行穆西河與巴當哈里河方向，亦發現了其他同時期的遺址，延續了在室利佛逝前一歷史階段所發現的上下游關係。這種上下游往來關係就此延伸到了大部分流域，通常是在重要的匯流點。該地顯然扮演了控制室利佛逝內部商業流動的功能：黃金，以及叢林所出產的貨品，流向下游由室利佛逝所控制的遠洋商業網路；諸多來自中國的手工製品與鹽貨，則運往上游。今日已大加修復過的大型神殿群，便如此在遠離巨港、占碑的大型港口城市興建起來。一如室利佛逝史上的第一個階段，眾君主似乎都不滿足於單純的倉儲生意：他們持續供應來自蘇門答臘與半島這些後方地帶的商品進入商業網絡中，也控有印尼東部的香料、珍稀木材貿易，此現象確實亦與爪哇港口有關。

在這段繁榮壯盛期與接下來的幾個世紀，佛教依舊是室利佛逝、蘇門答臘，以及後者的外圍地帶之主流信仰。金洲／室利佛逝（Suvarnadvipa / Srivijaya）的遺址在佛教世界相當著名。這些七、八世紀時所延伸出來的佛教活動地帶受到君主庇護，巨港、占碑先後都成了著名的佛教教育中心，就此征服了整個東亞。來自印度、中國的宗教人士都前往這些地方教授、學習梵文，也將經典文本譯成中文。某些重要文本亦由當地學養深厚的僧侶所撰，好比法稱（Dharmakirti）這位室利佛逝君主子嗣；他在西藏文獻中則以金洲大師（Guru Suvarnadvipa）的名號而為人所知。法稱其中一位弟子為阿底峽（Atisa Dipankara），他在那爛陀寺完成學業後，於一〇一二年至一〇二四年之間，追隨法稱長達十二年之久。經過二十餘年，阿底峽完成修業，定居西藏，並在該地翻譯其蘇門答臘業師的文本，且在西藏佛教再生中扮演要角。

這項佛教主導現象卻不應隱藏一個事實，那便是室利佛逝君主於統治全期，都採用了對其他宗教開放的政策。當地各個不同地點所發現的雕像，見證了室利佛逝亦有人從事婆羅門教宗教活動；而這些雕像有四分之一都出現在蘇門答臘東南部。考古研究以及務米亞由（Bumiayu）一地（位於巨港上游，為穆西河的一處匯流河岸）的修復計畫，向世人揭示了一批敬獻給濕婆神的磚造廟宇群。這些廟宇建於九世紀初期，而且至少一直使用到九世紀末。此處的宗教、族群身分，似乎與室利佛逝的眾君主並不特別吻合。實際上，室利佛逝的君主在外交作為上，利用其他宗教、族群身分來發展外交措施。如此作法，無疑是要讓己方商賈更為融入亞洲海域的商業網絡與強勢國際港口社群。宋治時期，室利佛逝遣送到中國宮廷的使者，似乎就是定居在蘇門答臘的中裔僑民，而且其中一部分為穆斯林。十一世紀時，室利佛逝國王甚至在巨港建了一座佛寺，向中國皇帝致意。一〇七九年，室利佛逝國王更在廣東修建了一座道教廟宇，並由他本人的一位後人負責維護該地。因此，經常往來室利佛逝與廣州之間的中裔商人，都會前往該廟祈願，並祈求神威護佑生意。在這些中裔商人當中，有許多人似乎都以蘇門答臘這座活躍的國際航線社群為基地。[21]

室利佛逝的最後幾個世紀

此項經濟上的成功，並非未曾吸引到印度、中國這些鄰近大國對室利佛逝的關注。在一〇一七年與一〇二五年，朱羅王朝（Chola）國王的艦隊兩度攻擊室利佛逝於麻六甲海峽所控制的港口，其中尤其是吉打這座港，或許連巨港都受到了影響；而朱羅王朝則是一個處於擴張期的帝國政權。這些出征行動似乎以劫掠性質居多，而超出了征服層面，但卻留給了印度商行一個交流網絡空間，且朱羅王朝肯定在室利佛逝整個十一世紀的政策中扮演著活躍的角色。另外一點，便是於十一、十二世紀再度統一的中國，再次將其經濟力轉往堅實的商業擴張行動上，開始打造中國首支遠洋商業艦隊，並在南中國海的商業當中扮演起更活躍的角色，甚至還與朱羅王朝在印度洋上互相競逐。[22]

室利佛逝的經濟份量就此因東、西兩方的打擊力量而大為削弱，後者也正是政治變動的起因。在十一世紀的最後二十五年，室利佛逝首都由巨港遷到了占碑。中國人反倒持續沿用「三佛齊／室利佛逝」此名來稱呼這個第三次改頭換面的馬來政權。人們對此政權的君主所知甚少，不過他們確實力圖使用室利佛逝這個聲名顯赫的名號包裝，來加強己方與舊商業合作夥伴的連結。他們也遣送大使到中國去，這項舉動證實了占碑的海上交易有繼續維持下去，因此在整個十二世紀，經濟活動相當穩定。現代占碑城上游，占碑河口灣（Muara Jambi）的大型佛寺建物群，在這段時期更是被重建、擴張。這些建物本身也見證了王國的榮景。占碑河口灣出眾的位置，為爪哇最顯卓越的地位，體現了般若智慧女神（Prajnaparamita）的形象。般若智慧女神乃是佛教神聖知識女神，此外，這也證實了十二世紀與東爪哇大型王國所維繫的政治、宗教緊密連結。

不過，在十三世紀初，解離的力量便開始運作。根據中文史料資訊，室利佛逝國王得利用船艦武力施壓，路過船隻才會光顧其所轄港口。這個跡象或許是室利佛逝對海洋商賈的吸引力下降，以及其他競爭港口、尤其是馬來半島的港口繁榮起來的緣故。單馬令（Tambralinga）這個城邦政權，即今日的那空是貪瑪叻（Nakhon Si Thammarat），則取得了明確的獨立地位；該國甚至還兩度經孟加拉海峽派出艦隊，以併吞斯里蘭卡。

東南亞國家從此便更加分裂了，並進入了一段與印度、斯里蘭卡及中國的政治、經濟關係複雜的漫長時期。在這段期間內，地區勢力平衡狀態承受了相當劇烈的變動。十三世紀期間，泰國新王國鞏固了本身在半島一大片地區的權勢，東爪哇君主則趁著室利佛逝眾所皆知的衰弱時機，強化本身在蘇門答臘的政治優勢。信訶沙里的克塔納伽拉國王（roi Kertanegara de Singasari）於一二六三年遣送了一支考察隊到蘇門答臘。許多源自爪哇的雕像、銘文出現在巴當哈里河上游多處地點，這個現象證實了爪哇政權的文化、政治霸權。位在占碑的舊政治權力中心，漸漸移往巴當哈里河上游高地的米南佳保地區（Minangkabau）。蘇門答臘島上的最後一個佛教王國，於該地興盛了一段時間。位在占碑的舊政治權力中心遠離了海洋，卻因其金礦財源而富裕起來；它不再保有海上強權，僅保留住「黃金島」（Suvarnadvipa）這個稱號。一位名叫拜里米蘇拉（Paramesvara）的馬來君主在此期間離開了巨港，建立了一個名為「新加坡」（Singapura）的港口城邦（一八一九年當英國人占領此地時，該名稱又再度出現）。不過拜里米蘇拉隨即又離開此地，而於更北方的地帶，創建了日後列入蘇門答臘政權傳承中的、著名的「麻六甲城邦政權」。伊斯蘭教就此在蘇門答臘與半島的港口城市、接著在群島其他地方生根。十六世紀當淡目國（Demak）這個沿海蘇丹國擊敗了滿者伯夷帝國（即此區最後一個印度化大國所殘存的勢力）之時，伊斯蘭教便在東爪哇一地成為主流。

作者群簡介

菲拉．阿塔莎諾娃（Vera Atanasova）

正完成一篇涉及保加利亞第二帝國時期藝術與權力兩者之間關係的博士論文。她在二〇一三年於里昂高等師範學院取得中古史碩士，並於二〇一六年取得羅浮宮學院文憑。

皮耶．包段（Pierre Bauduin）

為康城諾曼第大學的中古史教授、米榭．德布阿德研究中心成員、法蘭西大學學會榮譽會員，著有《第一諾曼第（十到十一世紀）論上諾曼第邊界：一座王侯國的認同與建構》（*La Première Normandie*〔*xe -xie siècles*〕*. Sur les frontières de la haute Normandie : identité et construction d'une principauté*〔Caen, Presses universitaires de Caen, 2004〕）與《法蘭克世界

與維京人：八到十世紀》（本書獲二〇一〇年法蘭西學院提耶獎，即歷史著作獎，*Le Monde franc et les Vikings, viiie -xe siècle*〔Paris, Albin Michel, 2009, prix Thiers de l'Académie française, 2010〕），並曾出版多篇研討會文章。

西蒙・貝傑（Simon Berger）

為里昂高等師範學院校友，具歷史科中等教師最高資格。他是高等社會科學院的博士生，目前正受艾蒂安・德拉瓦西耶爾（Étienne de La Vaissière）指導，撰寫博士論文。他的論文主題是透過蒙古的例子來探討中古歐亞遊牧民族政治、社會組織的軍事結構。

柯蘭（Paola Calanca）

為遠東學院副教授。她自多年以來研究海洋史，如海事防衛、海盜走私活動、政府海事政策的區域性影響等等。此外，柯蘭亦對邊界與航海史感到興趣。她目前為「中國海海洋知識之建構」（Knowledge for China Seas）此項國際海事研究計畫的協作成員。

卡門・貝拿（Carmen Bernand）

為大學名譽教授，窮盡全部研究教學生涯於美洲原民社會和混血人士的研究。一九六零年代，她的研究工作的人類學視角先是在祕魯的田野現場，然後自一九七二年到一九八七年則延續到阿根廷與厄瓜多。貝拿曾師從李維史陀，她隨後則透過西班牙、羅馬與拉丁美洲文獻，來研究原民社會的歷史背景與其影響。貝拿出版過二十三本著作與為數眾多的文章，她最近的出版著作為《山脈與山脈之心：美洲原住民族的歷史與象徵旅程路線》（*La Montagne et son cœur. Itinéraires historiques et symboliques des peuples originels des Amériques*〔Paris, Fayard, 2019〕）。與本書第十章內容有關的著作則為：《加爾西拉索・德・拉維加（一五三九－一六一六）：一位柏拉圖式印加》（*Un Inca platonicien. Garcilaso de la Vega, 1539-1616*〔Paris, Fayard, 2006〕）、《羽蛇神克茲沙科歐代勒》（*Quetzalcoatl, le serpent à plumes*（Paris, Larousse 2010〕）、《太陽民族印加人》（*Les Incas, peuple du Soleil*〔Paris, *Découvertes Gallimard*, 1988〕），還有與賽吉・格魯桑斯基（Serge Gruzinski）合著的《新世界史》第一冊（*Histoire du Nouveau Monde*, t. 1〔Paris, Fayard, 1991〕）。

瑪伊特・比奧蕾（Maïté Billoré）

為里昂大學中古史副教授、中古基督教、伊斯蘭世界史學、考古學、文學研究中心成員。她的研究所針對的主題為十二到十五世紀的英格蘭—諾曼世界，尤其是君主與貴族之間的關係，著有《自願抑或被迫：一一五〇年到一二五九年的諾曼貴族與公爵》（*De gré ou de force. L'aristocratie normande et ses ducs*, 1150-1259, Rennes, Presses universitaires de Rennes, 2014）。比奧蕾的研究亦涉及對當權的各種異議形式與政治烈士。

洛伊克・卡造（Loïc Cazaux）

為史特拉斯堡國家文獻學院預備班中古史教師。他於巴黎第一大學，即先賢祠—索邦大學取得中古史博士，具歷史科中等教師最高資格，並於國立東方語言學院取得日語學士。卡造的研究工作與出版聚焦於法國中古後期的權力史、軍隊史、司法史。他同時也從事歐洲與中古日本戰史比較研究。

伯納・杜梅克（Bernard Doumerc）

為土魯斯第二大學中古史教授。杜梅克的研究工作涉及中古晚期威尼斯在地中海的影響，曾出版諸多相關著作，如《威尼斯與其帝國：九至十五世紀》（*Venise et son empire en Méditerranée, ixe -xve siècle*〔Paris, Ellipses, 2012〕），並且為《七至十五世紀之中古地中海世界》（*Les Mondes méditerranéens au Moyen Âge, viie -xvie siècle*〔Paris, Armand Colin, 2018〕）一書的合著作者之一。

尼可拉・多庫（Nicolas Drocourt）

為土魯斯第二大學博士、南特大學中古史副教授與國際史暨大西洋史研究中心成員。多庫的研究工作主要涉及拜占庭中期外交（七至十二世紀），他更是《博斯普魯斯海峽外交：六四零年至一二零四年拜占庭帝國外國使節》（*Les ambassadeurs étrangers dans l'Empire byzantin des années 640 à 1204*〔2 vol., Louvain, Peeters, 2015〕）一書的作者。他曾主編、合著多部著作，並出版過四十餘篇相關主題的文章。

安德 ・法依格（Andrej Fajgelj）

為塞爾維亞克拉古耶瓦茨大學教授、蒙彼利埃第三大學人文科學暨社會科學跨學門研究中心訪問學者，並取得博士學位，其學位論文為〈史詩藝術當中的遣詞與意識形態比較：荷馬、武功歌、塞爾維亞史詩〉（Phraséologie et idéologie comparées dans l'art de l'épopée : Homère, chansons de geste, gouslé）。

西爾凡・古根奈（Sylvain Gouguenheim）

為里昂高等師範學院教授、具歷史科中等教師最高資格。古根奈的專長在日耳曼世界歷史，他主要出版了《傳奇之帝腓特烈二世》（*Frédéric II, un empereur de légendes*〔Paris, Perrin, 2015〕），並著有《坦能堡》（*Tannenberg*, Paris, Tallandier, 2012）、《希臘人的榮耀》（*La Gloire des Grecs*, Paris, Cerf, 2017）此兩本分別關於條頓騎士與中古歐洲拜占庭世界文化貢獻之著作。

瑪麗—瑟琳・依薩亞（Marie-Céline Isaïa）

為巴黎高等師範學院校友、里昂第三大學副教授，並具指導中古基督教、伊斯蘭世界史學、考古學、文學研究中心研究工作、研究人員的資格。她所投身的研究領域為中世紀前期，特別是思想史領域。

莽干（Pierre-Yves Manguin）

為法國遠東學院名譽研究主任。他的研究涉及東南亞沿海政權、商業網路、船舶的歷史學與考古學研究。莽干曾於印尼、越南主持數項考古研究計畫，並出版過多部關於東南亞、印度洋、南中國海的航海史與考古學著作。

賈克・帕依歐（Jacques Paviot）

為巴黎第十二大學中古史教授。他的教學內容涉及東、西方世界史，以及此兩者之間的關係史。帕依歐的研究亦觸及十字軍、西方世界擴張，以及貴族，為《帝國終結》（*La Fin des Empires*〔dir. Patrice Gueniffey et Thierry Lentz, Paris, Perrin-Le Figaro Histoire, 2016〕）一書撰寫其中的〈七至十五世紀阿拉伯帝國未竟的夢想〉章節。帕依歐有多場協同主持研討會的經驗，曾參與主持的研討會為「近東史下的多重教派社會」（Sociétés multiconfessionnelles à travers l'histoire du Proche-Orient〔Byblos, 2016〕）、「共享遺緒與認同遺產」（Patrimoine partagé et patrimoine identitaire〔Byblos-Beyrouth, 2017〕）、「十四、十五世紀伊比利半島的『邊境貴族』」（Une « noblesse de frontière » en péninsule Ibérique, xive -xve siècles〔Créteil, 2017〕）。他近期也出版了《阿倫伯格卷軸：首次十字軍東征與東方拉丁眾政權之世系史》（*Le Rouleau d'Arenberg. Une histoire généalogique de la première croisade et des États latins d'Orient*〔Enghien-Paris, Fondation d'Arenberg, 2016〕）。

佛羅倫斯・山普松妮（Florence Sampsonis）

為中古史博士、具歷史科中等教師最高資格。她是巴黎天主教大學講師，專精於東方世界的拉丁人蹤跡，尤其是摩里亞侯國，以及法蘭克世界與拜占庭世界之間的關係。

瑪麗—特雷斯・爾娃（Marie-Thérèse Urvoy）

為大學名譽教授，曾於土魯斯天主教大學、波爾多蒙田大學執教阿拉伯中古史與哲學，以及伊斯蘭研究與古典阿拉伯文。她最近的出版為《伊斯蘭研究與伊斯蘭世界》（*Islamologie et monde islamique*〔Paris, Cerf, 2016〕），並合著有《可蘭經奇蹟查考》（*Enquête sur le miracle coranique*〔avec Dominique Urvoy, Paris, Cerf, 2018〕）一書。

◆導論

1. Albert Camus, La Chute, Paris, Gallimard, 1956 ; rééd., coll. « Folio », 2014, p. 133.
2. Mme de Rémusat, Mémoires, t. I, Paris, Calmann-Lévy, 1880, pp. 391-392.
3. 「古時期」（temps ancien）、「中時期」（temps moyen）和「現時期」（temps présent）系統在法國首見於一四五三年到一四六一年間的《英法傳令先鋒論辯》（*Débat des hérauts d'armes de France et d'Angleterre*）一書。
4. 眾史家的意見分歧讓這兩個時間斷限有個浮動空間，這可以是對某些現象解讀的不同迴響，但並非是質疑這個時間框架合宜與否。
5. Hervé Inglebert, Le Monde. L'Histoire, Paris, PUF, 2014, p. 1126。關於「世界編年記載」（chroniques des mondes）的概念，可見該書頁一一八一至一一八九。
6. 同前註，頁六一，「世界歷史分期的問題是未決的。歷史分期系統通常是在某個文化中自行形成的。當這個系統套用到其他民族時，只有在權作定位、而非歷史分期系統時才有意義。」
7. 作者珍・波本克、弗雷德里克・庫伯（Jane Burbank et Frederick Cooper），《世界帝國兩千年：一部關於權力政治的全球史》(*Empires. De la Chine ancienne à nos jours*)，八旗文化，二〇一五年。該書作者成功地完成這項工作，卻沒對世界分期法表示疑慮，也沒質疑常用的、有歐洲中心疑慮的斷代四分法。
8. Keith Windshuttle, The Killing of History. How Literay Critics and Social Theorists Are Murdering our Past, Paddington (Australia), Macleay Press, 1996.
9. Gabriel Martinez-Gros, Brève histoire des empires. Comment ils surgissent, comment ils s'effondrent,

Paris, Seuil, 2014。嘉比列・馬丁尼茲—格羅重取伊本・赫勒敦有吸引力的解釋架構。該架構卻太過兩極，不適用於歐洲、拜占庭帝國，或是日本，也不適用於草原帝國，一如西蒙・貝傑（Simon Berger）所闡明的蒙古帝國。

10. Edward Luttwak, La Grande Stratégie de l'Empire byzantin, Paris, Odile Jacob, 2010.

11. 出自前引珍・波本克、弗雷德里克・庫伯，《世界帝國兩千年：一部關於權力政治的全球史》。這個區別政策並不排除等級制度：所有人民在同樣一個帝國裡不是平等的。阿拔斯世界針對基督徒和猶太人，強加兼具保護與歧視性的順民（dhimmi）地位；加洛林帝國把法蘭克人置於社會頂層；同樣地，西西里的諾曼人排擠泛希臘（italiote）民族、希臘人或阿拉伯人。

12. 法文「低調軟實力」（pouvoir feutré）一詞源於地緣政治學家傑哈德・夏里安（Gérard Chaliand），該詞成功取代美語詞彙soft power，而且還更為精確。

13. Alain Ducellier, « Les fantômes des empires. La longue durée politique dans les Balkans », Le Débat, no 107, novembre-décembre 1999, pp. 69-96.

14. 我們遺憾的是，無法讓法語世界中非常罕見，專精某些大眾了解不深、甚至忽視的帝國主題相關領域人士參與。因此本書未能介紹黑色非洲（l'Afrique noire），然而其帝國卻能提供豐富的比較素材（可參見Michael Gomez, African Dominion. A New History of Empire in Early and Medieval West Africa, Princeton, Princeton University Press, 2018）。可薩與高棉帝國也在此書缺席。

◆第一章

1. Heinrich von Fichtenau, Das karolingische Imperium. Soziale und geistige Problematik eines Grossreiches, Zurich, Fretz & Wasmuth Verlag A. G., 1949.
2. Dom Jean Mabillon, Vetera analecta, nova editio cum itinere Germanico, Paris, 1723, pp. 413-414.
3. Florus de Lyon, Carmina, éd. Ernst Dümmler, MGH, Poetae 2, Hanovre, 1884, pp. 560-561.
4. Louis Halphen, Charlemagne et l'Empire carolingien, Paris, Albin Michel, 1947.
5. Mayke de Jong, « The Empire that was Always Decaying ：The Carolingians (800-888) », dans Empires. Elements of Cohesion and Signs of Decay,Walter Pohl (dir.), Vienne, 2015, pp. 6-25.
6. 西蒙．麥卡林（Simon MacLean）在下文中以全觀的角度重新檢視了這些史學觀點，Kingship and Politics in the Late Ninth Century. Charles the Fat andthe End of the Carolingian Empire, Cambridge, Cambridge University Press, 2003, pp. 1-22；關於查理是生病或是中邪的討論，可參見 « Ritual, Misunderstanding and the Contest for Meaning. Representations of the Disrupted Royal Assembly at Frankfurt (873) », dans Representations of Power in Medieval Germany, 800-1500, Björn Weiler et Simon MacLean (éd.), Turnhout,Brepols, 2006, pp. 97-118.
7. Gabriel Martinez-Gros, Brève histoire des empires. Comment ils surgissent, comment ils s'effondrent, Paris, Seuil, 2014, p. 23.
8. Timothy Reuter, « Plunder and tribute in the Carolingian Empire », Transactions of the Royal Historical Society, 35, 1985, pp. 75-94.

9. Élisabeth Magnou-Nortier, Aux origines de la fiscalité moderne. Le système fiscal et sa gestion dans le royaume des Francs à l'épreuve des sources, ve-xie s., Genève, Droz, 2012. 即便尚可討論其中部分的翻譯細節。

10. Francesco Borri, « "Neighbors and Relatives." The Plea of Rižana as a Source for Northern Adriatic Elites », Mediterranean Studies, 17, 2008, pp. 1-26.

11. Marie-Céline Isaïa, Histoire des Carolingiens (viiie-xe siècle), Paris, Seuil, coll. « Points Histoire », 2014, pp. 194-196. 還有另一種對國王詔令內文針對離開去打仗的人與協助戰事供給者的解釋，可見Jean Durliat, Les Finances publiques de Dioclétien aux Carolingiens, 284-889, Sigmaringen, Thorbecke, 1990 (Beihefte der Francia, 21), p. 327。內文中的「人」，意指「皇帝的藩屬」，且是「自由之身」，「其領主不分配給他其他任務」，而宗教領地（manse）作為基本稅務單位，其規模不足以應付家族式開發。

12. 關於諾曼入侵的史學修正觀點，以及其和解型態，大致可參見 Pierre Bauduin, Le Monde francet les Vikings,VIIIe-Xe siècle, Paris, Albin Michel, 2009. 還有，尤其是同一作者的 « Chefs normands et élites franques, fin IXe- début Xe siècle», dans Pierre Bauduin (dir.), Les Fondations scandinaves en Occident et les débuts du duché de Normandie, Caen, Publications du CRAHM, 2005, pp. 181-194.

13. Darryl Campbell, « The Capitulare de Villis, the Brevium exempla and the Carolingian Court at Aachen », Early Medieval Europe, 18-3, 2010, pp. 243-264.

14. Michel Sot, « Le palais d'Aix, lieu de pouvoir et de culture », dans Wojciech Fa kowski et Yves Sassier (éd.), Le Monde carolingien, Turnhout, Brepols, 2010, pp. 243-261.

15. Janet L. Nelson, « Why are there so Many Different Accounts of Charlemagne's Imperial Coronation? », dans Courts, Elites and Gendered Power in the Early Middle Ages : Charlemagne and Others (Variorum

878), Aldershot, Ashgate, 2007, pp. 1-27.

16. Alcuin, Epist. 202, éd. Ernst Dümmler, MGH, Epp., IV : Epist. Karolini aevi, 2, Berlin, 1895, pp. 335-336. 此信件年份為西元八百年後半。

17. 關於從「羅馬帝國」轉移為「基督帝國」兩者成為同義詞的過程，可見近期的 Laury Sarti, « Frankish Romanness and Charlemagne's Empire », Speculum, 91-4, 2016, pp. 1040-1058.

18. Das Constitutum Constantini, éd. Horst Fuhrmann, MGH, Fontes iuris, 10, Hanovre, Hahn, 1968, pp. 55-98, p. 95.

19. Jérôme de Bethléem, Chronicon, éd. Rudolf Helm, Berlin, Akademie Verlag, 1956, p. 234.

20. Élipand, Epistola ad Albinum, éd. Ernst Dümmler citée, p. 303; 關於利用君士坦丁形象的情況，可參見 Rutger Kramer, « Adopt, Adapt and Improve : Dealing with the Adoptianist Controversy at the Court of Charlemagne », dans Rob Meens, Dorine van Espelo, Bram van den Hoven van Genderen, Janneke Raaijmakers, Irene van Renswoude, Carine van Rhijn (éd.), Religious Franks. Religion and Power in the Frankish Kingdoms. Studies in Honour of Mayke de Jong, Manchester,Manchester University Press, 2016, pp. 32-50. 相關事件背景，參見 Florence Close, Uniformiser la foi pour unifier l'Empire. Contribution à l'histoire de la pensée politico-théologique de Charlemagne, Bruxelles, Académie royale de Belgique, 2011.

21. Rufin d'Aquilée, traduction de l'Histoire ecclésiastique d'Eusèbe de Césarée, X, 4, 1, éd. Theodor Mommsen, Berlin, 1903-1908, p. 863.

22. Liber pontificalis, éd. Theodor Mommsen, Hanovre, Hahn, 1898, p. 47.

23. Mayke de Jong, The Penitential State, Cambridge, Cambridge UniversityPress, 2009. 接著還有Graeme Ward, « Lessons in leadership : Constantine and Theodosius in Frechulf of Lisieux's Histories », dans Clemens Gantner, Rosamond McKitterick, Sven Meeder (éd.), The Resources of the Past in Early Medieval Europe, Cambridge, Cambridge University Press, 2015, pp. 68-83.

24. Bède le Vénérable, Liber de ratione temporum, cap. 66, éd. Charles W. Jones, Turnhout, Brepols, 1977, p. 526.

25. Rosamond McKitterick « Political ideology in carolingian historiography», dans Yitzhak Hen et Matthew Innes (dir.),The Uses of the Past in the Early Middle Ages, Cambridge, Cambridge University Press, 2000, pp. 162-173.

26. Helmut Reimitz, History, Frankish Identity and the Framing of Western Ethnicity, 550-850, Cambridge, Cambridge University Press, 2015.

27. Henry Mayr-Harting, « Charlemagne, the Saxons, and the Imperial Coronation of 800 », The English Historical Review, vol. 111, no 444, 1996, pp. 1113-1133.

28. Roger Collins, « Charlemagne's Imperial Coronation and the Annals of Lorsch », dans Joanna Story (dir.), Charlemagne. Empire and Society, Manchester/New York, Manchester University Press, 2005, pp. 52-69.

29. Rosamond McKitterick, Charlemagne. The Formation of a European Identity, Cambridge, Cambridge University Press, 2008.

30. Eginhard, Vie de Charlemagne, trad. Michel Sot, Paris, Les Belles Lettres, 2014, pp. 69-71.

31. 「洛泰爾由我們加冕……王冠……似乎是件好事，建立起我們的合作對象與帝國繼承人……」，Louis le

Pieux, Ordinatio imperii (817), p. 271.

32. Walter Pohl, « Creating Cultural Resources for Carolingian Rule : Historians of the Christian Empire », dans C. Gantner, R. McKitterick, S. Meeder (éd.), The Resources of the Past in Early Medieval Europe, op

33. Rapport de Georges d'Ostie, éd. dans la correspondance d'Alcuin par Ernst Dümmler, MGH, Epp. IV : Epist. Karolini aevi, 2, Berlin, 1895, noo 3, p. 20.

34. 據阿爾琴的見證，éd. Ernst Dümmler citée, no 101, p. 147.

35. Codex carolinus, éd. Wilhelm Gundlach, MGH, Epist. III : Epistolae Merowingici et Karolini aevi, 1, Hanovre, Hahn, 1892, pp. 476-657. 最後還可加上Dorine van Espelo, « A Testimony of Carolingian Rule? The Codex epistolaris carolinus, its Historical Context and the Meaning of imperium », Early Medieval Europe, 21-3, 2013, pp. 254-282.

36. Codex carolinus, lettre noo 10, pp. 501-502, rédigée sous le pontificat d'Étienne II (756), traduction et commentaire de François Bougard, « La pro-sopopée au service de la politique pontificale », Revue d'Histoire de l'Église de France, t. 98, noo 241, 2012, pp. 249-284.

37. Marie-Céline Isaïa, « Charlemagne, l'empire et le monde (800) », dans Patrick Boucheron (dir.), Histoire mondiale de la France, Paris, Seuil, 2017, pp. 96-99. 本文有相關地緣政治背景的簡短概述。

◆第十一章

1. Olivier Delouis, « Byzance sur la scène littéraire française (1870-1920) »,dans Marie-France Auzépy (dir.),

Byzance en Europe, Saint-Denis, Presses uni-versitaires de Vincennes, 2003. 特別是第一百二十頁。

2. Gilbert Dagron, Idées byzantines, Paris, Associations des amis du Centre d'histoire et civilisation de Byzance, 2012, p. 391.

3. 這點可參見近來的 Michel Kaplan, Pourquoi Byzance? Un empire de onze siècles (Paris, Gallimard, 2016) 一書。此書發展出了其他層面，尤其是經濟與社會層面的觀點。

4. 參見仿維基百科之偽基百科(la Désencyclopédie) 的「拜占庭帝國」條目，網址如下：http://desencyclopedie.wikia.com/wiki/Empire_byzantin（最後參照時間為二〇一八年十二月十七號）。

5. M. Kaplan, Pourquoi Byzance? Un empire de onze siècles, op. cit., p. 134.

6. 同前註，頁 230到231，有這些文件的各種參考著作與編輯版本。

7. Raul Estangüi Gómez, Byzance face aux Ottomans. Exercice du pouvoir et contrôle du territoire sous les derniers Paléologues (milieu xive - milieu xve siècle), Paris, Publications de la Sorbonne, 2014.

8. 同前註，頁 108及其後的內容與頁534的結論。

9. Traité des offices, cité par Cécile Morrisson et Angeliki Laiou (dir.), Le Monde byzantin, t. 3 : L'Empire grec et ses voisins, XIIIe-XVe siècle, Paris, PUF, 2011,p. 145. 中古末期，這份描寫宮廷禮儀的文件在「全歐洲暢銷」，而在現代時期尤其可在法國、西班牙眾國王的圖書室中找到它，Marie-France Auzépy, « La fascination de l'Empire », dans M.-F. Auzépy (dir.), Byzance en Europe,op. cit., p. 12.

10. Gilbert Dagron, Empereur et prêtre. Recherches sur le « césaropapisme » byzantin, Paris, Gallimard, 1996.

11. Élisabeth Malamut, Alexis Ier Comnène, Paris, Ellipses, 2007.

12. Jean-Claude Cheynet, Pouvoir et contestation à Byzance, 963-1210, Paris, Publications de la Sorbonne, 1990.

13. G. Dagron, Empereur et prêtre. Recherches sur le « césaropapisme » byzantin, op. cit., p. 34.

14. Hélène Ahrweiler, Byzance et la mer. La marine de guerre, la politique et les institutions maritimes de Byzance aux VIIe-XVe siècles, Paris, PUF, 1966.

15. Nicolas Drocourt, Diplomatie sur le Bosphore. Les ambassadeurs étrangers dans l'Empire byzantin des années 640 à 1204, Louvain, Peeters, 2015, pp. 532以及接續下來的內容。

16. 最後期的外交參見C. Morrisson et A. laiou (dir.), Le Monde byzantin, t. 3 : L'Empire grec et ses voisins, XIIIe-XVe siècle, op. cit., pp. 56-58 et 176-179.

17. G. Dagron, Empereur et prêtre. Recherches sur le « césaropapisme » byzantin, op. cit., pp. 281-284.

18. G. Dagron, Idées byzantines, op. cit., pp. 390, 397-400.

19. 誠如這幾頁儘管艱深，卻相當高明的見解，G. Dagron, Idées byzantines, op. cit., pp. 392-395 et 405-414.

20. Sylvain Gouguenheim, La Gloire des Grecs. Sur certains apports culturels de Byzance à l'Europe romane (Xe-début du XIIIe siècle), Paris, Cerf, 2017.

21. Olivier Delouis, Anne couderc et Petre Gouran (éd.), Héritages de Byzance en Europe du Sud-Est aux époques modernes et contemporaines, Athènes, École française d'Athènes, 2013.

22. Gilbert Dagron, « Oublier Byzance. Éclipses et retours de Byzance dans la conscience européenne », dans Praktika tès Akademias Athènôn, 82, 2007, p. 158.

23. Alain Ducellier, Chrétiens d'Orient et Islam au Moyen Âge (VIIe-XVe siècle), Paris, Armand Colin, 1996.
24. Alain Ducellier, « Le fantôme des empires. La longue durée politique dans les Balkans », Le Débat, 107, 1999, p. 89.
25. M. Kaplan, Pourquoi Byzance? Un empire de onze siècles, op. cit., pp. 14，以及後續的內文。
26. A. Ducellier, « Le fantôme des empires. La longue durée politique dans les Balkans », art. cité.

◆第三章

1. Ibn al-Muqaffa , mort vers 140/757, « conseilleur » du calife, éd. et trad. Charles Pellat, Paris, Maisonneuve et Larose, 1976.
2. Abou Yousof Ya koub, Le Livre de l'impôt foncier [Kitâb el-kharâdj], trad. et notes Edmond Fagnan, Paris, Geuthner, 1921.

◆第四章

1. 關於所有的這些帝國，以及其他帝國，參見 Peter B. Golden, An Introduction to the History of the Turkic Peoples, Wiesbaden, Otto Harrassowitz, 1992, pp. 57-188.

2. Peter Jackson, The Mongols and the Islamic World, New Haven et Londres, Yale Universiry Press, 2017, p. 81.
3. 關於後續討論，主要參見 David Sneath, The Headless State, New York, Columbia University Press, 2007, notamment pp. 159-163, 185-204.
4. Christopher P. Atwood, « The Administrative Origins of Mongolia's "Tribal" Vocabulary », Eurasia : Statum et Legem, I, no 4, 2015, pp. 10-28.
5. 修改皿Histoire secrète, § 139 ; trad. Igor de Rachewiltz, The Secret History of the Mongols : A Mongolian Epic Chronicle of the Thirteenth Century, 3 vol., Leyde, Brill, 2006-2013, vol. I, p. 61.
6. Jean-Paul Roux, La Religion des Turcs et des Mongols, Paris, Payot, 1984, pp. 110-121.
7. Histoire secrète, § 1-21, The Secret History of the Mongols, op. cit., vol. I, pp. 1-5.
8. J.-P. Roux, La Religion des Turcs et des Mongols, op. cit., pp. 188-195.
9. Grigor Aknerci, « History of the Nation of the Archers (The Mongols), by Grigor of Akanc », trad. R. P. Blake et R. N. Frye, Harvard Journal of Asiatic Studies, XII, nos 3-4, 1949, p. 301.
10. J.-P. Roux, La Religion des Turcs et des Mongols, op. cit., pp. 116-117 ; P. B. Golden, An Introduction to the History of the Turkic Peoples, op. cit., pp. 146147, 165.
11. 修改皿Faḍl Allāh Rashīd ad-Dīn, Jāmi' at-tavārīkh ; trad. W. M. Thackston, Classical Writings of the Medieval Islamic World. Persian Histories of the Mongol Dynasties, vol. III : Rashiduddin Fazlullah, Londres, I. B. Tauris, 2012, p. 222.
12. Histoire secrète, § 275, The Secret History of the Mongols, op. cit., vol. I, p. 206.

13. Thomas T. Allsen, « Spiritual Geography and Political Legitimacy in the Eastern Steppes », dans H. J. Claessen et J. G. Oosten (dir.), Ideology and the Formation of Early States, Leyde, Brill, 1996, p. 117.

14. 引用 Peter Jackson, The Mongols and the West, 1221-1410, Harlow, Londres, New York, Pearson Longman, 2005, p. 60.

15. Rashīd ad-Dīn, Jāmi‘ at-tavārīkh, dans Classical Writings of the Medieval Islamic World. Persian Histories of the Mongol Dynasties, vol. III, op. cit., p. 63.

16. ‘Alā ad-Dīn ‘Aṭā Malik Juvaynī, Tārīkh-i jahāngushā ; trad. J. A. Boyle, History of the World Conqueror, 2 vol., Cambridge (Mass.), Harvard University Press, 1958, vol. I, p. 145.

17. P. B. Golden, An Introduction to the History of the Turkic Peoples, op. cit., p. 146.

18. ‘Alā ad-Dīn ‘Aṭā Malik Juvaynī, Tārīkh-i jahāngushā, dans History of the World Conqueror, op. cit., vol. I, p. 54 ; Guillaume de Rubrouck, Itinerarium ; trad. C.-C. et R. Kappler, Voyage dans l'empire Mongol, Paris, Imprimerie nationale, 1993, p. 114.

19. T. T. Allsen, « Spiritual Geography and Political Legitimacy in the Eastern Steppes », art. cité, pp. 121-131.

20. Juvaynī, Tārīkh-i jahāngushā, dans History of the World Conqueror, op. cit., vol. I, pp. 100-123 ; P. Jackson, The Mongols and the Islamic World, op. cit., pp. 84-89.

21. Christopher P. Atwood, Encyclopedia of Mongolia and the Mongol Empire, New York, Facts on File, 2004, p. 139.

22. G. Aknerci, « History of the Nation of the Archers (The Mongols), by Grigor of Akanc », art. cité, p. 325 ; Song Lian, Yuanshi, Pékin, Zhonghua shuju, 1976, vol. VIII, p. 2508.

23. 翻譯修改自Juvaynī, Tārīkh-i jahāngushā, dans History of the World Conqueror, op. cit., vol. I, p. 30.
24. Song Lian, Yuanshi, op. cit., vol. VIII, p. 2508.
25. G. de Rubrouck, Itinerarium ; Voyage dans l'Empire mongol, op. cit., p. 79.
26. Thomas T. Allsen, Mongol Imperialism. The Policies of the Grand Qan Möngke in China, Russia, and the Islamic Lands, 1251-1259, Berkeley, Los Angeles, University of California Press, 1987, p. 190-194.
27. Histoire secrète, § 202, The Secret History of the Mongols, op. cit., vol. I, pp. 133-134.
28. P. B. Golden, An Introduction to the History of the Turkic Peoples, op. cit., p. 65.
29. Histoire secrète, § 221, The Secret History of the Mongols, op. cit., vol. I, p. 151.
30. Rashīd ad-Dīn, Jāmi' at-tavārīkh, dans Classical Writings of the Medieval Islamic World. Persian Histories of the Mongol Dynasties, vol. III, op. cit., p. 30.
31. T. T. Allsen, Mongol Imperialism, op. cit., pp. 99-100 ; C. P. Atwood, Encyclopedia of Mongolia and the Mongol Empire, op. cit., p. 297.
32. Histoire secrète, § 192, 229, The Secret History of the Mongols, op. cit., vol. I, pp. 114, 157-158 ; Song Lian, Yuanshi, op. cit., vol. VIII, pp. 2524-2525.
33. 翻譯修改自Juvaynī, Tārīkh-i jahāngushā, dans History of the World Conqueror, op. cit., vol. I, pp. 41-42.
34. Rashīd ad-Dīn, Jāmi' at-tavārīkh, dans Classical Writings of the Medieval Islamic World. Persian Histories of the Mongol Dynasties, vol. III, op. cit., pp. 207-214.
35. Juvaynī, Tārīkh-i jahāngushā, dans History of the World Conqueror, op. cit., vol. I, p. 42.

36. C. P. Atwood, Encyclopedia of Mongolia and the Mongol Empire, op. cit., pp. 426-427.
37. G. de Rubrouck, Itinerarium ; Voyage dans l'empire Mongol, op. cit., p. 117.
38. Christopher P. Atwood, « Imperial Itinerance and Mobile Pastoralism. The State and Mobility in Medieval Inner Asia », Inner Asia, XVII, 2015.
39. C. P. Atwood, Encyclopedia of Mongolia and the Mongol Empire, op. cit., p. 18 ; P. Jackson, The Mongols and the Islamic World, op. cit., p. 101-104.
40. Rashīd ad-Dīn, Jāmi' at-tavārīkh, dans Classical Writings of the Medieval Islamic World. Persian Histories of the Mongol Dynasties, vol. III, op. cit., p. 340.
41. P. Jackson, The Mongols and the Islamic World, op. cit., pp. 108-110, 117-118.
42. Ibid., pp. 107-108.
43. C. P. Atwood, Encyclopedia of Mongolia and the Mongol Empire, op. cit., pp. 339-340, 599-600.
44. Ibid., pp. 21, 464.
45. P. Jackson, The Mongols and the Islamic World, op. cit., pp. 113-116.
46. T. T. Allsen, Mongol Imperialism, op. cit., pp. 116，以及接下來幾頁。
47. Ibid., pp. 144與接下來幾頁 ; P. Jackson, The Mongols and the Islamic World, op. cit., pp. 111-113.
48. C. P. Atwood, Encyclopedia of Mongolia and the Mongol Empire, op. cit., pp. 258-259.
49. Song Lian, Yuanshi, op. cit., vol. XIII, p. 3688.

◆第五章

1. 蘇丹國的「羅馬」，意指從東羅馬帝國人、也就是拜占庭人手中所征服來的領土。蘇丹這項頭銜則代表著「主權、權力、統治、權威」，首次是由阿拔斯哈里發授予塞爾柱土耳其首領圖赫里勒・貝格（Tughril Beg）的，他在一〇五五年奪下巴格達。阿拔斯哈里發就此將阿拔斯帝國的臨時權柄委託給此人，而該權責也被「東方與西方馬里克（malik）」這另一個稱號所提點出來。此銜中的「馬里克」意即國王，而阿拔斯哈里發則將宗教性權威保留給自己。一〇七三年後，帝國邊境的君主倒是運用起這個宗教性的權威了。

2. 拉丁人先前在一二〇四年第四次十字軍東征時，征服了君士坦丁堡。

3. 位於今日的比萊吉克省（Bilecik），在埃斯基謝西爾西北方，即多立里庸（Dorylée）。

4. 這些個體以「貝伊國」（beylik）這個名稱而為人所知。從一二五六年開始所提到的最重要貝伊國為居中的卡拉曼貝伊國（Karaman）。卡拉曼貝伊國在羅馬蘇丹國的首都柯尼亞附近，擁有地中海南方的出海口。以此國為相對參考方位中心點，我們可以在北部找到位在安卡拉附近阿里爾（Aliher）的一小塊飛地。在黑海上則有桑達爾貝伊國（Jandar），或稱伊斯芬迪亞爾貝伊國（Isfendiyar），其首府先後為埃夫塔尼（Eftani）、卡斯塔莫努（Kastamonu），接著則是錫諾普（Sinop）。東北方有卡尼克貝伊國（Canik），其中的阿馬西亞（Amasya）位在薩姆松港（Samsun）附近。東方有艾里特納貝伊國（Eretna），其首府先後為錫瓦斯（Sivas）與開賽利（Kayseri）；以及杜勒卡迪爾貝伊國（Dulkadir），其首府先後則為埃爾比斯坦（Elbistan）與馬拉什（Maras）。東南方在地中海上則有以阿達納（Adana）為首都的拉瑪當貝伊國（Ramadan）。西南方有泰凱貝伊國（Teke），以安塔利亞（Antalya）為港口。在卡拉曼貝伊國的西方，則有哈米德貝伊國（Hamid），其首都為埃爾迪爾（Eğirdir），以及埃斯雷夫貝伊國（Eshref），其首府為貝伊謝希爾（Bey ehir），還有出現於一二三九年至一二四〇年間的甘米揚貝伊國（Germiyan），其首都為屈塔希亞（Kütahya）。愛琴海上由北到南則有孟忒瑟貝伊國（Mente e），其首都為米拉斯（Milas）；艾登貝伊國（Aydin），其首都為比爾吉（Birgi）；薩魯汗貝伊國（Saruhan）則以馬尼薩

（Manisa）為首府；卡拉斯貝伊國（Karasi），則先是在巴勒克埃希爾（Balikesir）建都，接著則先後於貝爾加馬（Bergama）與恰納卡萊（Çanakkale）建都。最後在西北方，則有奧斯曼貝伊國（Osman）。

5. 穆斯林律法（charia）是在法學家的應用之下被詮釋與詳述的。這些法學家集中於四個主要學派：馬利克派（malikite）遵從麥地那作法，並認為此法即穆罕默德與聖伴的實務作法，並且也是高過聖訓（hadith）的作法；哈納菲學派（hanafite），以略為嚴格出名，並訴諸於「個人反省」；莎菲懿學派（chafiite）以其在類比推理中的推理能力而與眾不同；罕百里學派（hanbalite），則具有依循字面意義與傳統的傾向。

6. 土地稅讓渡給一位「西帕希」（sipahi）騎兵，其中的收益供其自行充實裝備與提供一批軍事部隊。

7. 此為史上首度提及的骨肉相殘，目的在於使每一代都只留下唯一一位繼承者。

8. 拉丁人，即西歐人，於首次十字軍擴張便遭逢過塞爾柱土耳其人了。拉丁人在一〇九七年於多立里庸打敗了土耳其人，於尼可波里斯的敗仗，則讓他們意識到鄂圖曼土耳其人對歐洲的進逼。

9. 該名乃是此城直到鄂圖曼土耳其帝國尾聲的官方名稱；伊斯坦堡（Istanbul）扭曲了希臘文「往這城」（發音為eis tèn Polin，希文作εἰς τὴν Πόλιν）的意思。「伊斯蘭信仰豐滿的那個地方」（Islam-bol）的諧音文字遊戲，或許便是由穆罕默德二世本人所發明的。

◆第六章

1. 本文的篇幅格式讓我們避開了針對各種關於本段歷史分期的多元理論，故在此提供幾項參考文獻：Jerry H. Bentley, « Cross-Cultural Interaction and Periodization in World History », The American Historical Review, 101-3, 1996, p. 749-770 ; Jacques Gernet, Le Monde chinois, Paris, Armand Colin, 1972 ; Helwig

Schmidt-Glintzer, Achim Mittag, et Jorn Rusen (éd.), Historical Truth, Historical Criticism, and Ideology : Chinese Historiography and Historical Culture from a New Comparative Perspective, Leyde, Brill, 2005; Harriet T. Zurndorfer, « China and "Modernity" : The Uses of the Study of Chinese History in the Past and the Present », Journal of the Economic and Social History of the Orient, 40- 4, 1997, pp. 461-485.

2. Nicola Di Cosmo, « State Formation and Periodization in Inner Asian History », Journal of World History, 10-1, 1999, p. 1-40.

3. 此處指的是後梁（907-923）、後唐（923-936）、後晉（936-947）、後漢（947- 951/979）與後周（951-960）。

4. Paul Smith, Taxing Heaven's Storehouse : Horses, Bureaucrats, and the Destruction of the Sichuan Tea Industry, 1074-1224, Cambridge, MA, Council on East Asian Studies, Harvard University, 1991.

5. 這兩個哈里發國在其擴張的鼎勢中，占地面積分別是自印度河（Indus）延伸到伊比利半島，以及由今日的土耳其延伸到印度河岸。

6. 此分割大致包含了主要三大塊：從紅海、波斯灣一直到古吉拉特（Gujarat）與馬拉巴海岸（la côte de Malabar）、從印度洋海岸到印尼群島、從東南亞到東亞。最後兩條路線航行的時間基本上為一年一度。

7. 如此的區別在明初關於朝貢使團來訪的規範當中幾乎沒有任何改變：寧波接待來自日本的使團；來自琉球國的使團一開始是在廣州，後來是在福州接待；廣東則是接待東南亞與西面海洋國家的地方。

8. Edwin O. Reischauer, « Notes on T'ang Dynasty Sea Routes », Harvard Journal of Asiatic Studies, 5-2, 1940, p. 142-164. 史家內藤虎次郎（Naitō Torajirō, 1866-1934）提出了由於中國人特別對奴隸走私感興趣，所以一條從韓國西南往浙江的直航海路或許自六世紀，甚至是五世紀時就已經存在了。（Reischauer, p. 146）

9. 各朝政府全都把這些規定一直施行下去。

10. 要得到這張執照，船長必須提供關於船上的工作人員、商賈、乘客、商品數量、商品品質等當局要求的所有資訊，並付出必要的金額等。從這項文件也可以找到相關規定，特別是隨漏報事端而來的懲罰事宜：無照航行處以流放兩年強迫勞動；前往遼國這個敵國，也會被判處流放兩年強迫勞動等。另也需要一名保人。更多的細節事項，參見Billy So, Prosperity, Region, and Institutions in Maritime China. The South Fukien pattern, 946- 1368, Cambridge et Londres, Harvard University Asia Center, 2000, pp. 228-229.

11. 類似情況於十六世紀亦再度重演。

12. Kenneth Hall, Maritime Trade and State development in Early Southeast Asia, Honolulu, University of Hawaii Press, 1986；Geoff Wade, « An Early Age of Commerce in Southeast Asia, 900-1300 CE », Journal of Southeast Asian Studies, 40-2, 2009, p. 221-265.

13. Jacques Dars, La Marine chinoise du Xe siècle au XIVe siècle, Paris, Economica, Études d'Histoire Maritime, 11, 1992, p. 269. 可參見其於九六〇年與一〇七八年之間的分布圖。

14. 在此主要為方國珍（1319/20-1374）與張士誠（1321-1367）。

15. 在中國，與其他政權的交流是藉朝廷規範的雙邊貿易而具體成形的，這種雙邊貿易也納入了朝貢系統的框架之中。近來關於朝貢系統的研究指出，在政治從屬關係暨漢本位世界秩序象徵之外，這套系統也為政府與居住於邊界內外的地方居民之間的關係下了定義。換句話說，朝貢系統創造出一個大環境，而此項背景則需要帝國權力與原生菁英之間的互動發展來確保雙方某種數量的特權；這些特權是政治性的、經濟性的，或兩種性質兼具，而且尤其要確保邊境地帶的和平狀態。

16. 鄭和來自雲南一個富庶的穆斯林家族，他負責安排七次前往南海與西面海洋的出行任務，這些任務參與了中國商賈網路在亞洲的榮景。鄭和的事業始於一三八二年，正當明軍完成征服雲南的行動時。他成了囚犯，被選為宦官，並且服侍未來的永樂皇帝。鄭和身為年輕王子於所有征戰行動之中的同伴，理所當然地在王子即位時，因其一片忠心而得到了獎勵，王子交付他指揮一支艦隊。這支艦隊首要是前往東南亞，不過在最後幾次旅程中也抵達了非洲東岸。關於這項主題，參見Louise Levathes, Les Navigateurs de l'Empire céleste : la flotte impériale du Dragon, 1405-1433, Levallois-Perret, Filipacchi, 1994.

17. Gungwu Wang, « Merchants Without Empire : The Hokkien Sojourning Communities », in James D. Tracy (éd.), The Rise of Merchant Empires. Long Distance Trade in the Early Modern World, 1350-1750, Cambridge, Cambridge University Press, 1990, chap. 13.

18. 該詞早先是被用來解釋大不列顛在一八五〇年到一八六〇年代經濟帝國主義的統治模式（John Gallagher et Ronald Robinson, « The Imperialism of Free Trade », The Economic History Review, New Series 6-1, 1953, p. 1-15）。對包樂史而言，該詞應該加以解讀為中國人的體制適應，他們為了引領己方企業，甚至是主導市場，而在體制內發展起來。（« Oceanus Resartus » or « Is Chinese Maritime History Coming of Age? », Cross-Currents : East Asian History and Culture, 25, 2017 : https://crosscurrents.berkeley.edu/sites/default/files/e-journal/articles/blusse.pdf）

19. 非漢族為主要族群的區域除外。在這種地區，政府為了經由地方主管來治理居民，會訴諸混合式的管理方式。

20. John W. Chaffee, « Song China and the Multi-state and Commercial World of East Asia », Crossroads – Studies on the History of Exchange Relations in the East Asian World, 1-2, 2010, pp. 33-54.

21. Gao Qi 高岐, Fujian shibo tiju si zhi 福建市舶提舉司志（Les surintendances maritimes du Fujian, 1555）, copie 1939. 儘管這項資料呈現出的是十六世紀的情況，我們認為其所描寫的規範也有可能在更早的時代就被拿來使用了。

◆第七章

1. 此處包含一〇一八年與一一八五年間，受拜占庭掌控以及保加利亞失去獨立性的這段中停期間。

2. 研究者將其稱之為「保加爾人」，以此與移居後的保加利亞人作出區別。

3. 他們的舊領土位在庫班河（Kouban）、亞速海（mer d'Azov）、黑海、聶伯河（Dniepr）與頓涅茨河（Donets）之間。

4. 研究者大量運用「可汗」這個稱號來指涉基督教化以前的保加利亞君主。可是在奧莫爾塔格可汗與九世紀之前，確切的保加利亞統治者稱號在史料中並不明確。我們於此則沿襲常見的用法。

5. 保加利亞斯拉夫語中的「王公」（prince）。

6. 某些研究者不排除保加利亞政權，以其行政組織，與各種與之相關的組織事務，或許在此所提及的年份之前，便在黑海北部與亞速海東部的領土上建立起來了；但是由於缺少史料的緣故，這僅僅是項假說。

7. 這個紅色絲質、裝滿了灰塵的束袋在拜占庭皇帝加冕時使用。這只袋子提醒了新任的「巴西里厄斯」他只不過是個人類，注定像所有的創造物一般，在死亡時化為塵土。

8. 希臘文寫成πιρριπτριον，乃是某種教士頭飾。

9. 和約正常來說效力為時三十年，這份「深刻」的和約實際上卻持續了將近四十年之久。

10. 這座教堂建於一座聖泉附近，該聖泉自五世紀起就被視為一個聖母行奇蹟之地。此教堂位於城牆內部、城西近賽雷布萊亞（Sélembrya，又作Silivri）之門一帶。

11. 里拉的伊凡（Jean de Rila）是一位活躍在十世紀的苦行僧侶。他建立起保加利亞的修行制度。在他的洞穴附近建有里拉修道院（le monastère de Rila）。儘管歷經了歷史的起伏變動，這座神聖寶庫卻依然保留著保加利亞文化的基礎。聖人崇拜於整個中世紀流傳開來，在保加利亞政權中扮演著重大角色。

12. 靜修派是一支苦行神祕主義，聲稱以凝思祈禱可達到與神合一的境界、見識到至高的神聖光芒。此派別約在五世紀末出現，於十四世紀時作為對教會世俗化的一種回應，而在東歐散佈開來。這派學說提倡與精神教育相關的活動，好比書寫、閱讀與文本翻譯。在保加利亞，當靜修派被頒定為官方學說，並且還被沙皇伊凡．亞歷山大（Jean Alexandre）宮廷沿用的時候，該學派便成了文化生產的重要啟發來源。

13. 在為沙皇伊凡．亞歷山大所譯出的君士坦丁．馬納塞斯（Constantin Manassès）《普世紀年》（*La Chronique universelle*）保加利亞文譯本中便寫道：「這樣子的事件都發生在舊羅馬，而我們的新沙皇格勒〔特爾諾沃，即沙皇之都〕則在竄升、自我強化、回春起來，哎，我們的沙皇，如此一直到最後，您都是所有人的統治者……」（dans : Ancienne littérature bulgare, vol. 3, Sofia, 1983, pp. 279-280 [Стара българска литература, t. III, София, 1983, 279- 280]）這個「新沙皇格勒」的概念替俄羅斯於十五世紀所採用的「第三羅馬」思維立下了基礎。

◆第八章

1. 靜修派（hésychasme，希臘文作ἡσυχασμός、hesychasmos、轉自希臘文ἡσυχία，為「平靜、沉默」之意）為一種以特殊形式尋求靈魂平靜的靈修。所謂特殊的形式，即避居世俗、隔離感官，以及封閉於內在禱告之中。

2. 達尼洛這本題為《塞爾維亞諸王暨眾大主教生平》（*Vies des rois et archevêques serbes*）的合集是中古塞爾維亞的重要史料之一。此書內含唯一一篇〈史特芬國王生平〉（Vie du roi Stefan），該文自引言即開始堅稱此君的榮耀，文中提到：「這位國王可是得到了較其先皇、父輩與前人更甚的榮耀威名。」將尼曼雅王朝的一位後人描寫得比他同樣出現在書中的先人們還要高段，是個大膽的寫作手法。不過與其說這篇生平回應了諸多期待，不如說該文成了唯一一篇正巧在帝國時期前尚未完成、而且還中斷的文獻。杜尚最終也頗耐人尋味地，成了少數未被封聖的尼曼雅君主。

◆第十章

1. María Rostworowski de Diez Canseco, dans History of the Inca Realm（Cambridge, Cambridge University Press, 1999）. 本書自前言起就指出了這項難事。
2. 此點尚未有共識，克里斯提安・度維傑（Christian Duverger）斷言「墨西卡」此一族群名，是不能在他們到達特斯科科湖岸之前使用的。見度維傑L'Origine des Aztèques（Paris, Seuil, 1983）, pp. 117-119.
3. 瓦爾迪維亞文化於西元前四千四百年至前一千四百五十年間，出現於今日的厄瓜多海岸，即聖塔埃倫娜（Santa Elena）與瓜亞斯河流域（Guayas）。
4. 關於冶煉、合金技術與流通網路，見Dorothy Hosler, « Ancient West Mexican Metallurgy : South and Central American Origins and West Mexican Transformations », American Anthropologist, New Series, vol. 90, no 4, décembre 1988, pp. 832-855.
5. 此為一九六〇年代反映在特奧蒂瓦坎導覽當中的官方看法。儘管有例如阿爾弗雷多・洛培茲・奧斯丁（Alfredo López Austine）與李奧納多・洛培茲・盧揚（Leonardo López Luján）這兩位重要的作者，咸認戰爭圖像的重要性遠不如與生育相關的圖像。見El pasado indígena（Mexico, FCE, 1996）, p. 114。即使考古證實了人類獻祭存在，特奧蒂瓦坎人卻與奧爾梅克人、馬雅人、米斯特克人（Mixtèque）、墨西卡人這些其他族群大相逕庭，未曾有過戰士扯著俘虜頭髮抓人的圖像。

6. Karl Taube, « The Turquoise Hearth : Fire, Self-Sacrifice and the Central Mexican Cult of War », dans David Carrasco et Lindsay Jones, Mesoamerica's Classic Heritage from Teotihuacan to the Aztecs, Boulder, University Press of Colorado, 2000, pp. 161-167.

7. Ibid., p. 311.

8. Alfredo López Austin et Leonardo López Luján, « The Myth and Reality of Zuyuá : The Feathered Serpent and Mesoamerican Transformations from the Classic to the Postclassic », dans D. Carrasco et L. Jones, Mesoamerica's Classic Heritage from Teotihuacan to the Aztecs, op. cit.

9. Ross Hassig, Aztec Warfare. Imperial Expansion and Political Control, Norman, University of Oklahoma Press, 1995, pp. 145-156. 關於墨西卡戰事的參考資料，皆根據此篇經典文獻。

10. Mary Hodge, « Political Organization of the Central Provinces », dans Frances F. Berdan et alii, Aztec Imperial Strategies, Washington, Dumbarton Oaks Research Library and Collection, 1996, pp. 31-34.

11. A. López Austin et L. López Luján, El pasado indígena, op. cit., pp. 190-198.

12. Richard Blanton, « The Basin of Mexico Market System and the Growth of Empire », dans Frances F. Berdan et alii, Aztec Imperial Strategies, Washington, Dumbarton Oaks Research Library and Collection, 1996, pp. 14, 47.

13. 安地斯二元系統認定有兩半階層化且互補的部分存在，即上半部的「阿南」（Hanan）與下半部的「烏林」（Hurin）。該系統具有儀式性功能，亦在親屬關係中產生作用。

14. 我們在此乃是簡述了布萊恩・鮑爾（Brian Bauer）與亞倫・科維（Alan Covey）的研究，見 « Processes of State Formation in the Inca Heartland (Cuzco, Peru) », American Anthropologist, New Series, vol. 104, no 3, septembre 2002, pp. 846-864.

15. 史料提到了「姊妹」，這是一種在古親屬系統中或可具有「分類」意義的階層。古親屬系統聚集了以一位男性自我（ego）作為參照，而擁有相同結構性地位的女性，好比這位男性自我的血緣姊妹，以及母親姊妹的女兒，即表妹。

16. 皇室力量似乎是二元性的，由戰事首領與宗教領袖所共享。

17. 加爾西拉索・德・拉維加這位「印加」，於一六〇九年撰寫了《印加王室述評》（*Comentarios Reales*）一書。作者是一位受到新柏拉圖哲學影響的文藝復興人士。他賦予其母系先祖一個理想化的角度視野。此理想化的角度視野，對於祕魯獨立運動、以及更近代的二十世紀獨立運動皆有極大影響力。關於這位作者，以及其哲學、政治之重要性，可參見Carmen Bernand, Un Inca platonicien. Garcilaso de la Vega, 1539-1616, Paris, Fayard, 2006.

18. Gerald Taylor, Ritos y tradiciones de Huarochiri del siglo XVII, Lima, IEP et IFEA, 1987, p. 27.

19. Pedro Cieza de León, CR, chap. XXII, pp. 171-173.

20. John Murra, « El "control vertical" de un máximo de pisos ecológicos en la economía de las sociedades andina », dans Visita de la Provincia de León de Huánuco en 1562, Huánuco, Universidad Nacional Hermilio Valdizán, 1972, p. 429.

21. 儘管人口遽減，以及歐洲征服帶來了轉變，此項習俗在十六世紀依舊通行。該現象與一五六〇年代的《瓦努科訪談錄》（*La Visita de Huánuco*）以及《邱庫托訪談錄》（*La Visita de Chucuito*）這兩項難得的史料所顯示出來的狀況一樣。此二文獻內含各個家戶詳細的描述（姓名、親屬關係、應盡義務、出身）。

22. 關於這幾起事件，參見Carmen Bernand, Un Inca platonicien. Garcilaso de la Vega, 1539-1616, op. cit., et Carmen Bernand et Serge Gruzinski, Paris, Fayard, I, 1991.

◆第十一章

1. 使用「法蘭克人」（Franc）一詞，乃是鑑於一大部分十字軍來自法蘭西的事實。然而在此將使用「拉丁人」（Latin）一詞，因該詞能將威尼斯人含括在內。
2. Benjamin Hendrickx, « The Main Problems of the History of the Latin Empire of Constantinople（1204-1261）», Revue belge de philologie et d'histoire, 52/4, 1974, pp. 790, 794.
3. David Jacoby, « From Byzantium to Latin Romania : Continuity and Change », dans Mediterranean Historical Review 4/1, 1989, pp. 32-34.
4. 亨利似乎以自號為「羅馬人之帝」的方式來重建與拜占庭帝國傳統的關聯，可是他這般作法亦只不過是一時之舉。
5. Filip Van Tricht, The Latin Renovatio of Byzantium. The Empire of Constantinople（1204-1228）, Leyde-Boston, Brill, 2011, p. 77.
6. Jean Longnon, L'Empire latin de Constantinople et la principauté de Morée, Paris, Payot, 1949, p. 64.
7. Michel Balard, « L'historiographie occidentale de la quatrième croisade », dans Angeliki E. Laiou (éd.), Urbs capta. La IVe croisade et ses conséquences, Paris, Lethielleux, 2005, p. 169.

8. 「我們如今已經到了這條路上了，沒有人足以無感到對此視若無睹：君士坦丁堡是完了，摩里亞則即將發生一場重創，以至於我們的教會聖母都因此動搖了，畢竟當頭部被劈開的時候，身軀也沒剩下多少指望了。」上文由丹妮爾．奎魯爾（Danielle Quéruel）譯自〈君士坦丁堡悲歌〉（Complainte de Constantinople）第十三至二十四句：〈當摩里亞王公是香檳人的時候〉（Quand les princes de Morée étaient champenois），出自Yvonne Bellenger et Danielle Quéruel [dir.], Les Champenois et la croisade. Actes des quatrièmes journées rémoises, 27-28 novembre 1987, Paris, Klincksieck, 1989, p. 78

◆第十二章

1. Monumenta Germaniae Historica（於後文皆標作MGH）, SrG in us. schol., vol. 65, pp. 126 et 172.
2. 歷史學家以「日耳曼」（Germanie）與「德意志」（Allemagne）此兩個詞彙來指稱同一個政治空間：「德意志」一詞一直到十一世紀左右都是時代錯置的稱呼，但顯然是個簡便的用語，而有助於認出與人們所熟稔的政權相關的地方。「日耳曼」一詞則可上溯至塔西佗（Tacite）。當人們想突顯「與該處有關的土地與人口尚未是德意志與德意志人」時，偶爾會使用該詞。因此，使用「日耳曼」一詞，乃是隨著人們界定「德意志」一地所出現的日期而定。至於「日耳曼的」（germanique）這個形容詞，則早就在法國「神聖羅馬帝國」（Saint Empire romain germanique）的詞組中受到認可（譯註：此稱法文直譯為「聖羅馬日耳曼帝國」），在該詞組中是將「德意志」（deutsch）一詞翻譯為「日耳曼」。我們在這些字詞用法游移不定的狀況下，見證了「為德意志認同下定義」此等難事的一個新事例……
3. 出自為西西里王國所撰的法典。
4. MGH, Constitutiones, I, no 230, p. 325.

5. Ibid., 4.1, no 323 (18 septembre 1309), p. 282.

6. 「出自天地一切力量的神聖力量，將王國與帝國統治交付其基督，即我們是也。」（MGH, Constitutiones, I, no 165, pp. 231, 1157.）

7. 王侯，也就是最高端、不虞匱乏的貴族，即上百名神職人士（大主教、主教、大型修道院的男女院長），以及約二十名世俗人士。

8. 新任國王一上任即在亞爾與義大利諸王國行使權利。他是可以在這些地方加冕的，只是沒有這個必要（在紅鬍子之後，只有查理四世於一三六五年在亞爾戴上王冠）。

9. 康拉德二世先前於一〇三七年成功地跳過義大利大型藩侯，以允許封地世襲的方式，直接與這些藩侯的藩屬結盟。可是，在德意志，這種作法是不可能的。

10. MGH, Constitutiones, V, nos 909 et 910, pp. 723-754.

11. 紅鬍子有可能說過這段話：「我是該城的合法持有人［……］我們兩位神聖的皇帝查理與鄂圖，奪取了這座城邦。他們將其併入法蘭克領土中；他們取得該城，可不是任何人所給的采邑，而是以其個人的英勇，自行征服該城。」

12. MGH, SrG in us. schol., vol. 61, chap. 6, p. 28.

13. Robert Folz, L'Idée d'empire en Occident, Paris, Aubier, 1953, p. 147.

14. 此為 Alles Erdreich ist Oesterreich untertan或Austriae est imperare orbi universo，即「一切土地歸於奧地利」之縮寫。

15. 一一五七年，於貝桑松的神聖羅馬帝國議會（diète de Besançon），當諸位教宗使節提醒到這一點，諸王侯從中見到了一個等同於「封地」（fief）的事物，錯要將眾教宗使節碎屍萬段……

16. Francis Rapp, Le Saint Empire romain germanique, Paris, Tallandier, 2000, p. 104.

◆第十三章

1. Charles Homer Haskins, The Norman in European History, Boston et New York, Houghton Mifflin Company, 1915, chap. 4, pp. 85-114 : « It is an empire only in the broader and looser sense of the word, a great composite state, larger than a mere kingdom and imperial in extent if not in organization » (p. 87).
2. Pierre Andrieu-Guitrancourt, Histoire de l'Empire normand et de sa civilisation, Paris, Payot, 1952, p. 281.
3. John Le Patourel, The Norman Empire, Oxford, Clarendon Press, 1976.
4. Charles Warren Hollister, « Normandy, France and the Anglo-Norman regnum », Speculum, 51, 1976, pp. 202-242 (rééd. dans id., Monarchy, Magnates and Institutions in the Anglo-Norman World, Londres, Hambledon Press, 1986, pp. 17-57).
5. James Clarke Holt, Colonial England : 1066-1215, Londres, The Hambledon Press, 1997, pp. 1-24.
6. Brian Golding, Conquest and Colonisation : the Normans in Britain, 1066- 1100, Basingstoke, Londres, Macmillan Press, 1994, p. 179.
7. Marjorie Chibnall, The Debate on the Norman Conquest, Manchester et New York, Manchester University Press, 1999, p. 116.

8. David Bates, « Normandy and England after 1066 », English Historical Review, 104, 1989, pp. 851-880 ; Judith Green, « Unity and Disunity in the Anglo-Norman State », Historical Research, 62, 1989, pp. 114-134 ; David Crouch, « Normans and Anglo-Normans : a Divided Aristocracy ? », dans David Bates et Anne Curry (éd.), England and Normandy in the Middle Ages, Londres, Rio Grande, The Hambledon Press, 1994, pp. 51-67.

9. Francis James West, « The Colonial History of the Norman Conquest ? », History. The Journal of the Historical Association, vol. 84, 1999, pp. 219-236 ; M. Chibnall, The Debate on the Norman Conquest, op. cit., p. 115.

10. M. Chibnall, The Debate on the Norman Conquest, op. cit., chap. 8, « The later twentieth century : empire and colonisation? », pp. 115-124 ; David Bates, « Introduction. La Normandie et l'Angleterre de 900 à 1204 », dans Pierre Bouet et Véronique Gazeau (éd.), La Normandie et l'Angleterre au Moyen Âge. Actes du colloque de Cerisy-la-Salle, 4-7 octobre 2001, Caen, Publications du CRAHM, 2003, pp. 9-20.

11. 亦可參見Russo Luigi, « The Norman Empire nella medievistica del XX secolo : una definizione problematica », Schede Medievali, 54, 2016, pp. 159-173 ; Bates David, The Normans and Empire, Oxford, Oxford University Press, 2013 ; Madeline Fanny, Les Plantagenêts et leur empire. Construire un territoire politique, Rennes, PUR, 2014.

12. 可參見此計畫 « Imperialiter. Le gouvernement et la gloire de l'Empire à l'échelle des royaumes chrétiens » porté par Annick Peters-Curstot, Fulvio Delle Donne et Yann Lignereux, École française de Rome et Casa de Velázquez (http://www.resefe.fr/node/148).

13. 關於金雀花時期，可參見Martin Aurell, L'Empire des Plantagenêt, 1154-1224, Paris, Perrin, coll. « Tempus

», 2004, pp. 9-20. 亦可見本書由瑪伊特・比奧蕾（Maïté Billoré）所撰寫之篇章。

14. J. Le Patourel, The Norman Empire, op. cit., p. 354；第九章 « Intimations of Empire », pp. 318-354. 有更完整的說明。

15. Reginald Allen Brown, Les Normands. De la conquête de l'Angleterre à la première croisade, Paris, Errance, 1986, p. 9.

16. Pierre Boilley et Antoine Marès, « Empires. Introduction », Monde(s), 2012/2 (no 2), pp. 7-25.

17. 更進一步的特點與細微差異可見M. Aurell, L'Empire des Plantagenêt, op. cit., p. 11. 其中提到：「一人獨裁、最高領袖身懷高過其所有政權的稱號、這些領土上居民的拼湊特質、服膺於單一征服、稱霸的民族、地理上有一塊或多塊大陸規模、歷時長久……」Stefan Burkhardt (« Sicily's Imperial Heritage », dans Stefan Burkhardt et Thomas Foerster [éd.], Norman Tradition and Transcultural Heritage : Exchange of Cultures in the « Norman » Peripheries of Medieval Europe, Londres, Routledge, 2016, pp. 149-160, aux pp. 150-151) 便自漢斯-海因希・諾爾特（Hans-Heinrich Nolte）所定義的屬性出發（Imperien. Eine vergleichende Studie, Schwalbach, Wochenschau Verlag, 2008, p. 14），該文提及了由君主統領的階級系統、教會與王權間的緊密合作、日益仰賴書寫的廣大官僚系統、稅捐提徵中央集權化、諸省分的多元性，以及臣民對帝國事務參與度不高的現象，其中諾爾特又加上了與普世抱負有關的帝國拓展行動，以及統治模式的多元性（從直轄行政系統至更加擴散的管控形式）。

18. David Bates, The Normans and Empire, Oxford, Oxford University Press, 2013, pp. 7-8.

19. Ralph Henry Carless Davis, The Normans and Their Myth, Londres, Thames & Hudson, 1976 ; Graham A. Loud, « The Gens Normannorum – Myth or Reality ? », Anglo-Norman Studies, vol. 4, 1982, pp. 104-116, 204-209.

20. R. Allen Brown, Les Normands. De la conquête de l'Angleterre à la première croisade, op. cit., pp. 121-123 ; D. Bates, The Normans and Empire, op. cit., p. 107 ; ibid., p. 185. 此作者否決「英格蘭—諾曼」的概念，一方面由於部分在英格蘭定居的菁英屬於歐洲大陸出身，而不單只是諾曼出身而已；另一方面，則是因為作者認為這些菁英的「帝國」認同，不能化約成一種混合了兩種族群的標籤。

21. Robert Rees Davies, The First English Empire : Power and Identities in the British Isles 1093-1343, Oxford, Oxford University Press, 2005.

22. C. H. Haskins, The Norman in European History, op. cit., p. 51.

23. Frank Stenton, Anglo-Saxon England, 3e éd., Oxford, Clarendon Press, 1971, p. 678. 在「親屬關係」登錄中，cf. P. Andrieu-Guitrancourt, Histoire de l'Empire normand et de sa civilisation, op. cit., p. 281 提及「無論斯堪地那維亞子弟是否順著創建帝國、維繫帝國的秩序，以及如此廣闊帝國的榮景，他們都避免對所有的臣民加諸統一的法律，且相信這樣就避免了自身不遵守無彈性規則的情況」。

24. J. Le Patourel, The Norman Empire, op. cit., p. 27 : « From the beginning of the tenth century to 1066 and beyond, though the mode of activity might change as circumstances changed, the progress of Norman conquest, domination, and colonization was a continuous and persistent progress. »

25. D. Bates, The Normans and Empire, op. cit., chap. 3, pp. 64-92 ; id., William the Conqueror, New Haven-Londres, Yale University Press, 2016, pp. 490-507.

26. D. Bates, William the Conqueror, op. cit., pp. 496-497 ; id., The Normans and Empire, op. cit., p. 82.

27. J. Le Patourel, The Norman Empire, op. cit., p. 113 ; C. W. Hollister, « Normandy, France and the Anglo-Norman regnum », art. cité, pp. 50-56.

28. Lucien Musset, « Quelques problèmes posés par l'annexion de la Normandie au domaine royal français », dans La France de Philippe Auguste. Le temps des mutations. Actes du colloque international organisé par le CNRS (Paris, 29 septembre-4 octobre 1980), Robert-Henri Bautier (éd.), Paris, Éditions du CNRS, 1982, pp. 291-307, aux pp. 293-294.

29. D. Bates, « Introduction. La Normandie et l'Angleterre de 900 à 1204 », dans P. Bouet et V. Gazeau (éd.), La Normandie et l'Angleterre au Moyen Âge, op. cit., p. 15.

30. D. Bates, The Normans and Empire, op. cit., p. 176.

31. D. Bates, William the Conqueror, op. cit., pp. 236, 313-321.

32. D. Bates, The Normans and Empire, op. cit., pp. 35, 81-82, 93.

33. Judith Green, Forging the Kingdom. Power in English Society, 973-1189, Cambridge, Cambridge University Press, 2017, p. 64 ; Mark Hagger, Norman Rule in Normandy, 911-1144, Woodbridge, The Boydell Press, 2017, pp. 609 et suiv.

34. Grégory Combalbert, « La diplomatique épiscopale en Angleterre et en Normandie au XIIe siècle. Essai d'approche comparative », dans David Bates et Pierre Bauduin (éd.), 911-2011. Penser les mondes normands médiévaux. Actes du colloque de Caen et Cerisy-la-Salle (29 septembre-2 octobre 2011), Caen, Presses universitaires de Caen, 2016, pp. 373-404.

35. D. Bates, The Normans and Empire, op. cit., pp. 9, 157-159 ; Robert Liddiard, « The landscape of Anglo-Norman England : Chronology and Cultural Transmission », dans David Bates, Edoardo D'Angelo et Elisabeth van Houts, People, Texts and Artefacts : Cultural Transmission in the Medieval Norman Worlds, Londres, Institute of Historical Research, School of Advanced Study, University of London, 2018, pp. 105-125.

36. Judith Green, Henry I, King of England and Duke of Normandy, Cambridge, Cambridge University Press, 2006, p. 182 ; id., Forging the Kingdom. Power in English Society, 973-1189, op. cit., 2017, pp. 96-97.

37. Mark Hagger, « Le gouvernement in absentia : la Normandie sous Henri Beauclerc, 1106-1135 », dans D. Bates et P. Bauduin (éd.), 911-2011. Penser les mondes normands médiévaux, op. cit., pp. 429-441，他不同意副王存在，這其中似乎也包括了英格蘭的副王。M. Hagger, Norman Rule in Normandy, 911-1144, op. cit., 2017, pp. 338-362.

38. Laurence Jean-Marie, « Une aristocratie de la mer ? L'exemple de la famille anglo-normande des Vituli (XIIe -XIIIe siècles) », dans D. Bates et P. Bauduin (éd.), 911-2011. Penser les mondes normands médiévaux, op. cit., pp. 475-492, aux pp. 476-477.

39. Keith Stringer, « Aspects of the Norman Diaspora in Northern England and Southern Scotland », dans Keith Stringer et Andrew Jotischky (éd.), Norman Expansion : Connections, Continuities and Contrasts, Londres, Routledge, 2016, pp. 10-47 ; D. Bates, The Normans and Empire, op. cit., p. 77.

40. Adam de Brême, Gesta Hammaburgensis ecclesiae pontificum, MGH, Scriptores rerum Germanicarum in usum scholarum, 2, IV, 31, scholie 143, HanovreLeipzig, Hahn, 1917, p. 263 (trad. fr. Jean-Baptiste Brunet-Jailly, Histoire des archevêques de Hambourg, avec une description des îles du Nord, Paris, Gallimard, 1998, p. 219).

41. Introductio monachorum, I, 1, dans Chroniques latines du Mont-SaintMichel, IXe-XIIe siècle, Les manuscrits du Mont-Saint-Michel : textes fondateurs, 1, éd. Pierre Bouet et Olivier Desbordes, Caen-Avranches, Presses universitaires de Caen et Scriptorial, 2009, pp. 202-203.

42. Benjamin Pohl, Dudo of Saint-Quentin's Historia Normannorum : Tradition, Innovation and Memory,

Woodbridge, Boydell Press, 2015, pp. 106- 107, 124-136, 222-223, 252, 256.

43. Ibid., pp. 216 et suiv. ; Elisabeth van Houts, « Rouen as another Rome », dans Leonie V. Hicks et Elma Brenner (éd.), Society and Culture in Medieval Rouen, 911-1300, Turnhout, Brepols, 2013, pp. 101-124, 特別是 pp. 114-115.

44. J. Green, Forging the Kingdom. Power in English Society, 973-1189, op. cit., pp. 53-54 ; Arnaud Lestremau, « Basileus Anglorum. La prétention impériale dans les titulatures royales à la fin de la période anglo-saxonne », Médiévales, 75, automne 2018, p. 197-226.

45. Eric Fernie, The Architecture of Norman England, Oxford, Oxford University Press, 2004, p. 16 : « Thus Anglo-Saxon architecture in the middle of the eleventh century can be described, in so far as it was not indigenous, as Ottonian rather than western Carolingian or French. »

46. Timothy Bolton, The Empire of Cnut the Great. Conquest and the Consolidation of Power in Northern Europe in the Early Eleventh Century, LeydeBoston (Mass.), Brill, 2009, pp. 289-307, 320.

47. D. Bates, The Normans and Empire, op. cit., p. 23 ; D. Bates, William the Conqueror, op. cit., 2016, p. 293.

48. D. Bates, The Normans and Empire, op. cit., pp. 272-274, 477, 491, 524.

49. D. Bates, William, op. cit., 2016, p. 492.

50. Wendy Marie Hoofnagle, The Continuity of the Conquest. Charlemagne and Anglo-Norman Imperialism, Philadelphie, The Pennsylvania State University Press, 2016.

51. Mireille Chazan, « La représentation de l'Empire chez Hugues de Fleury, Orderic Vital et Robert de Torigni », dans Pierre Bauduin et Marie-Agnès Lucas Avenel (éd.), L'Historiographie médiévale normande et ses

sources antiques, Xe - XIIe siècle, Caen, Presses universitaires de Caen, 2014, pp. 171-190.

52. D. Bates, The Normans and Empire, op. cit., pp. 54-55.

53. E. Fernie, The Architecture of Norman England, op. cit., pp. 33, 120-121 ; Eric Fernie, « De la Normandie aux États latins d'Orient : l'architecture normande ou l'architecture des Normands ? », dans D. Bates et P. Bauduin (éd.), 911-2011. Penser les mondes normands médiévaux, op. cit., pp. 309-324, aux pp. 313-316.

54. Fanny Madeline, « Monumentalité et imaginaire impérial de l'architecture normande en Angleterre après 1066 », dans Pierre Bauduin, Grégory Combalbert, Adrien Dubois, Bernard Garnier et Christophe Maneuvrier (éd.), Sur les pas de Lanfranc, du Bec à Caen. Recueil d'études en hommage à Véronique Gazeau, Caen, Cahiers des Annales de Normandie, no 37, 2018, pp. 343-354.

55. Annliese Nef, « Dire la conquête et la souveraineté des Hauteville en arabe (jusqu'au milieu du XIIIe siècle) », Tabularia. Sources écrites des mondes normands médiévaux, no 15, 5 mai 2015, pp. 1-15 (p. 10 pour la citation); URL : http://tabularia.revues.org/2139; DOI : 10.4000/tabularia.2139.

56. S. Burkhardt, « Sicily's Imperial Heritage », dans S. Burkhardt et T. Foerster (éd.), Norman Tradition and Transcultural Heritage : Exchange of Cultures in the « Norman » Peripheries of Medieval Europe, op. cit., pp. 149-160.

◆第十四章

1. Raoul Fitz Nigel, Dialogus de Scaccario. The Course of the Exchequer, éd. C. Johnson, Londres, 1983, pp. 27-28.
2. 亨利二世為英格蘭瑪蒂爾達（Mathilde d'Angleterre）這位寡婦（其夫為日耳曼皇帝亨利五世〔Henri V，卒於一一二五年〕）的兒子。
3. 此兩種形式皆強調了這個領土建構體的朝代性樣貌。
4. 關於這項論辯，可參見Martin Aurell, L'Empire des Plantagenêt, 1154-1224, Paris, Perrin, 2003, pp. 9-12.
5. James Clarke Holt, « The End of the Anglo-Norman Realm », Proceeding of the British Academy, 61, 1975, pp. 223-265, rééd. Magna Carta and Medieval Government, Londres, Hambledon Press, 1985, ici p. 40 ; John Le Patourel, « The Plantagenet Dominion », History, 50, janvier 1965, pp. 289-308, rééd. dans Feudal Empire, Norman and Plantagenet, Londres, Hambledon Press, 1984, chap. VIII ; Wilfrid L. Warren, Henry II, Londres, Eyre Methuen, 1973, p. 561 ; Robert-Henri Bautier, « "Empire Plantagenêt" ou "Espace Plantagenêt"? Y eut-il une civilisation du monde Plantagenêt ? », Cahiers de civilisation médiévale [ensuite CCM], 29, 1986
6. John Gillingham, The Angevin Empire, Londres, Arnold, 1984, p. 3 ; M. Aurell, L'Empire des Plantagenêt, 1154-1224, op. cit. ; Fanny Madeline, Les Plantagenêts et leur empire. Construire un territoire politique, Rennes, PUR, 2014.
7. 本議題有史學方法論上的論辯。查爾斯・華倫・霍利斯特（Charles Warren Hollister）反對古典提前的一體概念，可參見 « Normandy, France and the Anglo-norman regnum », Speculum, 51, 1976, pp. 202-242或

John Le Patourel, The Norman Empire, Oxford, Clarendon Press, 1976；另一更晚近的風潮，則指出各種分裂因素。David Bates, « Normandy and England after 1066 », English Historical Review, 104, 1989, pp. 851-876；Judith Green, « Unity and Disunity in the Anglo-norman State », Historical Research, 63, 1989, pp. 115-134；David Crouch, « Normans and Anglo-Normans : a Divided Aristocracy ? », dans David Bates et Anne Curry (éd.), England and Normandy in the Middle Ages, Londres, Rio Grande, The Hambledon Press, 1994, pp. 51-67.

8. 在內戰背景下，美男子若弗魯瓦（Geoffroy le Bel）有可能將他全部的財產都讓渡給亨利，並要求他稍晚將安茹傳給他的兄弟若弗魯瓦（Geoffroy）。這正是亨利永遠都沒照辦的事情。Guillaume de Neubourg, Historia Rerum Anglicarum, dans Chronicle of the Reigns of Stephen, Henry II and Richard I, vol. I, éd. R. Howlett, Londres, 1884, pp. 112-114.

9. Judith A. Everard, Brittany and the Angevins : Province and Empire (1158- 1203), Cambridge, Cambridge University Press, 2000.

10. Robin Frame, The Political Development of the British Isles, 1100-1400, Oxford, Clarendon Press, 1990.

11. Marie Therese Flanagan, Irish Society, Anglo-Norman Settlers, Angevin Kingship. Interactions in Ireland in the Late 12th Century, Oxford, Clarendon Press, 1983.

12. Giraud de Barri, De principis instructione Liber, Giraldi Cambrensis Opera, éd. G. F. Warner, vol. 8, Londres, 1891, p. 214.

13. 針對這些差旅的概述，可見 J. A. Everard於Acta Plantagenets (http://www.britac.ac.uk/arp/acta.cfm)的引言，以及由芬妮．瑪德琳（F. Madeline）所製作的地圖，見 Les Plantagenêts et leur empire, op. cit., pp. 271-273.

14. Pierre de Blois, lettre 14, P.L. 207, col. 44.

15. Laurence Harf-Lancner, « L'enfer de la cour : la cour d'Henri II Plantagenêt et la Mesnie Hellequin », dans Philippe Contamine (dir.), L'État et les aristocraties, France, Angleterre, Écosse, XIIe -XVIIe siècle, Paris, Presses de l'École normale supérieure, 1989, pp. 27-50.

16. Gautier Map, De nugis curialium, éd. C. N. L. Brooke et R. A. B. Mynors, Oxford, Clarendon Press, 1983, I, 11.

17. Charles Coulson, « Structural Symbolism in Medieval Castle Architecture », Journal of the British Archeological Association, 132, 1979, pp. 72-90.

18. F. Madeline, Les Plantagenêts et leur empire, op. cit., p. 311 ; Marie-Pierre Baudry, Les Fortifications des Plantagenêts en Poitou, 1154-1242, Paris, Éditions du CTHS, 2001.

19. Guillaume Le Breton, Philippide, Œuvres de Rigord et de Guillaume le Breton, éd. H.-F. Delaborde, Paris, 1885, VII, v. 41-42.

20. Robert de Torigny, Chronica, éd. R. Howlett, Londres, 1889, p. 277.

21. Historia Gaufredi ducis Normannorum et comitis Andegavorum, Chroniques des comtes d'Anjou et des seigneurs d'Amboise, éd. R. Poupardin et L. Halphen, Paris, Picard, 1913, p. 224.

22. 維爾納伊詔令內文涉及私人權利，並建立起若無典押，債權人不得奪取債務所有人財產的禁令。軍事武裝令則是一篇關於藩屬、市鎮（commune）義務配置的附件，其中詳述屬民依據其地位與財務情況，得提供何種軍備予王侯。

23. 「若弗魯瓦伯爵規」內容為布列塔尼的男爵領地與騎士封地傳承。新編版本可見J. A. Everard, Brittany and

the Angevins : Province and Empire (1158-1203), op. cit., appendice 1, pp. 182-203.「波爾多地區和約」則以公爵的行動保障了該省的和平。此文件以波爾多聖塞味利特許狀登記簿（cartulaire de Saint-Seurin de Bordeaux）一份撰於十三世紀中葉的完整副本而廣為人知（Frédéric Boutoulle, Le Duc et la Société. Pouvoirs et groupes sociaux dans la Gascogne bordelaise au XIIe siècle, Bordeaux, Ausonius, 2007, pp. 254-256）。

24. J. Gillingham, The Angevin Empire, op. cit., p. 81.

25. Jean-Justin Monlezun, Histoire de la Gascogne, Auch, J. A. Portes, 1846- 1849, vol. 2, pp. 220-221.

26. 關於這個主題，見Claude Gauvard, « De la requête à l'enquête. Réponse rhétorique ou réalité politique ? Le cas du royaume de France à la fin du Moyen Âge », L'Enquête au Moyen Âge, Rome, École française de Rome, 2008, pp. 429-458.

27. Marie Dejoux, Les Enquêtes de Saint Louis. Gouverner et sauver son âme, Paris, PUF, 2014, p. 205.

28. Jean de Salisbury, Policraticus, éd. et trad. Cary J. Nederman, Cambridge, Cambridge University Press, 2009 [1990], V, chap. 11, p. 91. 關於這些知識分子，可見 Frédérique Lachaud, L'Éthique du pouvoir au Moyen Âge. L'office dans la culture politique (Angleterre, vers 1150-1330), Paris, Classiques Garnier, 2010.

29. Ralph V. Turner, Men Raised from the Dust. Administrative Service and Upward Mobility in Angevin England, Philadelphie, University of Pennsylvania Press, 1988.

30. 參考自Maïté Billoré, De gré ou de force. L'aristocratie normande et ses ducs (1150-1259), Rennes, PUR, 2014.

31. 針對待婚配男女繼承人調查並建立起來的名單，見Rotuli de dominabus et pueris et puellis de XII

comitatibus (1185), éd. J. H. Round, Londres, Pipe Roll Society, 1913.

32. Raoul Fitz Nigel, Dialogus de Scaccario. The Course of the Exchequer, op. cit., p. 75.

33. Ibid., pp. 76-77.

34. Wace, Roman de Rou, éd. A. J. Holden, Paris, Picard, 1970. 所謂「布列塔尼素材」的出發點一說，來自Geoffroy de Monmouth, Historia regum Britaniae, éd. N. Wright, Cambridge, D. S. Brewer, 1991.

35. Amaury Chauou, L'Idéologie plantagenêt : royauté arthurienne et monarchie politique dans l'espace plantagenêt, XIIe -XIIIe siècles, Rennes, PUR, 2001.

36. Jacques Boussard, Le Gouvernement d'Henri II Plantagenêt, Paris, Librairie d'Argences, 1961, p. 546.

◆第十五章

1. Monique O'Connell et Benjamin Arbel, dans Gherardo Ortali, Oliver J. Schmitt et Ermanno Orlando (éd.), Il Commonwealth veneziano tra 1204 e la fine della Repubblica. Identità e peculiarità, Venise, Istituto Veneto di Scienze, Lettere e Arti, 2015, p. 56.

2. Charles Yriarte, La Dalmatie, récit d'un voyage publié dans la revue Le Tour du monde, le journal des voyages, repris dans Les Bords de l'Adriatique et le Monténégro, Paris, Hachette, 1878.

3. Claudio Magris, Utopies et désenchantement, Paris, L'Arpenteur, 1999, p. 44.

4. Paul Garde, Le Discours balkanique, Paris, Fayard, 2005.

5. 例如Pierre Cabanes (dir.), Histoire de l'Adriatique, Paris, Seuil, 2001 ; Olivier Chaline, La Mer vénitienne, Paris, Bibliothèque nationale, 2010.

6. Jane Burbank et Frederick Cooper, Empires in World History, Power and the Politics of Difference, Princeton, Princeton University Press, 2014，此書法文譯本則下了令人驚奇的標題：Empires. De la Chine ancienne à nos jours, Paris, Payot, 2011 ; Nicholas Purcell, Peregrine Horden, The Corrupting Sea, a Study of Mediterranean History, Oxford, Blackwell, 2000.

7. Bernard Doumerc, Venise et son empire en Méditerranée, Paris, Ellipses, 2012 ; Gilles Bertrand, « L'empire comme idée ou comme pratique ? Sur la domination vénitienne à l'époque de la sérénissime république », dans Thierry Menissier, L'Idée d'empire dans la pensée politique, historique, juridique et philosophique, Paris, L'Harmattan / Université Pierre-Mendès-France Grenoble 2, 2006, pp. 131-142.

8. G. Bertrand, « L'empire comme idée ou comme pratique ? Sur la domination vénitienne à l'époque de la sérénissime république », art. cité.

9. David Jacoby, « Il commonwealth veneziano sul mari verso il Levante », dans G. Ortali, O. J. Schmitt et E. Orlando (éd.), Il Commonwealth veneziano tra 1204 e la fine della Repubblica. Identità e peculiarità, op. cit., pp. 73-107.

10. Jane Burbank et Frederick Cooper, Empires in World History, Power and the Politics of Difference, op. cit., p. 27.

11. B. Doumerc, Venise et son empire en Méditerranée, op. cit., p. 78.

12. Sante Graciotti (éd.), Mito e antimito di Venezia nel bacino adriatico (secolo XV-XIX), Rome, Fondazione

Giorgio Cini, 2001.

13. Cité par Nenad Fejić, « Dubrovčanin Benko Kotruljević pred sudom Kraljice Marije Aragonske u Barceloni », Istorijski Časopis, 29-30, 1982-1983, pp. 77-84.

14. David Jacoby, « Venetian Commercial Expansion in the Eastern Mediterranean (8-11 centuries) », dans M. M. Mango (éd.), Byzantium Trade (4th 12th centuries). Regional and International exchange, Oxford, Farnam, 2004, pp. 371-391.

15. I. Jurić, La Dalmatie, la Croatie méridionale, Zagreb, 1998, p. 180.

16. Alain Ducellier, « Romania, Greece and the Aegean Sea. Terminology of the 15th Century », dans The Aegean through the Centuries, History and Civilisation, Aegean Foundation, 1987, pp. 297-314.

17. Robert Fossier (dir.), Le Moyen Âge (3 vol.), vol. 2, L'Éveil de l'Europe (950-1250), Paris, Armand Colin, 1983.

18. Henri Bresc, « Le caricatore méditerranéen, fragment d'un espace maritime éclaté (XIe-XVe siècle) », dans Ghislaine Fabre, Daniel Le Blévec et Denis Menjot (dir.), Les Ports et la navigation en Méditerranée au Moyen Âge, actes du colloque de Lattes, 12-14 novembre 2004, Association pour la connaissance du patrimoine en Languedoc Roussillon, 2006, pp. 145-156.

19. Athanase Gegaj, L'Albanie et l'invasion turque au XVe siècle, Paris, Paul Geuthner, 1937, p. 142.

20. Ermanno Orlando, Gli accordi con Curzola (1352-1421), Rome, Viella, Pacta veneta, 9, 2002.

21. Desanka Kovasević-Kojić, « Les métaux précieux de Serbie et le marché européen (XIVe-XVe siècles)

», Recueil des travaux de l'institut d'études byzantines, XLI, 204, Belgrade, pp. 190-203 ; id., « Account Books of Caboga (Kabužić) Brothers (1426-1433) », dans S. Ćirković et B. Ferjančić (éd.), Spomenik, CXXXVII, Belgrade, 1999.

22. Josip Kolanović, Šibenik u kasnome srednjem vijeku [Sibenik au bas Moyen Âge], Zagreb, Skolska Knjiga, 1995, p. 24.

23. Monique O'Connell, Men of Empire. Power and Negociation in Venice's Maritime State, Baltimore, Johns Hopkins University Press, 2009, p. 32.

24. Alain Ducellier, « Spostamenti individuali e di massa dall'Europa orientale verso l'Italia alle fine del Medioevo : il caso dei popoli balcanici », dans Spazi, tempi, misure e percorsi nell'Europa del bassomedioevo, actes du colloque de Todi, 8-11 octobre 1995, Spolete, Centro Italiani di Studi sull'alto medioevo, 1996, pp. 371-400 ; Alain Ducellier, Bernard Doumerc, Brünehilde Imhaus et Jean de Miceli, Les Chemins de l'exil. Bouleversements de l'Est européen et migrations vers l'ouest à la fin du Moyen Âge, Paris, Armand Colin, 1992.

◆第十六章

1. George Cœdès, Les États hindouisés d'Indochine et d'Indonésie, Paris, de Boccard, 1964 ; Pierre-Yves Manguin, « De la "Grande Inde" à l'Asie du SudEst : la contribution de l'archéologie », Comptes rendus des séances de l'Académie des inscriptions et belles-lettres, 144 (4), 2000, pp. 1485-1492.

2. Bérénice Bellina (éd.), Khao Sam Kaeo : An Early Port-City between the Indian Ocean and the South China Sea, Paris, École française d'Extrême-Orient, 2017 ; Peter Bellwood et Ian C. Glover (éd.), Southeast Asia : from Prehistory to History, Londres, Routledge-Curzon, 2004 ; Ian C. Glover, Early Trade between India and Southeast Asia : A Link in the Development of a World Trading System, Hull, University of Hull, Centre for Southeast Asian Studies, 1990 ; P. -Y. Manguin, « The Archaeology of the Early Maritime Polities of Southeast Asia », dans P. Bellwood et I. C. Glover (éd.), Southeast Asia : from Prehistory to History, op. cit, pp. 282-313.

3. Johannes G. de Casparis, India and Maritime South East Asia : A Lasting Relationship, Kuala Lumpur, University of Malaya, 1983 ; Oliver W. Wolters, History, Culture, and Region in Southeast Asian Perspectives, Ithaca, Singapour, Cornell University, Institute of Southeast Asian Studies, 1999 ; Pierre-Yves Manguin, « The Amorphous Nature of Coastal Polities in Insular Southeast Asia : Restricted Centres, Extended Peripheries », Moussons, 5, 2002, pp. 73-99, et « Southeast Sumatra in Protohistoric and Srivijaya Times : Upstream-Downstream Relations and the Settlement of the Peneplain », dans Dominik Bonatz, John Miksic, J. David Neidel et alii (éd.), From Distant Tales : Archaeology and Ethnohistory in the Highlands of Sumatra, Cambridge, Cambridge Scholars Publishing, 2009, pp. 434-484 ; Hermann Kulke, « The Concept of Cultural Convergence Revisited : Reflections on India's Early Influence in Southeast Asia », dans Upinder Singh et Parul Pandya Dhar (éd.), Asian Encounters : Exploring Connected Histories, New Delhi, Oxford University Press, 2014, pp. 1-19 ; Amara Srisuchat (éd.), rīvijaya in Suvar advīpa, Bangkok, Department of Fine Arts, 2014.

4. Agustijanto Indradjaya, « The Pre-Srivijaya Period on the Eastern Coast of Sumatra : Preliminary Research at the Air Sugihan Site », dans Mai Lin Tjoa-Bonatz, Andreas Reinecke et Dominik Bonatz (éd.), Connecting Empires and States, Singapour, National University Press, 2012, pp. 32-42 ; Lucas P. Koestoro, Pierre-

Yves Manguin et Soeroso, « Kota Kapur (Bangka, Indonesia) : a Pre-Sriwijayan Site Reascertained », dans Pierre-Yves Manguin (éd.), Southeast Asian Archaeology 1994, Hull, University of Hull, Centre of Southeast Asian Studies, vol. 2, 1998, pp. 61-81 ; P. -Y. Manguin, « The Archaeology of the Early Maritime Polities of Southeast Asia », dans P. Bellwood et I. C. Glover (éd.), Southeast Asia : from Prehistory to History, op. cit., pp. 282-313, et « At the Origins of Sriwijaya : The Emergence of State and City in Southeast Sumatra », dans Karashima Noboru et Hirosue Masashi (éd.), State Formation and Social Integration in Pre-Modern South and Southeast Asia, Tokyo, Toyo Bunko, 2017, pp. 89-114.

5. Oliver W. Wolters, Early Indonesian Commerce : A Study of the Origins of Sri Vijaya, Ithaca, Cornell University Press, 1967.

6. Pierre-Yves Manguin, « Southeast Asian Shipping in the Indian Ocean during the 1st millennium AD », dans Himanshu Prabha Ray et Jean-François Salles (éd.), Tradition and Archaeology. Early Maritime Contacts in the Indian Ocean, Lyon, New Delhi, Maison de l'Orient méditerranéen, Manohar, 1996, pp. 181-198.

7. O. W. Wolters, Early Indonesian Commerce : A Study of the Origins of Sri Vijaya, op. cit. ; P. -Y. Manguin, « At the Origins of Sriwijaya : the Emergence of State and City in Southeast Sumatra », dans K. Noboru et H. Masashi (éd.), State Formation and Social Integration in Pre-Modern South and Southeast Asia, op. cit., pp. 89-114.

8. G. Cœdès, Les États hindouisés d'Indochine et d'Indonésie, op. cit.

9. Oliver W. Wolters, « Studying Srivijaya », Journal of the Malayan Branch, Royal Asiatic Society, 52 (2), 1979, pp. 1-32.

10. Muriel Charras, « Feeding an Ancient Harbour-City : Sago and Rice in the Palembang hinterland », Bulletin de l'École française d'Extrême-Orient, 102, 2016, pp. 97-124.

11. Pierre-Yves Manguin, « Palembang and Sriwijaya : An Early Malay Harbour-City Rediscovered », Journal of the Malayan Branch, Royal Asiatic Society, 66 (1), 1993, pp. 23-46 ; Arlo Griffiths, « Inscriptions of Sumatra : Further Data on the Epigraphy of the Musi and Batang Hari Rivers Basins », Archipel, 81, 2011, pp. 139-175.

12. Hermann Kulke, « "Kadatuan Srivijaya" – Empire or Kraton of Srivijaya ? A Reassessment of the Epigraphical Evidence », Bulletin de l'École française d'Extrême-Orient, 80 (1), 1993, pp. 159-180.

13. G. Cœdès, Les États hindouisés d'Indochine et d'Indonésie, op. cit. ; H. Kulke, « "Kadatuan Srivijaya" – Empire or Kraton of Srivijaya ? A Reassessment Of The Epigraphical Evidence », art. cité; P. -Y. Manguin, « The Amorphous Nature of Coastal Polities in Insular Southeast Asia : Restricted Centres, Extended Peripheries », art. cité, pp. 73-99.

14. P. -Y. Manguin, « Southeast Sumatra in Protohistoric and Srivijaya Times : Upstream-Downstream Relations and the Settlement of the Peneplain », dans D. Bonatz, J. Miksic, J. D. Neidel et alii (éd.), From Distant Tales : Archaeology and Ethnohistory in the Highlands of Sumatra, op. cit., pp. 434-484.

15. P. -Y. Manguin, « Southeast Asian Shipping in the Indian Ocean During the 1st Millennium AD », dans H. P. Ray et J.-F. Salles (éd.), Tradition and Archaeology. Early Maritime Contacts in the Indian Ocean, op. cit., pp. 181-198.

16. P. -Y. Manguin, « The Amorphous Nature of Coastal Polities in Insular Southeast Asia : Restricted Centres, Extended Peripheries », art. cité, et « Southeast Sumatra in Protohistoric and Srivijaya Times : Upstream-

Downstream Relations and the Settlement of the Peneplain », dans D. Bonatz, J. Miksic, J. D. Neidel et alii (éd.), From Distant Tales : Archaeology and Ethnohistory in the Highlands of Sumatra, op. cit., pp. 434-484.

17. Michel Jacq-Hergoualc'h, The Malay Peninsula : Crossroads of the Maritime Silk Road (100 BC-1300 AD), Leyde, Brill, 2002 ; A. Srisuchat (éd.), rīvijaya in Suvar advīpa, op. cit.

18. Pierre-Yves Manguin, « Les cités-États de l'Asie du Sud-Est côtière : de l'ancienneté et de la permanence des formes urbaines », Bulletin de l'École française d'Extrême-Orient, 87 (1), 2000, pp. 151-182 ; A. Srisuchat (éd.), rīvijaya in Suvar advīpa, op. cit.

19. P. -Y. Manguin, « Palembang and Sriwijaya : An Early Malay Harbour-City Rediscovered », art. cité.

20. Michael Flecker, The Archaeological Excavation of the 10th Century Intan Shipwreck, Java Sea, Indonesia, Oxford, Archaeopress (British Archaeological Reports, International Series 1047), 2002, et « The Advent of Chinese Sea-Going Shipping : A Look at the Shipwreck Evidence », dans Zheng Peikai, Li Guo et Yin Chuiqi (éd.), Proceedings of the International Conference : Chinese Export Ceramics and Maritime Trade, 12th-15th Centuries, Hong Kong, Zhonghua shu ju, 2005, pp. 143-162 ; Regina Krahl et alii (éd.), Shipwrecked : Tang Treasures and Monsoon Winds, Washington, Singapour, Smithsonian Institution, National Heritage Board, 2010 ; Horst Liebner, The Siren of Cirebon : A Tenth-Century Trading Vessel Lost in the Java Sea, thèse de doctorat, The University of Leeds, 2014 (non publié).

21. Claudine Salmon, « Srivijaya, la Chine et les marchands chinois (Xe - XIIe s.). Quelques réflexions sur la société de l'Empire sumatranais », Archipel, 63, 2002, pp. 57-78 ; Geoff Wade, « Early Muslim Expansion in Southeast Asia from 8th to 15th Centuries », dans David Morgan et Anthony Reid (éd.), New Cambridge History of Islam, vol. 3, The Eastern Islamic World 11th18th Centuries, Cambridge, Cambridge University Press, 2010, pp. 366-408.

22. Hermann Kulke, « The Naval Expeditions of the Cholas in the Context of Asian history », dans H. Kulke, K. Kesavapany et V. Sekhuja (éd.), Nagapattinam to Suvarnadwipa : Reflections on the Chola Naval Expeditions to Southeast Asia, Singapour, Institute of Southeast Asian Studies, 2009, pp. 1-19 ; Tansen Sen, « Maritime Interactions Between China and India : Coastal India and the Ascendancy of Chinese Maritime Power in the Indian Ocean », Journal of Central Eurasian Studies, 2, 2011, pp. 41-82.

【Historia歷史學堂】MU0061

中世紀諸帝國：
從「世界型帝國」、「封閉型帝國」到「散發型帝國」三大不同類型的帝國，綜觀中世紀
Les Empires Médiévaux

作　　者／西爾凡．古根奈（Sylvain Gouguenheim）主編
譯　　者／楊子嫻
封面設計／林宜賢
內頁排版／簡至成
總 編 輯／郭寶秀
特約編輯／江　灝
責任編輯／洪郁萱
行銷企劃／力宏勳

事 業 群 總 經 理／謝至平
發 行 人／何飛鵬
出　　版／馬可孛羅文化
台北市南港區昆陽街16號4樓
電話：（886）2-25000888
發　　行／英屬蓋曼群島商家庭傳媒股份有限公司城邦分公司
台北市南港區昆陽街16號8樓
客服服務專線：（886）2-25007718; 25007719
24 小時傳真專線：（886）2-25001990; 25001991
服務時間：週一至週五9:00 ～ 12:00；13:00 ～ 17:00
劃撥帳號：19863813 戶名：書虫股份有限公司
讀者服務信箱：service@readingclub.com.tw
香港發行所 城邦（香港）出版集團有限公司
香港九龍九龍城土瓜灣道86號順聯工業大廈6樓A室
電話：（852）25086231 傳真：（852）25789337
E-mail：hkcite@biznetvigator.com
馬新發行所城邦（馬新）出版集團【Cite (M) Sdn. Bhd.(458372U)】
41, Jalan Radin Anum, Bandar Baru Seri Petaling, 57000 Kuala Lumpur, Malaysia
Tel:(603)90563833 Fax:(603)90576622 Email:services@cite.my
輸出印刷／中原造像股份有限公司
初版一刷／2023 年5月
定　　價／800元（紙書）
定　　價／560元（電子書）
ISBN／978-626-7356-74-6
ISBN／9786267356753(EPUB)

國家圖書館出版品預行編目(CIP)資料

中世紀諸帝國：從「世界型帝國」、「封閉型帝國」到「散發型帝國」三大不同類型的帝國,綜觀中世紀 / Sylvain Gouguenheim主編；楊子嫻譯. -- 初版. -- 臺北市：馬可孛羅文化出版：英屬蓋曼群島商家庭傳媒股份有限公司城邦分公司發行, 2024.05
面；　公分. -- (Historia歷史學堂；MU0061)
譯自：Les empires médiévaux.
ISBN 978-626-7356-74-6(平裝)

1.CST: 帝國主義 2.CST: 中世紀 3.CST: 世界史

712.3　　113005096